LE PLUTARQUE POPULAIRE
CONTEMPORAIN
ILLUSTRÉ

ARMAND BARBÈS

FÉLIX PYAT

LEDRU ROLLIN

PLUTARQUE POPULAIRE CONTEMPORAIN

ILLUSTRE

PARIS. — TYP. WALDER, RUE BONAPARTE, 44.

PLUTARQUE POPULAIRE

CONTEMPORAIN

ILLUSTRÉ

ÉTUDES BIOGRAPHIQUES, HISTORIQUES, ANECDOTIQUES ET SATIRIQUES

SUR LES

HOMMES DU JOUR

Texte par

Jules Claretie, Augustin Challamel, Tony Révillon, Mario Proth,
Gabriel Guillemot, Henry Maret, Léon Guillet, André Tell, Eugène Carlos,
Jean Lux, Th. Labourieu, Victor Cosse, J.-B. Raymond, Léon Vidal, J. Sorel, Julien Lemer.

Portraits et Dessins par

LEMOT, PLOCK, BOCHARD, ETC.

PARIS
LIBRAIRIE CENTRALE
9, RUE CHRISTINE, 9
1870

Tous droits réservés.

PLVTARQVE POPVLAIRE CONTEMPORAIN

ARMAND BARBÈS

… LE

PLUTARQUE POPULAIRE

CONTEMPORAIN

ARMAND BARBÈS

J'ai à peindre la plus grande figure peut-être et la plus noble du parti républicain contemporain, et je vais le faire sans restriction, en toute franchise, dans la sincérité de mon admiration, et comme s'il s'agissait d'un ancêtre. Il est de certains hommes devant lesquels on éprouve à la fois une émotion dévouée et un respect profond. Armand Barbès est de ceux-là. Je ne le connaissais point il y a deux mois; je n'avais pas eu l'honneur de l'approcher et de serrer sa loyale main vaillante. J'avais lu, comme nous tous, son histoire; je savais quelles calomnies avaient essayé d'atteindre cette haute et pure renommée; je savais aussi quelles voix éloquentes s'étaient élevées pour la défendre : mais l'homme, mais le héros, m'étaient inconnus, et j'ignorais tout ce que peut la grandeur la plus antique contenir de bonté la plus simple.

J'étais à La Haye, je portais sur moi des lettres de recommandation pour le proscrit. C'était pour le voir surtout que j'allais en Hollande. J'étais certain d'y rencontrer avec Rembrandt la splendeur du beau, avec Barbès la splendeur du bien. Mes premiers pas cependant, qui étaient pour le Plaatz où l'exilé habite, m'avaient porté vers le Musée. J'avais les yeux pleins encore de l'éblouissement de lumière de la *leçon d'Anatomie*, lorsqu'en passant dans une petite salle, devant le *Thomas Morus* d'Holbein et le *Prométhée* de Salvator Rosa, j'aperçus deux hommes aux physionomies toutes françaises, qui, arrêtés devant ces toiles, causaient et parlaient d'art, tout haut.

L'un était petit, solide, le visage coloré, l'œil ardent, la barbe grise. J'ai su depuis que c'était un de nos exilés volontaires de Londres, Bocquet, qui combattit dans la 12e légion, et qui maintenant apprend aux Anglais la littérature de France. L'autre, grand, superbe tête énergique et puissante, amaigrie et calme, belle de ce mâle rayonnement que donne la résolution au sacrifice, se tenait droit dans ses vêtements noirs, boutonné jusqu'au menton, et d'une tournure fière quasi militaire, imposante. Devant le *Prométhée* de Salvator il parlait du *Prométhée* d'Eschyle.

Prométhée, le nom me frappa, m'alla droit au cœur; et regardant encore ce visage miné et sculpté par l'incessante douleur, mais résolu toujours et comme souriant, il me sembla que l'homme qui parlait à quelques pas de moi ne pouvait être que Barbès, cet autre Prométhée, cet audacieux, cet imprudent, cet incorrigible chercheur de feu du ciel, enchaîné comme l'autre et déchiré comme lui.

— N'êtes-vous point Barbès? lui demandai-je en m'avançant.

Il se découvrit d'un geste superbe, chevaleresque, prit la lettre amie et la carte que je lui présentais, puis, avec un confiant sourire et un élan, il me tendit la main, et je sentis, dès cette effusion première, que j'étais tout à lui.

Je ne trouve qu'un mot pour définir Barbès, c'est ce mot tout-puissant et tout français qui s'appelle *le charme*. Le charme qui pénètre, qui séduit, qui entraîne, une force d'autant plus irrésistible qu'on n'essaye pas d'y résister. Dans un regard, on est conquis. Oui, ce combattant du droit, ce paladin de l'honneur, cet implacable et cet indomptable a une vertu plus rare et plus entraînante que son énergie, c'est sa séduction. Cette physionomie imposante, cet œil qui, dans un froncement de sourcil, peut devenir terrible, ce visage tout entier si sévère et si fier, s'attendrit, s'épanouit, a des douceurs et des expressions d'une tendresse infinie. J'ai là, sous les yeux, une photographie faite à La Haye qui me rend dans Barbès le tribun et le soldat de la justice. Profil maigre et accentué, le front haut, découvert; rendu plus large et plus puissant par une demi-calvitie, le nez droit, la barbe grise, avec une moustache blonde encore. Le regard semble fixé sur l'ennemi qu'il brave dans un éclair. Une ride profonde, vraiment belle, part des narines, coupe la joue comme une balafre et se perd dans la barbe, que Barbès porte entière. On songe à ces fiers portraits de Velazquez ou aux maigres et sveltes cavaliers, pâles et superbes dans leurs pourpoints noirs, d'Antonio Moro. Voilà ce que donne cette photographie; mais ce qu'elle ne rend pas, c'est le sourire, le rayon, l'effusion, comment dire? la candeur, le je ne sais quoi de mâle et de féminin à la fois, de séduisant, que possède cet homme, l'honneur et l'exemple de sa génération.

Armand Barbès a soixante ans aujourd'hui. Il est né à la Pointe-à-Pitre, à la Guadeloupe, le 18 septembre 1809. Mais c'est en France qu'il grandit, dans le midi, à Fourtou. Lorsque, en 1839, condamné à mort, on parlait à sa sœur, cette sœur dont le nom restera attaché à son nom dans l'histoire, lorsqu'on lui disait : — Votre frère n'avait pas peur. — Oh! répondit l'héroïque femme, ce n'est pas cela qui m'inquiétait. J'étais certaine qu'il était aussi tranquille devant l'échafaud que s'il se fût agi pour lui de partir pour Fourtou.

« Fourtou, dit Barbès, est un cher petit coin de terre où nous avons été élevés ensemble et qui garde, empreint sur chacun des pieds de gazon et de bruns galets qu'il renferme, quelqu'un de nos souvenirs d'enfance. »

C'est à Fourtou qu'il passa son enfance.

aux lendemains de 1830, Etienne Arago, alors directeur du Vaudeville, vit entrer dans son cabinet, rue de Chartres, un grand beau jeune homme qu'il prit tout d'abord pour un jeune premier, tant cette beauté superbe était artistique et s'imposait. Le jeune homme arrivait de sa province, de ce vieux collège où tant de noms illustres sont gravés au canif sur les bancs usés, et apportait à Etienne Arago, élève de Sorèze, lui aussi, une lettre d'un Sorézien, d'un camarade qui lui recommandait ce condisciple inconnu, ce nouveau-venu :

— Reçois-le comme tu me recevrais moi-même !

— Fort bien, monsieur, dit Etienne : les camarades de nos camarades de classe sont nos amis. Vous venez à Paris pour voir Paris et, sans doute, avant toutes choses, nos théâtres? Vous voulez vos entrées au Vaudeville probablement? Vous les avez. Ce soir votre nom sera inscrit sur le registre du contrôle, et vous entrerez ici quand il vous plaira.

Le jeune homme avait écouté sans mot dire. Lorsque Arago eut fini :

— Citoyen, dit-il simplement, et de cette voix musicale où l'accent méridional a gardé comme une grâce de l'accent créole ; citoyen, je ne viens pas à Paris pour voir Paris. Je suis jeune. Mon nom, ma fortune, ma vie, je vous apporte tout et veux tout donner à la République.

Etienne Arago regarda, joyeux et conquis, celui qui venait de parler, et qui, à vingt et un ans, était déjà Armand Barbès.

L'exilé de 1869 est digne du combattant de 1834, et Barbès a tenu parole. Sa fortune, il l'a distribuée aux plus pauvres, sacrifiée au parti ; sa jeunesse, il l'a dépensée dans la lutte, il l'a passée dans le devoir, il l'a usée dans la prison ; sa vie, il l'avait avec joie vouée au bonheur, à la liberté de la France. Et maintenant, seul, loin de nous, dans son humble chambre de proscrit, les yeux toujours tournés vers le pays, vers ce cher pays de Gaule où, en dépit des tyrannies et des décadences, l'humanité sent battre son cœur, — le plus grand cœur de peuple qu'il y ait sous le ciel, — il songe au passé, à tant de sacrifices, à tant d'épreuves, à tant de douleurs, à tant de lâchetés repoussantes, mais il garde intacte sa foi virile, et, comme à vingt ans. — généreux, prodigue de son sang, — il n'a pas assez d'être un héros, le cher grand homme, il regrette parfois de n'avoir pas été martyr.

C'est sur le Plaatz qu'il habite, dans une petite maison où on le sent respecté, honoré, aimé surtout. Car partout où Barbès a passé, il a séduit jusqu'à attendrir. Les geôliers de sa cellule de condamné à mort se relayaient pour l'aider à fumer sa pipe, qu'emprisonné dans la camisole de force il ne pouvait tenir. Après des années, les gardiens de Belle-Ile demandaient avec une avide émotion aux nouveaux détenus que la proscription leur envoyait :

— Comment va Barbès ?

A La Haye, chacun le salue, et j'ai vu s'incliner devant lui des fronts vénérables qui ne se courberaient pas devant un roi. Les vaincus ont aussi leurs victoires, leurs chères et bonnes revanches : ils ont l'amour, ils ont le dévouement, ils ont le respect.

Chose étrange, le hasard a fait demeurer Barbès, à La Haye, non loin de cette prison des frères de Witt, demeure sinistre d'où Corneille et Jean ne sortirent que pour être massacrés. Que de fois, passant sous cette voûte où se pressait au jour du crime la foule ameutée, que de fois, regardant ces barreaux à la fenêtre du cachot, ces lugubres murailles dont la teinte semble rouge du sang des victimes, Barbès a dû songer à ceux qui sont tombés si bravement, heureux du devoir accompli ! Et lui aussi aurait pu mourir, non point déchiré par le peuple, mais guillotiné par le bourreau. Nul n'a vu la mort de plus près et ne l'a regardée plus froidement, plus dédaigneusement. Je me trompe. Nul ne l'a regardée avec plus d'amour, ne l'a attendue et comme réclamée avec plus de ferveur.

Un jour de mai 1839, un dimanche, sur un des quais de Paris, une insurrection éclate. Un groupe d'hommes résolus, faisant bon marché de leur vie, des audacieux, des amants affolés de la liberté, se sont jetés sur le poste de la Conciergerie, l'ont attaqué et, pressés par les troupes, fusillés par les soldats qui accourent par le quai des Orfèvres, se sont retranchés derrière les barricades de la Cité. Barbès les commandait. Blessé à la tête, il a été pris par les gardes municipaux. On le traduit devant la Cour des Pairs. Pasquier préside. Ils sont tous là, les compagnons de l'émeute, tous, depuis le courageux Martin Bernard, depuis Mialhon jusqu'au petit Martin Noël. Leurs juges, des politiques, des amis l'ordre, de tous gens qui n'aiment guère à se sentir troublés dans leurs digestions par les indiscrets et les Don Quichotte du droit, écoutaient, se recueillaient, implacables. Ils accusaient Armand Barbès d'avoir tué net à bout portant le lieutenant Drouineau, tombé en réalité sous une décharge des insurgés.

Ils étaient là pour condamner, non pour s'émouvoir. Et pourtant l'attitude de Barbès devant ce tribunal, son calme héroïque et comme dédaigneux, la fermeté inspirée de son langage, durent en imposer à cette assemblée d'hommes d'État qui, cependant, ne comprenaient guère le sacrifice du martyr. Ils furent éloquents les défenseurs de Barbès, Emmanuel Arago et Dupont. Mais les réponses mâles, résolues de l'accusé valaient la plus longue et la meilleure des plaidoiries. En les écoutant, les cœurs se serrèrent, me dit-on, et, çà et là des yeux secs s'emplirent de larmes.

« Je ne me lève pas, disait Barbès, pour répondre à votre accusation; je ne suis disposé à répondre à aucune de vos questions. — Si d'autres que moi n'étaient pas intéressés à l'affaire, je ne prendrais pas la parole ; j'en appellerais à vos consciences et vous reconnaîtriez que vous n'êtes pas ici des juges venant juger des accusés, mais des hommes politiques venant disposer du sort d'ennemis politiques. La journée du 12 mai vous ayant donné un grand nombre de prisonniers, j'ai un devoir à remplir. Je déclare donc que tous ces citoyens, le 12 mai, à trois heures, ignoraient notre projet d'attaquer votre gouvernement. Ils avaient été convoqués par le comité (le Comité de la *Société des Saisons*) sans être avertis du motif de la convocation ; ils croyaient n'assister qu'à une revue ; c'est lorsqu'ils sont arrivés sur le terrain, où nous avions eu le soin de faire parvenir des munitions, où nous savions trouver des armes, que je leur ai donné le signal, que je leur ai mis les armes à la main, que je leur ai donné l'ordre de marcher. Ces citoyens ont donc été entraînés, forcés par une violence morale de suivre cet ordre. Selon moi, ils sont innocents. Je pense que cette déclaration doit avoir quelque valeur auprès de vous ; car, pour mon compte, je ne prétends pas en bénéficier. Je déclare que j'étais un des chefs de l'association ; je déclare que c'est moi qui ai préparé le combat, qui ai préparé tous les moyens d'exécution ; je déclare que j'y ai pris part, que je me suis battu contre vos troupes ; mais si j'assume sur moi la responsabilité pleine et entière de tous les faits généraux, je dois aussi décliner la responsabilité de certains actes que je n'ai ni conseillés, ni ordonnés, ni approuvés. Je veux parler d'actes de cruauté que la morale réprouve. Parmi ces actes, je cite la mort donnée au lieutenant Drouineau, que l'acte d'accusation signale comme ayant été commis par moi, avec préméditation et guet-apens. Ce n'est pas pour vous que je dis cela, vous n'êtes pas disposés à me croire, car vous êtes mes ennemis. Je le dis pour que mon pays l'entende. C'est là un acte dont je ne suis ni coupable ni capable. Si j'avais tué ce militaire, je l'aurais fait dans un combat à armes égales, autant que cela se peut dans le combat de la rue, avec un partage égal de champ et de soleil. Je n'ai point assassiné, c'est une calomnie dont on veut flétrir un soldat de la cause du peuple. Je n'ai pas tué le lieutenant Drouineau. Voilà tout ce que j'avais à dire. »

Barbès, pour qui le connaît, est tout cutier dans cette déclaration. Il est là avec son humeur de chevalier de la démocratie, faisant du combat un tournoi, réclamant le partage égal de soleil et de champ entre lui et son adversaire. Il est là surtout, avec son appétit de dévouement et son amour ardent du sacrifice. Voyez : c'est avec une sorte de volupté superbe qu'il déclare que lui seul a fait l'insurrection, et que s'il y a un coupable c'est lui : *Me, me adsum qui feci !* Il prend tout sous sa responsabilité et contracte au grand jour la dette sanglante. Sa tête est là. Il a de quoi payer.

N'est-ce pas le même homme qui, après le 15 mai, détenu au donjon de Vincennes et apprenant qu'on prête à Louis Blanc des paroles que Louis Blanc n'a point prononcées, écrira au président de l'Assemblée nationale, en lui disant : Ce n'est pas Louis Blanc qui a parlé de la sorte, c'est moi !

Grand cœur, cœur de héros, à qui le dévouement et l'abnégation paraissent tout naturels et tout simples, qu'on étonnerait en lui disant : « C'est l'héroïsme » et qui répondrait : « Non, c'est le devoir. »

Ce discours de Barbès tout à l'heure cité, je l'empruntais à l'*Histoire de Dix Ans*, de Louis Blanc. C'est dans ce livre fier qu'il faut lire le procès de la Cour des Pairs, qu'il faut aller rechercher l'écho de la douleur publique lorsqu'on apprit à Paris que Barbès était condamné à mort. Condamné, lui ! Le peuple à bon droit s'était épris de cet homme. On vit se fermer les guinguettes, les étudiants se réunissaient criant et réclamant grâce. Puis après la stupeur, les idées de vengeance. On avait supplié, on allait menacer. Si cette tête tombait, le sang aussitôt coulait dans Paris. Lui, pendant ce temps, le condamné, souriant, résolu, attendait la mort doucement. Barbès a conté, dans une brochure devenue extrêmement rare et dont j'ai là un exemplaire publié en 1849 par la Propagande Démocratique et Sociale (la brochure valait alors 15 centimes) ce qu'il éprouva en 1839 lorsqu'il se vit, pour ainsi dire, au pied de l'échafaud.

Madame Roland avait demandé la permission d'écrire, au crayon, sur ses tablettes, toutes les pensées qui lui viendraient sur la charrette en allant de la prison à la guillotine. Elle voulait ainsi léguer au monde les dernières vibrations de son cerveau. On lui refusa cette grâce. Mais Barbès nous dit mieux que personne ce que peut éprouver devant la rouge machine un cœur qui ne trembla jamais.

Cet écrit, qu'un ami m'a prêté, a pour titre : *Deux Jours de condamnation à mort*. Victor Hugo a deviné, a vu là, d'un coup d'œil de son génie, ce que pense le criminel à son dernier jour. Barbès nous dit simplement, mais dans son langage lapidaire, ce qu'éprouve, à la même heure, le martyr.

Condamné à mort le 12 juillet 1839, à la sortie de l'audience on le fouille, on lui enlève ses boucles de pantalon et de gilet, sa bague, on lui met la camisole de force. Il fume sa pipe et se console. « Je n'éprouvais, dit-il, d'autre sensation, en ce moment, qu'une légère surexcitation d'énergie et comme une pointe d'orgueil de voir que j'étais appelé à donner mon sang pour ma cause. »

Il songe pourtant au *grand peut-être*, à l'article *Ciel* de Jean Reynaud dans l'*Encyclopédie nouvelle*, et qui lui a fait grande impression jadis. Puis il reporte sa pensée sur la terre : « *Citoyens de l'univers*, dans le vrai sens du mot, nous sommes partis de la croyance à la solidarité de la famille ou de la caste, traversant celle de la solidarité des nations et de l'humanité terrestre pour en arriver enfin à la pratique du dogme de la solidarité de l'humanité universelle. »

« ..... Cependant, — On me saura gré de citer Barbès et de prendre sur le vif et comme à nu cette grande âme, — tandis que, remontant ainsi la série de mes contemplations, je demeurais immobile dans mon lit, le temps avait marché. Nous n'étions plus qu'à une petite distance du jour, et l'un de mes gardiens ayant jeté un coup d'œil sur la fenêtre, où apparaissait une légère lueur blanchâtre, et un autre sur mon visage paisible comme dans le sommeil, laissa échapper un soupir et dit à son camarade : « Ce pauvre malheureux ! il dort ! Il aurait mieux valu pour lui que la balle qui l'a frappé à la tête l'eût tué ! »

Il se rappelle alors la seule exécution à laquelle il ait assisté, les pénitents en cagoules sombres, le patient livide. Doit-il s'effrayer de cette fin lugubre et regretter la balle du soldat ?

« — Non, non, s'écrie-t-il, cette mort-ci sera plus utile pour ma cause, donc elle est préférable. »

Mais le jour se lève : Barbès croit être exécuté sans sursis, il songe à sa sœur, à son frère, à ses amis, à la France. « La France surtout, — Barbès est patriote comme nos pères de 93 — c'est la France sur qui mon âme resta le plus longtemps étreinte. Je lui disais dans mon transport d'amour, que bientôt, sans doute, les obstacles opposés à sa marche disparaîtraient, qu'elle redeviendrait le grand peuple de l'égalité, la nation libératrice du genre humain, mais que quand ce grand jour adviendrait, je ne pourrais point, moi, me lever pour la sainte cause ! »

« Le *jour de gloire*, ajoute-t-il mélancoliquement, et c'est du jour de son exécution qu'il parle, ce jour de gloire n'arriva pas. »

Le matin venu, il lit Byron, dont il se répétera si souvent ces vers : « *Ils n'échouent jamais ceux qui tombent pour une sainte cause ! Ils ne font qu'augmenter les pensées profondes qui triomphent enfin et conduisent le monde à la liberté !* »

Chose étrange ! Il songe à l'anniversaire que sa mort peut évoquer : on l'exécutera le 14 juillet, cinquante ans après la prise de la Bastille ; car on ne tue point le dimanche, et c'est dimanche aujourd'hui, dimanche 13. Je me mis, « sans, pour ainsi dire, avoir la conscience de ma pensée, à faire une sorte de calcul du nombre d'heures ou de journées que cet usage de ne pas exécuter le dimanche pouvait avoir ajouté à l'addition générale de la vie de tous les membres de l'humanité. »

Ainsi songeant il est heureux : il meurt, dit-il, honoré de la couronne du martyre, et *jeune*.

— Conservez-vous pour votre cause, lui fait par compassion le directeur qui lui rend visite.

Barbès répond :

— Le seul moyen, en ce moment, de me conserver pour ma cause, c'est d'avoir la tête coupée pour elle. Vivant, qu'étais-je ? Un simple soldat susceptible de tirer un coup de fusil comme mille autres ; mort, au contraire, je deviens une puissance et c'est de ce jour, pour ainsi dire, que mes ennemis commencent à avoir affaire à moi. Aussi il faudrait que je fusse bien sot pour leur sauver ce danger-là. Et *quant à ces cinq pieds six pouces de chair qui se promènent à vos côtés*, Dieu, soyez-en sûr, n'est jamais du parti des lâches. »

Puis il réfléchit à ce qu'il dira, là-haut, sur la guillotine, à ses *ultima verba* de mourant. Il veut laisser un testament dans un dernier appel. Il criera donc :

Vive la République et vive la France ! S'il a le temps, il se tournera vers le bourreau pour lui dire : « On anoblissait quelque part le bourreau qui avait tué trois nobles ; si vous, vous exécutez quatre républicains, demandez la croix à celui qui vous paye ! vous l'avez bien méritée ! »

Est-il rien de plus grand, de plus étonnant dans l'histoire ? Martyr, c'est bien le nom qui convient à Barbès. Il m'apparaît comme un de ces premiers confesseurs de la foi chrétienne, qui savent que le supplice est fécond et que le sang est une rosée pour les causes qu'on persécute. Il veut mourir. Lorsqu'on apporte sa grâce :

— En toute vérité, écrit-il, cette nouvelle me laissa froid.

Sa sœur vient le voir — cette sainte, comme il dit — et qui pieusement lui jure, pour ne pas affliger son Armand, qu'elle n'a point demandé de grâce. On le sait maintenant, il le sut depuis : elle mentait ! Et comme il est beau et touchant ce mensonge sur des lèvres qui ignorent ce que signifie mentir, ce sublime mensonge qui doit consoler un homme de la douleur de ne point mourir.

Victor Hugo, lui aussi, avait demandé grâce. Le soir de l'arrêt de mort, à minuit, il avait écrit au roi, au père frappé dans sa fille, et la voix du poëte s'était unie au sanglot de la femme. Le poëte disait :

Par votre ange envolée ainsi qu'une colombe !
Par ce royal enfant doux et faible roseau !
Grâce encore une fois ! Grâce au nom de la tombe !
Grâce au nom du berceau !

Il semble que tout soit touchant et beau dans cette histoire. Louis-Philippe, ému, répondit au poëte :
— Je vous accorde cette grâce. Il ne me reste plus qu'à l'obtenir !

L'obtenir de ses ministres, du maréchal Soult entre autres, ce soldat qui demandait, réclamait, exigeait la mort de Barbès. Les ministres furent vaincus. Le roi fit grâce. Barbès, sauvé de l'échafaud, partait bientôt pour l'éternelle et noire prison. Mais ses gardiens (ces âmes sombres ont des replis inconnus et qui étonnent), lui ménagèrent sur un palier une entrevue avec Martin Bernard, prisonnier lui aussi. Les amis s'embrassèrent, en pleurs, sans mot dire. Et Barbès partit pour Doullens. Il était dans les prisons de Nimes, en 1847, lorsqu'il écrivait ces *Deux Jours de condamnation à mort.*

« Depuis, disait-il après avoir raconté le drame de 1839, huit ans se sont écoulés, et le robuste jeune homme que j'étais... Mais ne craignez point d'injustes reproches, mon Dieu. Je crois plus que jamais à toutes les splendeurs de votre loi. Mais si l'épreuve imposée à notre France était, un de ces jours, près de finir, s'il vous plaisait d'ordonner à cette noble patrie du dévouement et de l'égalité de reprendre enfin sa mission, Seigneur, je vous prierais de jeter les yeux aussi sur moi ! Mes bras sont décharnés, ma voix sans force, et ma pensée est comme une lampe qui tremble et s'éteint dans mon cerveau ; mais mon cœur et mon âme, vous le savez, sont toujours l'âme et le cœur d'un homme de bonne volonté, et avant de quitter cette vie pour aller prendre une nouvelle forme et *d'autres devoirs à remplir là-haut,* je voudrais que vous me conduisissiez dans cette dernière grande bataille du mal et du bien sur la terre, et pouvoir frapper, au moins, un coup en votre saint nom, au nom de l'Egalité et de la France ! »

Dites-le, ne croirait-on pas, en lisant ces lignes empreintes de ce mysticisme spécial au temps où Jean Reynaud et Pierre Leroux écrivaient, entendre l'invocation suprême d'un apôtre, la prière fervente d'un inspiré ? Il croit. Il a la foi ce Barbès, mais non la foi puérile et égoïste, et s'il rêve un monde futur, une existence complémentaire ou nouvelle, ce n'est pas pour y trouver des récompenses, y cueillir des palmes et y rencontrer le repos, non, c'est pour y chercher *d'autres devoirs* encore à remplir. Le devoir, c'est là son dieu. Et pourquoi aussi écrit-il ces *paroles dernières*, évoque-t-il ces souvenirs ? C'est que cette confession il l'a promise, et que ce récit qu'il fait, c'est une dette qu'il acquitte. Godefroy Cavaignac n'est plus, mais c'était à Godefroy Cavaignac qu'il devait cette confidence. C'est à la mémoire de Godefroy qu'il l'adresse. Il parle à l'ami mort, comme si la mort n'était pas venue :

A la Mémoire de Godefroy Cavaignac.

» Je t'avais promis ce récit. Acceptes-en l'hommage là où tu es.

» Tu fus mon maître en démocratie, et des régions meilleures que tu habites ton âme descend souvent me visiter. J'ai travaillé sous ton œil. Les sentiments que j'ai exprimés sont les tiens. Comme moi, tu ne séparais pas du culte de l'égalité Dieu, la patrie, la famille. Seulement, ayant à parler de ces grandes choses, tu l'aurais fait d'un autre style ; mais l'indulgence était aussi une de tes vertus. Héros par l'intelligence et par le cœur, tu n'en laissais pas moins venir à toi les petits. C'est par ce penchant que tu accueillis jadis ce que nous nommions en ces temps ma jeunesse, et que tu accueilleras sans dédain aujourd'hui, cher ami, l'œuvre informe que te dédie ton vieux frère d'armes. »

Et voilà l'homme que les réactions et les calomnies ont essayé d'atteindre ! Voilà celui dont on a fait un épouvantail pour les ignorants et les faibles! Voilà le bouc émissaire de tous ceux qui, au 15 mai, ont eu peur et qui à leur terreur ont immolé des innocents et sacrifié la République! Le voilà, ce Barbès : un cœur d'enfant, une âme de héros, des énergies romaines et des délicatesses féminines, un *homme*, un martyr, un saint. Eh bien, oui, un saint! Car en vérité si l'on peut employer ce mot, si la sainteté comme l'entendaient ces apôtres, ces pauvres, ces artisans et ces pêcheurs de Tibériade, consiste à se dévouer, à se donner corps et âme à l'idée, à tout livrer et abandonner à sa foi, à se sacrifier, à tout braver, la persécution, le supplice, la solitude, les privations, l'exil; à se faire terrible aux puissants, doux aux petits, tendre aux souffrants, cher aux humbles, si c'est être saint, Barbès, le pauvre et fier Barbès les vaut tous, ceux qui sont tombés pour une religion nouvelle, comme il est l'égal de ceux qui, en Germinal, en Thermidor, en Prairial, sont tombés pour une foi politique.

Non, ceux qui ne l'ont pas approché ne le connaissent point. Quant à ceux qui le calomnient, l'histoire dira à quel point ils sont ridicules ou coupables. Louis Blanc, son ami, victime aussi de bien des mensonges, a conté un des premiers pourquoi Barbès avait pris part au 15 mai qu'il voulait empêcher. La veille de l'envahissement de l'Assemblée, Barbès disait à Louis Blanc que, voyant un péril, pressentant un malheur, il était résolu à détourner de la manifestation tous ceux de ses amis qu'il lui serait possible de joindre (1). Le seul désir de servir la patrie et de sauver la République fit que Barbès, comme Louis Blanc, prit la parole dans cette journée. Ils avaient pour agir ainsi des raisons semblables à celles qui poussaient les Romme, les Goujon, les Soubrany, au 1ᵉʳ prairial an III. En ces heures troublées, lorsque l'émeute gronde, quand tout ce qu'on a rêvé, tout ce qu'on a souhaité, tout ce qu'on aime, semble près de s'écrouler, on s'élance au-devant de l'orage, on donne sa vie pour protéger celle de ses collègues ou pour sauver la chose publique, et, comme Romulus, on disparaît dans la tourmente. C'est le sort, dirait-on. On y laisse sa vie, comme Romme, ou sa liberté, comme Louis Blanc et comme Barbès.

Barbès arrêté le lendemain, on racontait qu'il voulait, le sanguinaire, mettre Paris au pillage, et qu'on avait trouvé dans ses papiers la commande de cinquante guillotines. Pauvre Barbès! Il est de ceux qu'on tue, non de ceux qui frappent.

— Cinquante guillotines! dit-il parfois en souriant de son indulgent et attristé sourire. Pourquoi cinquante? Je me suis toujours demandé pourquoi on avait choisi justement ce nombre! Cinquante, c'est que je trouve que c'est beaucoup.

De 1849 à 1854, Armand Barbès demeura prisonnier. Il était à Belle-Isle, et, fier d'une détention imméritée, il comptait les jours sans amertume, certain du lendemain et de l'inévitable victoire. Un jour, un homme entra dans sa prison, tenant une lettre à la main. « Vous êtes libre. L'Empereur vous fait grâce! »

L'Empereur! Barbès lui avait-il jamais rien demandé? N'eût-il pas répondu, lui aussi, comme Billaud-Varennes exilé, à qui l'on apportait là-bas, dans sa solitude torride, la liberté au nom de l'Empereur :

— Il y a donc un empereur?

L'Empereur faisait grâce à Barbès après avoir lu quelqu'une de ces lettres, toutes palpitantes du patriotisme vrai, où le prisonnier, du fond de son cachot, faisait des vœux pour l'armée d'Orient, cette armée engagée si loin dans le froid, dans la neige, contre les Russes. Il ne voulait pas, disait-il, qu'un homme au cœur si profondément français demeurât prisonnier plus longtemps sous son règne. Le mot de grâce sonne mal aux oreilles de citoyens tels que Barbès. Hautement, publiquement il protesta contre sa mise en liberté. Il tenait à sa prison, à ce coin sombre où il laissait sa santé jour par jour, où son corps, ro-

---

(1) Voyez la *Révolution de février 1848*, par Louis Blanc.

buste jadis, s'affaiblissait lentement, mais où il demeurait comme une protestation vivante ; on lui prenait sa prison : c'était son arme de combat, à ce soldat, à ce martyr du droit, épris de sacrifice. De Belle-Isle, Barbès revint à Paris. Il écrivit aux journaux cette lettre superbe où, rejetant la grâce, il déclarait rester deux jours, dans son hôtel, à la disposition de ses geôliers. Après quoi, si on le contraignait à subir l'amnistie, il prendrait le chemin de l'exil et monterait, à son tour, l'escalier de l'étranger (1).

On le laissa libre, et Barbès partit. Il partit, le cœur ulcéré peut-être, car la France alors ne paraissait pas près du réveil, mais il pouvait se dire que des hommes tels que lui sont ceux-là qui, par des actes semblables à celui qu'il venait

---

(1) Voici cette lettre, qui n'est pas seulement une page superbe, mais un des plus beaux actes de l'histoire contemporaine.

A Monsieur le Directeur du *Moniteur universel.*

Monsieur le Directeur,

J'arrive à Paris, je prends la plume et je vous prie d'insérer bien vite cette note dans votre journal. Un ordre dont je n'examine pas les motifs, car je n'ai pas l'habitude de dénigrer les sentiments de mes ennemis, a été donné, le 5 de ce mois, au directeur de la maison de détention de Belle-Isle. Au premier énoncé de cette nouvelle, j'ai frémi d'une indicible douleur de vaincu, et j'ai refusé tant que je l'ai pu, durant deux jours, de quitter ma prison. Je viens maintenant ici pour parler de plus près et mieux me faire entendre. Qu'importe à qui n'a pas droit sur moi que j'aime ou non mon pays ! Oui, la lettre qu'on a lue est de moi, et la grandeur de la France a été, depuis que j'ai une pensée, ma religion. Mais encore un coup qu'importe à qui vit hors de ma foi et de ma loi que mon cœur ait ces sentiments ? Décembre n'est-il pas, et pour toujours, un combat indiqué entre moi et celui qui l'a fait ? A part donc ma dignité personnelle blessée, mon devoir de loyal ennemi est de déclarer à tous et à chacun ici que je repousse de toutes mes forces la mesure prise à mon endroit. Je vais passer à Paris deux jours, afin qu'on ait le temps de me remettre en prison, et, ce délai passé, vendredi soir, je cours moi-même chercher l'exil.

A. BARBÈS.

Paris 11 octobre 1854, dix heures du matin, *Grand Hôtel du Prince Albert,* rue Saint-Hyacinthe-Saint-Honoré.

d'accomplir, hâtent la venue du jour, et, en pleine nuit, font de la lumière et de l'aurore.

Depuis, Barbès, chassé de Bruxelles, s'est retiré à La Haye. Des amis dévoués, des cœurs éprouvés vont souvent le voir en sa retraite. Il n'est pas de ceux qu'on oublie. Il est là, regardant les arbres verts par sa fenêtre, lisant, songeant. Ce que Barbès sait, a appris, est énorme. Charras lui présenta un jour un pasteur protestant de Strasbourg. Le pasteur et le proscrit causèrent théologie. En quittant Barbès, le théologien était stupéfait. Il avait trouvé son maître. La prison est la grande institutrice. On l'étonnerait beaucoup, d'ailleurs, le cher grand homme, si on lui disait qu'il sait tant de choses et qu'il les écrit si bien. Sa modestie, qui n'a rien d'affecté, sa modestie, profonde, sincère, touchante, le porte constamment à s'effacer, à se tenir comme en une pénombre dans son rôle d'homme d'action, de soldat. C'est un écrivain, pourtant, un grand écrivain, car tout en lui vient du cœur ; c'est un écrivain et un penseur ; c'est, avant tout, je l'ai dit, un exemple.

Et quel exemple ! Celui du dévouement sans récompense, l'exemple de l'abnégation, du sacrifice, du courage, de la bonté forte et de l'honnêteté. Devant de telles figures, on ne discute pas : on s'incline. Deux hommes m'ont touché et pénétré de la même sorte par leur charme et le rayonnement superbe de leur douceur, de leur grandeur ignorée, de leur simplicité, c'est Garibaldi et Barbès.

Que dira-t-il, le proscrit, s'il lit ces lignes ? Il me reprochera cette effusion et rejetera ce nom de grand qui sort de ma plume à chacune de ces pages.

« Hélas, dira-t-il encore, comme il l'écrivait un jour, il n'y a de grand en moi que ma taille — qui m'aurait permis de servir dans les grenadiers de la République — mais qui tend elle-même à se raccornir pour occuper moins de place dans la tombe. »

Non, non, il y a quelque chose de plus grand en vous, mon vénéré concitoyen, c'est l'âme et le cœur ; — c'est cet esprit généreux qui toujours pense, c'est cette infatigable ardeur à servir tout ce qui est beau : la liberté, la vérité, la justice ; c'est ce vaste et profond amour de la France, de la chère France, de la France libre des grands jours ; c'est cette inextinguible foi dans le triomphe définitif ; c'est cette conviction que rien n'ébranle, cette bonté que rien ne corrige, cette flamme que rien n'éteint ; c'est cette intrépidité charmante et cet éternel espoir qui, après tant de défaites noblement subies, tant de calomnies victorieusement supportées, tant de mensonges dédaigneusement oubliés, tant de luttes qu'on dirait stériles et qui sont fécondes, tant de tourments, tant de douleurs, tant d'épreuves, vous permettent de répéter, à soixante ans comme à trente ans, au lendemain de la prison comme à la veille de l'échafaud, les vers de Byron, faits pour tous les martyrs :

« Ils n'échouent jamais ceux qui tombent pour une sainte cause ! Ils ne font qu'augmenter les pensées profondes qui conduisent le monde à la liberté ! »

Et vous êtes — qu'on le sache bien, et qu'ils vous connaissent ceux qui ont écouté vos ennemis — vous êtes de ceux qui conduisent à la liberté par tout ce qu'il y a de meilleur au fond des entrailles humaines, par la fraternité, par l'amour, par la pitié, par le dévouement et par la justice !

Jules CLARETIE.

8 septembre 1869.

EUGÈNE ROUHER

Il est Auvergnat. Riom nous l'a envoyé un beau jour, avec les autres produits du crû, et nous l'avons gardé — comme nous faisons du reste.

Il s'appelle Eugène et date du dernier jour de l'avant-dernier mois de l'année 1814 : il aura vu la chûte du premier Empire, et travaillé à l'établissement du second. L'avenir nous dira s'il a voué sa vie à une œuvre durable.

Ce qu'il fut, en quelques lignes le voici : fils d'un avoué, clerc d'avoué lui-même à ses débuts, avocat d'un barreau provincial généralement sans éclat, gendre d'un maire, député de son département, non sans avoir subi le premier échec de rigueur, muet à la Constituante, obscur à la Législative, juste assez libéral pour se faire remarquer de ceux qui savent le prix des convictions lentes à se prononcer, ministre de la justice à une époque où la justice ne rendait pas que des arrêts, et, dès lors, voué au ministère à perpétuité, ne sortant par une porte que pour rentrer par une autre, reprenant de la main droite le portefeuille qu'abandonnait la gauche, plus avocat que jamais, rivé à une cause qui « prête à l'attaque et donne au défenseur, » principal conseiller, principal organe, principal répondant — irresponsable — d'un

PLVTARQVE POPVLAIRE CONTEMPORAIN

EUGÈNE ROUHER

Paris. — Imp. A.-E. Rochette, boulevard Montparnasse, 72-80.

responsable pouvoir qui ne répond que de lui, vice-président de Conseil d'Etat, ou président en passant, chargé dans son chemin de toutes sortes d'intérêts qui le rattachent au gouvernement comme autant de liens de complicité proche, grand officier, grand cordon, grand'croix de tous les ordres que vous savez, plénipotentiaire à l'occasion, hier sénateur par droit, aujourd'hui avocat de la commune par devoir, sous le nom de ministre d'Etat, demain président, par grâce, de ce même Sénat (1), où trouvent un repos trente mille fois trop payé les illustrations fatiguées du second Empire; orateur persistant, serviteur acquis, presque empereur, vice-empereur pour dire le mot juste, plus sûr de ne point être oublié de ses contemporains que connu de la postérité, digne enfin à tous les titres de trouver dans une série de biographies des hommes du jour la place que lui refuseraient peut-être les historiens à venir d'un siècle comme le nôtre, d'un siècle encombré d'une foule prodigieuse de petits grands hommes et de politiques sans tradition, sans idéal et sans résultats.

Veut-on des dates précises, marquant comme autant de jalons la route suivie jusqu'à ce jour par M. Rouher? Ouvrons la première collection venue des journaux de ces vingt dernières années :

En 1846 nous le trouvons candidat patronné par M. Guizot, mais évincé néanmoins par les électeurs de son pays; après Février, arrivant à la Constituante, nommé dans le Puy-de-Dôme par 48,282 voix, réélu l'année suivante par 54,115 suffrages qui le font entrer à la Législative, il votait alors avec les libéraux.

Le premier ministère de Louis-Napoléon, présidé par M. Odilon-Barrot se retire : M. Rouher accepte le portefeuille de la justice qui lui est offert.

On conte, à ce propos, un trait qui ne laisse pas que d'être curieux :

— Il me faut, pour la justice, un ministre muet, aurait dit le premier président.

(1) A l'heure où ces lignes étaient écrites, *aujourd'hui* devenait *hier*, et la présidence du lendemain est à présent la présidence de la veille. — L. G.

— Un ministre muet, lui aurait-on répondu, prenez Rouher.

Que le mot ait été dit ou non, on prit M. Rouher, qui sut bien se dédommager plus tard de ce mutisme temporaire, dont les circonstances d'alors semblaient lui faire une loi.

Dès lors M. Rouher devient le principal instrument de la politique annoncée par le message du 31 octobre 1849. Premier message à soutenir : ce ne sera pas le dernier.

On sait comment il désigne, à la plume, la révolution de Février : le mot de *catastrophe* lui paraît des plus naturels à dire. A la même époque il défend la loi du 31 mai, cette loi qui restreint le suffrage universel.

Il sort du ministère le 18 juillet 1851, pour y rentrer presque immédiatement, le 24, avec MM. Baroche et Fould.

Nouvelle sortie à la date du 26 octobre : rentrée au département de la justice le 2 décembre. L'heure des fidèles avait définitivement sonné.

Le décret sur les biens de la famille d'Orléans, à la date du 22 janvier de l'année suivante, fut suivi de la démission de quatre ministres du cabinet, parmi lesquels M. Rouher.

Mais ce ministre démissionnaire ne se tint pas, pour cela, éloigné du pouvoir, et accepta au contraire la vice-présidence du Conseil d'Etat avec la direction du département de la législation, de la justice et des affaires extérieures.

En 1855, il rentrait au ministère par la porte de l'agriculture, du commerce et des travaux publics. Le 18 juin 1856 il était créé sénateur.

Ici se place un des actes les plus importants de la vie politique de M. Rouher, nous voulons parler du traité de commerce conclu entre la France et l'Angleterre, et qui fut signé le 22 janvier 1860, sous les auspices de MM. Rouher, Baroche, lord Cowley et Richard Cobden. Ce traité fut le premier d'une série de traités analogues qui établissaient définitivement la victoire des principes du libre-échange, auxquels M. Rouher demeura fidèle, défiant ainsi tout reproche de versatilité par son attachement à un système de commerce. Il aurait pu, à la rigueur, convertir au libre-échange les députés protectionnistes. « Il a, écrivait récemment un de nos confrères qui a très-finement étudié la physionomie du personnage en question, pour faire triompher sa cause il a le meilleur de tous les arguments, son exemple ; si jadis il a soutenu la république naissante et les tarifs protecteurs, c'est qu'il ne trouvait aucune chance de durée aux gouvernements et aux institutions qui prévalaient alors. Depuis, défendant ce qui lui paraissait définitif, c'est-à-dire l'empire et les traités de commerce, il a éprouvé ce que l'on pouvait gagner au libre-échange des opinions et à la connaissance des hommes. Que les gouvernements tombent ou s'installent, le vrai citoyen ne s'étonne ni de leur chûte, ni de leur triomphe ; il est assez sûr de lui pour ne jamais lasser leur bonté, s'ils sont périssables, leur patience, s'ils sont éternels (1). » Ainsi M. Rouher aura pu fatiguer la patience de ses adversaires, sans épuiser jamais les bontés du pouvoir.

La nomination de M. Rouher au poste de plénipotentiaire français date de 1861, l'année même où fut signé le traité de commerce entre la France et la Belgique, sur les mêmes bases que le précédent contrat (1er mai).

En 1863, nouvelle alliance commerciale avec l'Italie, cette fois. Le grand cordon des SS. Maurice et Lazare ne se fait pas attendre.

Au 23 juin, M. Rouher quitte le portefeuille de l'agriculture et du commerce pour être nommé ministre président le Conseil d'Etat, en remplacement de M. Baroche.

Il adresse à cette époque un rapport à l'Empereur sur l'enseignement professionnel (22 juin), et un rapport sur la question de la liberté de la boulangerie qui est décrétée le 30 juin. Il remplace M. Boudet, par intérim, au ministère de l'intérieur.

(1) A. de Boissieu, *Lettres d'un passant*, 2e série, p. 342.

Sur ces entrefaites, Billault meurt et M. Rouher devient ministre d'Etat (18 octobre).

Ici commence son rôle actif de premier conseiller de la couronne à visées oratoires : avocat à périodes sonores, il escalade la tribune, les mains pleines d'arguments qui ne veulent pas être discutés, et la mémoire riche de faits inexacts et de chiffres audacieusement fantaisistes, enveloppant ses phrases redondantes dans un tour rapide, violent, tyrannique, faisant sonner ses titres, et sûr des bravos d'une majorité complaisante, dressée à l'approbation, incapable de blâme, trop bien rentée pour n'être pas contente, trop menacée pour se jeter dans la mêlée politique. Appuyé sur cette foule de députés soumis qui savent alternativement jouer du couteau de bois pour étouffer les voix de l'opposition ou crier : Vive l'Empereur ! à chaque fin de période ministérielle, fier de sa force, sachant le prix d'une minute de forfanterie aussi bien que la nécessité d'une seconde d'imprudence, nous l'avons vu pendant ces six dernières années gouverner, en vrai chef de parti, la masse indécise de l'Assemblée législative, soit qu'il trônât à son banc de ministre avec des nonchalances de pose calculées, soit qu'il tonnât bruyamment du haut de la tribune, nouveau porte-voix du maître, et fît tomber dans les oreilles dociles la fanfare assourdissante de son organe officiel, il sut, presque toujours, éviter la discussion, connaissant bien qu'il n'aurait pas l'avantage de la réplique sur un terrain où il lui aurait fallu livrer bataille à chaque pas : il eut une façon de répondre commode et dont il préféra ne se point départir « il en appelle régulièrement ; au dévouement de la majorité », et « la confiance du pays » et ne craignit pas, à l'occasion, de se mettre plus en colère que ceux-là mêmes dont il provoquait à dessein l'irritation. Il eut le talent facile d'entraîner des gens qui ne demandaient qu'à le suivre, et de se laisser entraîner lui-même à l'apparence d'une conviction qu'il n'eut jamais.

Il est des hommes pour lesquels l'éloquence est une mission : pour M. Rouher, elle fut un exercice. On l'envoyait au Corps législatif pour parler et faire taire les plaintes et les questions indiscrètes de la gauche : il parlait aussi longtemps qu'il le fallait et recommençait les jours suivants. Ce qu'il disait lui importait peu d'ailleurs : il faisait son métier comme un véritable manœuvre.

Un jour qu'il sortait de la Chambre et prenait place, dans un de nos restaurants à la mode, auprès de quelques intimes :

Vous venez de faire un long discours, lui dit-on, vous devez être fatigué?

— Moi, mon cher! vous voulez rire. J'ai fait deux heures de gymnastique nécessaire, et, comme toujours, j'y ai gagné un appétit d'enfer : voilà tout.

M. Rouher ne nous démentira pas si nous en concluons qu'il fit le plus souvent de la tribune un tremplin.

Ceux qui écriront l'histoire des orateurs du second Empire devront se montrer sévères à l'égard de M. Rouher, qui semble plutôt un énergumène à jets de violence continus qu'un rival de Démosthènes. On ne l'a d'ailleurs comparé au redoutable adversaire de Philippe que pour lui donner un surnom vraiment un peu dur : on l'a baptisé « Démosthènes avant les cailloux. » Soyons plus juste, ne lui jetons pas cette pierre. Les fleurs d'éloquence qui poussent dans le jardin ministériel sont rares : ne les abattons pas d'un coup. Si elles ont parfois la vertu des pavots dont le parfum endort, avouons que ce serait pour elles un honneur immérité de provoquer les coups de bâton d'un Tarquin.

Un surnom qui sied davantage à l'homme, — presque à l'orateur — est celui que lui valent à la fois sa carrure athlétique et son origine propre : M. Rouher est vraiment « l'Hercule Auvergnat », dont le type faisait jusqu'à présent défaut dans la galerie des Alcides. Très-fort, ainsi que le gouvernement qui l'emploie, il s'enveloppe de son irresponsabilité comme la peau du lion de Némée, et pétrit le marbre de la tribune sous sa main puissante et lourde, en guise de massue antique. Très-souple, comme ses fonctions l'exigent, il joue en se riant avec « l'hydre de l'anarchie », comme faisait le jeune frère d'Euristhée, étouffant au berceau les serpents redoutables, et triomphant dans la suite du monstre de Lerne aux sept têtes renaissantes. Toutefois Hercule a passé et les hydres sont immortelles. M. Rouher passera comme Hercule : les têtes renaîtront.

A l'heure où ces lignes paraîtront, M. Rouher commencera d'entrer dans la demi-teinte de l'obscurité inévitable à laquelle sont, pour la plupart, condamnés d'avance les hommes d'Etat de ce temps. Il était le premier d'une pléiade de constellations passagères, d'un éclat douteux mais d'une influence sensible : les étoiles s'effacent peu à peu dans le ciel de Jupiter; le ministre nécessaire cesse d'être ministre et d'être nécessaire : comme il fut le premier clairon qui sonna la marche, sa voix qui s'apaise et prend la note aiguë du fifre fatigué, annonce la retraite proche et la nuit envahissante.

Mais la retraite sera douce pour l'homme chargé de faveurs et criblé de bénéfices : les dévouements, au temps où nous vivons, coûtent cher à qui les sollicite et rapportent gros à qui les pratique. La petite maison des Champs-Élysées et la villa de Brunoy se partageront l'honneur d'abriter les suprêmes loisirs de celui qui fut un des serviteurs laborieux d'un Empire toujours en travail. La fortune adoucira les amertumes probables des heures dernières, et, si les titres se sont envolés, les plaques de diamant resteront.

L'homme public tient dans la biographie que nous écrivons tant de place, qu'il en reste peu vraiment pour l'homme privé : à peine si le printemps de sa vie fit prévoir l'automne à venir. On n'a pas fait l'histoire des tempêtes de ce crâne : après tout, les tempêtes rencontrèrent peut-être en lui un Neptune vainqueur. Toutefois mainte anecdote pourrait ici trouver sa place et jeter quelque jour sans doute sur la physionomie du personnage, si nous ne craignions pas de réveiller des souvenirs éteints et de provoquer un scandale inutile. Que M. Rouher veuille bien se reporter au temps de sa jeunesse et se rappeler certaine cliente dont il fut l'éloquent avocat, il comprendra notre discrétion. La cliente était intéressante, fort belle, très-courtisée, portant un nom célèbre au barreau d'ailleurs, et digne par sa beauté et ses malheurs de conquérir les cœurs les plus insensibles. A cette époque, au reste, Hercule avait plutôt l'air d'Apollon : jeune, beau, persuasif, il pouvait et devait plaire. Qui lui voudrait sur ce point chercher querelle? L'âge du Belvédère n'eut qu'un temps.

Il ne nous reste pas de portraits fidèles de M. Rouher jeune. Aujourd'hui, nous le pouvons dépeindre d'après un de ses plus spirituels biographes, auxquels nous avons eu déjà recours :

« C'est, dit M. de Boissieu, un Auvergnat de grandeur raisonnable et de fortes dimensions. Sa tête, ample et carrée, supporte sans fléchir le poids de sa pensée.

« Des cheveux noirs, abondants et bouclés qui l'ombrageaient jadis, beaucoup sont allés rejoindre le vote de 48, mais il ramène les fidèles avec l'espérance secrète de faire illusion sur le nombre. Les yeux bruns, intelligents et vifs regardent en face et voient plus loin que le nez spacieux qui domine sa bouche éloquente. Il a les épaules larges, les mains épaisses, les jambes volumineuses, l'extérieur massif, et réunit en un mot tous les caractères de cette race persévérante qui fournit à la France les porteurs d'eau et les ministres d'Etat (1). »

Si l'on veut un portrait plus complet,

(1) A. de Boissieu, ibid. p. 107.

une analyse plus détaillée et plus exacte, nous ne saurions vous renvoyer qu'au *Moniteur* de ces vingt dernières années, non sans vous demander pardon de la fatigue à laquelle vous serez condamnés en essayant de relire les harangues de M. Rouher : lourde tâche, mais utile pourtant, car l'homme est tout entier dans ses discours et se reflète dans sa prose boursoufflée, prétentieuse, à mouvements oratoires indiqués, à violences que lui seul pouvait se permettre, à développements sans portée et sans vérité fondamentale. Ne nous montrons pas toutefois plus absolu dans notre jugement que l'impartialité le commande : si M. Rouher ne fut pas un orateur dans le sens élevé du mot, il eut du moins l'art encore malaisé de l'éloquence parlementaire, sachant se faire une spécialité seulement là où quelques-uns se créaient une gloire, mais en même temps une utilité là où le plus grand nombre se fait néant. Homme d'État en revanche, politique sans grandes vues mais non sans habileté, tirant sa plus grande force non pas de lui-même à coup sûr, mais des circonstances passagères, il fut l'homme des situations embarrassées, le répondant à l'heure des questions difficiles, le serviteur indispensable qui servait de tout et à toutes choses, l'instrument volontairement aveugle d'une politique irrégulièrement clairvoyante, grand favori de César et grand-prêtre du dieu pour lequel brûle l'encens.

Vie certes très-remplie jusqu'à la minute présente : M. Rouher va sortir, tout à l'heure, de son onzième lustre, — celui peut-être qui laissera rayonner sur son nom le plus d'éclat.

Léon GUILLET.

PLVTARQVE POPVLAIRE CONTEMPORAIN

MONTALEMBERT

MONTALEMBERT

I

« ..... Comme s'il fallait demander aux résultats la justification de tout ce qu'il y a de vital et de pur dans le cœur d'une nation ; comme s'il y avait un temps spécial pour le triomphe du sentiment éternel de la justice opprimée ! ce serait certes le cas de rappeler le serment de Démosthène, lorsqu'il jurait, par les mânes de ceux qui avaient vaincu à Salamine, qu'on avait bien fait de combattre à Chéronée. Les grandes âmes, les grandes nations ont toujours jugé de même ! Elles ont toujours proclamé qu'en présence d'un crime à venger, d'une injustice à réparer, d'un droit à reconquérir, le suprême honneur était pour ceux qui se dévouaient sans calcul, et qui marchaient au combat en voilant la statue du Destin. C'est que les résultats ne dépendent que des circonstances, et que l'effort, la volonté seule dépendent de l'homme : il ne doit compte ni à Dieu, ni à ses descendants des circonstances ; il ne leur doit compte que de sa conscience et de son honneur. Nous savons qu'on a tenté d'ériger en doctrine philosophique cette union nécessaire de la justice et de la victoire, et que parmi nos grands politiques du jour elle trouve sans cesse des échos plus ou moins courageux ; c'est pour cela même que nous éprouvons un impérieux besoin de protester contre cette apothéose de la force, contre ce démenti insolent donné à l'instinct et à la conscience des races humaines. Que ni serait tenté, au contraire, de répudier la victoire et ses sentences, de la mépriser même, aujourd'hui où toutes les causes qu'elle couronne sont méprisables ?...

....

« Périsse dans votre âme tout souvenir, avant celui de ces attentats ! Périsse toute espérance avant celle d'un prompt et terrible châtiment pour leur auteur ! Mais il y a des souvenirs plus longs que ceux des hommes, et des vengeances plus sûres. Tout ce sang, toutes ces larmes, toutes ces malédictions sont montées vers le trône du vengeur éternel ; elles en retomberont en pluie de feu sur les trônes d'ici-bas.

....

» Et ce qu'il y a de plus hideux dans ces raffinements de cruauté et de tyrannie, c'est que ces violateurs de tout ce qu'il y a de saint dans cette vie et dans l'autre se font une parure de la religion, et osent flétrir son nom en l'affichant à la tête de leurs traités et de leurs lois. Cet empereur d'Autriche se décore du nom d'apostolique, et se fait appeler par le Vatican le fils de prédilection du Saint-Siége. Ce roi de Prusse compose des liturgies et se croit appelé à être le pape de la réforme. Ce Nicolas, dont le nom seul est un outrage à la religion et à l'humanité, fait prêter à ses espions, avant de les semer au sein des familles, des serments trois fois saints ; il jette aux populations qu'il a décimées des catéchismes où il revendique dans leur culte une place à côté du Très-Haut, et, quand il rencontre un marin étranger, il le charge de dire au roi son maître que chaque soir il prie Dieu pour sa prospérité. Lui prier ! Ah ! certes, quand la Convention décrétait l'abolition de tout culte, quand ses délégués se plaignaient de l'attachement obstiné des Bretons au ci-devant bon Dieu, la majesté divine, la conscience du genre humain étaient moins outragées que lorsque ces assassins de peuples mettent Dieu de moitié dans leurs crimes, et lui lancent, du sein de leur orgie sanglante, une sacrilége prière. Ces hommes-là crucifient une seconde fois le Christ en l'appelant Roi.

« Et nous-mêmes, avons-nous échappé au sort de nos frères ? Le supplice de la France, pour être moins douloureux, est-il moins honteux que celui du reste de l'Europe ? Hélas ! Chacun de nous sent au fond de son âme la dévorante conviction du déshonneur de la patrie. Quelle humiliation pourrait dépasser la sienne ? Livrée à d'effrontés jongleurs, forcée de renier par leur bouche sa destinée et de mentir aux espérances du monde; forcée de subir comme siennes les doctrines cyniques de corruption et d'arbitraire que promulguent ses représentants et ses chefs; épouvantée par les théories plus sanguinaires et non moins oppressives de ceux qui aspirent à leur succession, exploitée par une horde d'administrateurs éclos du despotisme impérial, par une magistrature qui semble commissionnée pour tuer la loi dans l'estime des hommes, par des parquets tenant à la foi de la nature du laquais et de celle du bourreau ; flétrie au dehors par sa diplomatie, au dedans par sa police ; dans son intelligence et sa foi par l'Université ; dans sa conscience par la torture du serment; elle expie sous de vils Césars le triste matérialisme que le dernier siècle a introduit dans ses lois et ses mœurs. Infidèle depuis longtemps aux principes qui font la vie des sociétés, on dirait que des eunuques ont été chargés de lui faire subir l'antique supplice de la femme adultère : ils l'étouffent dans la boue. »

Vous vous êtes demandé, sans doute, en lisant ce magnifique morceau, quel est le tribun éloquent et inspiré, quel est le démocrate énergique jusqu'à la violence, qui a écrit ces admirables pages tout enflammées du saint enthousiasme de la liberté.

A quoi conclure, après avoir lu ces anathèmes et ces malédictions contre les rois et les empereurs, ces grands tueurs de peuples, sinon à la République ?

Eh bien ! le tribun, le démocrate, le républicain dont la plume a craché ces malédictions et ces anathèmes, c'est M. Charles Forbes de Tyron, comte de Montalembert, orateur catholique, ancien pair de France, ancien député à la Constituante de 1848 et à la Législative de 1849 où il votait avec la droite pour toutes les mesures de compression, un des promoteurs de la loi du 31 mai 1850, destinée à dépouiller de leurs droits civiques plus de trois millions de Français, le comte de Montalembert, *le fils des croisés*, comme il tient à s'appeler lui-même par opposition à nous autres *les fils de Voltaire*.

II

C'était vers 1833, à propos des gouvernements d'alors et en tête d'une traduction du *Livre des Pèlerins polonais*, d'Adam Mickiewicz, que M. de Montalembert, âgé de 23 ans, marquait ainsi du fer rouge de ce style âpre et véhément le front des souverains de l'Europe.

Il venait à peine de débuter. Pourtant il avait, dès 1831, signalé son amour pour la liberté par la fondation de l'école libre de la rue des Beaux-Arts qu'il avait ouverte le 29 avril, de concert avec MM. de Coux et Lacordaire.

La fondation de cette école était une protestation contre l'Université, une première croisade en faveur de la liberté d'enseignement telle que la rêvent les cléricaux, liberté pour les instituteurs enseignant d'après les instructions et sous le despotisme de Rome.

Cette protestation valut à ses auteurs une assignation devant le tribunal de police correctionnelle, dont ils déclinèrent la compétence, en s'appuyant sur une consultation des principaux membres de l'Ordre des avocats de Paris, approuvée par la plupart des barreaux de France. La Cour d'appel retint l'affaire et les condamna par défaut à 100 fr. d'amende. Mais au moment où ils formaient opposition à cet arrêt rendu le 28 juin, le père de M. de Montalembert étant venu à mourir, son fils, qui héritait de la pairie, réclama son droit d'être jugé par la Haute Cour. Ce fut donc devant la Chambre des pairs constituée en Cour de justice qu'il débuta comme orateur le 19 septembre 1831, à l'âge de 21 ans et quelques mois. Sa défense fut brillante, incisive, éloquente, surtout dans les parties où le jeune tribun se posa en champion de la liberté. — La liberté, cette noble et sainte cliente, inspire toujours noblement ses défenseurs ! — La Cour des pairs n'en confirma pas moins la décision de la Cour d'appel; et l'école libre fut fermée.

Après avoir plaidé devant la Chambre des pairs *pro domo suâ*, en avocat de sa propre cause, M. de Montalembert, ne fut pas admis immédiatement à prendre part aux délibérations de la haute Chambre; il dut attendre l'année 1835 qui lui conféra sa majorité de 25 ans. Mais, bien longtemps avant d'avoir atteint cette majorité conventionnelle d'homme politique, il s'était politiquement émancipé en créant sous la haute inspiration de l'abbé de Lamennais et de concert avec l'abbé Lacordaire et quelques autres ardents adeptes du christianisme libéral, *l'agence générale pour la défense de la liberté religieuse*, et le journal *l'Avenir* qui lui servait d'organe.

Avec quelle chaleur, quelle énergie, quelle violence même la liberté humaine fut défendue dans les colonnes de ce journal, on s'en fera aisément une idée en relisant le fragment de préface que nous venons de citer, quand on saura surtout que M. de Montalembert était un des rédacteurs les plus modérés. La collection de *l'Avenir* contient des morceaux qui aujourd'hui même passeraient pour exagérés aux yeux de nos libéraux expectants.

Aussi l'épiscopat, inquiet de cette prédication fiévreuse qui menaçait de faire de la liberté de penser un article de foi chrétienne et de substituer à l'obéissance aveugle, à la discipline absolue, et à tous les autres anciens moyens de gouvernement de l'Église, la seule arme de la persuasion, s'empressa-t-il de la combattre énergiquement et d'en signaler les tendances à la cour de Rome. Les rédacteurs de l'*Avenir* suspendirent eux-mêmes leur journal, et M. de Montalembert s'achemina vers la ville éternelle en compagnie de MM. de Lamennais et Lacordaire.

On sait ce qui advint de leur visite au pape et de leur acte de soumission à l'Église; ils s'en revinrent le cœur plein de tristesse et l'esprit résigné, et trouvèrent, à leur retour, une lettre encyclique de Grégoire XVI condamnant sévèrement les doctrines de l'*Avenir*.

Ces doctrines consistaient principalement à réclamer l'indépendance absolue de l'Église catholique et sa séparation d'avec l'État, afin qu'en renonçant à tout salaire du gouvernement, elle pût devenir maîtresse de son culte, de son enseignement, de sa discipline, et se régénérer ainsi par la liberté. L'*Avenir* prêchait aussi la liberté de la presse et de la pensée, liberté que la lettre encyclique qualifiait en propres termes de *liberté funeste, et dont on ne peut avoir assez d'horreur*.

Les trois écrivains, nous l'avons dit, s'étaient soumis; ils renoncèrent à leur publication et promirent même de garder le silence désormais sur leurs doctrines; mais Rome ne se contente pas de si peu : elle voulut aussi que Lamennais prêchât et écrivît absolument le contraire de ce qu'il avait prêché et écrit. Ce fut sous le coup de cette exigence que ce grand homme, un des plus admirables écrivains dont s'honorent les lettres françaises, publia ce livre immortel : *Les Paroles d'un croyant*, qui lui valut une nouvelle et définitive condamnation et marqua le commencement de son apostolat révolutionnaire.

Ses deux compagnons de journalisme et de pèlerinage ne trouvèrent pas dans le sentiment de leur génie individuel la force et le courage de demeurer ses compagnons de proscription, et l'absolutisme de Rome priva ainsi la cause de la liberté de deux hommes qui avaient débuté en tribuns convaincus et éloquents de la démocratie moderne.

Le récent exemple du père Hyacinthe prouve que depuis trente-six ans Rome n'a pas changé et continue à vouloir peser de tout le poids de son aristocratie despotique sur les consciences et sur les élans de tous les hommes animés d'un pur et sincère amour de la liberté.

Celui qui fut le père Hyacinthe deviendra-t-il un Lamennais ou se résignera-t-il à rentrer, comme M. de Montalembert, dans le giron de l'Église? C'est ce que l'avenir nous apprendra.

En attendant, suivons M. de Montalembert, devenu pair de France, mais diminué de tout ce que sa soumission a fait perdre d'indépendance à son génie et d'influence à sa parole.

Cependant, malgré son orthodoxie, le sentiment de la liberté ne cessa pas de couver en lui. Après deux ans de retraite en Allemagne, consacrés aux études de son Histoire de sainte Élisabeth de Hongrie, il reparut, le 14 mai 1835, à la Chambre des pairs, où son âge lui donnait voix délibérative. « Dès lors, dit Sainte-Beuve, il eut le droit de tout dire, de tout oser ; moyennant cette élégance de parole et de débit qui ne l'abandonna jamais, il put y faire entendre, en toute franchise, les accents les plus passionnés pour cette liberté dont l'amour fut le seul excès de sa jeunesse ; il put y développer ces théories absolues, qui eussent fait frémir dans une autre bouche, mais qui plaisaient presque dans la sienne. Il put même y donner libre cours à ses qualités incisives, mordantes, acérées et se montrer personnel envers les potentats et les ministres impunément. »

III

Mais quel adepte mal converti et indiscipliné que ce catholique, à chaque instant prêt à se passionner pour toutes les causes libérales! C'est au nom de la liberté qu'à peine assis sur son fauteuil de pair de France il se lève pour combattre les lois réactionnaires de septembre 1835. Quelque temps après, à l'occasion de la discussion de la loi sur le travail des enfants, il trouve des paroles de philosophe humanitaire, de tribun socialiste, pour flétrir l'exploitation démoralisatrice des enfants dans les grands centres manufacturiers.

C'est en poëte et en lettré, plutôt qu'en catholique qu'il se fait à la Chambre, comme dans les congrès archéologiques, l'avocat de nos beaux monuments de l'architecture du moyen-âge. A Londres, où il va souvent se retremper dans l'air sain de la liberté, il assiste en 1839 à une réunion des Amis de la Pologne et prononce un de ces discours où le tribun vengeur des peuples impose silence au catholique indulgent pour les rois. Il faut que les intérêts immédiats du catholicisme et de l'influence cléricale dont il est, parfois à contre-cœur, un des instruments les plus puissants, se trouvent directement en jeu pour que *le fils des croisés* prenne en main et brandisse dans les airs l'oriflamme de l'Église.

Aussi date-t-il de Madère même où il était allé chercher un climat propice à la santé de sa jeune femme, une brochure destinée à tracer aux catholiques la ligne de conduite à suivre dans la discussion d'un projet de loi sur l'instruction secondaire et revient-il à Paris tout exprès pour prendre part à la discussion. On sait à quel point la question d'enseignement a intéressé de tout temps Rome et l'Église. De leur influence sur l'enseignement dépendent leur influence sur le gouvernement des peuples.

Dans cette question, comme dans la fondation du *comité électoral de la liberté religieuse*, la liberté devient pour l'orateur, non moins adroit que véhément, un prétexte auquel se laissent prendre trop souvent les esprits superficiels. L'Église demande la liberté d'enseigner, pour monopoliser l'enseignement au profit des congrégations, comme elle demande la liberté du culte, à la condition qu'on ne la séparera pas de l'État et qu'on ne la privera pas des émoluments que le budget partit à ses ministres plus généreusement qu'aux instituteurs et aux professeurs de tous les degrés. Il suffit, pour connaître, à cet égard, le fond de sa pensée, de lui demander ce qu'elle pense du principe de l'instruction gratuite et obligatoire.

Le catholique libéral se manifeste encore, un peu plus tard dans la fougueuse harangue que M. de Montalembert prononça le 21 janvier 1847, à propos de l'incorporation de Cracovie. En dépit de l'opinion du pape Grégoire XVI, — à qui il avait fait sa soumission, quoique celui-ci eût, dans son infaillibilité pontificale, accusé les malheureux Polonais, par son bref de juillet 1832, de s'être révoltés contre *l'autorité légitime*, — la cause polonaise le trouve toujours ardent et dévoué.

En janvier 1848 c'est au nom des jésuites établis en Suisse, mais encore en invoquant la liberté, qu'il traite la question du Sonderbund et trouve des accents presque prophétiques pour annoncer le mouvement qui va se produire en Europe.

IV

Dès cette époque, à la fin de cette première phase de sa vie politique, et bien qu'il n'ait eu à se manifester encore que dans une monarchie tempérée par des institutions parlementaires, on peut juger Montalembert.

C'est un de ces hommes, comme on en voit beaucoup dans les périodes de transition et de transformation des sociétés humaines, dont l'esprit semble être le champ de bataille de deux principes contradictoires en état de lutte permanente.

Gentilhomme et aristocrate de naissance, catholique par la tradition de la famille, par sa première éducation et aussi par une sorte de passion filiale — il dit : « l'Église, c'est plus qu'une femme ; c'est une mère ! » — Montalembert, frotté de quelque philosophie dans sa première éducation en Écosse et dans son éducation complémentaire à Sainte-Barbe, sous la Restauration, à une époque où l'enseignement de l'Université tout entière réagissait contre les tendances ultramontaines du gouvernement, est essentiellement libéral et démocrate de par son intelligence, sa raison et son savoir. Démocrate sans le vouloir peut-être, perpétuellement agité par les révoltes de sa raison, de son esprit, de ses sentiments de justice contre les nécessités de la tradition qui l'enchaîne au despotisme clérical. De même que Boileau, dans un accès de plate flatterie, nous dit de Louis XIV au passage du Rhin :

Il maudit sa grandeur qui l'attache au rivage,

On peut se figurer Montalembert aspirant à l'avenir et maudissant sa fidélité, sa naissance, sa conscience même qui l'attachent au passé.

Soumis à la discipline de l'Église en théorie, mais, dans la pratique irrésistiblement libre-penseur, puisque personne plus que lui ne tient à la liberté d'exprimer sa pensée, il a rêvé, comme beaucoup d'utopistes de ce temps-ci, l'alliance de la démocratie et de l'Église, de la spontanéité individuelle et de la discipline, de la liberté et du despotisme. Chateaubriand, Lamennais, Victor Hugo, Lacordaire, Royer-Collard, et bien d'autres grands esprits ont été en proie à cette double influence du passé et de l'avenir, ont subi tour à tour et parfois simultanément ce double courant. *Les Mémoires d'outre-tombe* témoignent en plus d'une page éloquente de ces insurrections du libre esprit et de la raison contre les tyrannies de la tradition. Parmi ces hommes, les uns, comme Lamennais et Victor Hugo, ont courageusement brisé leurs idoles de la veille et se sont consacrés loyalement à la cause de la démocratie qui est la cause de l'avenir et de l'humanité ; d'autres, comme Cha_ teaubriand, se sont bornés à être des démocrates posthumes; d'autres enfin, comme Montalembert, effrayés d'une conversion qu'ils regardent comme une abjuration, donnent des gages à l'avenir en se vengeant sur le présent de la fidélité à laquelle ils se croient tenus envers le passé.

Une rapide revue de la vie politique du tribun catholique depuis 1848, va nous le montrer toujours ballotté par ce double courant démocratique et clérical.

Représentant du Doubs à la Constituante, il siégea à droite, fit partie du comité conspirateur de la rue de Poitiers — qui a perdu la République et détruit la liberté en semant dans le pays l'hypocrisie de la terreur, — et vota toutefois avec la gauche contre le rétablissement du cautionnement des journaux et le maintien de l'état de siége pendant la discussion de la Constitution. Naturellement il fut un de ces conspirateurs aveugles qui préparèrent l'élection du 10 décembre.

Nommé à la Législative par les Côtes-du-Nord en même temps que par le Doubs, il se signala encore une fois par un discours en faveur de la liberté de la presse, à propos du projet de loi de juillet 1849; mais, d'autre part, son discours du 19 octobre sur les affaires de Rome lui valut un bref de remerciement du pape et le titre de citoyen romain à lui décerné par la municipalité de Rome, lorsque hélas! grâce à une armée française et à l'influence de l'opinion représentée par M. de Montalembert, il n'y avait plus de citoyens à Rome, il n'y restait que des sujets.

A mesure que les divisions s'accentuent dans le pays et dans le parlement, l'attitude réactionnaire de Montalembert s'accuse avec plus de relief. L'un des instigateurs, des auteurs, des défenseurs les plus violents de la loi du 31 mai, il met au service de sa haine contre la démocratie, contre la multitude, toute cette passion, toute cette énergie de malédiction dont il accablait jadis la tyrannie. Il ne se borne pas à attaquer les principes de la Révolution, il s'en prend aux hommes et se répand en invectives contre les personnalités les plus éclatantes de la gauche. Comme il sent qu'en Victor Hugo le parti du passé a perdu non-seulement une gloire, mais encore une valeur et un caractère, il oublie son propre passé libéral, les flétrissures qu'il a lui-même infligées aux souverains de la terre, pour reprocher au poëte ses illusions et ses enthousiasmes naïfs de la dix-neuvième année.

Entraîné par cette verve dont il n'est plus maître à la tribune, car la tribune le possède bien plutôt qu'il ne possède la tribune, il laisse échapper des paroles qu'il a dû regretter plus tard et ne craint pas d'avouer, quand on lui reproche de favoriser les préparateurs de l'empire que, pour lui, l'empire serait le bien venu s'il donnait à la France seulement douze années de sécurité pareilles aux dix-huit ans du règne de Louis-Philippe. Tant est profonde l'horreur que lui inspirent les idées de la démocratie! Enfin, il va jusqu'à prendre la défense du président contre ceux qui le soupçonnent de méditer un coup d'État, en déclarant qu'il n'est ni son conseiller, ni son confident, mais son *témoin*, et en protestant « contre une des ingratitudes les plus aveugles et les moins justifiées de ce temps-ci. »

V

Combien ne dût-il pas déplorer cet égarement de son éloquence lorsqu'il vit, peu de jours après le coup d'État, que, se fondant sur ce *bon témoignage*, les nouveaux maîtres de la France s'étaient crus autorisés à le considérer comme un des leurs et à inscrire son nom sur la liste des membres de la fameuse commission consultative. S'il ne protesta pas aussi énergiquement que Léon Faucher et quelques autres, on doit toutefois reconnaître, à son honneur, qu'il ne siégea jamais dans cette commission et sut même se faire rayer.

Nommé en février 1852 membre de l'Académie française comme successeur de M. Droz, il se classa immédiatement dans le groupe académique de la résistance expectante qui allait commencer une guerre timide d'allusions et d'épigrammes propre tout au plus à faire sourire de ce qui ne devrait que faire pleurer.

Après tant de fautes, il eut encore l'illusion de croire que son rôle politique n'était pas fini, et il se fit nommer par le département du Doubs député au Corps législatif ; où, seul, il représentait l'opposition, opposition bien modeste, on doit s'en douter, qui ne s'attaquait ni aux origines, ni au système général du pouvoir et se bornait à quelques critiques de détail, particulièrement en ce qui touchait aux intérêts catholiques. Qu'on juge si le tribun devait être à son aise dans cette assemblée de muets !

Aussi était-ce au dehors de ce fantôme de parlement que Montalembert cherchait des exutoires pour la manifestation de sa pensée. Une lettre confidentielle, adressée par lui à M. Dupin, publiée dans les journaux belges et colportée à Paris par suite d'une indiscrétion encore inexpliquée, lui valut l'honneur d'une demande en autorisation de poursuites, complaisamment accordée par le Corps législatif. Le parquet, volontiers indulgent pour tout ce qui porte le cachet clérical, rendit une ordonnance de non-lieu.

Cependant l'empire, dans le voluptueux sybaritisme de ses premières années de prospérité, supportait impatiemment les plis de feuilles de rose des critiques de Montalembert ; après avoir combattu sa candidature dans le Doubs en 1857, assez énergiquement pour la faire échouer, avoir fait maltraiter par ses journaux officieux son discours à allusions prononcé à l'Académie, la même année, à l'occasion de la distribution des prix Monthyon, il se décida à le poursuivre judiciairement pour un article inséré dans le *Correspondant* du 25 octobre 1858. Dans cet article, l'écrivain, qui avait peut-être déjà rêvé la conciliation du parlementarisme avec le despotisme, avait eu l'audace de saisir le prétexte d'un débat sur l'Inde au parlement anglais, pour comparer nos institutions impériales aux institutions monarchiques de la libre Angleterre. Prévenu « d'excitation à la haine et au mépris du gouvernement, d'attaque contre le principe du suffrage universel et les droits de l'autorité que le chef de l'État tient de la constitution, enfin d'attaque contre le respect dû aux lois et à l'inviolabilité des droits qu'elles ont consacrés, » Montalembert fut condamné par le tribunal de police correctionnelle à six mois de prison et à 300 fr. d'amende. Sur l'appel interjeté par lui, un décret impérial lui fit remise pleine et entière de la prison. Cette grâce lui ayant paru une offense à sa dignité, il maintint son appel devant la cour, qui, par arrêt du 21 décembre, infirma le jugement et réduisit l'emprisonnement à trois mois.

Néanmoins, je ne sache pas que ce livre d'or des esprits indépendants qu'on appelle le registre d'écrou de Sainte-Pélagie porte le nom de Montalembert, ce qui prouve qu'il y a une manière de se faire l'honneur de refuser les grâces du pouvoir tout en en profitant.

VI

La personne et l'écriture répondent assez bien à l'idée qu'on doit se faire de ce talent ondoyant, divers et parfois hésitant. Sa main fine, son pied cambré, le mouvement de sa tête sont d'un gentilhomme de race, le galbe de son visage est d'un enfant de chœur ou d'un séminariste de trentième année, son front celui d'un penseur, son regard myope qui acquiert, sous le lorgnon dont il se sert souvent comme moyen de tribune, un éclat perçant et dominateur, est celui d'un lutteur cherchant à la fois à fasciner les indifférents et à défier les adversaires ; sa voix, un peu faible et médiocrement timbrée, se nuance à mesure qu'elle s'anime et lui fournit un instrument oratoire dont il joue avec la plus grande habileté et dont il tire des effets de crescendo qui rappellent les grands finals tour à tour tonnants et larmoyants de Bellini. Son écriture, toute diaprée d'encres noire, rouge et bleue, de crayons de diverses couleurs, de ratures et de surcharges, témoigne d'une fréquente hésitation de la pensée et aussi d'une constante préoccupation de la forme. On se demande, à la vue de ces pages pliées à mi-marge sur lesquelles la plume a couru avec la rapidité de l'improvisation et que la réflexion a si souvent corrigées, si le catholique ne s'est pas parfois trop défié du premier mouvement libéral, — presque toujours le bon, comme disait Talleyrand.

Étrange spectacle que celui de cet homme, incessamment en proie aux deux forces qui se disputent les esprits et les âmes au dix-neuvième siècle, la liberté et la tradition catholique, — le Rouge et le Noir — dont Stendhal a dramatisé la lutte dans un roman célèbre!

Malheureusement, chez Montalembert, c'est le Noir qu'a triomphé. Triomphe dont son parti, qui le regarde toujours un peu comme un enfant terrible, n'ose pas toutefois se glorifier trop haut, si l'on en juge par la négligence qu'il met à propager, à faire imprimer même ses discours qui sont la plus belle et la plus durable partie de son œuvre de penseur, de philosophe et d'écrivain. Assurément l'*Histoire de sainte Élisabeth de Hongrie* et l'*Histoire des moines d'Occident* sont des livres d'une certaine valeur littéraire, mais s'il se fût borné à ces deux ouvrages, Montalembert n'aurait obtenu ni l'influence qu'il a exercée, ni la réputation qui lui survivra.

Bien que ses discours ne soient imprimés ni en recueil spécial, ni en œuvres complètes, sans doute parce que la librairie catholique, obéissant à l'impulsion de Rome, croit avoir quelque raison de les répudier, on peut affirmer que le *Fils des croisés* doit la plus belle part de sa valeur politique et de sa gloire littéraire à ces discours, et cela parce que, dans le premier mouvement de l'improvisation, l'orateur s'est souvent laissé inspirer par le souffle puissant du saint et fier enthousiasme de la liberté.

JULIEN LEMER.

HENRI ROCHEFORT

I

Vous le connaissez.

C'est une des rares figures devant lesquelles le Parisien, habitué aux physionomies effacées, s'arrête involontairement, — attentif.

L'homme est grand, svelte, maigre. La tête s'incline légèrement en avant, comme pour sonder l'avenir. Le cou est un peu long, mince, flexible, comme chez les hommes dont un mouvement de tête remue les masses. Au-dessus d'un front très-proéminent s'élèvent — c'est le mot — des cheveux noirs, crépus, indiquant une nature vigoureusement trempée.

Rochefort raconte volontiers qu'étant enfant, ce diable de front, qui se recommandait par des proportions absolument en désaccord avec le reste du visage, au-

PLVTARQVE POPVLAIRE CONTEMPORAIN

Henri Rochefort

Paris. — Imp. A.-E. Rochette, boulevard Montparnasse, 72-80.

rait été une bonne fortune pour un Barnum et aurait créé à son heureux possesseur une carrière à rendre jaloux les veaux à deux têtes, et les géants les plus goûtés des cours souveraines.

De ce phénomène, il n'est resté, — l'âge corrigeant cette plaisanterie de la nature, — qu'un front haut, large, saillant, vrai rond de penseur et d'artiste. Il attire tout d'abord le regard qui s'arrête ensuite sur deux yeux gris pleins de flamme dans la discussion, d'une redoutable perspicacité quand ils interrogent, semblant attirer les paroles, et aller chercher la pensée au-delà de l'expression.

Le nez est fort, carré du bout, ce qui est un signe de fermeté et de volonté ; la lèvre supérieure se cache sous une moustache noire, courte, drue, tandis que la lèvre inférieure exprime toute la gamme des sentiments humains, depuis la bonté la plus expansive, jusqu'à la haine la plus implacable, jusqu'au mépris le plus outrageant.

On a parlé du sourire dédaigneux de M. Guizot ou de M. Jules Favre. Mais qu'il est pâle auprès de l'expression de cette bouche éloquente, quand elle laisse tomber certains noms !

L'ovale du visage déjà dessiné par la saillie des pommettes et la maigreur des joues, est accusé plus énergiquement encore par une barbiche pointue qui donne à cette physionomie si caractéristique un type tout opposé au masque tant vanté des Césars.

Préoccupé par cette tête expressive, le regard s'en détache difficilement pour examiner l'ensemble de la personne. Il faut avoir vu Rochefort plusieurs fois, et un peu dans son intimité, non même pour le peindre, mais seulement pour le reconnaître. Il y a chez lui une distinction naturelle, une élégance native qui repoussent toute étude, toute pose, toute recherche de costume, d'attitude ou de tenue. « Avec un rien » il est habillé, comme on dit vulgairement. Il est difficile de rencontrer un homme plus simple comme vêtements et comme allure.

Sa pose d'attention ou de réflexion est saisissante. Il est assis. Le corps légèrement incliné en avant, la tête penchée, les jambes croisées, les mains enlacées emboîtant le genou, il regarde fixement son interlocuteur, écoutant autant des yeux que des oreilles. Puis, ce regard si vif, s'éteint. Le feu disparaît. Il semble que la vie se soit retirée de ces deux orbites profonds d'où jaillissait la flamme. Rochefort réfléchit.

La voix, bien timbrée, est nette, vibrante ; douce ou railleuse, dans la conversation, elle devient rude, brutale, presque, si la colère l'anime.

En résumé, un homme devant lequel on ne passera pas sans se retourner. Physiquement, c'est « une physionomie. »

Les femmes qui ne le connaissent que par ses portraits au crayon ou à la plume, se demanderont peut-être : Rochefort est-il laid ? La réponse a été faite un soir qu'il allait dîner à Boisfort, un charmant endroit, voisin de Bruxelles, où l'on trouve une excellente cuisine sur le bord d'un étang ; comme Rochefort traversait le jardin pour entrer sous une tonnelle, une voix fraîche, sortit d'une tonnelle voisine : « Eh ! mais il n'est pas aussi laid qu'on le dit. » Voilà, mesdames, le suffrage très-authentique d'une jeune Bruxelloise.

II.

On a tout dit sur Rochefort.

Tandis que les uns lui reconnaissaient toutes les facultés, toutes les forces, toutes les grandeurs, d'autres, irrités de son éclatant succès, jaloux d'une autorité, d'une influence, d'une puissance qu'il ne doit qu'à lui-même, lui refusaient jusqu'aux banales qualités du premier venu.

Pour les personnes qui le connaissent bien, et que sa réelle supériorité n'empêche pas de dormir, Rochefort est, au milieu d'une génération qui se rue à la conquête du veau d'or, la chevaleresque incarnation du désintéressement et de l'oubli de soi-même.

Indifférent aux coups qui ne frappent que lui ; il ressent vivement les douleurs d'autrui. Je l'ai vu, dans une circonstance où sa personnalité se trouvait complétement dégagée, mais où des amis connus ou inconnus avaient souffert pour la cause qu'il soutient, frémir d'indignation, de colère et de douleur, au seul récit des persécutions dont ils avaient été l'objet.

Mais cette vive sympathie pour les souffrances d'autrui, ne se borne pas à de stériles lamentations. Elle est aussi active que sincère, et les amis qui l'approchent savent avec quelle spontanéité il met ses relations, son influence, sa bourse, à la disposition de toutes les infortunes.

Il y a un mot bien connu à Bruxelles. Si l'on apprend qu'un Français, obligé de s'expatrier, se trouve dans une situation embarrassée, on lui dit : « Est-ce que vous n'êtes pas allé voir Rochefort ? »

Cette bonne grâce dans l'offrande, cette générosité toujours prête ne sont pas sans inconvénients. En dehors des sommes réellement importantes qui s'échappent ainsi de ses mains, il voit tout son temps pris par des correspondances ou des visites dont le but ne varie pas : Demandes de secours. Dernièrement, un monsieur lui écrivait qu'ayant perdu aux jeux de Spa dix mille cinq cents francs, il « comptait sur l'obligeance bien connue de Rochefort pour combler le vide que cette perte faisait dans sa caisse. »

Celui-là n'était que grotesque. Il y a la variété des insolents et des malotrus.

Vers la même époque, un individu vient demander un secours. N'ayant pas rencontré Rochefort, il lui écrit et joint à sa lettre un certificat attestant une chose quelconque. Rochefort envoie le secours. Peu de temps après, l'individu revient à la charge. Sur l'observation de Rochefort, que sa fortune ne lui permet pas d'entretenir régulièrement la France et la Belgique, le quémandeur réclame son certificat qui lui est remis. Il réclame également sa lettre.

Rochefort reçoit une moyenne de cinquante lettres par jour. Jugez s'il lui est possible de retrouver au bout de douze ou quinze jours une lettre à laquelle il a répondu ! Il dit donc à son aimable visiteur qu'il la cherchera et que, s'il la retrouve, il la lui fera remettre. Mais l'autre insiste, et déclare qu'il ne sortira pas sans sa lettre.

Rochefort a le caractère bien fait, et a une horreur instinctive pour le pugilat. Mais il déteste plus encore les insolents. Il se contente de prendre cet individu par le collet, ouvre la porte, et le jette dans la rue. Ce singulier personnage, bâti en Hercule, s'attendait si peu à cet acte de vigueur, qu'il resta quelques minutes devant la porte, ne sachant s'il rêvait, et ne pouvant croire que, dans ce corps mince, dans ces membres délicats, il y eût tant de force et d'énergie.

J'ai raconté ce fait pour donner une idée des tracasseries auxquelles son obligeance expose notre cher proscrit.

Aussi, pour échapper à cette procession de visiteurs, est-il obligé de se cloîtrer, s'il veut travailler, et de faire répondre qu'il n'est pas à Bruxelles.

Du reste, cette persécution le suit partout. S'il va au théâtre, dans un restaurant, dans un café ; il voit, cinq minutes après, une ouvreuse ou un garçon lui apporter une requête. Un jour, il attendait, place de la Monnaie, une voiture qu'un gamin était allé lui chercher. Un commissionnaire lui apporta au pied d'un bec de gaz la cent-unième lettre de la journée.

Ses amis le blâment de cette générosité excessive ; et lui-même ne s'épargne pas les reproches. Mais, au moment de refuser, il est toujours retenu par cette crainte : « Si ce secours qu'on me demande doit réellement empêcher une catastrophe que mon refus précipiterait ! » Et il donne, il donne toujours...

Je vous le dis, en vérité, il mourra dans l'impénitence finale.

Du reste, qu'on ne l'oublie pas, cette libéralité n'est pas chez lui l'effet du sentiment banal de l'homme riche qui donne insoucieusement, sans chaleur de cœur, sans s'intéresser même à son obligé, et souvent, parce qu'il ne sait pas le prix de ce qu'il donne, — ne l'ayant pas acquis lui-même.

Rochefort a connu l'extrême pauvreté, et, dans ses moments les plus difficiles, il était toujours disposé à partager avec un camarade ses ressources déjà si maigres.

C'est en effet l'ami le plus sûr et le plus sincère, en même temps que le plus indulgent.

Ces qualités si rares s'allient naturellement chez lui au courage et à la fermeté. Désintéressé de tout, il est toujours prêt à sacrifier sa vie, comme sa fortune, à ce qu'il croit être la vérité. Insouciant du danger, mais jaloux de sa propre dignité, il s'est battu plusieurs fois avec un abandon et un sang-froid bien faits pour effrayer ses témoins qui savaient que chaque duel lui rapportait un coup d'épée. Et croyez bien que cette attitude chez lui n'est ni de l'affectation ni de la témérité. Non, le courage est en lui, comme la bonté, comme l'esprit, comme le talent, comme la probité, — affaire de nature.

J'ai parlé de sa probité, parce qu'elle n'a rien de commun avec cette honnêteté de pacotille qui lève bien haut la tête tant qu'elle n'a pas subi l'épreuve de la Cour d'assises ou de la police correctionnelle.

C'est une délicatesse exquise que nos honnêtes gens du jour traiteront de niaiserie. J'en veux donner un seul exemple ; je l'emprunte à une excellente brochure, que je recommande à tous les amis de Rochefort, — la Biographie complète de Rochefort, par un ami de dix ans. J'en demande bien pardon au spirituel directeur qui ne l'a pas signée, mais ce document est de ceux sur lesquels il faut appeler la lumière.

Rochefort cherchait des fonds pour la fondation de sa Lanterne. On le mit en rapport avec un garçon fort riche, mais également fort jeune, qui, tout fier de devenir le commanditaire et le camarade d'un écrivain à la mode, mit sa fortune à la disposition du nouveau journal. Mais, autant Rochefort est insoucieux du danger quand lui seul est exposé, autant sa prudence est excessive quand le péril en menace d'autres que lui.

Aussi, pressentant tous les dangers d'une aventureuse campagne où les amendes pouvaient absorber le cautionnement et le capital, avant seulement que le public eût répondu à l'appel, Rochefort se dégagea, obéissant à un scrupule qui le peint tout entier.

Le 23 mars 1868, il écrivait à un de nos confrères, que sa dignité nouvelle de directeur n'a pas empêché de rester un des plus spirituels tirailleurs de la petite presse :

« Mon cher ami,

» J'ai vu le monsieur en question. Il a en
» effet les mains pleines d'or ; mais il m'a paru
» vraiment trop jeune pour l'engager dans une
» affaire aussi chanceuse.

» Ma *Lanterne* courra probablement tant de
» risques que je ne veux y associer qu'un
» homme, sinon absolument mûr, au moins sachant bien à quels périls il expose ses capitaux.

» Quand vous le rencontrerez, dites-lui simplement que j'ai trouvé une autre combinaison.

» N'oubliez pas que nous dînons ce soir ensemble.

» Henri ROCHEFORT. »

Voilà l'homme.

Allez donc dire, après cela, qu'en fondant sa *Lanterne*, Rochefort n'avait en vue qu'une spéculation ! la première pensée d'un spéculateur n'eût-elle pas été de prendre pour associé un homme dont le contrôle et la surveillance eussent été nuls.

Mais il est des accusations auxquelles on ne répond pas.

III

Nous venons de voir l'homme tel qu'il est. Voyons à présent ce qu'il a été.

Henri Rochefort est né en 1832, — l'année de Saint-Merry! — et il y a dans son accent, dans son style, comme un écho des fusillades et des chants de mort qui ont accompagné son entrée dans la vie.

Au surplus, pour être républicain, Rochefort avait d'autres raisons, et, si son père, le marquis de Rochefort-Luçay était absolument dévoué au comte de Chambord, sa mère avait religieusement conservé les traditions de la grande Révolution.

Comme toutes les natures nerveuses, Rochefort subit plus directement l'influence maternelle, et, au contact d'une âme ardente, énergique, d'un esprit élevé, il devint le caractère indépendant, libéral, probe, résolu, que vous connaissez.

Aussi, tandis que M. de Rochefort père supprimait son titre de marquis sur les charmantes pièces qu'il a données pendant trente ans à nos théâtres, et cela, pour ne pas compromettre toute la noblesse du royaume, — son fils, supprimait le titre et la particule, par indifférence pour ce joujou, et tout simplement, parce qu'il aurait trouvé ridicule qu'un monsieur le reçût bien pour son titre et non pour lui-même.

Je connais pas mal de soi-disant démocrates qui, aux dernières élections, allaient, disant à tout venant : « Comment voulez-vous que Rochefort soit franchement démocrate? Il est comte! » et qu auraient volontiers troqué leur nom de Larfaillou ou de Gambinet, contre ses parchemins.

Mais jamais homme n'eut autant d'indifférence pour tout ce qui n'est pas acquis par le travail et la patience! C'est à ce point, qu'il n'a jamais eu la curiosité d'aller visiter le « château de ses pères » dont les ruines se voient encore en Touraine. Un de ses amis, qui parcourait l'Indre-et-Loire, lui écrivait dernièrement que les deux parties les mieux conservées de ce manoir étaient une grande salle et une tour, toutes deux remarquables à un titre particulier.

Dans la grande salle, il y a encore des portraits de famille parmi lesquels un aïeul de Rochefort, dont notre vaillant confrère est la vivante image.

Quant à la tour, elle se termine par une énorme *lanterne* en pierre, destinée à guider dans la nuit les voyageurs attardés.

N'est-il pas fâcheux, en présence de cette lanterne symbolique, de ne pas croire aux augures?

Donc, déjà fort jeune, Rochefort avait pour la liberté, — disons tout, — pour la République, un amour passionné, bien qu'inconscient. Il devait en donner une preuve éclatante.

Au lycée Saint-Louis, Rochefort s'était fait une réputation de poëte qui est aujourd'hui un de ses plus cuisants remords. Il a le mauvais goût de penser que, lorsqu'on ne signe ni Victor Hugo, ni Barbier, ni Musset, ni Lamartine, ni Delavigne, ni de deux ou trois autres noms, il est bien outrecuidant de parler leur langue.

Cette réputation — qu'il ne pleurait pas encore, — lui valut l'honneur de porter la parole — en vers — dans un dîner que Mgr Sibour donnait aux principaux élèves des lycées parisiens, pour fêter son élévation au siége de Paris, en remplacement de Mgr Affre, tombé sur une barricade.

Pour Rochefort, la mort de Bréa n'était qu'un épisode de la grande bataille de juin. Il ne pouvait donc voir dans la condamnation de ses meurtriers qu'un acte regrettable. Mgr Sibour venait d'adopter les fils des condamnés. Avec une naïveté singulièrement railleuse, le jeune poëte, sans s'arrêter aux nombreuses vertus du prélat, le loua délicatement — mais exclusivement — du grand acte de charité et de justice qu'il venait d'accomplir.

Le moment était mal choisi. On nageait en plein girondinisme, et cette fleur, jetée par un enfant sur la mémoire de ceux qu'on nommait des assassins, fit faire la grimace à Monseigneur.

La petite fête se termina dans un profond silence. La réputation de Rochefort s'en accrut ; mais, dès ce jour, on l'exclut du paradis des poëtes de cour, des poëtes à cantates, — on le classa parmi les chiens hargneux, les Gilbert, les Barbier, les pamphlétaires, les fabricants de *Lanternes*, enfin.

Ses études terminées et le diplôme de bachelier enlevé haut la main, Rochefort, suivant le désir de son père, se jeta à corps perdu dans la médecine ; au bout de quelques mois, ses aptitudes particulières, ses veilles nombreuses, son travail assidu aboutissaient à un drame en cinq actes, — et en vers, — dans l'intérieur duquel aucun ami, même le plus intime, n'a jamais eu la permission de pénétrer.

Quelles que soient les dispositions d'un étudiant pour la médecine, il ne peut constamment faire du drame, sans se retremper de temps à autre, dans la vie réelle ; Rochefort cherchait ses inspirations un peu partout. Un soir, il crut les avoir trouvées sous les ombrages de la Closerie des Lilas.

Rentré chez lui pour travailler à son drame, il se plongea tout d'abord dans les profondeurs de son action ténébreuse. Mais l'esprit n'était pas aux idées sérieuses. Le souvenir des cavaliers « seuls » de la Closerie jetait des refrains de vaudeville dans ses tirades philosophiques.

Comment, sous l'influence de ces réminiscences de galop et de polka, sa pensée vagabonde vint-elle à s'arrêter sur un mariage fameux — il l'ignore encore. Le fait est que, tout en fredonnant, il écrivit de verve cette chanson aussi connue en Suède ou en Amérique qu'en France :

Amis du pouvoir, etc.

Le lendemain, Rochefort remettait une copie de ces couplets à un ami qui les communiquait à Alexandre Dumas père. Huit jours après, Rochefort, se trouvant à l'*Estaminet hollandais*, au Palais-Royal, — café bien connu des Saint-Cyriens, — assista à une petite scène assez intéressante.

Un jeune homme, après s'être assuré qu'aucune oreille indiscrète n'écoutait, annonça à ses camarades qu'on venait de faire une nouvelle chanson, qui... que... bref, il entonna : Amis du pouvoir, — jusqu'au bout.

Arrivé au dernier vers : « Il y a bien encore un couplet, dit le chanteur, et même un des plus jolis, — mais je ne puis me le rappeler. » — Parbleu ! grommelait Rochefort, dans son coin, je crois bien qu'il ne se le rappelle pas, je ne l'ai jamais fait. — Et de qui cette chanson ? demanda quelqu'un. — De Dumas fils !

Et la chanson et le nom de l'auteur furent acclamés.

C'est ainsi que Rochefort eut à la fois la douceur et l'amertume de recueillir son premier triomphe, — sous le nom d'un autre. — Absinthe panachée d'ambroisie.

A cette époque, et depuis dix-huit mois déjà, Rochefort, que des revers de famille rendaient pour ainsi dire le soutien de ses parents, avait abandonné la médecine, d'abord pour donner des leçons de latin, maigrement payées, — puis, enfin, pour entrer à l'Hôtel-de-Ville où M. Charles Merruau lui avait fait donner un emploi aux appointements de cent francs par mois.

Les farouches du parti radical ont fréquemment reproché à Rochefort d'avoir « servi le gouvernement. » Mais ces purs auraient peut-être bien fait de se rappeler que c'est en pleine république, le 1er janvier 1851, que le jeune bureaucrate prit possession de ses fournitures de bureau, et que c'est précisément pour n'avoir pas toujours manifesté un profond attachement aux institutions impériales qu'en 1856, à la suite d'un article très-vif, publié au *Charivari*, on le mettait en demeure d'avoir à choisir entre la presse et l'administration. Il rédigea sa démission de sa plus belle écriture, et se retira, heureux d'avoir le droit de parler suivant sa conscience.

IV.

Mais la question avait deux faces. Il venait de choisir entre des appointements fixes et un gain fort aléatoire. Le caissier du *Charivari* n'était pas, à énormément près, aussi généreux que celui du *Soleil* ou du *Figaro*, et Rochefort qui avait déjà goûté des privations — une singulière nourriture ! — se vit dans une situation fort précaire. Une circonstance critique venait compliquer la difficulté. Rochefort faisait élever à Choisy-le-Roi une petite fille qui était sa consolation dans ses heures de doute et de découragement. Un jour, la nourrice lui écrivit que l'enfant était malade, et qu'il lui était impossible de la soigner. Le jeune père courut à Choisy ramena son enfant et l'installa dans sa modeste chambre. Mais comment subvenir aux frais de traitement, de médicaments, etc. ?

A cette époque — Rochefort l'a raconté lui-même, — son ami William Duckett lui apporta une affaire splendide. C'était un volume à faire. Un roman sur le XVII° ou le XVIII siècle, je ne me rappelle pas au juste. M. Eugène de Mirecourt, qui devait recevoir 1,000 francs pour ce travail, n'avait pas le temps de s'en occuper. On offrait à Rochefort de s'en charger pour *cent* francs. Il accepta. Le jour, il prenait ses notes à la Bibliothèque, et le soir, auprès du berceau de son enfant, il nouait ou dénouait une intrigue dont il avoue ne pas se rappeler le premier mot.

Est-ce à cette singulière collaboration que l'on doit l'incroyable factum publié par M. de Mirecourt sur Rochefort ?

Une autre ressource devait lui venir en aide. C'était les sommes « considérables » que sa collaboration avec Commerson, d'abord, avec Leroy, Grangé, Choler, Cham, Pierre Véron, allait lui rapporter. En effet, sa première pièce, *un Monsieur bien mis* lui rapporta 123 francs de droits d'auteur. Je dois ajouter que les *Mystères de l'Hôtel des ventes*, la *Vieillesse de Brididi*, *l'Homme du Sud*, la *Foire aux Grotesques* devaient avoir une influence plus décisive sur son budget. Entre temps, il avait donné quelques articles au *Dictionnaire de la Conversation*, la biographie de Clairville, par exemple, qui contient d'excellentes pages.

Ses articles du *Charivari*, ses vaudevilles avaient fait un certain bruit dans le monde des lettres. On avait remarqué une tournure originale, beaucoup d'imprévu, une certaine audace, un esprit et une verve du diable.

Aussi, quand Aurélien Scholl voulut faire au *Figaro* bi-hebdomadaire une concurrence sérieuse avec le *Nain Jaune*, chercha-t-il à prendre pour premier ténor, celui que M. Giacomelli, directeur de la *Presse théâtrale* avait jugé INCAPABLE de brocher de malheureuses tartines à rien du tout la ligne.

Mais le *Figaro* s'était déjà attaché le spirituel polémiste dont les *Courriers de Paris* valaient au numéro du samedi une vente presque double de celle des autres numéros.

Quelle verve en effet, quelle variété, et quelle intuition des questions sociales dans ces satires de mœurs qui se trouvent réunies dans le premier volume des œuvres de Rochefort : *Les Français de la décadence*, publié en février 1866, et signalé presque unanimement par toute la presse parisienne indépendante, même par le grave *Journal des Débats*, la solennelle *Revue des deux mondes* et l'irascible auteur des *Odeurs de Paris* !

Jules Noriac, chargé de la rédaction en chef d'un journal littéraire quotidien, *Les Nouvelles*, prend sur lui de s'adjoindre Rochefort qui était absent de Paris et d'afficher sa collaboration ; mais M. de Villemessant ne veut pas qu'on dispose ainsi de ses rédacteurs et il prétend attacher Rochefort exclusivement à l'*Evénement*, journal littéraire à 10 centimes, qui est sur le point de paraître.

Dès ce moment on se disputait l'auteur des *Français de la décadence*, il faisait prime. Millaud enchérit sur Villemessant et monopolise Rochefort au profit de son journal *Le Soleil*. Pendant onze mois, le chroniqueur, — sans cesse aux prises avec Lefranc, son rédacteur en chef, qui redoute les conséquences de la verve satirique de son jeune collaborateur, — bat en brèche les vices, les ridicules, les travers, les infamies de cette société pervertie par les mauvais exemples « qui viennent d'en haut. » Ces chroniques constituent à leur tour un second volume, *La grande Bohême*, publié au mois de janvier 1867, quelques jours après la fameuse lettre du 19 janvier, avec une préface qui eut la fulgurence d'un éclair au milieu d'un ciel déjà chargé d'orages et fit le bruit d'un coup de tonnerre. Cette préface, restée célèbre, est, pour ainsi dire, le prologue de la fameuse *Lanterne*. Sous la raillerie mordante et âpre du lettré on pressent le polémiste politique.

Onze mois seulement il écrivit la chronique du *Soleil*, quoique son traité l'engageât pour un an ; outré de voir chacun de ses articles émasculé par les ciseaux timides de son rédacteur en chef, il résilia à l'amiable en s'engageant à rester muet pendant un mois et sacrifiant ce mois de traitement de maréchal de France. C'est ainsi qu'au mois de mars 1867 Rochefort rentrait au *Figaro*, littéraire mais quotidien, aux appointements de 2,000 francs par mois, avec une épingle de 3,000 fr.

Le succès était complet, et le spirituel écrivain était le seul à s'en étonner. Parfois son étonnement allait jusqu'au chagrin. Quand il voyait des confrères moins richement doués — par la nature — toucher 100 ou 150 francs à cette caisse où il émargeait 2,000 francs, il éprouvait comme un remords de cette grosse part qui lui semblait diminuer celle des autres. Comme si ce n'était pas lui précisément qui, amenant les lecteurs, c'est-à-dire l'argent au journal, permettait à ce même journal de donner du travail à de nombreux rédacteurs.

Au reste, sa bourse était toujours ouverte. Et le nombre est incalculable de ceux qui ont *emprunté* 100, 200, 500 fr. à Rochefort. Qui le sait cependant ?

Le brillant écrivain était arrivé à la réalisation de ses rêves : pouvoir se livrer, avec un certain abandon, à son culte pour les œuvres d'art. J'ai parlé tout à l'heure des *Mystères de l'Hôtel des ventes*. Avant de paraître sur l'affiche du Palais-Royal, ce titre était celui d'une série d'articles très-remarquables, publiés dans le *Charivari*, et qui avait fait tapage dans le Landernau de la rue Drouot.

C'est que Rochefort connaît les mystères de l'hôtel Drouot, aussi bien que le prince des commissaires-priseurs, M. Pillet. Ses révélations d'une exactitude — parfois gênante, ses renseignements, ses critiques, prennent leur source dans une longue fréquentation dont Rochefort lui-même ne se rappelle pas le point de départ.

Il a toujours adoré la peinture, et il croit avoir assisté dès son âge le plus tendre aux luttes ardentes du goût, manquant de capitaux, — et de la vanité s'appuyant sur les millions.

De l'avis des experts, Rochefort est le second connaisseur de Paris, en fait de peinture. Soumettez-lui un tableau ; il vous dira l'école, l'époque et le nom du maître. Il pourra hésiter un instant mais quand il aura affirmé, vous pouvez emporter le tableau qu'il aura désigné, en toute assurance.

Cette faculté est d'autant plus remarquable que Rochefort n'a jamais touché un crayon, pas plus qu'il n'a eu envie de toucher un pinceau. A ceci se rattache une anecdote qui remonte à sa genèse littéraire.

Sa fille était malade, et le livre que devait signer M. de Mirecourt n'était pas payé. Rochefort jeta un regard désolé sur les murs de sa chambre, cherchant, quoi ? une ressource, — un espoir ?

On frappa à sa porte. Un monsieur bien mis fut introduit et le dialogue suivant s'établit :

— Monsieur, vous avez acheté dernièrement à l'hôtel des ventes un tableau, de tel maître italien. L'avez-vous encore en votre possession, et si oui, seriez-vous disposé à le céder?

Rochefort avait acheté 180 francs ce tableau, dont personne ne voulait, qu'il avait cependant reconnu comme l'œuvre d'un maître, de second ordre il est vrai, mais dont les toiles sont fort rares, surtout en France.

Il montra le tableau à son visiteur, en lui disant que, s'il en trouvait un prix raisonnable, il consentirait à le céder.

Le monsieur examina le cadre plus que le tableau, en disant : — C'est bien cela! c'est bien cela! Et combien en voulez-vous?

— Deux mille cinq cents francs, répondit Rochefort, avec la conviction de faire sauter son interlocuteur au plafond.

Le monsieur bien mis se contenta de répondre : Très-bien! Et tirant une liasse de billets de banque de sa poche, il déposa 2,500 francs sur un guéridon, puis ajouta :

— Je dois avouer que j'avais à tout hasard apporté 10,000 francs, monsieur. Oui, monsieur, il n'existe en France que deux toiles de ce maître. Celle-ci en est une. Une personne que je n'ai pas à vous nommer veut absolument la posséder. La seconde appartient à un banquier qui ne s'en déferait à aucun prix. Au surplus, j'étais autorisé à pousser jusqu'à 20, jusqu'à 30,000 francs pour avoir ce tableau.

Là-dessus, le monsieur bien mis salua et se retira en ajoutant :

— Je ferai prendre ce tableau dans la journée.

Deux mois après, en visitant la galerie de M. de Rothschild, Rochefort retrouvait son tableau, et apprenait ainsi le nom du souverain qui lui avait envoyé cet ambassadeur.

Et, puisqu'il est question de cette connaissance très-approfondie de chaque école et de chaque maître, j'ajouterai que Rochefort ne s'est jamais trompé sur la valeur d'un tableau. Il y a deux ans, à propos d'un Van Cuyp, il paria que le tableau dépasserait cent mille francs, contre des experts qui soutenaient qu'il n'en at- teindrait pas 80,000. Le tableau fut vendu 105,000 francs.

V

Nous avons laissé Rochefort en plein succès. Mais tout se paie dans la vie, et, tandis qu'il voyait enfin la fortune lui sourire, une douleur profonde l'attendait, une de ces douleurs qui terrassent les cœurs les plus résolus. Après quelques jours de maladie, il voyait s'éteindre entre ses bras cette mère si bonne, si tendre, si courageuse, qui avait formé son esprit, fortifié son cœur, préparé son âme aux luttes de la vie, et dont la mort était comme le résumé de sa vie, courage et résignation.

Mais la vie publique n'admet pas les longs recueillements. Le cœur tout meurtri de cette perte effrayante, le journaliste dut reprendre sa tâche.

Pour éviter une suppression imminente, le *Figaro* avait, moyennant les formalités préalables du cautionnement et de l'autorisation, acquis le droit de parler à tort et à travers du Droit des pauvres, et de l'enterrement du fils du duc d'Aumale...

Le champ s'élargissait devant l'écrivain. Sa critique pouvait mordre non plus sur les parasites de la société, mais sur les publicains, et sa verve ne devait pas laisser longtemps dormir les satisfaits et les arrivés.

Trop longtemps retenu dans les lisières de la polémique pas cautionnée, il trouvait enfin à donner carrière à cette colère si longtemps amassée. En quelques articles écrits de main de maître, il sangla les puissants du jour, les tyranneaux au petit pied, les myrmidons du despotisme, trouvant avec une rare finesse de tact les points vulnérables, et fouettant sans pitié toute cette canaille. On peut retrouver ces articles dans son troisième volume, *Les Signes du temps*.

Il y eut du bruit dans tout le Landernau administratif. Man dé chez le ministre compétent, M. de Villemessant sortit avec la conviction que son journal était perdu.

Il y avait 50 0/0 de vrai dans son appréciation. On lui avait tout nettement intimé l'ordre d'avoir à supprimer les chroniques de Rochefort. — Je n'ai pas, je pense, à expliquer en vertu de quel droit un ministre met un écrivain en interdit. Ceci est affaire entre le ministre et...... l'avenir.

Quand il connut l'ultimatum ministériel, Rochefort s'empressa d'offrir sa démission. M. de Villemessant qui sentait que son rédacteur avait parfaitement le droit, en vertu de son traité, de continuer ses chroniques, se garda bien de refuser, mais il lui offrit, pour conserver à son journal cette signature qui valait vingt mille abonnés ou acheteurs, il lui offrit, dis-je, de « faire le Salon de 1868. »

Rochefort accepta, bien entendu. Mais dès ce jour, il s'occupa de réaliser un projet auquel il songeait depuis longtemps : celui d'être propriétaire d'un journal où il pût, sans froisser aucune susceptibilité, sans compromettre aucun intérêt, se livrer tout à son aise au plaisir de dire nettement sa pensée sur les hommes et les événements du jour.

Le mot de *Lanterne* tomba dans la conversation. Rochefort le ramassa et en fit le titre de son futur journal, sans se douter qu'en bâtissant leur château, ses ancêtres avaient annoncé sa venue.

On sait avec quel empressement sa demande d'autorisation fut repoussée par le ministre compétent. Mais, bientôt la loi sur la presse devait détruire l'obstacle. Ce qu'on ignore, c'est la difficulté qu'eut Rochefort à trouver les fonds nécessaires au cautionnement et aux frais de premier établissement. Ce n'est pas qu'ils ne se présentassent de toutes parts. Mais le fondateur de la *Lanterne* n'est pas de l'avis de Vespasien. Il trouve qu'il y a certain or qui pue. Il se montra fort difficile. Il ne voulait pas de tel associé, parce qu'il était trop jeune, et trop inexpérimenté, — de tel autre, parce qu'il était trop... connu, — de tel autre, parce que la source de sa fortune n'était pas assez..., — de tel autre, parce qu'il s'appelait Madame... une telle.

— Bref, il cherchait toujours, quand des spéculateurs lui offrirent leur concours. MM. de Villemessant et Dumont se chargeaient de faire tous les frais d'établissement, cautionnement, etc., moyennant des conditions sérieuses.

VI

Quand on paie et qu'on paie bien l'argent, on est maître chez soi.

La *Lanterne*, éclairée par ces Messieurs, parut enfin, le 30 mai 1868. Le succès du premier numéro, succès qui devait grandir chaque semaine, dépassa toutes les espérances. Dans la pensée de Rochefort, le tirage devait s'élever, — si la brochure réussissait, — à 4 ou 5,000. Le prix adopté par lui de 25 centimes laissait donc une somme suffisante pour rémunérer le rédacteur, en faisant bonne part aux commanditaires. Mais ceux-ci firent observer que s'il ne devait y avoir que 5,000 acheteurs ou abonnés, ces 5,000 fidèles ne feraient aucune difficulté de payer 40 centimes au lieu de 25 un bon article de Rochefort. De cette façon, le journal pourrait se créer des ressources pour parer aux amendes et frais de procès, qu'il était imprudent de ne pas prévoir. — Et le prix fut fixé à 40 centimes.

Ai-je besoin de rappeler la fièvre de curiosité qui s'empara des Parisiens ? Le samedi, dès dix heures, on ne rencontrait que des passants portant la *Lanterne*; sur les omnibus, en chemin de fer, dans les cafés, dans les théâtres, les promenades, partout, cette diable de couverture rouge tirait l'œil et agaçait l'autorité.

Un tel succès ne pouvait durer longtemps sans danger pour ceux qui payaient les violons, c'est-à-dire ceux qui étaient si vertement attaqués.

Quelques numéros de plus, et l'on ne sait vraiment ce qui serait resté de leur considération d'emprunt et de leur prestige.

Le parquet s'émut et les procès commencèrent à pleuvoir sur le nouveau journal. En quelques jours, il sortait du Tribunal correctionnel et de la Cour de Paris, 25 mois de prison et 24,550 francs d'amende, — sans compter les dépens.

Ces philippiques hebdomadaires se retrouvent groupées dans le quatrième volume : *Mes treize premières Lanternes,* et les divers procès auxquels elles ont donné lieu sont consignés dans un volume supplémentaire : *Rochefort devant les tribunaux.*

Mais, entre ces différentes affaires, il s'en était glissé une d'une nature particulière, et dont la solution suffit à indiquer quelle position Rochefort s'était faite dans la presse opposante. On ne punissait plus en lui un citoyen ordinaire, on frappait un ennemi, et avec une sévérité qui devait lui concilier l'opinion publique.

Un matin, il apprend, en arrivant aux bureaux de la *Lanterne* qu'une officine de calomnie qui fonctionnait depuis quelque temps et qui l'avait déjà pris à partie, préparait une nouvelle infamie destinée non au public, mais à la fille même de Rochefort, élevée à cette époque dans une des meilleures maisons d'éducation de Paris. Rochefort, qui avait laissé baver les infâmes, tant qu'ils n'avaient attaqué que sa personne, frémit d'indignation. Ne pouvant s'attaquer aux auteurs de ces vilenies, parce que l'un succombait sous le poids de condamnations infamantes, tandis que l'autre s'était perdu de ridicule avec un duel imaginaire, il alla trouver l'imprimeur.

On sait ce qui s'en suivit.

Ce fut le premier anneau de cette chaîne qui devait amener Rochefort de condamnation en condamnation sur la terre belge.

VII

Il y vit aujourd'hui, depuis quinze mois, regrettant la France, faisant des vœux pour elle, et prêt à donner sa vie, si elle la lui demande.

Depuis son départ, il suit avec anxiété la marche des affaires publiques. Sans être un homme d'Etat, il a tout ce qu'il faut pour faire un homme politique, — des convictions sincères, un dévouement absolu aux principes démocratiques, une abnégation et un désintéressement complets, un courage sans forfanterie et sans défaillance possible. Dans les circonstances où se trouve le pays, n'est-ce pa les qualités que nous devons demander aux représentants de la nation? Que, plus tard, les « hommes d'affaires » reprennent l'influence que méritent l'étude et la connaissance des questions politiques, économiques et sociales, — c'est désirable. Mais, aujourd'hui, la nation a plus besoin d'hommes d'action que d'orateurs.

C'est à cet ensemble de qualités que Rochefort dut la candidature qui lui fut offerte par de nombreux électeurs de la 7e Circonscription de la Seine. Je ne veux pas, — le cadre de cette étude me le défend, — aborder l'histoire du double scrutin de mai et juin 1869. On en sait le résultat. Ce que l'on sait aussi, c'est que le lendemain de l'élection, les électeurs triomphants de Gambetta offrirent à Rochefort la 1re circonscription laissée vacante par la double élection du jeune et brillant avocat.

Mais, voilà beaucoup d'histoire et de biographie, et je ne voulais dire qu'un mot. Je veux terminer par une anecdote.

J'ai parlé de l'indignation qui avait transporté Rochefort quand il avait appris que sa fille elle-même pouvait être l'objet de monstrueuses attaques. C'est que pour l'auteur de la *Grande Bohême,* ses enfants sont le monde entier. Quand Rochefort regarde sa fille, charmante enfant de quatorze ans, il y a comme un rayon magnétique qui relie ces deux êtres qui s'aiment si tendrement.

Quant à son fils, c'est une nature nerveuse, ardente, enthousiaste. Il a pour son père une tendresse intelligente et éclairée, dont il a donné dernièrement une preuve caractéristique.

Le jour du second tour du scrutin, Rochefort se trouvait dans le salon de Charles Hugo, attendant la dépêche télé-

PLUTARQUE POPULAIRE CONTEMPORAIN

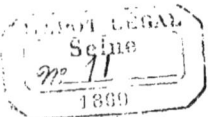

Ah! petit père, que je suis content que tu n'es pas nommé (p. 33).

graphique qui devait apporter le résultat de la bataille.

Vers onze heures, le facteur se présenta.

Sa dépêche est ouverte et Rochefort lit tout haut les chiffres officiels.

Tandis que tout le monde s'empressait autour de Rochefort, pour le consoler de son échec, son fils qui avait tout entendu s'élance vers lui, et, lui sautant au cou :

« Ah! petit père, — s'écrie-t-il, que je suis content que tu ne sois pas nommé, ils t'auraient..... »

Et la fin de la phrase se perdit dans un sanglot...

Et maintenant, répondrai-je aux gens qui ont reproché à Rochefort de ne pas profiter de l'amnistie? Il me faudrait dire qu'il reste à son passif quatre mois de prison, que pendant sa détention, il pourrait lui advenir tels ou tels procès... qui... que... bref, il me faudrait dire une foule de choses pour lesquelles je ne me sens pas suffisamment cautionné.

Que ceux qui lui ont adressé ces reproches veuillent donc réfléchir, et ne se fassent pas les échos de ses ennemis.

Il en a beaucoup, en effet, ayant dit beaucoup de vérités, — comme il a également de nombreux et d'ardents amis.

Cette propriété singulière de n'éveiller que des sentiments extrêmes indique toujours une nature d'élite. Ils deviennent chaque jour plus rares, les hommes dont les qualités ou les défauts s'imposent invinciblement à notre sympathie ou à notre haine. Et quand, à notre époque indifférente, au milieu des banalités, des médiocrités, des impuissances qui nous coudoient, il surgit une de ces figures originales, un de ces hommes puissamment

constitués, pour lesquels le XVIIIe siècle avait trouvé cette belle expression « C'est un caractère » inclinons-nous bien bas, car c'est la vraie réserve de la France.

Victor COSSE.

P. S. Ces lignes étaient imprimées quand la nouvelle nous est parvenue de l'arrestation de Rochefort à la frontière. Je n'ai pas à rappeler la douleur et l'émotion — pour ne rien dire de plus — que ses partisans manifestèrent le jour même. On sait également que huit heures après, un ordre venait réparer le regrettable excès de zèle d'un employé subalterne.

Mais ce qu'il ne faut pas oublier, ce qui est caractéristique, ce qui doit ouvrir les yeux aux aveugles volontaires, — les plus aveugles de tous, — c'est l'enthousiasme sincère, chaleureux, impossible à réprimer, à contenir, qui accueillait Rochefort le soir de son entrée dans une réunion publique. Les Parisiens possédaient donc enfin ce champion si parisien lui-même, qui a si bien su s'identifier avec les passions, les désirs, les regrets, les vœux, de la population, — ce soldat qui, le premier, a battu le rappel de la revendication, ce démocrate qui, le premier, depuis dix-huit ans, a su galvaniser la nation, et mettre en échec ses adversaires ?

S'étonnera-t-on maintenant que la septième circonscription lui ait donné 15,000 voix contre le seul candidat, M. Jules Favre, capable d'empêcher son élection? S'étonnera-t-on de voir la première l'acclamer unanimement, et ses concurrents eux-mêmes se retirer devant lui, s'inclinant devant la grande voix du peuple !

V. C.

F.-V. RASPAIL

I

Voici un de ces hommes, rares en ce siècle, qui ont su conserver pendant le cours d'une longue vie, tourmentée par des persécutions de toute sorte, une inaltérable fermeté d'opinion, une inébranlable indépendance de caractère, concilier la pratique de la vertu la plus austère et les travaux les plus ardus de la science avec les luttes de la vie publique et l'étude constante du grand problème de l'organisation des sociétés modernes.

La première fois que je me trouvai en contact avec M. Raspail, l'accueil qu'il me fit n'avait rien de sympathique. C'était en avril 1848 ; il faisait imprimer à l'imprimerie Schneider un journal *L'Ami du peuple* ; de mon côté j'y rédigeais un autre journal *L'Egalité*. Je venais de recevoir une nouvelle importante ; je crus faire acte de bon confrère en la communiquant à mon voisin d'imprimerie ; j'entrai donc dans le cabinet où il lisait ses épreuves pour la lui dire :

— Que voulez-vous ? qui êtes-vous ? s'écria-t-il en se levant de sa chaise.

Et aussitôt il appela le prote de l'imprimerie, M. Simon Raçon pour lui demander quel était l'intrus qui venait ainsi le troubler.

Je me retirai en m'excusant de mon indiscrétion, et je chargeai M. Raçon de transmettre au patriote ombrageux le fait que je voulais lui annoncer ; ce que celui-ci fit, en ayant soin d'assurer à M. Raspail que je n'étais ni un jésuite, ni un mouchard.

Les jésuites et les mouchards ont été de tout temps les bêtes noires de l'illustre démocrate ; du reste les piéges, les trahisons, les violences, les iniquités auxquelles a été en butte cet honnête homme passionné pour la justice et la vérité ; suffisent à justifier les ombrages et les défiances que lui inspire tout d'abord l'approche d'un homme qu'il ne connaît pas.

II

F.-V. Raspail, né le 29 janvier 1794, fils d'un traiteur de Carpentras, élevé par un prêtre républicain et instruit, l'abbé Eysseric, fut destiné par sa famille à l'état ecclésiastique. On l'envoya au séminaire d'Avignon où, dès l'âge de 17 ans il était chargé d'un cours de philosophie. A 18 ans il occupait une chaire de théologie. Mais le lait clérical qu'il suçait dans ces études fut loin de lui profiter, il sembla lui inspirer au contraire une insurmontable aversion pour tout ce qui tient au clergé et aux pratiques religieuses. Combien n'en avons-nous pas vu ainsi et n'en voyons-nous pas encore journellement chez qui le lait des études religieuses tourne à l'aigre, et qui puisent dans les leçons et dans la pratique de la discipline de l'Eglise un ardent amour de la liberté, la passion de la science, le culte de la justice rationnelle et éclairée !

PLUTARQUE POPULAIRE CONTEMPORAIN

F.-V. RASPAIL

Paris. — Imp. A.-E. Rochette, boulevard Montparnasse.

Il avait vingt ans lors de la première invasion et avait renoncé à entrer dans les ordres pour se contenter d'un modeste emploi de maître d'études au collége de Carpentras. Profondément ému des malheurs de la patrie qui expiait si cruellement le crime d'avoir, pendant quinze ans, subi et aimé le despotisme, indigné surtout par l'attitude de la réaction royaliste, il manifesta tout haut son opinion et se vit déjà en butte aux persécutions de ses concitoyens. Le retour de l'île d'Elbe remua chez lui la fibre nationale et il exhala sa joie et ses espérances en quelques couplets qui eurent un grand succès dans le parti bonapartiste qui se confondait alors avec le parti libéral et patriote. On chanta ses couplets jusqu'à la fin des Cent jours, après quoi l'auteur, dont l'anonyme avait été trahi, se vit avec ses deux frères aînés tous deux officiers de la vieille garde, dénoncé aux injures et aux violences des passions royalistes si implacables dans le midi de la France. « Pendant six mois, nous dit un de ses biographes, il vit vingt fois la mort prête à le frapper, vingt fois le peuple s'attrouper autour de sa maison pour le mettre en pièces; mais il était résolu à ne pas reculer. »

Il attendit, en effet, que la province fût redevenue calme pour venir à Paris chercher un champ de bataille plus vaste et des épreuves bien autrement terribles.

III

F.-V. Raspail semblait voué à l'enseignement. Destitué à Carpentras il voulut encore se faire professeur à Paris, et se vit repoussé dans plusieurs pensionnats comme trop jeune. Une maison, cependant consentit à passer sur cet inconvénient, mais il n'y resta pas longtemps. Il eut l'imprudence de fournir des documents pour un article de la *Minerve;* ce crime lui valut une révocation.

Parvenu à obtenir un emploi dans un collége, il ne put y rester que jusqu'en 1820. L'Université jugea que les opinions libérales de quelques professeurs pouvaient bien ne pas être étrangères à l'assassinat du duc du Berry et exigea l'expulsion d'un certain nombre de ceux qu'elle regardait comme des corrupteurs de la jeunesse.

On sait à quelles inspirations obéissait l'Université de la Restauration.

Sa mère, restée veuve, avait vendu son fonds de commerce. Elle apprit la triste situation de son fils; prélevant elle-même sur son nécessaire, elle lui renvoya trois cents francs pour lui donner le temps d'attendre et de chercher du travail. Il lui renvoya la somme par le retour du courrier, en lui écrivant :

« Je serais à la veille de mourir de faim, que je n'accepterais pas un centime de vous, sachant la médiocrité de votre fortune. »

Du reste ce n'était pas seulement de la tendresse que Raspail avait pour sa mère, c'était une sorte d'adoration et de fanatisme. Un des plus grands chagrins de sa vie fut de ne pouvoir, faute d'argent, à l'époque où il la perdit, aller pleurer sur son cercueil. Un biographe écrit sur la foi d'un des amis les plus intimes du tribun populaire, que pendant dix ans il coucha avec les bonnets de nuit de sa mère, seul héritage à peu près qu'il eût recueilli de cette femme vénérée.

On retrouve dans toutes les grandes et nobles âmes cette sublime exaltation d'amour filial, cette pieuse adoration de la mère « qui nous donne son lait quand nous sommes petits, son pain quand nous sommes grands, sa vie toujours! »

Le goût de Raspail pour l'indépendance lui suggéra l'idée de chercher des moyens d'existence ailleurs que dans les emplois publics ou privés; il institua des répétitions pour le baccalauréat, réunit quelques élèves et trouva moyen de gagner assez d'argent pour pouvoir suivre les cours de l'école de Droit, prendre toutes ses inscriptions et apprendre en travaillant chez un avoué la pratique de la procédure civile.

Ce n'était pas encore ce qu'il fallait à cet

homme, d'autant moins enclin à aimer les manœuvres judiciaires de l'avocasserie et la stratégie de l'armée noire du Palais, qu'il était plus que jamais animé de la passion de la Justice et de la Vérité. Il renonça donc à la procédure comme il avait renoncé au professorat officiel et au sacerdoce et employa le temps que lui laissaient ses répétitions, à s'occuper d'études scientifiques.

En 1824, il présentait ses premiers travaux à l'Institut ; c'était un mémoire sur la *Formation de l'embryon dans les graminées* et un *Essai de classification de cette famille*. Il a raconté lui-même, dans sa préface du *Nouveau système de physiologie végétale* (1836) avec quel dédain il fut accueilli par les augures de la science d'alors.

Cette indifférence des maîtres qui monopolisaient la science n'empêcha pas le jeune et studieux naturaliste de développer ses doctrines dans de nombreux mémoires imprimés de 1826 à 1830 dans les *Annales des sciences naturelles;* — les *Mémoires de la société d'histoire naturelle*, — le *Répertoire général d'anatomie*, — le *Bulletin des sciences* de M. de Férussac—et surtout les *Annales des sciences d'observation* qu'il fonda en 1829 avec M. Saigey.

Empruntons encore, à ce sujet, quelques lignes à la *nouvelle Biographie générale* publiée par Firmin Didot.

« M. Raspail a, l'un des premiers en France, appliqué avec succès le microscope à l'étude des êtres organisés : les suivant depuis la naissance jusqu'à la mort, notant toutes les transformations qu'ils subissent, ainsi que les fonctions de leurs parties, il les a étudiés encore sous les divers rapports de la chimie, de la physiologie et de la physique. »

Et savez-vous quel instrument il avait à sa disposition pour faire toutes ces observations délicates sur les parties minuscules des êtres organisés ? un simple microscope économique que, faute d'argent, il avait inventé et fabriqué lui-même. *Ingeniosum hominem facit necessitas* dit un vieil adage latin : — la nécessité rend l'homme ingénieux ; — c'est à la pauvreté et au laborieux effort de volonté du savant obstiné que le monde scientifique doit l'invention du microscope Raspail, dont l'exploitation a rapporté tant d'argent à l'opticien qui en a acheté la propriété, et facilité si prodigieusement les travaux des savants, plus riches de bon vouloir que d'argent :

Ainsi parfois pauvreté engendre misère !

Pendant ces années consacrées surtout à la science, on peut dire qu'en Raspail l'homme politique couvait sous le savant. Ce n'est pas que le démocrate ne se manifestât déjà de temps en temps dans les combats que le savant avait à livrer à la science officielle et contre les institutions scientifiques du moment, surtout quand il attaquait avec toute l'énergie de son tempérament de méridional convaincu les barrières qui fermaient l'accès des études aux pauvres et entravaient la diffusion des lumières. Ces attaques lui valurent de hautes et implacables inimitiés.

Ainsi un débat s'étant élevé entre Cuvier, le grand mais exclusif naturaliste, et Geoffroy Saint-Hilaire plus libéral que son maître,— le même Geoffroy Saint-Hilaire, crois qui, plus tard, aurait volontiers ouvert les portes du muséum à Alphonse Toussenel pour y exposer son système et ses idées d'*Ornithologie passionnelle*, Raspail apporta des arguments à l'appui des doctrines de Geoffroy Saint-Hilaire. Cuvier ne le lui pardonna jamais, et le lui prouva bien, lorsqu'après juillet 1830, le jeune savant ayant été proposé pour occuper une place de conservateur du Muséum qu'on avait créée exprès pour lui. Il n'est sorte de manœuvres qu'on ne mit en jeu pour empêcher le novateur d'accepter des fonctions à l'aide desquelles il aurait pu tenter de déblayer les avenues de la science et d'en démocratiser l'enseignement.

IV

Le coup de tonnerre de juillet 1830 a ébranlé le monde. Raspail, on le pense bien, n'est pas resté étranger à cet ébranlement. Pour cet homme d'élite l'étude était une joie, l'application libre de ses facultés intellectuelles s'épanouissant dans le travail et trouvant leur récompense dans l'ivresse de la découverte, du progrès réalisé, dans le sentiment du service rendu à la science et à l'humanité ; mais son patriotisme comportait un devoir devant lequel le citoyen ne devait jamais reculer pendant toute la durée de sa longue carrière. Aussi est-il un des premiers gardes nationaux qui descendent dans la rue le 28 juillet et protestent, les armes à la main, contre les ordonnances du roi parjure. Blessé à l'attaque de la caserne de la rue de Babylone, il devient et reste un des héros des trois journées et reçoit la croix de juillet, la seule distinction qu'il ait jamais consenti à accepter.

Cependant il fut un des nombreux républicains d'alors qui, par esprit de modération, se résignèrent à admettre transitoirement la monarchie de la branche cadette, *la meilleure des républiques*, comme l'appelait naïvement Lafayette. Raspail faillit même devenir fonctionnaire ; il fut question de lui confier la conservation du Muséum d'histoire naturelle, mais il proposa un programme qui ne convint pas à Cuvier, en outre il aurait voulu reprendre la chaire dont la Restauration l'avait dépouillé. Les règles de l'Université ne le permirent pas, et dès octobre 1830 il rompait, par une lettre publique, tous rapports avec le nouveau gouvernement.

Peu de temps après il se déclarait en hostilité ouverte. Toutefois, en 1831, la femme du ministre, madame de Montalivet, saisissait l'occasion de la naissance de son fils Camille Raspail pour lui envoyer une layette brodée de ses propres mains. Le démocrate la renvoyait sans commentaires. A quelques jours de là, il est nommé chevalier de la Légion d'honneur, comme *savant*. Le savant pourrait accepter, le républicain refuse.

De ce moment il commence à devenir le gibier du Parquet, et les poursuites contre lui vont se succéder sans relâche. En 1831, déclaré par le jury, coupable d'outrage contre la garde nationale dans une lettre publiée par la *Tribune*, il est condamné à trois mois de prison.

Au commencement de 1832 vient le *procès des Quinze*, occasionné par les brochures que publiait la Société des *Amis du peuple* dont Raspail faisait partie. C'est dans ce procès, qu'après avoir réclamé contre l'insuffisante publicité des débats dans une salle aux trois-quarts vide et garnie seulement d'agents de police, Raspail rappelle les magistrats au respect dû aux accusés par cette interpellation :

« Quand je vous adresse la parole, je vous appelle *Monsieur le Président*, quand vous nous parlez, vous dites : *Raspail, Hubert, Thouret*. Nous sommes pourtant égaux devant la loi. Donnez-nous, vous, cette même qualification que nous vous accordons. Vous nous devez autant de respect que vous avez droit d'en réclamer de nous. »

Le jury rendit un verdict de non-culpabilité à l'égard de tous les prévenus ; mais la Cour se prétendit offensée par les paroles prononcées par quelques-uns d'entre eux dans leur défense et condamna Raspail et Bonnias à quinze mois de prison, Blanqui à un an, Thouret et Gervais (de Caen) à six mois.

Raspail trouva, dans cette affaire, l'occasion d'exposer les principes de la société des *Amis du peuple*, et traça un programme de réformes sociales :

« Riches, dit-il, écoutez notre doctrine, je vais vous la formuler.

» Jusqu'à présent les lois n'ont été élaborées qu'en faveur d'un pouvoir usurpé ; le peuple n'y est intervenu que comme matière exploitable. Les Codes civil et de commerce sacrifient le travail au trafic, et protégent toutes les acquisitions, même les plus équivoques, une fois que leur titre est revêtu de certaines formalités qui produisent quelques francs à l'Etat…

» Les besoins du peuple qui travaille ne sont représentés nulle part, ni à la Chambre, ni aux tribunaux. L'argent, l'argent seul est la mesure de la capacité électorale. L'argent! messieurs, vous me comprenez; car vous savez comment en général on le gagne!

» L'ignorance saisit le pauvre au berceau, et l'accompagne jusqu'au champ de bataille, où il succombe pour une classe moins brave ou pour un homme plus rusé. Pauvre peuple! qui après la victoire, laquelle est toute à lui, contemple encore avec ivresse la liberté que d'autres exploitent et sa gloire dont un autre se revêt…

» La France est partagée en deux catégories, dont l'une a le monopole des jouissances et l'autre celui de la douleur.

» Cependant le peuple est né pour le bonheur matériel; cependant la nature en nous donnant le bienfait de respirer, n'a condamné aucun de nous à mourir de misère. Le grenier de la France, honorablement exploité, peut suffire aux besoins et même aux caprices de 60 millions d'hommes; or, jusqu'à présent, nous ne sommes que 32 millions, et les deux tiers meurent de faim; il existe donc un gaspillage.

» Voilà le mal; il faut se hâter d'y trouver un remède.

» Voici le problème : *Il nous faut un système politique tel qu'en l'appliquant, il n'existe plus en France un seul homme malheureux, si ce n'est par sa faute, ou par le vice de son organisation…*

» Or, nous sommes convaincus que le peuple, une fois que le despotisme organisé ne comprimera plus son élan et ne trompera plus son patriotisme, arrivera de lui-même aux principes suivants, et le lendemain nous tiendrons la solution du problème :

» Tout citoyen français a l'imprescriptible droit de concourir à la nomination de ses magistrats et des mandataires chargés de représenter ses intérêts au congrès qui rédige les lois et vote les impôts.

» Toutes charges civiles, scientifiques et militaires sont données au concours ou à l'élection.

» La nomination du pouvoir exécutif appartient aux représentants du peuple; sa mission expire au bout de quelques années; le membre sortant, s'il y en a plusieurs, ou le président, si le pouvoir exécutif est confié à un seul homme, ne sont rééligibles qu'au bout de dix ans.

» Les cumuls et sinécures sont abolis, les places sont rétribuées avec modération.

» CAR IL FAUDRAIT ENTERRER TOUT VIVANT, SOUS LES RUINES DES TUILERIES, UN CITOYEN QUI DEMANDERAIT A LA PAUVRE FRANCE 14 MILLIONS POUR VIVRE.

» Toute affaire litigieuse, civile, militaire politique ou scientifique est soumise à un jury compétent, à une espèce d'arbitrage; et le magistrat, dépouillé à jamais du pouvoir discrétionnaire, n'y intervient que pour les débats et faire exécuter la sentence.

» La presse est libre dans la plus large acception du terme. La loi ne réprime que les atteintes à la pudeur publique et à l'honneur des particuliers innocents.

» La liberté individuelle est inviolable; on ne doit en être privé que par un jugement, à moins que cette liberté n'expose la société à de graves dangers.

» La peine de mort est abolie, la prison est une école de morale et non une torture; le détenu y gagnera sa grâce par son travail et par sa bonne conduite. Enfin la justice ne se venge plus; elle protége et améliore.

» Le tarif du prix du travail est réglé à *minima* par un jury composé d'ouvriers et de maîtres, et présidé par des magistrats, afin que le labeur de celui qui exécute et l'intelligence de l'inventeur aient la juste part qui leur revient dans le bénéfice de la vente.

» Nul ne doit demander en vain du travail pour vivre, et l'Etat veille sur le travailleur sans ouvrage de quelque profession qu'il soit.

» Frapper d'*impôts* le nécessaire, c'est voler ; frapper d'*impôts* le superflu, c'est restituer. Par conséquent les impôts indirects sont abolis, car en définitive c'est le pauvre seul qui les paye. L'impôt progressif est établi, mais sur des bases assez sages pour que son application n'ait aucun des caractères de la loi agraire.

» Tout monopole est aboli. L'agriculture, l'industrie et le commerce méritent les premiers encouragements de l'Etat, et la mauvaise foi du vendeur, ses châtiments les plus sévères.

» L'agiotage est poursuivi sévèrement ; et l'administration de l'Etat, police, finances, adjudications, entreprises, tout se fait au grand jour, à la face du peuple.

» Voilà, Messieurs, les principales bases de la doctrine dont l'application nous semble devoir fournir la solution du problème et donner enfin à la France un gouvernement à bon marché, sans corruption et sans séides ; enfin un gouvernefavorable au développement des facultés physiques et morales de l'homme.

» Alors il n'arriverait plus de révolutions, parce qu'il n'y aurait plus d'usurpateurs ; il n'y aurait plus de monopoles ; il n'y aurait plus de lésés, parce qu'il n'y aurait plus de privilégiés. »

Le procès du vingt-sept suit de près le procès des quinze ; c'est comme membre de la *Société des Droits de l'homme* que Raspail y figure. Rappelons deux des particularités de ce procès. M. Delapalme, avocat général, ayant affirmé dans son réquisitoire que la *Société des Droits de l'homme* voulait le partage des biens, Vignerte, cité comme témoin, s'écrie :

« Tu en as menti, misérable ! »

Interrogé par le président, Vignerte refuse de se justifier et est condamné à trois ans de prison.

L'avocat de Raspail. Mᵉ Pinard (il y a Pinard et Pinard), déclare que l'acte d'accusation est l'œuvre d'un faussaire. Mᵉ Michel (de Bourges) et Mᵉ Dupont (de Bussac) appuient la déclaration de leur confrère, et Mᵉ Michel y insiste dans une plaidoirie d'une éloquence saisissante.

La Cour suspend Mᵉ Michel, pour un an, Mᵉˢ Pinard et Dupont pour six mois. Le jury avait acquitté tous les prévenus.

La magistrature d'alors semblait se venger sur le témoin et sur les avocats de l'acte de bon sens et d'équité du jury.

Déjà, on le voit, les défenseurs du droit qu'à l'homme en société de recueillir le produit de son travail, étaient traités de *partageux*.

En 1834, Raspail se lie avec Kersausie, un républicain convaincu et ardent qui vit encore, à l'heure qu'il est, en exil. Ils fondent ensemble le *Réformateur*, un journal qui justifiait merveilleusement son titre ; qu'on en juge par cet extrait de son programme :

« Réforme dans nos lois civiles, qui éternisent nos querelles et ruinent au lieu de concilier ; réforme dans nos lois commerciales, toiles d'araignées où le fripon habile ne peut jamais rester pris ; réforme surtout dans nos lois pénales qui pèsent les actions à la balance, torturent le malade au lieu de le guérir et achèvent de le corrompre en le punissant ; réforme dans nos lois politiques qui ne reposent que sur des actions telles que leurs partisans les plus dévoués ne peuvent en parler sans rire, réforme dans le système militaire qui fait de l'armée une nation à part, qui défend aux soldats d'avoir des frères et qui, pour les aguerrir, les livre au désœuvrement de la garnison et à l'isolement de la caserne ; réforme dans les lois agricoles qui appauvrissent le sol le plus riche de l'Europe ; réforme dans l'industrie qui ne vit que de monopoles et de stratagèmes ; réforme dans le commerce qui n'est plus que de l'agiotage ; dans les sciences et dans les lettres, dont le sanctuaire est fermé au pauvre plein de sève et d'indépendance, pour ne s'ouvrir qu'au privilège de la naissance et à celui de la protection, qui sont les plus sots des privilèges ; réforme en tout, dans l'intérêt de tous, — car le ciel n'a jamais départi à un seul homme la faculté d'en savoir plus que tout le monde, et de faire mieux qu'un autre le bien de tout le monde. »

Le *Réformateur* valut à Raspail une provocation de Cauchois-Lemaire, ce qui fournit au tribun socialiste l'occasion de protester contre le duel en termes très-éloquents. — LE DUEL NE PROUVE RIEN, disait le titre de son article, le SANG NE LAVE PAS; IL TACHE.

Raspail finit néanmoins par céder au préjugé. Il se battit au pistolet et atteignit au cou son adversaire, qui en fut quitte pour une cravate trouée et pour une égratignure.

Le *Réformateur* vécut peu ; les amendes en eurent bien vite raison, Kersausie compromis dans le procès d'avril 1835 fut condamné à la déportation.

De son côté, Raspail est accusé, quelque temps après, de complicité morale dans l'attentat de Fieschi. Interrogé par le juge d'instruction Zangiacomi, qui lui demande comment seraient traités les magistrats si le parti républicain était vainqueur, il lui répond :

« — Je ne vous torturerais pas ainsi que vous me torturez ; je vous enverrais à Charenton où l'on vous administrerait quelques douches, après lesquelles nous serions les meilleurs amis du monde, et vous crieriez plus fort que nous : Vive la République ! »

Cette réponse fut considérée comme un outrage envers un magistrat et, après huit mois de prévention, Raspail est condamné à six mois de prison.

Février 1848 a bien prouvé pourtant qu'il n'était pas besoin de douches pour déterminer les magistrats du Parquet à à crier : Vive la République ! La seule torture qui leur ait été d'ailleurs infligée a été la menace suspendue sur leur inamovibilité.

Pendant les années qui suivirent cette dernière condamnation, Raspail, sans renoncer tout à fait à la politique, se préoccupa surtout de servir le peuple par ses études scientifiques et médicales. Nous n'énumérerons pas tous les livres qu'il publia ; bornons-nous à signaler son *Médecin des familles*, son *Manuel de la santé*, son *Fermier vétérinaire*, qui contribuèrent si puissamment à propager dans les classes moyennes et populaires les notions et la pratique de l'hygiène physique et morale.

On sait avec quel éclat il intervint dans le procès Lafarge et combattit les doctrines de M. Orfila. Cette intervention lui valut la haine de la Faculté et, par suite, un procès pour exercice illégal de la médecine lorsqu'il ouvrit dans son cabinet des consultations populaires. Le ministère public se plut à rendre hommage au caractère et au savoir de l'accusé et ne requit contre lui que le minimum de la peine (1 franc d'amende) ; le tribunal, plus sévère que le Parquet, le condamna au maximum (15 francs d'amende). A la suite de cette condamnation il rouvrit de plus belle son cabinet, en déclarant que s'il était l'objet de nouvelles poursuites, il payerait aussitôt les 15 francs sans se défendre, pour ne pas perdre son temps à plaider.

On sait l'immense succès qu'obtinrent ses consultations, on sait aussi qu'il ne fut plus en butte aux tracasseries de la justice.

V

La République, objet de ses vœux les plus ardents, est proclamée le 24 février. Raspail lui-même, a précédé à l'Hôtel de Ville, les membres du gouvernement provisoire et a annoncé au peuple la *bonne nouvelle*.

On lui offre des fonctions publiques, qu'il refuse. Ce qu'il veut, ce n'est pas seulement le mot République inscrit sur les monuments et sur les actes de l'autorité, c'est le programme du *Réformateur*. Dès le 27 février, il le signifie dans le premier numéro de son journal l'*Ami du peuple;* cependant il conseille la patience et la confiance et se déclare prêt à seconder les bonnes intentions du gouvernement. Son journal est signalé comme dangereux pour la concorde ; il en suspend la publication et ne la reprend que pour répondre aux calomnies dont il est l'objet.

Bientôt, cependant, il stigmatise les manœuvres de la réaction, l'inertie du gouvernement provisoire et prédit l'avortement de la révolution; mais toujours en conseillant au peuple la patience et les moyens pacifiques.

Comment donc croire que le rédacteur de l'*Ami du peuple* ait, de propos délibéré, préparé cette fatale journée du 15 mai qui fut si désastreuse pour la République de 1848?

Entraîné par le mouvement des clubs, il se chargea de lire la pétition qui demandait l'intervention immédiate de la France en faveur de la Pologne. Arrivé dans les salles de la Constituante, il obtint de M. Buchez, président, l'autorisation de lire cette adresse. Combien ne dut-il pas alors déplorer la scène tumultueuse qui suivit! Aussi le *Moniteur* nous affirme-t-il officiellement qu'il insista avec énergie pour décider le peuple à évacuer la salle, en s'écriant qu'il « ne reconnaissait plus comme républicains les citoyens qui persisteraient à rester dans l'Assemblée. »

Arrêté le jour suivant, ainsi que son fils, il fut envoyé au fort de Vincennes. Le suffrage universel voulut l'absoudre ou plutôt lui décerner un verdict de non-culpabilité, en le nommant représentant du peuple le 17 septembre. Il fallut une autorisation de l'Assemblée pour continuer les poursuites. Cette autorisation ne fut pas plus refusée qu'elle ne l'avait été à l'égard de Louis Blanc et de Caussidière; car il était dit que l'assemblée républicaine de 1848 livrerait à la justice réactionnaire les républicains les plus sincères et les mieux pénétrés du sentiment et des idées de la démocratie.

Candidat de la démocratie socialiste, de celle même qui protestait contre l'institution de la présidence, il obtint à l'élection du 10 décembre 36,226 voix. Cinq mois après, la haute Cour de Bourges le condamnait comme coupable d'attentat contre l'Assemblée nationale, à cinq années de prison, qu'il subit avec résignation dans la forteresse de Doullens. Plusieurs fois, durant ces cinq années, des clients qui n'avaient confiance qu'en lui, allaient, dans des cas graves, lui demander des consultations.

Son temps expiré, il se retira à Boisfort près Bruxelles, préférant la condition d'exilé volontaire à l'étranger à celle de ces exilés à l'intérieur qui ont tant lutté et tant souffert moralement et matériellement depuis dix-huit ans, tristes parias au milieu du carnaval permanent de la société française du second empire.

Quand le suffrage universel donna le signal du réveil de l'esprit démocratique, il retrouva Raspail rentré en France et dirigeant de sa résidence d'Arcueil-Cachan ses établissements médicaux et pharmaceutiques. Le peuple sut prouver alors qu'il n'oublie jamais ceux qui lui consacrent leur intelligence et leur vie. La cinquième circonscription de la Seine lui donna une imposante minorité et Lyon le nomma député à une éclatante majorité.

Son attitude pendant la courte session de juin et juillet 1869, et après la prorogation, ses lettres et ses déclarations n'ont point trompé les expériences qu'on avait fondées sur la fermeté de son caractère. Si son programme actuel n'est pas textuellement le même que celui du *Réformateur,* on sent qu'il s'inspire aux mêmes sources et repose sur les mêmes principes. Ce que nous aimons à constater dans les vues actuelles de Raspail, c'est qu'en véritable *ami du peuple*, il ne divise pas la nation en classes et en castes, et ne sépare point la cause des travailleurs manuels de celle des travailleurs de la bourgeoisie.

N'est-il pas lui-même le plus saisissant exemple des services que peut rendre non seulement à son pays mais à l'humanité tout entière le noble labeur de l'intelligence et de l'esprit?

Julien Lemer.

LEDRU-ROLLIN

Ledru-Rollin (Alexandre-Auguste) est né à Paris le 2 février 1808. En 1848, quand ses ennemis, à bout de calomnies, ne savaient quelle injure lui jeter à la face, ils lui reprochaient d'être le petit-fils du prestidigitateur Comus. A ce trait de niaiserie, vous reconnaissez les réacteurs de tous temps.

C'est en 1832 que le nom de Ledru-Rollin paraît pour la première fois dans la mêlée politique. Il avait alors 24 ans.

Avocat, il rédigea une consultation qui fut très-remarquée, contre le régime des Conseils de guerre, créé par la mise en état de siège de Paris.

Deux ans après, en 1834, il publiait sur les massacres de la rue Transnonain un mémoire à sensation, bien souvent cité, bien souvent réédité depuis. Cette même année, nous trouvons son nom dans la liste des défenseurs des accusés d'avril...

Néanmoins, lorsqu'en 1841, les électeurs du 2ᵉ collége de la Sarthe l'apppelèrent à l'honneur de les représenter à la Chambre, il était encore un inconnu pour les hommes d'action du parti, n'ayant été jusque là d'aucune association, d'aucune affiliation, d'aucune société secrète.

Sa profession de foi, très-nette, très-radicale lui rallia tous les suffrages de l'opinion démocratique avancée.

« Pour nous, Messieurs, disait-il, dans cette profession de foi, le peuple c'est tout ! *Passer par la question politique pour arriver à l'amélioration sociale*, telle est la marche qui caractérise le parti démocratique en face des autres partis. »

Ce fut le 24 juillet 1841 qu'il fut nommé député du Mans en remplacement de Garnier-Pagès. Il était alors avocat à la Cour de cassation, charge dont il se défit bientôt après.

La veille de son élection, il avait prononcé un discours très-carré, ouvertement *républicain*, dans lequel il annonçait « qu'il était très-décidé à laisser de côté les moyens empruntés à la tactique parlementaire, les expédients de partis ainsi que leurs réticences quelquefois trop prudentes » pour aller droit au but.

Garnier-Pagès était distancé.

Ce langage hardi pour l'époque, n'effraya point les électeurs de ce collége le plus radical de France, mais il effraya l'autorité. Le jeune député fut cité devant la Cour d'Angers en compagnie de M. Hauréau, rédacteur en chef du *Courrier de la Sarthe*, qui avait eu l'audace de reproduire dans son journal ce discours factieux.

Ledru-Rollin comparut assisté d'Arago, d'Odilon Barrot, de Berryer et de Marie,

PLVTARQVE POPVLAIRE CONTEMPORAIN

LEDRU-ROLLIN

alors bâtonnier. Il fut condamné à 4 mois de prison et 5,000 fr. d'amende. Haureau, défendu par Armand Marrast, en fut quitte pour trois mois de prison.

La nomination de Ledru-Rollin ne fut pas également bien accueillie par toutes les nuances du parti républicain. Les *Révolutionnaires* l'acclamèrent, mais le *National*, organe des modérés, et qui ne croyait pas au succès prochain de la République, ne se montra qu'à demi satisfait de ce choix. De là, dissentiments et même souvent querelles vives.

Je trouve, dans l'*Histoire du Gouvernement provisoire*, de F. Rittiez, un croquis à la plume qui me paraît fort exact, de l'attitude de Ledru-Rollin à la Chambre des députés sous Louis-Philippe.

« A la Chambre des députés, dit Rittiez, il se plaça aux limites extrêmes de la légalité, accepta, avec son caractère, la situation adoptée avant lui par Garnier-Pagès. Au fond, il s'agissait des mêmes principes : Garnier-Pagès les défendait avec beaucoup d'atticisme, se piquait de faire entendre sa pensée sans réticences, mais en sachant l'envelopper d'un mirage, qui le faisait tolérer. Ledru-Rollin ne pouvait pas procéder ainsi.

« Ne lui demandez pas, comme à Lamartine, de l'harmonie poétique dans ses locutions; comme à Garnier-Pagès, un trait lancé sans bruit mais parfaitement acéré; vous ne l'obtiendriez pas. Sa parole est prompte, mais souvent rude; elle va droit au but; elle n'évite pas les écueils, mais elle blesse rudement ceux qu'elle atteint. Vous ne le voyez pas dogmatiser, ni se complaire dans les idées générales, à quoi bon ? Est-ce que les principes démocratiques ne sont pas suffisamment connus?... Mais voyez-le aborder la tribune, il y vient comme dans une mêlée, l'œil ardent, la tête haute, avec la véhémence que donne la conviction. C'est alors qu'il présente les faits avec lucidité; sans méthode, il les expose dans un ordre qui plaît, et vous trouvez chez lui une dialectique puissante. Ledru-Rollin a la pose d'un tribun, il en a souvent l'éloquence ; mais au milieu même de la plus grande agitation, il maîtrise sa pensée. »

Dans la dernière année du règne de Louis-Philippe, les grandes questions politiques et sociales se présentaient rarement à la discussion de la Chambre, occupée de menus détails d'administration ; mais chaque fois que Ledru-Rollin croit pouvoir les amener par une digression habile, on le voit à la tribune. C'est ainsi qu'en 1846, il trouve moyen de poser la question d'une enquête sur le sort des travailleurs.

On sait la belle réponse de M. Sauzet à cet appel chaleureux en faveur des classes souffrantes.

« — La Chambre n'a pas de travail à donner aux ouvriers. »

Ledru-Rollin ne combattait pas seulement le grand combat à la tribune. *La Réforme* qui prépara si activement la Révolution de février, l'avait, dès sa fondation, en 1843, nommé membre de son comité de rédaction. Il était l'âme et le soutien de ce vigoureux défenseur de la sainte cause républicaine.

On sait quelle vigoureuse impulsion il donna à la campagne *des Banquets :*

Il préside le banquet de Lille et refuse de porter un toast au roi.

Au banquet de Dijon, il porte un toast *à la souveraineté du peuple !*

Au banquet de Châlons, le 18 décembre 1847, il porte un toast *à la Convention !*...

Vienne la Révolution maintenant, Danton est prêt !

Le 24 février 1848, elle éclata soudaine, irrésistible... le 24 février, jour à jamais glorieux dans l'histoire du monde, la République est proclamée à Paris !...

La République !... Quel tressaillement nous ressentîmes, enfant encore au collége, quand ce mot-là vint retentir à nos oreilles !... et de quelle vénération nous entourâmes aussitôt les membres de ce Gouvernement provisoire qui nous apparaissait si radicaux !... Tous, parbleu !... ils eurent d'abord une part égale dans notre admiration et dans notre amour.

Pourtant il me souvient toujours qu'un de nos maîtres, nous faisant le samedi 26 l'historique des *onze* insista de façon particulière sur Ledru-Rollin...

« J'aperçois dans le Gouvernement provisoire, nous dit-il, deux courants opposés qui, je le crains, vont se combattre; et l'idolâtrie du peuple pour Lamartine me fait peur. Un seul homme là-dedans peut sauver la République, c'est Ledru-Rollin ! »

Dès ce moment, *je fus tout* à Ledru-Rollin. Je me rappelle ces portraits plus ou moins grossiers qu'on vendait partout alors ! sa belle tête m'attirait entre toutes; puis la douce et juvénile figure de Louis Blanc, et aussi ces deux physionomies énergiques et honnêtes de Flocon et d'Albert. A ce moment où j'écris ces lignes, le souvenir me transmet cette impression aussi vive qu'au premier jour, et je me plais à me rappeler que je fus républicain *rouge* d'instinct, avant que la raison m'ait engagé, poussé dans ce parti plus avant encore.

A ce moment de 48 Ledru-Rollin avait quarante ans. C'était un admirable tribun. Ecoutez ce que dit de lui Daniel Stern :

« La nature semblait l'avoir préparé à ce rôle de chef populaire, sa haute et forte stature, sa belle prestance, son œil noir et vif, son sourire aimable, toute une apparence de robuste jeunesse qui contrastait avec la contenance fatiguée des vétérans du radicalisme, le désignaient aux sympathies du peuple. Sa parole chaleureuse, parfois éloquente, était l'expression naturelle d'un tempérament révolutionnaire, plus encore peut-être que celle d'un caractère républicain. Ses ennemis voyaient alors, ils ont vu longtemps en lui un terroriste. Ses amis l'accusaient plutôt de quelque mollesse. »

La mollesse, voilà en effet le côté par où il pécha. Il lui manqua parfois l'*audace* de Danton, son modèle à d'autres points de vue. Mais nous le demanderons aux plus exaltés : Devant cet engouement aveugle, fanatique, des masses pour Lamartine, que pouvait-il faire ? Pouvait-il lutter ? — Non !... L'essaya-t-il du moins ? — Oui.

Ses *circulaires* et ses *bulletins* qu'il inspira, s'il ne les rédigea pas, sont là pour attester qu'il avait au plus haut degré le sentiment révolutionnaire. Mais quoi ! *Circulaires* et *bulletins* étaient aussitôt désavoués par ses collègues !...

On a soutenu cette thèse, que les exagérations de Ledru-Rollin avaient irrité les susceptibilités de la France, fait naître la réaction : c'est une erreur. La réaction contre la république fut provoquée précisément par ces désaveux publiquement infligés aux paroles et aux actes de Ledru-Rollin. La réaction leva la tête, quand elle comprit que l'élément radical et révolutionnaire était en minorité dans le conseil, et réduit à l'impuissance. Si la majorité de ce conseil avait énergiquement appuyé le grand tribun, les réacteurs se seraient tus et la République eut été fondée.

Un simple rapprochement de dates :

La première circulaire du ministre de l'intérieur est du 7 mars ; la seconde, du 12. Celle-ci, aussitôt désavouée par Lamartine. Or, la première manifestation anti-républicaine est du 16. Elle a lieu aux cris de : *à bas Ledru-Rollin !*... Comme un geai dont la crête se dresse, la bourgeoisie parisienne s'était tout à coup hérissée.

A bas Ledru Rollin !... tas de niais poussés par quelques misérables !...

Les acclamations du 17 mars le vengèrent, mais le coup était porté. Les influences réactionnaires dominaient plus que jamais la situation.

Aujourd'hui, quand on relit avec sang-froid ces bulletins qui provoquèrent tant de colères, tant de haines, on demeure stupéfait d'y trouver tant de sagesse, tant de raison, tant de modération, tant de sens pratique !... Quelles pages admirables ! Quelle grandeur ! quelle majesté !... et quelle netteté d'expressions et de doctrine ! et comme elles portent l'empreinte du grand devoir !

« Les élections sont votre grande œuvre, était-il dit aux commissaires ; elles doivent être le salut du pays. Mettez-vous en garde contre les hommes à double visage qui, après avoir servi la royauté, se disent les serviteurs du peuple... il faut être pur des traditions du passé. »

Cela fit crier !

« Il faut que l'Assemblée soit armée de l'esprit révolutionnaire, sinon nous marchons à la guerre civile, à l'anarchie.... pas de transactions, pas de complaisances... »

Cela fit crier !

« Paris se regarde avec raison comme le mandataire de toute la population du territoire national. Paris est le poste avancé de l'armée qui combat pour l'idée républicaine. Paris est le rendez-vous, à certaines heures, de toutes les volontés générales, de toutes les forces morales de la France. »

Cela fit crier — même les Parisiens !

On criait d'autant plus qu'on sentait Ledru-Rollin moins soutenu par ses collègues.

Ceux-ci, en effet, ne laissaient échapper aucune occasion d'affaiblir l'autorité entre ses mains. A propos de MM. Delescluze et Deschamps, nommés commissaires de la République à Lille et à Rouen, ils voulurent le faire revenir sur sa décision, sous prétexte que les deux commissaires *appartenaient à l'opinion avancée !* Ledru-Rollin refusa noblement les destitutions qu'on lui demandait et en fit une question de démission personnelle. On n'osa pas l'accepter.

Je le répète, on peut l'affirmer hardiment, si Ledru-Rollin, au pouvoir, ne fut pas l'homme d'action que ses discours faisaient pressentir, ce n'est point qu'en lui manquât l'étoffe de l'homme politique, de l'homme d'Etat, c'est qu'il eut, dès l'abord, les mains liées. Comprenant qu'il n'y avait pas à lutter contre cet engouement, contre cette idolâtrie qui jetait Paris et la France aux pieds de Lamartine, il se résigna au rôle effacé que les circonstances lui créèrent.

En cela fut sa faute. Il aurait dû se démettre et reconquérir sa liberté d'action. Il n'aurait pas subi cette humiliation d'être deux fois protégé par Lamartine, une fois par Cavaignac.

Ah ! quand je pense à cette poignée de main du vainqueur de Juin, qui, en l'amnistiant, séparait sa cause de la grande cause des vaincus, Louis Blanc et Caussidière !...

Jusqu'au jour où il sortit enfin de cette galère du pouvoir, on souffre de voir ce grand cœur, ce grand esprit engagé dans les petits compromis, dans les petites combinaisons mesquines d'une politique d'expédients ; mais quelle revanche, quand le voilà libre, et rendu tout entier à la tribune ! Comme il redresse sa tête fière, comme on sent que l'air respirable vient de rentrer dans sa large poitrine !...

C'est lui ! le voilà ; il a repris possession de lui-même ! voilà l'orateur de la Révolution ! voilà le tribun de la campagne des banquets !.. Il est tout au peuple, maintenant !...

La Montagne s'égarait sans direction, sans but ; marchant à l'aventure ; se tenant, par une défiance inexplicable, à l'écart du socialisme...

Elle a retrouvé son porte-voix !.. son porte-étendard !.. Le ralliement se fait aussitôt.

Les élections présidentielles approchent. Ledru-Rollin prend, avec les socialistes, l'engagement, s'il est élu, d'abolir la présidence et de proclamer le droit au travail.

On sait quelle malheureuse idolâtrie (l'idolâtrie !... dans tous les malheurs de la France, vous la retrouvez à l'origine) jeta le pays dans les bras d'un prétendant.

370 mille voix fidèles à la révolution répondirent seules. Ledru-Rollin, qui ne s'était pas illusionné un instant sur le résultat du scrutin, poursuivit sa tâche.

Sans cesse sur la brèche, il se jette au milieu de tous les débats.

Il est de toutes les discussions, on le voit dans toutes les batailles au plus fort de la mêlée.

A la réaction qui s'avance de jour en jour plus menaçante, il oppose toutes les forces de son talent grandissant de jour en jour. La lutte ! voilà son élément... le tumulte des assemblées tempétueuses le transfigure...

Faut-il citer tous ses triomphes oratoires ?... le cadre de cette étude ne le comporte guère... ses discours pour la liberté de la Presse, contre l'état de siége, pour le Droit au travail ; ses interpellations sur l'entrée au ministère de MM. Dufaure et Vivien ; ses protestations contre le projet d'intervention à Rome, contre les pouvoirs donnés au général Changarnier, contre l'ensemble de la politique extérieure ; sa réponse à M. Denjoy, à propos des clubs — réponse suivie d'un duel...

En mai 1849 il avait vaillamment reconquis tout le terrain que sa popularité avait perdu en 48. Cinq départements à la fois, le choisissent pour leur représentant, à la Législative, sept autres lui donnent un nombre de voix considérable. A Paris son nom sort le *second* de l'urne !

A Moulins, où il est allé présider un banquet démocratique, il a l'honneur d'être assailli par les amis de l'ordre et de la famille. Sa voiture est criblée de coups de baïonnettes. C'est miracle s'il échappe à la mort. Poursuivit-on ces assassins en bottes vernies? si on les poursuivit, on ne les poursuivit pas bien fort !..

Par son talent, par son énergie, il avait rétabli les affaires de la République. L'armée, qui commençait à s'ouvrir aux idées nouvelles, faisait des sous-officiers Boichot, Rattier, Commissaire, trois jeunes hommes intelligents et braves, les collègues de MM. Changarnier, Baraguay-d'Hilliers et autres épaulettiers, au grand scandale de M. Prudhomme...

Je me souviens encore de cette phrase de M. de Girardin, rendant compte de l'aspect de l'Assemblée nouvelle :

« Au sommet de la gauche, on voyait M. Ledru-Rollin entouré de son bataillon *devenu une armée.* »

Hélas ! cette armée vaillante, il ne devait la commander que bien peu de jours !...

La République romaine venait d'être assaillie par ceux que le malheur du temps avait mis à la tête de la République française. La Constitution était impudemment violée. Le devoir des représentants de la Montagne était tout tracé. Il leur commandait la résistance, l'insurrection sainte.

Que Ledru-Rollin ait vu avec douleur la triste nécessité où le Droit se trouvait acculé, c'est possible ; mais le mot qu'on lui prête : « J'étais leur chef, je devais les suivre » est un vieux mot de vaudeville qu'il n'a pas dit, on peut l'affirmer. Il est allé de l'avant, librement, en son âme et conscience, et ce sera son éternel honneur de n'avoir pas reculé devant la défaite prévue, inévitable, — de n'avoir pas hésité, alors qu'il était sans illusion sur l'issue du soulèvement.

L'histoire dira que tous ceux qui, le 13 juin 1849, protestèrent contre le siége de Rome ont fait leur devoir.

On sait les conséquences funestes de cette journée néfaste. La Montagne décimée, découronnée de ses vaillants ; Paris et je ne sais combien de départements mis en état de siége...

Puis comme épilogue, le procès de Versailles où 17 accusés présents furent condamnés à la déportation.

Ledru-Rollin, après avoir vu les fusils des vainqueurs ivres appuyés sur sa poitrine, avait pu se soustraire au réquisitoire furibond et nauséabond de Baroche. Un enfant lui avait ouvert la porte dérobée du jardin. Les réacteurs furieux de voir échapper leur proie, imaginèrent l'histoire du vasistas. Pauvres gens!

A la vérité, ceux de nos jours n'ont pas l'imagination beaucoup plus inventive....

Il fut condamné à la déportation par coutumace.

Ici commence la vie de l'exil... vie laborieuse, pénible, quoi qu'on en ait dit.

Ledru-Rollin, au début de la vie, se trouvait à la vérité dans une assez belle position de fortune, mais la *Réforme* qu'il entretînt à peu près seul, depuis 1843, avait engouffré des sommes énormes ; en outre, sur sa charge d'avocat à la Cour de cassation, il perdit près de 200 mille francs ; ajoutez à cela les prodigalités incessantes d'une générosité qui ne sut jamais se contenir... Bref, il était sorti de la Révolution de Février à peu près complétement ruiné.

A Londres, il habita longtemps une petite maison de modeste apparence, du côté de Richemont, dans les champs, vivant avec sa femme toujours malade, et un vieux serviteur dévoué qui ne le quittait pas...

Vivant du produit de sa plume et de quelques consultations d'avocat qu'il donnait dans la Cité, aux Français engagés dans des affaires litigieuses.

Toujours généreux dans sa gêne ; donnant au premier appel fait à sa bourse, jamais un proscrit malheureux ne l'implora vainement.

— Je n'ai qu'une livre, mon pauvre ami, disait-il, la voici! c'était la dernière, et il la donnait.

Le fond du caractère de Ledru-Rollin, c'est la bonté, une bonté qui ne se dément jamais. Affable, d'une irrésistible séduction ; le sourire est plein de franchise ; les mouvements, d'une brusquerie pleine d'abandon.

Quand on l'aborde, son geste familier est celui-ci : Il étend brusquement le bras et vous présente deux doigts de la main, l'index et le médium.

Ledru-Rollin fut un des plus beaux hommes de son temps. Son mariage est toute une épisode romanesque. Une jeune anglaise s'éprit de lui, à distance, sans le connaître personnellement, à la seule lecture de ses premiers discours. Les parents de la jeune miss voulurent en vain s'opposer à ce mariage qui froissait leurs sentiments de torys conservateurs. Un oncle même, riche à plusieurs millions, la déshérita..... mais rien ne put l'arrêter.

Madame Ledru-Rollin est une femme d'une intelligence supérieure, d'un caractère à la hauteur de son intelligence, et d'un dévouement inaltérable à son glorieux époux. Elle est, par malheur, d'une santé fort délicate et presque toujours clouée par la douleur sur sa chaise-longue.

Les journaux ont raconté dernièrement comme quoi l'expropriation de certains terrains sans grande valeur, que Madame Ledru-Rollin possédait dans le faubourg Saint-Antoine, sur l'emplacement du boulevard du Prince-Eugène, avait miraculeusement rétabli sa fortune ; la chose est exacte. Le sort devait cette compensation à l'homme de bien si rudement prouvé depuis vingt ans.

La fortune revenant au tribun de 48 par le fait des caprices de M. Haussmann, il y a là quelque chose de piquant, et l'on aimerait à y voir le doigt de Dieu, si l'on était fataliste.

On sait pourquoi, malgré deux amnisties impériales que ces messieurs s'obstinent pourtant à qualifier de *pleines et entières*, Ledru-Rollin ne peut rentrer en France. Exception bien glorieuse pour lui ! Ils ont beau se retrancher derrière de misérables arguties, de mesquines interprétations de textes, ils le craignent !... et voilà tout le secret de cet acharnement sans exemple.

De tous les ennemis de l'Empire n'est-il pas en effet le plus redoutable, par sa popularité aujourd'hui sans nuage, et par son talent que l'exil a mûri, développé, grandi ?

Il a prononcé à Londres, dans diverses circonstances, des discours dont, après 10, 15, 20 ans, des proscrits aujourd'hui rentrés, ne peuvent se souvenir sans un attendrissement qui va jusqu'aux larmes.

Ledru-Rollin a aujourd'hui soixante-deux ans qu'il porte allègrement. Il n'a plus la chevelure soignée et relevée en toupet sur le front, comme en 1848, et non plus le collier de barbe. Le crâne est à peu près complétement dénudé, excepté sur le sommet où une petite touffe subsiste encore. Il porte les favoris, et une moustache épaisse recouvre ses lèvres.

Son œil noir brille plus vif que jamais. Plein de santé, d'activité, d'énergie, de vigueur juvénile, Ledru-Rollin a vingt ans encore au service de la démocratie !...

Jamais homme ne fut un moment plus

décrié, plus odieusement calomnié, insulté. Que reste-t-il aujourd'hui de toutes ces misérables inventions d'ennemis sans pudeur? — Rien!

Aujourd'hui, il n'est pas de popularité qui approche de la sienne. Tous les libéraux de toutes les nuances, les plus tièdes comme les plus avancés, sont unanimes sur ce point. Son nom rallie tous les suffrages. Toutes les compétitions sont prêtes à s'effacer devant lui, comme toutes les voix sont prêtes à se porter sur lui quand il le voudra sérieusement; quand il jugera le moment sérieusement venu.

Il a quitté la France maudit et méconnu du plus grand nombre, il y rentrera. — Car il y rentrera! — Aux applaudissements de tout un peuple qui ne demande qu'à réparer ses injustices et ses fautes.

Et nous pourrons alors, citoyens, en toute sûreté, sans crainte, sans arrière-pensée, faire escorte au grand proscrit, nous livrer à tout notre enthousiasme, à cette idolâtrie même dont nous parlons plus haut, idolâtrie si funeste d'ordinaire, car il est de ceux dont la foi républicaine est restée debout, pure de toute ambition personnelle, avec toute l'abnégation, toute la simplicité et tout le dévouement qu'elle comporte!

Gabriel GUILLEMOT.

GAMBETTA

Un jeune celui-là, un vrai jeune!

La meilleure preuve: ouvrez la dernière édition de Vapereau, et vous n'y trouverez pas son nom! Ainsi Gambetta, n'était pas, il y a quatre ans, le *Contemporain* de l'honorable auteur de ce Dictionnaire.

Mais comment expliquer qu'inconnu hier, Gambetta soit célèbre, presque illustre aujourd'hui? Comment ce nom qui n'avait pas franchi les limites de la *parlotte*, des conférences ou de quelques cercles intimes, a-t-il rebondi tout-à-coup du Palais de Justice aux extrémités de l'Europe?

On se rappelle la triomphante plaidoirie qui, l'an dernier, jetait à tous les échos de la presse ce nom éclatant comme une fanfare. Mais si un orateur nouveau s'était révélé ce jour-là, il existait la veille cependant; pourquoi donc tant d'obscurité, à la veille de tant de lumière?

Ceci est, il faut bien le dire, un des signes de notre époque. Le Gouvernement de la Restauration, celui de Charles X, surtout, plein de défiance pour la jeunesse, l'avait toujours tenue éloignée des affaires. Il redoutait instinctivement les ardeurs et les aspirations d'une génération qui pouvait le faire

PLUTARQUE POPULAIRE CONTEMPORAIN

GAMBETTA

Paris. — Imp A.-E. Rochette, boulevard Montparnasse

sortir de son ornière, sans voir, — l'aveugle ! — que c'était cependant en se retrempant incessamment dans les parties vivantes, énergiques de la nation, qu'un pouvoir reste toujours jeune, et toujours au niveau de l'opinion publique. Aussi tenait-on les jeunes gens soigneusement à l'écart.

C'est à cette exclusion maladroite qu'il faut attribuer cette pléïade de lions et de viveurs qui, pendant dix ans, jetèrent dans des folies excessives cette exubérance d'ardeur, de verve, d'énergie qu'on dédaignait ou dont avait peur.

Le Gouvernement de juillet comprit le parti puissant qu'il pouvait tirer d'hommes jeunes, instruits, intelligents, et bientôt les anciens excentriques du boulevard de Gand montrèrent dans les diverses branches de l'administration de quels talents réels, de quel concours efficace la Restauration s'était volontairement et imprudemment privée. Et, si plus tard, le Gouvernement de Juillet commit la même faute, il avait du moins réparé, au profit de la nation, l'erreur de ses prédécesseurs.

Eh! bien, il faut le reconnaître, le second Empire a été pour la génération qui date de 1850 ce que fut la Restauration pour la génération de 1820.

Les carrières publiques complétement fermées à tous ceux qui refusaient une soumission absolue, une sorte de démission de leur initiative et de leur volonté, sont encombrées d'hommes âgés, fatigués par l'exercice prolongé de leurs fonctions; tandis qu'à côté d'eux s'épuisent et s'énervent dans l'obscurité et l'oisiveté de remarquables intelligences qu'il serait prudent d'utiliser.

La jeunesse, on l'a dit, reste rarement indifférente. Quand elle n'est pas pour le Gouvernement, elle est contre lui.

Voyez Gambetta ! quel moyen pour lui d'arriver à cette célébrité qui est le but légitime de tout homme de valeur ?

Les grands procès civils, ceux qui peuvent jeter quelque éclat sur un avocat, sont monopolisés par quelques maîtres du barreau. Il en est de même des grands procès criminels.

Il restait donc au jeune orateur les procès politiques, et les procès de presse. Mais les procès politiques sont rares, et sur ce terrain encore on trouve une rude concurrence.

Quant aux procès de presse, s'il faut reconnaître que si peu d'époques s'en sont montrées aussi fertiles, il y a un tout petit inconvénient pour l'avocat, — c'est que le compte-rendu en est formellement interdit par la loi. Par conséquent, les plus beaux mouvements oratoires, les harangues les plus énergiques, les plaidoiries les plus éloquentes, ont pour admirateurs quelques rares privilégiés, mais restent lettre-close pour le public. Et l'on peut avoir, pendant dix ans, déployé cent fois le talent de Gambetta sans être connu en dehors du barreau et de la presse.

En voulez-vous un exemple ?

J'ai entendu M. Hubbard plaider dix procès de presse. Je l'ai vu, tour à tour ironique, railleur, puis sérieux, grave, même parfois élevé, je pourrais citer plusieurs de ses plaidoiries qui sont des chefs-d'œuvre de dialectique, de logique, d'esprit, d'atticisme... Pourquoi le nom d'Hubbard n'a-t-il pas été acclamé comme celui de Gambetta?

C'est que jamais un discours d'Hubbard n'a été imprimé, et que nous étions quinze ou vingt à l'entendre, — quinze ou vingt, à qui il était défendu d'en parler au public.

C'est qu'un jour Gambetta trouve un procès, non pas un procès de presse, — le tombeau de l'éloquence, — mais un procès politique, un de ceux pour lesquels la publicité est tolérée. Il s'agissait, vous vous le rappelez, d'une prévention de « manœuvres à l'intérieur. »

L'occasion était belle, et Gambetta fut à la hauteur de sa mission. Il apporta, dans cette plaidoirie célèbre, tout ce qu'il avait de talent, de verve, d'énergie, l'écho de ses souffrances comme citoyen, et, involontairement, inconsciemment, entraîné par la situation, il ouvrit son cœur, et laissa déborder ses rancunes, ses haines, longtemps accumulées ; il fit non pas l'apologie de ses clients, mais l'histoire des quatre millions de citoyens nés à la vie politique depuis 1851, et qui, en cherchant la lumière, s'étaient heurté et brisé le front aux parois étroites de la Constitution. Et, trouvant dans sa propre vie, dans ses souvenirs, dans ses déceptions, dans ses souffrances, un écho des souffrances générales, des désirs, des aspirations de tous, il fut humain, il fut vrai, il fut sublime ! En vain, effrayé par cette tempête grandissante, le président voulut imposer son « quos ego... » aux flots révoltés !...

Gambetta n'écoutait plus. Il n'y avait plus ni avocat, ni journaliste prévenu, ni manœuvres, ni souscription Baudin, — il y avait toute une génération apportant au grand jour de la justice son passé flétri dans l'oisiveté stérile, inutile, son avenir menacé ! Eh ! qui pourrait imposer silence à ces revendications désespérées, qui pourrait mettre un frein à ce soulèvement de la conscience publique ?

Dominé par la grandeur de la situation, par la hauteur même où le brillant avocat avait placé la question, le président laissa passer le torrent.....

Le lendemain, ce discours parcourait la France et l'Europe, et la démocratie saluait un de ses plus vaillants champions.

On a dit, et, avec raison, que Gambetta avait trouvé dans la violence même de ses paroles un succès qu'il lui serait difficile peut-être de renouveler. Mais, s'il fut violent, — et il le fut, — à qui la faute ? A qui permet-on d'élever la voix ? Quand nous avons vu MM. Saint-Marc-Girardin et d'Haussonville, deux lettrés, deux esprits attiques, recevoir des avertissements, — quand nous avons vu les articles les plus consciencieux, condamnés pour un mot désagréable à quelque personnalité administrative, ne faut-il pas admettre que Gambetta, usant des priviléges qu'on a laissés au barreau, se soit cru en droit de prendre, avec l'énergie qui nous est interdite et qu'on nous fait payer fort cher, la défense des intérêts qui nous sont confiés, et dont il se trouvait ce jour-là le champion ?

Au surplus, le pays ne devait pas laisser longtemps ignorer son sentiment. Peu de mois après, les élections générales donnaient à la France l'occasion d'affirmer hautement sa gratitude et ses sympathies.

Deux villes de France, deux parmi les plus éclairées, les plus intelligentes, les plus amies du progrès, Paris et Marseille offraient à Gambetta un siége au Corps Législatif.

Gambetta devait accepter. Il accepta. On ignore peut-être que, depuis plusieurs années, Gambetta était l'auditeur assidu des séances parlementaires. Penché sur l'appui de sa tribune, il suivait avidement ces discussions où s'agitait l'avenir de la France, et il assistait, non pas impassible mais, hélas ! impuissant, à ce lent travail de désorganisation.

Aussi, était-il prêt quand l'enthousiasme des Marseillais et des Parisiens vint lui offrir le pavois de la députation.

On sait le résultat des deux batailles — qui fut un triomphe. A Marseille, sa candidature fut entourée de cette chaude sympathie des méridionaux — qui a tant de revirements soudains !

Et, à ce sujet, qu'on me permette d'emprunter à notre vaillant collaborateur, Jules Claretie, une anecdote sur les réunions de Marseille :

« On avait construit, près du rivage, une sorte de tente faite pour les auditeurs du candidat. Gambetta parle. On entendait au dehors comme un bruit de houle, le murmure sourd de la foule qui ne pouvait pénétrer là. Tout à coup, sous une poussée du dehors, le bois craque, l'étoffe se déchire, la tente est emportée comme par un simoun, et Gambetta se trouve subitement devant dix mille personnes. Il grossit sa voix aussitôt, domine le bruit, et enthousiasme si bien ce monde qu'un homme du port lui jetant son bonnet par la tête, s'écriait, — on m'a conté cette histoire : — « Pichoun, je t'embrasserais ! »

A Paris, il se trouvait en présence d'un adversaire qu'un long passé honorable faisait redoutable. Mais cet adversaire, M. Carnot, appartenait à l'opposition parlementaire, qui, certes, a rendu des services, mais qui s'attardait un peu aux discussions formalistes.

En France les mots ont une grande influence sur les masses. Gambetta, ne pouvant invoquer en sa faveur que sa plaidoirie devant la 6ᵉ Chambre, inventa une formule pour l'attitude qu'il prendrait devant le Gouvernement.

« Je suis irréconciliable », dit-il.

Le mot fit fortune, et lui valut certainement son écrasante majorité !

Irréconciliable ! C'est bientôt dit. L'a-t-il toujours été ? Ce n'est pas ce que pensent beaucoup d'électeurs de la 1ʳᵉ.

Quelques jours après les élections, Gambetta prononçait à Marseille un discours qui ne rappelait guère le fougueux tribun de Belleville. Et, sur l'observation qui lui en fut faite. « Oh ! dit-il, la disposition des esprits n'est pas la même qu'à Paris. » La réponse ne fut pas trouvé satisfaisante.

Au Corps Législatif, l'attitude du jeune représentant ne fut pas non plus aussi nette que beaucoup l'espéraient. On s'attendait à le voir, lui, député de Paris, suivre Raspail dans sa campagne en faveur des citoyens arrêtés au mois de juin et détenus présentement à Mazas. On s'étonna de le voir garder de Jules Favre, de Picard de Garnier-Pagès, etc., le silence prudent. Et si, de la part de la gauche parlementaire et « concessionniste, » cet abandon ne surprenait pas, il avait droit d'irriter, venant de l'*irréconciliable* Gambetta.

On se rappelle que, vers cette époque, une grave affection des voies respiratoires contraignit le jeune député à demander aux ombrages de Nice leurs fortifiantes émanations.

C'est pendant sa convalescence que le grave incident soulevé par M. de Kératry, mit l'opposition en demeure d'avoir à se prononcer. Dépassée par les 116, la gauche montra cependant une hésitation regrettable. Les lettres particulières arrivaient rares et souvent trop peu explicites pour rassurer les esprits. Celle de Gambetta avait, au contraire, un caractère de résolution et de fermeté qui fut vivement approuvé. Mais, en définitive, tout devait se borner là. On sait quelle fut l'issue de la manifestation du 26 octobre, et comment, l'un après l'autre, chaque député reprit la parole qu'il avait donnée de se présenter ce jour-là au Corps Législatif.

Il est bien entendu que je n'ai nullement l'intention de discuter ici cette question constitutionnelle ; je me borne à examiner l'attitude de Gambetta depuis son élection.

Sans avoir complétement disparu, la maladie qui avait retenu Gambetta à Nice ou à Genève, pendant quatre mois, lui permit enfin de revenir à Paris. Une nouvelle période électorale s'ouvrait, et l'élu de la 1ʳᵉ circonscription voulait prendre part à la lutte.

Ses anciens électeurs allaient le revoir. Ils allaient pouvoir juger si le député avait tenu les promesses du candidat. Il y eut, il faut bien le reconnaître, une certaine désillusion. Ce n'était plus l'acharné revendicant de nos libertés, l'irréconciliable adversaire de toute politique de compromis, c'était un monsieur grave, prenant avec ses anciens électeurs une attitude de protection qui n'eut pas un grand succès.

Puis, on n'appelait plus les électeurs, « citoyens », mais messieurs. C'est un détail minime. Mais ne prend-il pas une grande importance quand il peut faire présager de plus graves modifications.

Enfin, un soir que Gambetta présidait une réunion publique, un orateur voulut examiner la conduite du député de la 1ʳᵉ circonscription depuis quatre mois, pour trouver un programme à imposer aux candidats actuels.

Gambetta, avec plus d'autorité que de tact, s'opposa énergiquement à cet examen, déclarant que, tant qu'il serait président, il ne permettrait pas qu'on contrôlât ses actes et sa conduite. L'orateur voulut insister, mais il dut se retirer devant les ordres formels du président et des commissaires. Un certain nombre d'électeurs trouvèrent assez peu démocratique cette façon de repousser le contrôle.

Gambetta, disent-ils, n'avait qu'à quitter son fauteuil de président, pour écouter et répondre, et, une fois, l'incident clos, il l'aurait repris aux applaudissements de l'assemblée, fort satisfaite de voir ses élus mettre en pratique leurs théories démocratiques,

Au lieu de cela, certains électeurs se sont retirés de fort méchante humeur, et regrettant beaucoup leur enthousiasme du mois de mai.

Enfin, tout récemment, Gambetta, l'irréconciliable, ne s'est-il pas joint aux membres de la gauche, pour signer le manifeste auquel manquaient deux signatures, celle de M. Thiers, trop enrhumé, et celle de Raspail trop radical pour s'associer à ces puériles protestations?

On a peut-être trouvé cette appréciation de Gambetta un peu sévère. Mais il est de ceux avec lesquels on a le droit et le devoir de parler nettement. C'est au surplus, le jugement de ses anciens électeurs que je lui donne. J'ai consulté récemment, à ce sujet, des hommes influents de la 1re circonscription. « Gambetta, me disaient-ils en termes plus énergiques, n'a pas répondu à notre attente. Il se rapproche de l'ancienne gauche, et va s'enrôler dans le régiment de Jules Favre. C'était bien la peine, pour le nommer, de faire du chagrin à ce bon M. Carnot. Sans compter que, tout en ayant déclaré au mois de mai que le parti auquel appartient M. Carnot a fini son temps, il patronne en ce moment sa candidature. »

Ces électeurs ont-ils raison ? L'avenir nous le dira. Il n'en est pas moins certain que si, demain, Gambetta avait à se représenter comme candidat dans la 1re circonscription, il n'aurait assurément pas les 21,000 voix qui l'ont acclamé au mois de mai 1869.

Si Gambetta était un homme médiocre, s'il n'y avait pas chez lui les qualités puissantes du tribun et même de l'orateur, ses hésitations, ses tâtonnements nous intéresseraient peu.

Mais, habitués à la morgue, à la roideur des grands Lamas de l'opposition, des Burgraves de la gauche, faut-il renoncer aux espérances que nous avait fait concevoir l'entrée d'un « jeune » à la Chambre ?

On voudrait le voir s'inspirer plus de ses commettants que de ses collègues, et rompre avec ces traditions de discipline et de coteries qui font donner le pas aux questions d'intérêt personnel, aux satisfactions d'amour-propre ou d'ambition sur les questions d'intérêt général.

Gambetta réunit presque toutes les qualités physiques et intellectuelles des maîtres de la tribune. Son organe sonore et bien timbré, se prête avec souplesse aux inflexions de l'ironie, comme aux éclats de la violence. Sa parole, facile, élégante, ne s'égare que lorsqu'il le veut bien; l'émotion, l'enthousiasme, l'entraînement sont presque toujours préparés, mais avec tant d'art que les auditeurs éprouvent ces impressions, sans s'apercevoir qu'il ne les ressent pas lui-même. Il est presque toujours maître de sa parole, et, dans ses plus grands emportements, il choisit avec une merveilleuse adresse les termes, les expressions qui peignent le mieux sa pensée. Ajoutez que c'est un lettré, un érudit; il aime les lettres avec passion, et l'histoire, comme un homme appelé à travailler pour la postérité.

Maintenant, faut-il le dire ? Cet amour des lettres, cette recherche de la forme, ce goût passionné pour les choses élégantes, ne vont pas ordinairement sans une légère altération du sens vrai des choses. Il arrive souvent que le côté brillant d'une question séduit irrésistiblement ces esprits artistes, et ils se laissent entraîner, sans voir le danger, prenant un sophisme pour un syllogisme.

Chez les lettrés, les convictions philosophiques et sociales cèdent à des séductions que ne connaissent pas les esprits simples et ennemis des subtilités.

C'est un défaut qui naît souvent d'une grande facilité à trouver les arguments qui militent pour ou contre une solution.

Gambetta ne se rappelle-t-il pas qu'à l'époque — déjà éloignée — c'était, si j'ai bonne mémoire, en 1857, à l'époque où il faisait son stage, ne se rappelle-t-il pas les interminables discussions du café Procope, discussions qui parcouraient en quelques heures tous les domaines, la politique, la religion, la philosophie, le droit, les arts, que sais-je?

S'il ne s'en souvient plus, d'autres n'ont pas oublié avec quelle verve, quel entrain, quelle abondance, il soutenait une thèse, souvent spécieuse. Puis, quand son adversaire, écrasé par l'avalanche d'arguments, se déclarait vaincu, Gambetta, avec une bonhomie railleuse, reprenait ces mêmes arguments vainqueurs, et les détruisant l'un après l'autre, prouvait à son adversaire ébahi, que c'était lui qui avait raison. Et la galerie d'applaudir.

Certes, ces joûtes ont leur côté brillant, mais elles sont dangereuses. L'esprit s'habitue, malgré lui, à ne voir dans un argument que sa contre-partie, la rectitude du sens y perd. La profession d'avocat tend à développer cette tendance, en donnant le fréquent spectacle du même article de loi interprété et appliqué de plusieurs façons différentes.

Au reste, disons-le tout de suite, cette tendance au sophisme, cette mobilité se trouvent dans l'esprit et non dans le caractère de Gambetta.

C'est un honnête homme, très-ferme et très-résolu. On a dit qu'il était ambitieux. Je le crois aussi. Mais l'ambition, ce puissant mobile, pourra lui imposer de grands travaux, de rudes sacrifices, sans jamais faire redouter de sa part une lâcheté ou une défection.

J'ai dû dire, et j'ai dit ce que les électeurs de la 1re circonscription de la Seine pensaient de leur ancien député ! qu'ils ne se hâtent pas trop de prononcer sur un homme de sa valeur. L'ouverture prochaine de la session va lui donner l'occasion de prendre devant le pays l'attitude qui convient à son caractère, et aux opinions de ses commettants.

Alors, mais alors seulement, nous aurons le droit de le juger.

Un dernier mot.

Gambetta est, si l'on excepte certain duc, le plus jeune de nos députés. Il a trente-cinq ans, étant né à Cahors en 1834. Son origine méridionale se révèle dans son extrême vivacité, dans son geste expressif, dans son organe chaudement timbré. Un large front, surmonté par une sorte de crinière noire qu'il rejette en arrière, domine une figure mobile, expressive, parlante. Les yeux, — pardon ! — l'œil, plein de feu, éclaire cette physionomie saisissante. Les épaules larges, la poitrine très-developpée, le cou un peu fort, indiquent l'homme de lutte, le tribun, aussi bien que l'orateur.

Tout à l'heure, je parlais de « son œil. » Le jeune député est borgne, en effet. Il a perdu — ou plutôt « sacrifié » un œil dans des circonstances qui indiquent chez lui une rare fermeté. Son père l'avait placé au séminaire de Montauban où le jeune Gambetta, séparé de ses amis d'enfance, impatient de la discipline ecclésiastique, s'ennuyait comme un autre Latude. « Si tu ne me retires pas d'ici, écrivit-il à son père, je me crève un œil. »

Le père ne fit que rire de cette menace, mais il accourut en toute hâte, quand une lettre du supérieur lui eut appris que la menace avait été réalisée. On soigna l'enfant, on le guérit, mais... on le maintint au séminaire.

Nouvelle lettre de Gambetta annonçant qu'il est prêt à se crever le second œil.

Cette fois, le père n'attendit pas l'effet de cette nouvelle menace. Et le nouvel Horatius Coclès sortit triomphalement du séminaire.

Au reste, de l'œil de verre qui a remplacé celui qu'il sacrifia à son indépendance, Gambetta a fait comme un accessoire de son éloquence. Lorsque sa discussion s'anime, la tête se penche en avant, vers l'adversaire, puis, peu à peu, l'œil, le vrai, celui qui a survécu se ferme, et il ne reste que cet œil immobile, brillant, mais sans regard. Cette fixité, cette immobilité, au milieu de la tempête, produisent sur l'adversaire un effet saisissant et auquel peu de personnes échappent.

On disait qu'à la 6ᵉ Chambre, l'honorable président n'avait pu se soustraire à cette sorte de fascination. Je sais personnellement que beaucoup d'amis de Gambetta ont fréquemment fait cette remarque, et M. Vivien n'aurait fait qu'obéir à la loi commune.

Je conclus. Léon Gambetta est doué de qualités remarquables, que le maniement des affaires ne pourra que développer. La plaidoirie célèbre qui a déterminé sa double élection n'est pas la mesure vraie de son talent. On ne comprendrait pas qu'une harangue éloquente suffît à faire d'un homme le représentant nécessaire, utile surtout, de 80,000 électeurs. Il faut chercher dans ses études sur l'histoire et sur les événements politiques de ce siècle, dans la fermeté et la résolution de son caractère les garanties des services que les électeurs attendent de lui.

Victor Cosse.

VICTOR HUGO

I

Il en est de certains hommes comme de certains monuments. Il faut les considérer de haut et dans leur ensemble si l'on veut nettement caractériser le rôle qu'ils jouent dans l'histoire de leur temps, préciser la place qu'ils occupent dans l'art, apprécier l'influence qu'ils exercent sur le mouvement des âmes et des esprits de leurs contemporains.

Victor Hugo est un de ces hommes.

Notre cadre est trop restreint pour qu'il nous soit possible d'énumérer ici une à une toutes les actions de cette vie si bien remplie, d'analyser une à une toutes les œuvres dont se compose cet ensemble grandiose et monumental qui a pour première assise les *Odes et Ballades* et pour dernière pierre d'attente *l'Homme qui rit*.

L'histoire de l'homme, ce qu'on appelle vulgairement la biographie, est trop connue, ses œuvres sont trop sues de tous pour qu'il soit besoin de retracer, dans cette étude à larges traits et forcément resserrée dans des limites étroites, les faits de cette existence consacrée au culte de ce qu'il y a de plus noble et de meilleur dans l'homme, la pensée ; d'analyser des chefs-d'œuvre qui furent célébrés, chacun à leur naissance, comme des événements mémorables de notre histoire.

D'autres vous ont dit, d'autres vous diront encore que Victor Hugo naquit à

PLVTARQVE POPVLAIRE CONTEMPORAIN.

VICTOR HUGO.

Besançon, le 26 février 1802, lorsque « ce siècle avait deux ans » et que « Rome remplaçait Sparte », — que son éducation fut faite surtout par sa mère, vendéenne et royaliste de tradition, voltairienne et libérale d'esprit et de raison, pendant que son père, général républicain, commandait au loin un corps d'armée pour le compte de l'homme qui avait tué la république ; — qu'il grandit et étudia un peu partout, à Paris dans le jardin-parc de l'impasse des Feuillantines ; en voyage, en Italie, à Rome, à Naples et à Florence, en Espagne, au collége des nobles, puis encore à Paris, dans la rue du Cherche-Midi et à l'institution Cordier, subissant tour à tour l'influence de ces divers milieux et finissant par en dégager la personnalité d'esprit la plus marquée, le génie le plus original des temps modernes.

D'autres vous diront les premières inspirations lyriques du jeune poëte, ses essais sur les bancs du collége, — ses succès académiques, d'adolescent, — le refus de l'Académie de décerner le prix à sa pièce sur *les Avantages de l'étude*, parce qu'elle se crut mystifiée par la déclaration de l'auteur, qui s'annonçait comme âgé de quinze ans, — le pronostic de Chateaubriand qui le baptisa du nom d'*enfant sublime*, — les espérances que fonda sur lui le parti légitimiste alors triomphant, — ses trois prix à trois concours successifs aux Jeux Floraux de Toulouse, — son mariage, à vingt ans avec Mlle Foucher, dont la famille trouva dès lors que le patrimoine de gloire de l'auteur des *Odes et Ballades* constituait une dot suffisante, sa pension sur la cassette du roi, décernée par Louis XVIII, non au poëte couronné, mais au *brave jeune homme*, qui avait écrit à la mère d'Édouard Delon pour offrir un asile chez lui à son ami conspirateur, condamné à mort par contumace.

A cet épisode, toutefois, nous nous arrêtons ; il touche au caractère de l'homme et c'est surtout le caractère de Victor Hugo, que nous nous proposons de mettre en relief, pour prouver que son caractère est digne de son génie. Victor Hugo a toujours aimé les proscrits, à quelque camp qu'ils appartiennent ; mais, pour lui, Delon n'était pas seulement un proscrit, il était aussi le fils d'une amie intime de sa mère, il était aussi un ami qu'il avait embrassé récemment ; en apprenant la condamnation du malheureux capitaine, il avait écrit à la mère une lettre qui commençait ainsi :

« J'ignore si votre malheureux Delon est arrêté, j'ignore quelle peine serait portée contre celui qui le recélerait, je n'examinerai pas si mes opinions sont diamétralement opposées aux siennes. Dans le moment du danger, je sais seulement que je suis son ami et que nous nous sommes cordialement embrassés il y a un mois. S'il n'est pas arrêté, je lui offre un asile chez moi ; j'habite avec un jeune cousin qui ne connaît pas Delon... Veuillez, Madame, lui faire parvenir cet avis, si vous en avez quelque moyen. Coupable ou non, je l'attends... »

Ce fut l'académicien Roger, directeur des postes qui révéla au poëte que sa lettre décachetée et copiée au *Cabinet noir*, avait été communiquée au roi qui s'était écrié aussitôt : « C'est d'un brave jeune homme, je lui donne la première pension vacante. »

Cette révélation de *Cabinet noir* ne laissa pas que d'ébranler fortement le royalisme de Victor Hugo.

« C'est ainsi, nous disait-il lui-même, il y a peu de temps, que j'ai perdu une à une toutes les illusions de ma jeunesse sur la monarchie, sur la gloire militaire, sur tout ce qui séduit l'imagination et détourne l'esprit du sentiment de la vérité, de la justice et du droit humain ! »

II

Faut-il, après cela, rappeler une à une les dates de ses poëmes et de ses livres, le premier volume des *Odes et Ballades* (1822),

— *Han d'Islande* (1823), — *Bug-Jargal* (1825), le deuxième volume des *Odes et Ballades* (1826), — *Cromwell* et sa préface (1827)? Dès ce moment ne voyez-vous pas poindre dans le prétendu royaliste, devenu chef du *Cénacle*, promoteur des hardiesses de langage, des audaces de toute espèce et des libertés littéraires de toute sorte, proclamées et affirmées dans *La Muse française*, l'initiateur de la poésie et de la littérature modernes? Son génie de révolutionnaire n'éclate-t-il pas manifestement dans cette préface de *Cromwell*, cri de révolte contre l'esclavage des règles classiques, véritable *Marseillaise* de l'art, déclaration des droits de l'homme... lettré, de l'écrivain, impatients du joug académique?

Jeune et plein d'ardeur, animé d'une inspiration originale, il voit cette inspiration entravée par les liens d'une espèce de code poétique, ses élans comprimés par un pouvoir pour ainsi dire officiel. l'Académie, dont les décisions et les membres sont protégés contre toute attaque par une sorte d'article 75 de la Constitution de l'an VIII littéraire. C'est l'arche sainte, à laquelle personne n'ose toucher, elle décide souverainement de tout ce qui concerne la poésie, la langue, l'art. C'est contre cette omnipotence caduque que le jeune poëte proteste; il veut délivrer la poésie, il veut délivrer l'art, il veut délivrer la langue.

Dès-lors commence, pour Victor Hugo, son rôle de libérateur.

A ce moment même se produisait dans le monde entier et particulièrement en France un mouvement libéral parfaitement accentué, l'humanité reprenait sa marche vers le progrès, suspendue par le despotisme du premier empire et par les tendances rétrogrades de la Restauration ; elle sentait que la liberté est l'élément le plus indispensable de toute conquête de l'esprit sur la matière, et que le but final du progrès est, en résumé, l'asservissement des forces de la nature aux besoins et aux volontés du génie de l'homme. N'était-il pas logique que la revendication de la liberté dans l'art fût concommittante à la revendication de la liberté politique et sociale?

Eh bien! par suite d'une de ces étranges contradictions dont l'histoire des partis politiques offre quelques exemples, c'est dans le parti royaliste que ce révolutionnaire de l'art trouve des sympathies, des adhésions, des enthousiasmes, des fanatismes ; le parti républicain, le parti bonapartiste, le parti libéral lui déclarent une guerre acharnée. Les routiniers de la politique et de l'absolutisme monarchique et religieux, sont pour l'art libre et nouveau ; les novateurs de la politique, les ardents tribuns de la liberté sociale tiennent pour l'art classique, pour l'inflexible code académique. La *Quotidienne,* la *Gazette de France,* le *Drapeau Blanc ;* le *Journal des Débats* chantent la jeune gloire du poète des *Odes et Ballades* et deviennent les moniteurs du romantisme, tandis que le *Journal de commerce,* le *Courrier Français,* le *Constitutionnel* attaquent sans relâche la nouvelle école et appellent même contre elle les rigueurs du pouvoir.

Tout à l'heure, ce sera le *National* qui, par la plume d'Armand Carrel, de Briffault, de Rolle, accusera le romantisme de pervertir le goût français et l'attaquera au nom du respect dû aux traditions; ce sera le groupe libéral de la Chambre des députés qui a pour organe le *Constitutionnel*, pour orateurs et pour écrivains les Etienne, les Jay, les de Jouy, les Viennet, qui protestera contre la réception d'*Hernani* au Théâtre Français, contre ce qu'il appellera l'invasion des barbares dans notre littérature et s'adressera au gouvernement pour lui demander d'intervenir dans la question. Quels cris d'indignation ils eussent poussés ces libérateurs et ces républicains de la fin de la Restauration, si on leur eût prophétisé qu'un jour viendrait où une reprise d'*Hernani* serait le signal du réveil de la liberté politique pour le public parisien et que la foule irait y chercher des allusions à la sainteté du serment et aux abus de l'absolutisme monarchique!

L'animosité du parti républicain formaliste contre Victor Hugo ne devait pas s'arrêter là. Elle continua à se manifester pendant tout le règne de Louis-Philippe, malgré les rigueurs dont la censure gouvernementale usa à l'égard du poëte, malgré l'éloquence avec laquelle il défendit, en 1832, devant le Tribunal de commerce, non pas seulement son drame le *Roi s'amuse*, mais surtout les droits sacrés de la liberté de penser et d'écrire, malgré sa génereuse et heureuse intervention en faveur de Barbès, intervention qui sauva la vie au noble et héroïque chevalier du peuple, malgré ses discours en faveur de la Pologne à la Chambre des Pairs, — malgré la portée démocratique, socialiste, anti-cléricale de la plupart de ses œuvres, de *Notre-Dame de Paris*, de *Claude Gueux*, de *Ruy Blas*, de *Marie Tudor*, de *Littérature et philosophie mêlées*, des *Feuilles d'Automne*, des *Chants du Crépuscule*, des *Voix intérieures*, des *Rayons et des Ombres*. Après 1848 même, lorsque le poëte devenu tribun, entreprenait cette mémorable campagne contre la peine de mort, qui devait aboutir à la prison pour ses fils, et se déclarait hautement pour l'union des peuples, et la paix universelle, les tirailleurs du parti républicain se livraient encore à des attaques contre Victor Hugo et contre l'école romantique. Il ne fallut rien moins que son attitude ferme et héroïque pendant les jours qui suivirent le 2 décembre 1851, son énergie égale à celle des Michel de Bourges, des Schœlcher, des Madier de Montjau pour convaincre les plus ardents et les plus ombrageux que cette âme profondément pénétrée du sentiment du Droit et de Justice, cette splendide intelligence illuminée des idées de liberté et de progrès, appartenait tout entière à la démocratie.

Ce fut une faute et un malheur que les partis avancés n'aient pas compris, dès la fin de la Restauration que le mouvement littéraire et artistique provoqué par l'école romantique était un mouvement libéral tout aussi bien que le mouvement des idées politiques et sociales. Au lieu de juger les hommes d'après le milieu où ils vivaient, de s'arrêter à leurs études rétrospectices sur le moyen-âge afin d'y trouver un prétexte pour les parquer parmi les admirateurs du passé et de la monarchie absolue, il ne fallait considérer que leurs œuvres; l'on aurait compris alors que rien n'était mieux fait pour inspirer la haine de la monarchie que *le Roi s'amuse*, plus propre que *Ruy-Blas* à pousser au mépris des aristocraties privilégiés qui ruinent et dépouillent les nations, et que *Claude Gueux* à préparer les esprits à l'étude des grandes questions sociales. On aurait compris de même que Balzac, cet autre génie qu'on s'est plu à classer aussi parmi les royalistes conservateurs et réactionnaires a plus fait, par sa critique de la société contemporaine, que bien des Premiers-Paris de journaux politiques pour hâter l'éclosion du grand mouvement de réforme sociale qui s'est manifesté à la suite de la révolution de 1848.

Plutôt que de tenir ces grands esprits en suspicion et de les éloigner par un parti pris d'hostilités incessantes, n'eût-il pas été plus utile aux intérêts de la démocratie de les revendiquer comme siens, d'attirer avec eux dans le camp révolutionnaire toute la jeunesse et cet innombrable public d'admirateurs qui formait pour ainsi dire la clientèle de leur génie? Qu'on se rappelle ce qu'a semé, dans le monde de germes révolutionnaires la littérature aristocratique de Voltaire, et l'on conviendra que le mouvement littéraire de 1830 a plus ou moins consciemment contribué our une large part au mouvement politique et social de 1848.

Pourquoi d'ailleurs les partis ont ils tant de peine à comprendre que toutes les libertés se tiennent, que la liberté de l'art appelle la liberté de la pensée, aussi bien que la liberté du commerce comporte la liberté des banques et que la liberté de la presse entraîne la liberté individuelle.

Aimer la liberté, c'est la vouloir en tout, par tout et pour tous.

III

Victor Hugo a toujours aimé la liberté ; toujours aussi il a aimé l'humanité, c'est-à-dire le peuple, non pas dans le sens étroit que certains démocrates attachent à ce mot, mais dans le sens le plus large, le plus humain.

Faut-il encore citer ses œuvres? ses poëmes lyriques où ce double amour se manifeste en élans si admirables, en strophes si merveilleuses? ses poëmes dramatiques où éclate aussi une autre noble passion, la passion de la Justice?

Ah! qu'il était bien prédestiné à devenir le grand proscrit volontaire de Guernesey, le noble défenseur du droit et de la conscience, celui qui avait élevé *Hernani*, ce monument littéraire, à la sainteté du serment ; — mis à découvert, dans *Marion Delorme*, la faiblesse et la lâcheté d'un roi laissant fléchir sa clémence sous l'implacable raison d'état d'un ministre, — flétri les débauches royales dans le *Roi s'amuse*, — stigmatisé, dans *Lucrèce Borgia* les cruautés de l'absolutisme dévergondé, — montré, dans *Marie Tudor*, de quelles souillures un trône peut se tacher, — élevé le valet *Ruy-Blas* à la hauteur de l'amour d'une reine en abaissant devant la majesté de son intelligence et de sa haute loyauté tous les grands spoliateurs de l'Espagne aux abois! Quels exemples et quels enseignements donnés au peuple dans toute cette œuvre dramatique, que les générations nouvelles ne connaissent que par la lecture et dont la représentation décuple l'effet! Comme si ce n'était pas assez de proscrire l'écrivain, on a voulu aussi proscrire cette partie de l'œuvre qui pénètre plus avant dans le cœur de l'homme, parce qu'elle le frappe par la sensation avant de l'instruire par la pensée.

Tous ces drames, produits de 1829 à 1840, ont eu sur l'esprit de la jeunesse de cette époque une influence considérable. Aujourd'hui ils restent des modèles pour le théâtre de l'avenir et sont destinés, quand ils seront repris sur les théâtres populaires, à donner le signal d'une renaissance du goût. La reprise d'*Hernani*, malgré certaines malveillances de parti pris, a fourni une preuve éclatante de la vérité de ce que nous avançons. Les gens intéressés à retarder le plus possible cette renaissance, l'ont si bien compris que la reprise des autres ouvrages, déjà annoncée et préparée, n'a pu encore avoir lieu.

IV.

On a dit que physiquement Victor Hugo était doué d'une constitution robuste; il fut un temps où il travaillait seize heures par jour, et cependant, nul n'a le travail plus facile que lui ; on sait que maintenant il travaille surtout le matin, de sept à onze heures, prend un bain avant son déjeûner et consacre généralement le reste de sa journée à la promenade, promenade féconde assurément, car la pensée ne cesse jamais de germer dans ce cerveau puissant et, à chaque instant, elle jaillit même dans la conversation la plus superficielle sur les choses du jour.

Mais non moins robuste est le tempérament de ce caractère fortement trempé de mâle audace et d'énergie virile. Dieu, en le créant, l'a armé pour la lutte, et quel prodigieux lutteur il en a fait! Toute sa vie, il a combattu; combattu pour ses premiers succès littéraires, combattu pour *Hernani*, combattu pour *Marion Delorme*. Et quelles luttes il a fallu pour forcer les portes de l'Académie et celles de la Chambre des Pairs! — On comprend que ce génie original dût être particulièrement antipathique aux augures du Palais Mazarin et au roi Louis-Philippe. — Bataille encore pour obtenir un siége à l'Assemblée constituante, puis à l'Assemblée législative.

— Lutte à la Place-Royale en juin 1848, quand il essayait de concilier les partis et d'arrêter l'effusion du sang. Nous n'avons pas besoin de dire s'il lutta le 2, le 3 et le 4 décembre 1851. Nous avons rencontré un jeune ouvrier à jambe de bois, qui nous a raconté qu'il avait dû employer la force pour l'empêcher d'aller, sans armes, se faire tuer sur une barricade du quartier Saint-Martin. On sait aussi à combien de difficultés il se heurta pendant les premiers temps de l'exil, allant de Bruxelles à Londres, de Londres à Jersey, jusqu'à ce qu'enfin il pût asseoir paisiblement sa résidence à Guernesey, dans cette petite maison entourée de verdure, que représente notre dessin.

Ce n'est pas non plus sans rencontrer quelques obstacles qu'il a pu faire publier en France, depuis l'exil, les *Contemplations*, — la *Légende des siècles ;* — *Les Misérables*, — *les Travailleurs de la mer*, — *les Chansons des rues et des bois*, — *l'Homme qui rit*.

Quant à ses deux autres livres de l'exil, destinés à servir de documents importants pour l'histoire de la France moderne, traduits dans toutes les langues, répandus à plusieurs centaines de mille d'exemplaires dans le monde entier, ils ne sont entrés chez nous que par contrebande ; mais ils ont pris place dans bon nombre de bibliothèques. Le dernier, *Châtiments*, n'est pas seulement l'attaque énergique d'un adversaire politique, c'est de tout point un chef-d'œuvre de poésie et de langue. Admirablement inspiré à la fois par son génie et par sa passion, le poëte a su mettre au service de la Muse Indignation toutes les formes de la satire, de l'ironie, de l'épigramme, de l'iambe... c'est Némésis, Némésis elle-même chantant sur la lyre aux cordes d'airain ses légitimes colères, désormais immortelles comme celles de Juvénal.

Un autre volume : *Nouveaux Châtiments* est écrit ; l'auteur en lit parfois quelques pièces dans l'intimité. Pour le faire imprimer il attend son heure.

V

Nous n'avons pu aller visiter Victor Hugo à Guernesey ; mais nous l'avons vu plusieurs fois, tout récemment encore, à Bruxelles, dans la maison de la place des Barricades, où il vient, tous les ans, passer deux ou trois mois chez son fils Charles Hugo.

Il est impossible d'imaginer une hospitalité plus affable, plus aimable, plus cordiale que celle qu'on reçoit dans cette maison d'un accès si facile. Quoi qu'on en ait dit, il n'y a guère de sous-préfet en France qui ne mette dans son accueil et dans sa tenue plus de solennité que le plus grand poëte des temps modernes. Sa conversation, volontiers enjouée, s'assouplit aisément à tous les sujets, et passe rapidement, du grave au doux, du plaisant au sévère, des questions politiques à la chronique du jour, de l'histoire à l'art, des théories socialistes aux amusantes anecdotes ; il raconte avec un charme inouï ses souvenirs du monde officiel et du monde des théâtres : on aimerait à pouvoir sténographier ces causeries tour à tour substantielles et piquantes, éloquentes et familières, toujours pleines de pensées élevées, souvent semées de traits de génie, pour en faire autant de pages des mémoires du temps.

La verve du grand satirique des *Châtiments* s'allume surtout lorsqu'il parle de la guerre, de l'empire, du militarisme, de l'esprit clérical, de Paris transformé en atelier de spéculations honteuses, de la décadence de l'art; puis l'éloquence du penseur humanitaire s'élève et s'émeut aussitôt qu'il se prend à envisager les misères du pauvre ; les souffrances et les luttes du travailleur, les horizons, hélas ! peut-être encore lointains d'une société fondée sur la justice, le respect de l'humanité, la rémunération équitable du travail, la suppression de l'oisiveté, du parasitisme, de l'exploitation du faible, ces fléaux qu'engendre la tyrannie.

Demandez à tous les français, proscrits ou non, qui sont allés visiter le grand exilé, le persévérant et digne représentant de la conscience et du génie de la France, tous même ceux qui font profession de scepticisme politique, vous diront la noblesse, le charme et la simplicité de l'hospitalité qu'on reçoit à Bruxelles aussi bien qu'à Guernesey.

Les habitants de Guernesey pourraient vous dire aussi ce qu'il a fait, ce qu'il fait journellement pour les pauvres de cette patrie provisoire, de ce rocher d'où il regarde souvent avec mélancolie du côté de la France et aspire avec avidité les brises qui viennent du continent.

VI

L'homme physique, malgré le grisonnement de la barbe, paraît dans tout l'épanouissement d'une robuste maturité. Son front haut, caractéristiquement modelé, le galbe puissant de son visage, l'éclat de ses yeux clairs, pour ainsi dire illuminés de sincérité, la finesse de sa bouche que dérobe peut-être un peu trop l'épaisseur de sa moustache, la coupe vigoureuse de ses maxillaires, présentent un ensemble harmonieux sur lequel l'œil et l'esprit aiment à se reposer.

S'il aime et s'il regrette la France, ce vaillant et ferme proscrit, enchaîné à son exil par le serment qu'il a fait à sa conscience, ne le demandez pas. Ses livres, ses lettres sont les vivants témoignages de l'ardeur de ses aspirations. Mais il l'a écrit aussi, il ne veut rentrer dans son pays qu'avec la liberté, non pas la liberté de tolérance, mais la liberté de droit. Rappelez-vous ces beaux vers des *Châtiments:*
. . . .

O France! France aimée et qu'on pleure toujours!
Je ne reverrai pas ta terre douce et triste,
Tombeau de mes aïeux et nid de mes amours!

Je ne reverrai plus ta rive qui me tente,
France! hors le devoir, hélas! j'oublierai tout,
Parmi les éprouvés je planterai ma tente :
Je resterai proscrit voulant rester debout.

J'accepte l'âpre exil, n'eût-il ni fin ni terme ;
Sans chercher à savoir et sans considérer
Si quelqu'un a plié qu'on aurait cru plus ferme,
Et si plusieurs s'en vont qui devraient demeurer.

Si l'on n'est plus que mille, eh! bien j'en suis! si
[même
Ils ne sont plus que cent, je brave encor Sylla ;
S'il en demeure dix, je serai le dixième ;
Et s'il n'en reste qu'un, je serai celui-là !

Cependant nous croyons savoir que, consulté récemment sur ce qu'il ferait, dans le cas où une candidature inassermentée lui serait offerte dans une des circonscriptions de la Seine, il aurait répondu qu'il viendrait la soutenir. Mais il aurait ajouté, comme condition expresse, que cette candidature lui serait offerte spontanément par un groupe d'électeurs, et prié ses amis du *Rappel*, de s'interdire à cet égard, toute initiative soit publique, soit privée.

Il faut que ce soit le pays lui-même qui ouvre toutes grandes à Victor Hugo les portes de la France!

JULIEN LEMER.

PLUTARQUE POPULAIRE CONTEMPORAIN

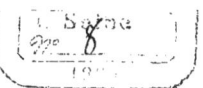

Maison de Victor Hugo, à Guernesey.

Paris. — Imp. A.-E. Rochette, boulevard Montparnasse

Paris. — Typographie Walder, rue Bonaparte, 44.

PLUTARQUE POPULAIRE CONTEMPORAIN

Félix Pyat

FÉLIX PYAT

Voici une de ces physionomies caractéristiques qui ne trompent pas l'observateur.

Regardez ce front haut ; — cette chevelure épaisse et bien plantée ; — cet ovale harmonieux dont une barbe abondante et drue ne dissimule pas le dessin ; — ce nez droit à narines mobiles et délicates ; — cette bouche, dont les lèvres fermes et le rictus énergique semblent prédestinés à accentuer vigoureusement l'expression de la vérité, cette bouche au sourire doux et amer à la fois, disant tour à tour : pitié pour ceux qui souffrent, honneur à ceux qui luttent, amitié à ceux qui aiment l'humanité, dédain ironique de ceux qui fléchissent et se courbent, indignation et horreur, plutôt que haine, du mal et de l'injustice ; — ces yeux surtout, ces yeux d'un éclat si ardent lorsque la colère ou l'enthousiasme les animent, d'une lumière si charmante, si irrésistiblement sympathique quand ils rencontrent un regard bon et ami ; — cette taille élevée, droite, jeune et bien prise, la taille d'un homme vraiment viril et qui ne s'est jamais courbé.

Tel était Félix Pyat, il y a vingt ans, quand il quitta la France ; tel nous l'avons retrouvé à sa rentrée, le 21 septembre 1869, jour anniversaire de la chute de la monarchie française et de la proclamation de la République.

Au physique comme au moral, l'homme est tout énergie et bonté, ardeur et fidélité, loyauté et tendresse, fierté et droiture, enthousiasme et désintéressement.

Quelle anomalie qu'un pareil homme dans une époque et dans une société où l'égoïsme, la bassesse, la rouerie, la cupidité, le froid calcul sont les moyens de parvenir les plus ordinaires et sont comptés par le vulgaire comme autant de qualités à l'actif des gens heureux qui en sont doués !

Un récit rapide et succinct de l'histoire littéraire et politique de Pyat va vous le montrer pratiquant dans toutes les circonstances de sa vie ces vertus mâles de l'homme épris de franchise et de bonté, du citoyen épris d'Humanité et de Justice.

II

C'est dans sa famille et dès sa jeunesse que son caractère eut à subir les premières épreuves.

Enfant, il se trouva placé entre sa mère, une de ces femmes au cœur d'or qui sèment, font germer, fleurir et s'épanouir la bonté dans les âmes de leurs fils, en même temps qu'elles leur enseignent la fierté et le courage ; — et son père, un de ces honnêtes avocats de province qui vendent des consultations et des paroles comme les épiciers vendent de la chandelle et du sucre au plus juste prix. Il est vrai que, sous ce rapport, le palais de Paris n'a rien à envier à ceux des plus modestes chefs-lieux de chicanes; s'il en est dans ce noble barreau si fécond en orateurs, en tribuns, en hommes d'Etat qui ne laissent pas leur conscience au vestiaire, en y changeant leur habit de ville contre la robe professionnelle, il en est aussi beaucoup, hélas! qui ne considèrent leur savoir, leur talent, leur éloquence que comme une marchandise dont ils doivent tirer le meilleur parti possible, pécuniairement ou autrement.

Mais Pyat ne subit qu'une des deux influences, l'influence de son excellente mère, à qui il a voué un véritable culte.

C'est avec sa mère que, dès les premières années de sa vie, il apprit à compatir à la souffrance, à aimer, à secourir les vaincus et les proscrits.

Laissons Jules Vallès nous raconter, dans son style saisissant, le passage, à Vierzon, des prisonniers espagnols.

« Les voyez-vous venir, éclopés, boueux !

« Il y en a dont la mâchoire pend dans des bouquets de charpie gommées de sang; d'autres dont le bras cassé crève une écharpe qu'a pourrie la plaie.

« Ils traînent la jambe, ils baissent la tête.

« De fiers visages, cependant, des yeux de feu sous des fronts de fer, les cheveux et la barbe d'un noir de poudre, la peau luisante comme le canon d'un fusil.

« A travers leurs vestes en lambeaux on voit leur poitrail velu et jaune, dur et tanné, où pendent des croix de bois et des scapulaires de laine.

« A leurs larges ceintures rouges, aux fanfreluches qui font guenille, au chapelet de boutons de cuivre, qui jouent le sequin d'or sur le velours usé, à certains gestes, qui portent la cigarette aux dents ou jettent le manteau sur l'épaule, on sait qui ils sont et de quel pays ils viennent.

« Ils arrivent d'Espagne, poussés la crosse dans les reins par nos soldats, ils sont prisonniers de guerre de Napoléon.

« Vierzon, dans le Cher, est sur la route qui mène d'Espagne à Paris. Ils s'arrêteront là, le caporal qui les mène les pousse dans une grange, où ils vivront, jusqu'à ce qu'on les échange ou qu'ils soient morts de regret de la patrie absente ou de la liberté perdue !

« Tous les jours, vers midi, une dame arrive avec deux servantes chargées de terrines de soupe dont l'odeur embaume la grange. Un enfant s'accroche aux jupes de sa mère et la regarde servir elle-même ce troupeau de pauvres. Lui aussi fait son aumône : on lui a donné des sous qu'il distribue de sa petite main; mais il a peur de ces grands hommes tristes, étendus pêle-mêle dans leurs manteaux, sur cette paille qu'on retourne avec la fourche comme la litière des chevaux, qui se relèvent pour prendre l'écuelle et le remercient, sa mère et lui, d'un regard comme en ont seulement les yeux d'exilés. »

Cet enfant, je n'ai pas besoin de vous le dire, c'était Félix Pyat.

Telle est sa première initiation à la Fraternité, cette vertu toute moderne, cette charité humaine que les anciens ont connue sous le nom d'hospitalité et qui vaut bien, il me semble, l'aumône qu'on nomme charité chrétienne.

N'aimez-vous pas mieux celui qui donne, inspiré par l'élan de son cœur, que celui dont la charité a besoin d'être sollicitée par l'espoir du paradis ou par la crainte de l'enfer?

Qui donne au pauvre prête à Dieu !

La main du pauvre est la bourse de Dieu !

ont dit des chrétiens dans des formules fort admirées. Ne croyez-vous pas plutôt que la main du pauvre est la main d'un frère, et qu'il est plus sain et plus hautement moral de ne regarder l'offrande de celui qui a à celui qui n'a pas comme un placement à fonds perdu fait par la conscience du devoir humain, que comme un placement à gros intérêts, un placement pour le ciel fait par un égoïsme crédule et avide des récompenses ultérieures ou effrayé par la terreur des supplices éternels?

Connaissez-vous, du reste, un catéchisme d'un enseignement plus saisissant et plus fécond que cet exemple d'une mère allant avec son enfant de trois ans à la main, servir elle-même la soupe à des vaincus étrangers, captifs et déguenillés ?

En voulez-vous un autre ? C'est encore l'étude de Jules Vallès sur Félix Pyat qui va nous le fournir.

« M. Pyat le père était bourgeois ; c'était le *bourgeois* même, honnête dans toute l'étroitesse et la gloire du mot; plutôt *rat* que prodigue, point lésineux, mais point donnant. Il n'aurait pas pour cent mille francs plaidé une vilaine affaire ; mais jamais il n'eût défendu *pro deo* la plus noble des causes.

« Le jeune Félix voyait quelquefois sa mère écouter, l'oreille sur la serrure, à la porte du cabinet de consultation. C'était quelque malheureux paysan qui débattait en soupirant les honoraires et défendait à outrance une grosse pièce de cent sous qui restait dans sa sacoche de cuir; il s'en allait la bourse vide, mais il retrouvait, à la porte du jardin, madame Pyat qui lui remettait, dans la main, l'écu que le mari avait arraché à la bourse. »

Cependant, un autre épisode avait aussi produit une profonde impression sur l'âme de l'enfant, et lui avait peut-être inculqué la passion de la lutte en même temps que l'horreur du militarisme, et le mépris du royalisme. Nous voulons parler du passage de *l'armée de la Loire*. Laissons Vallès nous peindre ce tableau avec sa touche vigoureuse.

« Les paysans fuient, cinglant leurs chevaux, faisant saigner, sous l'aiguillon, la peau des bœufs, lâchant les chiens sur les montures, ils rentrent au village et crient : « Femmes, voici les soldats ! »

« On serre le bétail à l'écurie et l'on barricade l'étable, puis on monte dans la grange et l'on regarde au loin dans les champs vides.

« On voit, aux derniers rayons du soleil, reluire des croupes de canons et flamber des bouts de baïonnettes; une épaulette d'or jette un éclair.

« Voici, dans des flots de poussière, les tronçons d'un bataillon qui se traîne, laissant à chaque pas sur le chemin un fantassin qui ne peut plus marcher, un cavalier qui tombe de sa selle, le crâne fendu ou les mains coupées, un camarade se penche comme un glaneur et lui prend son pain ou ses cartouches.

« Ils sont en guenilles, poudreux, hérissés, sanglants !

« On entend quelquefois une décharge. C'est un bataillon de l'arrière-garde qui s'est retourné et a logé le reste de ses balles dans l'épaisseur d'un escadron qui venait au galop. Ils sentaient sur leurs épaules la fumée des naseaux !

« Puis ils repartent en avant; on fait sauter les fossés aux canons qui battent les pierres, aux caissons qui s'ouvrent et laissent tomber les boulets. Le sang des blessés mouille la poudre, et les chevaux s'arrêtent pour arracher du bout des dents un brin d'avoine.

« Il faut fouetter, pousser de l'épaule. En avant, *brigands de la Loire* !

« A Vierzon, les rues sont désertes, les portes closes. Ils sont à une volée de canon ! « Les soldats, voici les soldats ! »

« La femme et l'enfant qui allaient porter la soupe aux prisonniers, nous les retrouvons près du père au fond d'une cave ! On enfouit sous terre les cuillères d'argent, une bourse d'or. Nous sommes dans la maison Pyat.

« On laissa l'or et les cuillères dans la niche tant que l'armée de la Loire fut en vue. »

Il est inutile de vous dire que M. Pyat père, au moment de la restauration, était royaliste. Cependant, il avait un fils, l'aîné de la famille, officier au service de l'Empire. Ce fils revint peu de temps après, blessé; on le soigna, il guérit, et son père obtint pour lui, d'un de ses clients, le général Pérignon, un brevet de sous-lieutenant dans les armées du roi Louis XVIII. L'officier eut l'audace de déchirer le brevet et de crier : Vive Napoléon !

Bien plus, cet enragé de fidélité à son drapeau se signala, à quelques jours de là, par un scandale public. Un dimanche, jour de revue de la garde nationale, pendant que les officiers de la milice civique paradaient sur la place tout pavoisés de cocardes blanches, le jeune débris de la grande armée paraît au milieu d'eux en uniforme de l'empire, s'élance vers la mairie, où un drapeau blanc attendait la hampe accotée à un angle de muraille, et, s'arrêtant dans cet angle, agit, à l'égard du drapeau royal, comme fit Gulliver pour éteindre l'incendie du palais lilliputien.

Ainsi Félix Pyat grandit apprenant de sa mère à aimer l'humanité, de son père à redouter les soldats, de son frère à mépriser les monarchies.

III

Félix Pyat est né le 4 octobre 1810, à Vierzon. Il avait donc à peine dix-neuf ans et il faisait son droit à Paris, lorsqu'en 1829, il se signala par sa première manifestation politique. Voici comment :

Les étudiants de ce temps-là se réunissaient par groupes de concitoyens de la même ville ou de la même région provinciale et offraient des banquets aux députés libéraux de leurs provinces. Un jour, à la fin d'un banquet donné aux *Vendanges de Bourgogne* par les étudiants berrichons et nivernais, après quelques toasts probablement très-modérés et quelque peu fades, un beau jeune homme à l'œil étincelant et doux se lève et s'écrie :

— Je bois à la Convention nationale !

Les étudiants sont stupéfaits de tant d'audace ; mais l'étudiant Félix Pyat ne s'en tient pas là ; il saisit par le nez un buste en plâtre du roi Charles X, le jette par la fenêtre et le remplace sur la cheminée par un buste de Lafayette.

De ce moment il devint un des chefs de file du groupe républicain du quartier latin, et lorsque à un an de là éclate la révolution de Juillet, on n'est pas surpris de le retrouver mâchant la cartouche devant la caserne de la rue de Babylone.

Son nom, si ma mémoire est fidèle, est aussi un de ceux qui furent cités lors des premières manifestations politiques de l'Ecole de droit qui signalèrent la réouverture des cours au mois de novembre 1830 et qui servirent d'exemple à la fameuse *journée des œufs*, où la classe de rhétorique du collége Charlemagne se livra à un audacieux *pronunciamento*. O Danton, petit fils du grand révolutionnaire, aujourd'hui inspecteur de l'Académie de Paris, ô Desmarest, un des maîtres du barreau parisien d'aujourd'hui, ô Edouard Thierry, directeur de la Comédie-Française, évoquez vos souvenirs et rappelez-vous cette journée mémorable où, enfants de quinze ans, nous conquîmes le droit d'apprendre et de réciter comme leçons de littérature française des discours de Mirabeau, de Vergniaud et de Danton, des pages de Camille Desmoulins et de Volney, la *Marseillaise*, le *Chant du départ*, le monologue d'*Hernani* et la plupart des chansons de Béranger ! N'oubliez pas que c'est à l'exemple donné par l'Ecole de droit, où étudiait alors et s'agitait Félix Pyat, que nous dûmes cette précieuse conquête !

Ces agitations politiques n'empêchèrent pas l'intelligent Berrichon d'obtenir un diplôme en 1831 et de revenir au pays natal apporter à sa mère ce brevet de travail et de bon vouloir, dont il était décidé à ne tirer aucun parti. Aussi lorsque son père lui parla de ses projets, de ses espérances, du barreau de Bourges et de la clientèle qu'il pouvait s'y faire, Félix Pyat répondit en traitant son diplôme de licencié à peu près comme son frère aîné avait traité le brevet d'officier du roi, et en déclarant tout net qu'il ne se souciait nullement d'exercer une profession dans laquelle il fallait, pour gagner sa vie, savoir aussi bien plaider contre la veuve et l'orphelin qu'être leur défenseur. Que serait-il devenu, ce cœur ardent qui se dévouait à l'avance au droit du peuple et à la défense des causes justes, aux prises avec les nécessités d'un barreau de province?

Le père, qui était un homme stoïque et tout d'une pièce, répliqua carrément au fils réfractaire :

— Eh bien, gagne donc ta vie comme tu pourras. Tu n'auras plus rien de moi.

Pyat ne demandait pas autre chose. Il quitta Vierzon avec cette singulière bénédiction paternelle, mais pourvu par sa mère d'une petite provision d'écus, et il revint à Paris tenter la fortune littéraire.

A cette époque, le Berry était représenté dans la littérature et dans le journalisme parisien par un écrivain d'un grand talent, poëte à ses heures, Henri de Latouche, l'exhumateur et, assure-t-on, peut-être l'auteur des plus belles pièces d'André Chénier. De Latouche, esprit très-hospitalier, très-bienveillant et très-avancé en politique, accueillait généralement bien les jeunes, les ardents, surtout lorsqu'ils venaient du Berry et admiraient la Révolution française. Il était à la tête du *Figaro*. Il suffit à Pyat de s'annoncer comme Berrichon pour être admis chez son compatriote, et d'écrire un article sur : *La Confession* de Jules Janin, article très-remarquable, il est vrai, pour se voir imprimé tout de suite et incorporé à la rédaction du journal.

Peu de temps après, il écrivait, pour le *Barnave*, de Jules Janin, ce chapitre si puissant, si original et si débordant de fougue révolutionnaire connu sous le titre de *les filles de Séjan*.

Sur ces entrefaites, Jules Janin quitta le camp des amis de la liberté pour entrer au *Journal des Débats*, et chercha à faire oublier *Barnave* et surtout le fameux chapitre. Pyat s'en souvint plus tard, et à propos de la reprise du *Tibère*, de Marie-Joseph Chénier, lança au feuilletoniste une de ces philippiques mémorables qui font époque dans l'histoire de la littérature française. Un procès en diffamation s'ensuivit, et le vengeur du parti republicain fut condamné à six mois de prison.

Cependant, à la suite de sa collaboration au *Figaro*, Félix Pyat s'était fait rapidement un nom dans le journalisme parisien et dans la littérature dramatique.

Merveilleusement doué pour la polémique et pour l'étude historique, prodigieusement laborieux, il collaborait comme journaliste à la *Revue de Paris*, au *Livre des cent et un*, à l'*Artiste*, au *Charivari*, à *Paris révolutionnaire*, où il publia une piquante et très originale étude sur le *Télémaque* de Fénelon, au *Salmigondis*, à la *Revue britannique*, à la *Revue du progrès*, au *Siècle*, au *National*, à l'*Europe littéraire*, où il imprima *in-extenso* son audacieux drame d'*Arabella*, où la mort du prince de Condé était mise en scène sous couleur d'histoire espagnole.

En même temps qu'il servait la démocratie dans le journalisme littéraire, en s'inspirant, dans tous ses travaux de polémiste, de critique, de romancier et d'historien, de la grande pensée révolutionnaire, il cherchait au théâtre à populariser les principes politiques et sociaux proclamés dans la déclaration des Droits de l'homme.

Il avait débuté par deux drames écrits en collaboration avec Théodose Burette, qui formaient une sorte de bilogie dramatique. Le premier, *Une Révolution d'autrefois*, joué le 1er mars 1832 à l'Odéon, contenait des allusions politiques si transparentes qu'il souleva des tempêtes d'applaudissements dans le parterre et des protestations dans les loges. L'autorité crut devoir l'interdire après la première représentation. Le second, *Une Conjuration d'autrefois*, flagellait avec une impitoyable vigueur, enchérissant parfois sur la violence même de Tacite et de Juvénal, les vices de la société romaine qui commençaient déjà à être ceux de la société française ; il fut imprimé en 1833 dans la *Revue des Deux-Mondes.*

En 1834, il s'associait avec Auguste Luchet et ils écrivaient ensemble, pour le théâtre de la Porte-Saint-Martin, *Le Brigand et le Philosophe*, drame philosophique évidemment inspiré de la grande manière de Schiller; puis, le 29 juin 1835, les deux mêmes collaborateurs faisaient jouer à l'Ambigu *Ango*, pièce semi-historique, qui mettait en scène la lutte du célèbre négociant dieppois contre François Ier. Malgré les mutilations de la censure, ce drame, où la noblesse de caractère du bourgeois faisait saillir avec plus de relief l'indignité et la bassesse du monarque dépravé, parut aux dévoués royalistes du feuilleton, qui se plaisaient encore à appliquer l'épithète de chevaleresque à l'amant de la belle Féronnière, en dépit des souvenirs du *Roi s'amuse*, une insulte au principe monarchique ; ils protestèrent avec une violence qui ne contribua pas peu à accroître le succès de l'ouvrage. On alla voir plus de cent fois le roi trembler et fléchir le genou devant l'épée du négociant outragé. Ce fut cependant sur ce succès fait par le peuple, sur cette victoire proclamée par la grande voix de l'opinion publique, ce suffrage universel des luttes littéraires, malgré les efforts de la majorité des journaux, que Félix Pyat suspendit ses travaux pour le théâtre et sembla vouloir renoncer à la gloire d'auteur dramatique.

Ce ne fut que dix ans plus tard que son nom reparut sur l'affiche du théâtre de la Porte-Saint-Martin, mais seul cette fois, signant un drame d'une portée socialiste très-nettement accentuée, *Les deux Serruriers*, dont la première représentation eut lieu le 25 mai 1841, avec un immense succès. Ce drame, fort discuté dans la presse, fit une impression énorme sur le peuple; il répondait à un mouvement d'idées suscité par l'étude des questions sociales mises à l'ordre du jour par les grands réformateurs et par les polémiques que soulevaient les divers systèmes de Saint-Simon, de Robert Owen, de Cabet, de Charles Fourier, de Louis Blanc, systèmes qui avaient tous pour objet le grand problème du bien-être du travailleur et de la répartiton équitable du produit. Le drame commençait à populariser ces questions par l'exposition et la critique du mal social; bientôt Eugène Sue allait mettre à nu les plus cuisantes de ces plaies sociales, devant les yeux mêmes de l'aristocratie bourgeoise du pays, en donnant à sa critique la forme du roman et, en publiant ce roman dont l'effet et l'influence furent si considérables, les *Mystères de Paris*, dans le *Journal des Débats*. C'est ainsi que la littérature, Félix Pyat en tête, préludait à la grande étude des problèmes sociaux par la critique en action des monstrueuses iniquités dont 1848 devait révéler un peu plus tard la profondeur.

Cédric le Norwégien, représenté à l'Odéon le 26 février 1842, eût moins de succès, mais il prit une magnifique revanche avec le drame de *Mathilde*, imité du beau roman d'Eugène Sue, et surtout avec son *Diogène* joué à l'Odéon le 6 janvier 1846 et son *Chiffonnier de Paris*, donné à la Porte-Saint-Martin en 1847.

Ces deux dernières pièces, conçues dans le même ordre d'idées que *Les Deux Serruriers*, mais respirant un souffle révolutionnaire plus puissant, accrurent considérablement la popularité de l'auteur. Déjà il était reconnu pour un maître dans la critque littéraire et dans l'étude historique; aimé et estimé de ses confrères, il faisait partie de tous les comités et de toutes les commissions de la Société des gens de lettres; l'association des auteurs dramatiques ne lui témoignait pas moins d'estime et de déférence; mais aucun de ces titres électifs, décernés dans les congrès professionnels, ne le touchait autant que le titre de tribun du peuple au théâtre, que la foule émue lui conférait d'enthousiasme depuis le succès du *Chiffonnier de Paris*.

Chez Félix Pyat, l'amour du peuple, l'initiation à ses mœurs, à ses habitudes, à son langage, à ses besoins, à ses luttes contre le vice et les tentations perfides qui témoignaient d'une étude faite de près et pour ainsi dire dans l'intimité des classes déshéritées, n'excluait et n'exclut encore en aucune façon la distinction et la délicatesse des procédés résultant de l'excellente éducation qu'il a reçue. La souplesse de son esprit si entier et la facilité de son caractère si ferme font de lui l'homme le plus sociable que je connaisse et le mettent à même de s'accommoder de toutes les situations, de tous les voisinages.

En 1847, il se trouvait vice-président du comité de la Société des gens de lettres, présidé par M. de Salvandy, ministre de l'instruction publique. Cette juxtaposition d'un démocrate socialiste très-avancé à côté d'un ministre paraissait de prime abord devoir apporter quelque gêne dans leurs relations. Il n'en fut rien. Au contraire, Pyat, qui se savait au-dessus de tout soupçon d'obséquiosité, fut d'une courtoisie charmante pour le personnage officiel. Son excellent cœur profita même de la circonstance pour être utile à des coreligionnaires politiques malheureux, sans blesser leur dignité. Un jour, par exemple, pendant une séance, il s'adressa en ces termes à M. de Salvandy :

— Je voudrais prier M. le président d'intervenir auprès de M. le Ministre de l'instruction publique pour lui demander, au nom de la Société, une indemnité de 500 fr., destinée à l'un de nos confrères qui vient de faire une longue maladie.

— Le Ministre vient de l'accorder, répondit le président, la chose est faite.

— Pardonnez-moi, reprit Pyat, je tiens à taire le nom du confrère en question, mais je tiens aussi à ce que M. le ministre sache qu'il s'agit d'un adversaire du gouvernement.

— Le président, repartit M. de Salvandy, gardera pour lui votre déclaration et s'abstiendra d'en faire part au ministre ; peu importe du reste le nom et les opinions de notre confrère. Il s'appelle homme de lettres et il est malheureux, c'est tout ce que je veux savoir.

— Je n'attendais pas moins de notre président, dit Pyat, mais notre dignité à tous trois exigeait que les positions respectives fussent nettement indiquées afin qu'il ne pût y avoir de méprise d'aucun côté.

Félix Pyat avait été également l'objet de manifestations très-sympathiques en 1844, lorsqu'il subissait à Sainte-Pélagie ses six mois de prison dans la grande cellule du *Pavillon des princes* où tant d'écrivains sont allés expier leur foi aux principes de 1789, dans cette cellule où, il y a un an jour pour jour, nous attendions avec tant d'anxiété, Jules Vallès, Passedouet, moi et quelques autres, l'issue de la fameuse journée du 3 décembre. Ce fut pendant toute la durée de la captivité de Pyat une procession d'hommes illustres. Ce fut aussi durant cette période que *Diogène* fut monté à l'Odéon. On accorda quatre heures au prisonnier pour aller assister à la dernière répétition. Le soir de la première représentation, le directeur de la prison, qui s'intéressait à son illustre captif, monta à sa cellule, se fit ouvrir la porte et l'éveilla dans son premier sommeil pour lui annoncer le succès.

IV

Si Pyat dormait le soir de la première représentation de *Diogène*, on peut affirmer qu'il ne dormit guère pendant les nuits qui précédèrent la révolution de Février. Rédacteur de *la Reforme*, par conséquent initié au mouvement et au progrès de l'idée républicaine dans les diverses classes de la population, il fut un des premiers prêts à contribuer de toute la force de son talent et de son influence à l'établissement de la République en France et à la vulgarisation des principes de la démocratie. Rien ne le prouve mieux que l'attitude que conservèrent, pendant toute la durée de la présidence et en présence même du coup d'État, les populations des départements du centre qu'il avait administrées en qualité de commissaire de la République. Il est profondément regrettable que le gouvernement provisoire n'ait pas eu sous la main beaucoup de commissaires aussi complètement pénétrés des sentiments démocratiques, aussi dévoués au bien public, aussi désintéressés et aussi honnêtes que Félix Pyat, pour les envoyer dans les provinces mal préparées à recevoir la semence de l'idée républicaine. C'était de pareils apôtres qu'il aurait fallu en 1848 à la République renaissante !

Nommé représentant du peuple à la Constituante pour le département du Cher, il se signala bientôt comme orateur par ses discours passionnés pour la liberté de la presse et le droit au travail et sur toutes les questions qui se rattachaient aux réformes sociales, et particulièrement aux intérêts bien entendus des ouvriers de la terre, des cultivateurs.

En 1849, la Seine et le Cher, par une double élection, l'envoyèrent à la Législative où il siégea sur les bancs les plus élevés de la Montagne jusqu'au 13 juin, jour de la manifestation du Conservatoire des Arts et Métiers, organisée par Ledru-Rollin, pour protester contre la guerre inique entreprise par le gouvernement, au nom de la République française, contre la République romaine. Il parvint à échapper au mandat d'arrestation décerné contre lui, et il se réfugia d'abord en Suisse, puis en Belgique où il résida quelque temps.

Mais les pays limitrophes de la France, si hospitaliers aux exilés français, tant que dura la République, durent, après le coup d'État, céder à la pression d'un gouvernement despotique qui menaçait incessamment leur indépendance et leurs institutions libérales, et l'auteur du *Chiffonnier de Paris* se vit bientôt contraint d'aller demander un asile à la libérale Angleterre.

L'Angleterre elle-même, poussée par la délation d'une presse stipendiée, crut devoir un jour se départir de son libéralisme à l'égard de Félix Pyat. Des poursuites furent dirigées contre lui à l'occasion d'une brochure sur le 14 janvier 1858. Mais les tribunaux anglais firent bonne justice de ces manœuvres et, en dépit de l'agitation semée par des émissaires à l'occasion du procès, le prévenu fut acquitté.

Il faut dire, du reste, à l'honneur de sa fidélité à la cause et de sa persévérance que, durant ces vingt années d'exil, en quelque pays qu'il se trouvât, Pyat ne désarma pas un seul instant. Assurément, le plus grand nombre de ses publications, inspirées par l'indignation, par l'horreur, par le mépris et surtout par un haut sentiment de la justice sociale, ne parvenaient pas jusqu'en France; mais, semées dans toutes les capitales du monde, elles ont porté à tous les peuples la parole du démocrate français, et recueillies en faisceau, elles fourniront un jour des documents précieux aux historiens du second empire.

V

Félix Pyat, en se décidant à profiter de l'amnistie du 15 août 1869, a voulu, je l'ai dit, choisir son jour, et il n'a revu la France que le 21 septembre, 1er vendémiaire an 78, anniversaire de la proclamation de la première république. A peine a-t-il posé le pied à Paris, de dix heures du soir à six heures du matin; il est parti immédiatement pour Vierzon, retrouver sa famille, revoir ce sol natal pour lequel l'âme bien douée conserve toujours un profond sentiment de tendresse.

Après cette première satisfaction donnée à son cœur, il est revenu à Paris où l'appelait son devoir de citoyen. Dès le premier jour, il a prouvé à ses amis et à ses coreligionnaires politiques, que si son visage n'a pas vieilli, si sa taille s'est conservée droite, comme celle de l'homme qui est resté debout et n'a pas fléchi sous le despotisme, si ses cheveux et sa barbe n'ont pas blanchi dans l'exil, supporté avec un stoïcisme antique, son esprit et sa plume aussi sont restés jeunes. Prenant immédiatement le ton de la polémique du moment et se plaçant à l'avant-garde de l'armée révolutionnaire, dans les rangs des hommes du *Rappel*, il a pris l'initiative de la protestation la plus radicale et la plus significative, les candidatures inassermentées. Barbès, Louis Blanc, Victor Hugo, Ledru-Rollin, Schœlcher et tous ceux qui n'ont pas plié se sont associés à cette idée qui ouvrait un champ nouveau et libre à la revendication des droits du suffrage universel.

Près de 10,000 voix ont répondu à cet appel, dans le scrutin des 21 et 22 novembre, quoique les candidatures n'aient pas été assez énergiquement affirmées.

La seule qui ait été soutenue par le candidat lui-même, celle de Félix Pyat, a obtenu, dans la huitième circonscription de Paris, environ 4,000 voix.

Au second tour de scrutin, la quatrième circonscription a donné à la protestation contre le serment politique plus de 3,000 voix.

Ces résultats permettent de prévoir ce qui serait arrivé si le suffrage universel, au lieu de trouver sur le terrain des candidats assermentés d'une opposition aussi avancée que Rochefort, Crémieux, Glais-Bizoin, Emmanuel Arago, Alphonse Gent, n'avait eu à se prononcer qu'entre des candidats inassermentés et des candidats officiels. L'idée de Pyat serait sortie triomphante du scrutin !

Depuis son retour, le tribun du peuple s'est multiplié. Réunions privées, discours, articles de journaux, brochures, il n'a rien épargné pour faire échec au pouvoir. Sa plume et sa parole, toujours armées en guerre, se sont prodiguées partout, abordant toutes les questions politiques, surtout tous les grands problèmes sociaux. Hier encore, c'était dans *Le Rappel*, un magnifique article sur *les Soldats*, où l'histoire et la mission de l'armée sont envisagées au véritable point de vue de la démocratie, c'est-à-dire avec le sentiment de tous les droits et de tous les devoirs de l'humanité, sous l'inspiration du patriotisme le plus éclairé, sans aucun mélange de chauvinisme. Qu'on en juge par ce passage :

« Qu'est-ce que la colonne ?

« Signe de gloire et de victoire ? De quelles gloire et victoire ? Celles de Baylen et de Waterloo ? Que veut dire ce trophée, ce monument de la force contre le droit ? Gloire de sauvage ? Victoire de Peau-Rouge ? Quoi ! soldat, dans les duels ordinaires, si par malheur tu blesses ou tues ton frère, élèves-tu une colonnette dans ta chambrée, un trophée à ta gloire, un monument à ta victoire ? Non, sans doute. Tu laisses au sauvage l'orgueil féroce de pendre à sa tente la dépouille du vaincu. Pourquoi donc être fier de faire comme peuple ce que tu ne fais pas comme homme ? Pourquoi fais-tu comme civilisé ce que tu reproches à l'Indien ?

« Soldat de la colonne, entre en vainqueur dans cette chaumière étrangère, pareille à celle où tu es né ! Là, mêmes besoins, même patience, même travail, même misère, même ennemi, le maître. La gloire n'est pas de servir son maître, mais de le combattre ; et cette gloire-là n'a pas besoin de bronze ; elle vit éternelle dans le cœur des hommes libres. »

Lisez encore ces nobles paroles, dans le toast que Pyat envoyait l'autre jour au banquet de Saint-Mandé. Après avoir raconté les misères, les douleurs et les morts de l'exil, il apprécie l'influence que la dernière émigration a exercée sur les sentiments politiques du peuple anglais, aujourd'hui prêt à faire sa revendication et déjà initié à l'effet de la *Marseillaise*, puis il s'écrie :

« Pendant que nous faisions notre propagande en France, nous la faisions aussi en Angleterre. Point de hasard dans le monde! tout s'enchaîne de cause à effet. Là aussi, nous avons contracté notre alliance de peuple à peuple, notre traité de commerce, notre libre-échange d'idées, de principes et de droits! Nous nous sommes complétés ainsi, Anglais et Français, les uns par l'égalité, les autres par la liberté. Les fils des Jacobins ont rendu et prêté aux fils des puritains; nous, fils des juges de Louis XVI, nous avons redit à l'oreille du peuple anglais ce dernier mot de la justice de leurs pères à Charles Ier : « Souviens-toi! » Ce peuple, qui avait perdu sous sa massive restauration jusqu'à la mémoire de Cromwell, a retrouvé le nom de la République au milieu de nous tous, proscrits européens, proscrits d'empereurs et de rois, de Bonaparte et d'Isabelle; et même de Maximilien, proscrits de tout grade, depuis la peine de mort jusqu'à la prison. Voilà ce que nous avons fait, à nos risques et périls, pendus, brûlés en effigie, calomniés par la presse monarchique, menacés d'extradition, après la *Lettre à la reine* surtout, et sauvés enfin par la menace des colonels de l'empereur. Notre œuvre était faite, notre mission finie, l'opinion était changée, et l'amnistie forcée. Tout était dit de l'exil.

« Non, l'exilé n'est pas seul. L'exilé n'est pas un fardeau inutile et stérile de la terre. L'exilé a une patrie, s'il a un principe. Notre proscription a été utile comme ses devancières. Les réfugiés de la liberté religieuse avaient apporté à l'Angleterre la civilisation du temps, arts, industrie, etc.; nous en retrouvâmes encore les restes dans les tisserands de White-Chapel. Les émigrés apportèrent la salade, chacun sa part! Nous, la barricade! Ce ne fut pas tout. Nos ouvriers, les meilleurs dans leur métier, furent employés, obtinrent les médailles de la grande exposition. Le proscrit républicain Chatelin a eu le premier prix pour sa reliure, un chef-d'œuvre, faite sur le livre d'un tout autre proscrit, le duc d'Aumale. Il eut le prix malgré le jury français et son président, le prince Napoléon, qui eut, lui, la satisfaction d'examiner le livre d'un duc et de voter contre la reliure d'un républicain. Nos médecins honorèrent la science française dans les hospices, nos artistes l'art dans les musées, nos professeurs notre langue dans les écoles, et nos grands écrivains notre génie partout. Et le peuple de Paris, par son vote, nous rendit enfin la patrie.

« Il a fallu reconnaissance et devoir envers la grande France pour me faire quitter la petite, cette vraie famille de proscrits dont j'avais vu mourir les vieillards et naître les enfants. Je les avais connus, aimés tous. J'ai embrassé, en partant, une de ces pauvres fleurs d'exil, entamée déjà malgré père et père par le milieu étranger, perdant déjà l'accent français et me disant avec l'accent anglais : Citoyen, emmenez-moi à *Péris*.

« Ah! j'aurais voulu les ramener tous avec moi et les voir fraterniser tous à votre table aujourd'hui, tous petits et grands! La France n'a pas de trop de tous les siens pour la délivrer. »

Tel est Félix Pyat. Parti il y a vingt ans, vaincu par la réaction anti-républicaine de 1849, il rapporte aux générations nouvelles et met à leur service sa parole et sa plume de tribun du droit, de la vérité, de la justice et de la fidélité au devoir!

Jean Lux.

Paris. — Typographie Walder, rue Bonaparte, 44.

Forcade la Roquette

FORCADE LA ROQUETTE

I

En voici un qui doit se trouver prodigieusement étonné de figurer dans une galerie d'hommes illustres, dans un Plutarque destiné au peuple.

Cependant M. de Forcade La Roquette est une des illustrations du second empire. Si neuf ans de sénat, quatre ans de portefeuille et d'excellence ne vous conféraient pas l'illustration, ce serait à désespérer de tout. Il n'y aurait donc plus d'autre moyen de devenir illustre que d'avoir un grand talent ou de rendre de grands services à son pays. Combien de gens pour qui ce ne serait pas drôle !

Et puis, il y a tant de manières d'être illustre.

Sous Louis XIV, Chamillart s'illustra par la façon dont il jouait au billard.

Sous la régence, Dubois s'illustra par la façon dont il donnait des coups de pied à son maître.

Sous Louis XV, Lebel s'illustra par la sagacité qu'il apporta dans ses fonctions de pourvoyeur de l'alcôve royale.

Sous le premier empire, Fouché s'illustra par son adresse à faire de la police un des grands pouvoirs de l'Etat.

Sous la Restauration, Brummel s'illustra par son dandysme, Grimod de la Reynière par sa gourmandise, et M. Syrieys de Mayinhac par ses cuirs de tribune.

Sous Louis-Philippe, M. de Rambu- teau s'illustra par son orthographe et ses colonnes; M. Emile de Girardin par les mines de Saint-Bérain ; et M. d'Argout par son nez.

M. de Forcade La Roquette, lui, mérite d'être illustré par sa médiocrité.

Jamais peut-être, en effet, on ne vit, sous le soleil d'aucune monarchie, médiocrité plus épanouie, plus universelle et plus resplendissante que la sienne.

Gustave Planche disait de je ne sais quelle actrice : Elle a reculé les bornes de la nullité.

On peut dire de M. de Forcade qu'il a agrandi les limites de la médiocrité.

N'est-ce pas M. Purgon, dans le *Malade imaginaire*, qui redoute de perdre un malade aussi illustre qu'Argan? Le chef de l'Etat ne paraît pas moins redouter de perdre une médiocrité aussi illustre que M. de La Roquette.

Et M. Rouher donc ? Quelle perte ce serait pour lui que la retraite de ce ministre à tout faire, dont les discours ternes ont prêté tant de lustre à ceux de l'ex-ministre d'Etat. Jamais le vice-empereur, comme on l'a appelé, n'a paru avoir autant de talent que depuis que M. de Forcade La Roquette est devenu l'orateur universel de la maison.

Aussi l'appelle-t-on à son tour un vice Rouher.

Ce qui n'empêche pas le ministre de l'intérieur d'être un homme de bonnes manières et de bonne éducation, de tournure assez distinguée, de figure agréable, sans être précisément belle, un véritable homme du monde, en un mot, un Parisien grandi dans la société des conseillers d'Etat, des femmes de la finance, de la grande administration, de la petite noblesse et de la haute bourgeoisie.

A la tribune, il n'a ni les rudesses auvergnates de M. Rouher, ni les insolences gourmées de M. Baroche, ni les colères d'enfant gâté de M. Pinard; il a la souplesse et l'élasticité du caoutchouc, ce qui a pu faire croire qu'il était inusable.

II

Quelqu'un m'assure qu'au fond, et très-sincèrement, M. de Forcade La Roquette a des principes libéraux. Ce quelqu'un est un de ses anciens condisciples qui l'a suivi durant toute sa carrière, et qui se souvient encore des toasts libéraux que portait, chaque année, le futur ministre dans le banquet annuel des anciens élèves du collège Henri IV.

Est-ce en vertu de ces principes qu'il s'est cru prédestiné à fonder en France l'empire libéral? Je ne sais, mais ce que je puis affirmer, c'est que le ministre est parfois très-surpris et même indigné d'apprendre les mesures arbitraires que ses subordonnés prennent en son nom, par simple habitude de la tradition despotique des divers ministres qui se sont succédé depuis dix-huit ans.

C'est ainsi qu'il s'est montré sincèrement furieux quand, à propos même du *Plutarque populaire*, il a appris, par la voix de la presse, que ses bureaux prétendaient exercer un droit de censure préventive sur le texte, comme ils l'exerçaient traditionnellement depuis le coup d'Etat. Et immédiatement il donna l'ordre de renoncer à cette pratique illégale.

Si, au lieu de lui être révélé par les journaux, le fait se fût produit à la tribune, nul doute que, de très-bonne foi, le ministre en eût nié l'existence. A quel démenti et à quels embarras l'exposaient ses employés? car, lorsqu'on est ministre, bon gré mal gré, il faut toujours avoir raison.

Cela prouve qu'à l'ombre du despotisme des grands s'exerce toujours un autre despotisme, plus lourd de fait et plus insupportable encore, s'il est possible, le despotisme des petits, l'arbitraire des tracasseries et des exigences minuscules qui multiplie les ennemis du pouvoir à l'égal des grains de sable du bord de la mer.

Etre libéral dans les petites choses et par les petits côtés, mais rester absolument étranger aux notions de la grande et sainte liberté de tous, qui commande le respect des droits d'une nation comme le respect des droits individuels de chacun, n'est-ce pas le propre de l'homme médiocre?

On a vu tout récemment, dans son discours au Sénat, à propos du programme de Jérôme Napoléon, dans ce discours-ministre le plus important qu'il ait prononcé pendant toute sa carrière, ce que M. de Forcade la Roquette pense des grandes libertés et du gouvernement du pays par le pays.

On avait déjà vu aussi, par la façon dont il a conduit les élections de 1869, comment il entend la liberté électorale.

Il est bien possible, du reste, qu'il ne pense pas tout à fait de même à l'heure qu'il est.

Récemment, il s'est manifesté dans tout le resplendissement de sa médiocrité lors de la lecture du projet de loi présenté par Jules Favre, au nom de la gauche, dans le but de conférer au Corps législatif le pouvoir constituant. M. de Forcade la Roquette a été si désorienté qu'il a perdu soudain tout souvenir du sénatus-consulte et du droit d'initiative des députés. L'ombre du Rouher d'autrefois, imposant d'un geste ses volontés à la majorité et faisant rentrer d'un mot dans le néant les motions de la gauche, lui est apparue dans un nuage, voilant a ses yeux le spectacle du mouvement électoral de 1869 et détournant de son esprit la conscience des nécessités nouvelles que ce mouvement impose au gouvernement; il s'est figuré un instant qu'il était lui-même Rouher, qu'il avait affaire aux onze ou aux cinq, et disposait encore de son armée d'officiels, sans se rappeler qu'officieux et officiels l'avaient abandonné, jusqu'à son prédécesseur Pinard lui-même! et ne s'occupaient plus que d'une chose, lui chercher un remplaçant. Il y avait longtemps qu'une situation aussi critique ne s'était produite dans une assemblée sérieuse.

Depuis cet épisode, le brave homme s'est remis de son alarme, car, au demeurant, je le crois un très-brave homme, enchanté du fond du cœur que son maître ne lui commande plus de faire mettre des journalistes, des hommes de lettres et des imprimeurs en prison; — il se consacre exclusivement à la conservation de son portefeuille et est prêt à gouverner avec la majorité quelle qu'elle soit, — droite, — centre droit, — centre gauche, — ou tiers parti, pourvu que ce cher portefeuille lui reste entre les mains et que, grâce à ce talisman, il puisse se figurer qu'il gouverne.

Car, ministre d'un maître exerçant le pouvoir personnel, ou ministre d'une majorité législative d'autant plus exigeante qu'elle se sent aiguillonnée par les piqûres de la presse et poussée en avant par le mouvement de l'opinion publique, un ministre exerce réellement moins d'autorité que ses employés subalternes qui trouvent bien moyen de se régaler d'un peu d'arbitraire à l'abri de son nom.

Ce qu'il y a de singulier dans la position de M. de la Roquette, aux yeux des gens naïfs qui croient à la résurrection complète des pratiques parlementaires, c'est que ce ministre, après avoir subi un premier échec dans sa campagne électorale des 23 et 24 mai; un second échec plus grand dans le scrutin des 6 et 7 juin; — une déconvenue dans l'affaire du complot de Paris, — une déception, dès l'ouverture de la première session provisoire, par suite de l'interpellation des 116, — une leçon dans la discussion du sénatus-consulte, — une mystification dans la journée du 26 octobre, — garde encore imperturbablement son portefeuille et affecte un air aussi triomphant que si le corps électoral tout entier lui avait voté des actions de grâce.

Rendons-lui toutefois cette justice: il a été le ministre de l'amnistie du 15 août, et il a tenu si bien à faire sentir toute l'importance de cet acte qu'il a eu soin de faire écrouer, le 13 et le 14, tous les condamnés pour délits de presse encore libres, afin de donner plus de solennité à la mise en scène de la chose.

Eh bien! voyez un peu à quel point les écrivains sont ingrats et les ministres sont généreux! Pas un seul de ces incorrigibles journalistes ne lui en a témoigné de reconnaissance; quant à lui, je suis certain qu'il n'en garde pas au cœur la moindre amertume.

III

Comment, par suite de quels phénomènes de chimie politique, de quels prodiges de physique gouvernementale cet homme du monde dont le mérite n'a rien de transcendant est-il devenu un homme d'Etat?

Par quels degrés est-il parvenu ainsi au sommet de l'échelle hiérarchique de l'administration?

Quels signalés services a-t-il rendus au pays?

Lui a-t-il donc suffi d'être un homme agréable, un spirituel causeur de salons?

J'ai consulté à ce sujet l'oracle Vapereau, si fécond en renseignements sur les contemporains, et j'ai appris que M. Jean-Louis-Victor-Adolphe de Forcade la Roquette était né à Paris, vers 1820. — Voyez un peu la négligence de ces biographes, ne pas même nous dire la date exacte de la naissance d'un homme de ce calibre. Mon cher monsieur Vapereau, votre silence m'est suspect et m'a tout l'air d'une ironie!

J'ai découvert encore que, reçu avocat en 1841, le futur ministre avait prononcé en 1845, à la conférence des avocats, un discours de rentrée sur *le Barreau sous Louis XIV* et s'était fait recevoir docteur en droit en 1846.

Parbleu! s'il en est resté au barreau sous Louis XIV, on comprend parfaitement qu'il ait dû éprouver quelque étonnement en trouvant dans le barreau de Paris des lutteurs de la force et de l'énergie des Jules Favre, des Gambetta, des Ferry, des Edouard Laferrière.

De 1846 à 1852, aucune éloquente plaidoierie ne signale les débuts oratoires du jeune aiglon du palais.

Mais, en 1852, lors de la réorganisation du Conseil d'Etat (est-ce bien réorganisation qu'il faut dire?) il est nommé maître des requêtes et devient rapidement commissaire du gouvernement près la section du contentieux.

En 1857, il passe directeur général des forêts avec le titre de maître des requêtes en service extraordinaire, et, en 1859, directeur-général des domaines et des contributions indirectes et Conseiller d'Etat en service ordinaire hors sections.

Jusque-là il semble se vouer exclusivement à la carrière administrative. Patience, son rôle d'homme politique va commencer; il va avoir quarante ans et être mûr pour les grandes fonctions.

IV.

En effet, le 28 novembre 1860, un décret le nomme soudainement ministre des finances en remplacement de M. Magne, nommé ministre sans porte-feuille. On pressentit bien alors qu'il n'y avait en lui que l'étoffe d'un ministre provisoire. Cependant il eut le temps, pendant son très-court séjour à l'établissement de la rue de Rivoli, de créer les 300,000 obligations trentenaires qui accrurent la dette publique de 150 jolis millions.

Un beau jour, on jugea à-propos de proclamer hautement que l'administration des finances de l'Etat appelait une réforme radicale, et sur la mémorable missive dans laquelle M. Achille Fould ne ménageait guère les pratiques financières de ses prédécesseurs, le susdit Fould fut appelé à remplacer l'infortuné de la Roquette qui ne fut plus jugé bon qu'à faire un sénateur.

On le croyait inhumé définitivement dans la nécropole du Luxembourg, à peine en sortait-il de temps à autre pour aller étudier les questions commerciales en Algérie, sans résultat efficace; pour vice-présider le Conseil d'Etat, lorsqu'un autre beau jour, la trompette de la résurrection se fait entendre à son oreille; il jette bas son suaire de sénateur et rentre dans les fonctions actives.

Sera-t-il un ministre de l'intérieur transitoire, de même qu'il fut un transitoire ministre des finances? Ceci est le secret des dieux!

Depuis quelques jours, son actif d'homme politique s'est accru d'un discours auquel ses amis se sont efforcés d'attribuer une grande portée, et qui, en effet, pouvait passer pour un pastiche assez réussi du procédé Rouher, relevé de pompeuses généralités libérales, dont le principal mérite est de n'engager point le gouvernement; je veux parler du discours relatif à l'élection de M. Carré-Kérisonët, discours dans lequel M. de Forcade a voulu prouver qu'il saurait, au besoin, faire manœuvrer le spectre rouge.

Mais, après cette sortie presque brillante qui semblait promettre un homme de tribune, le politique médiocre a bientôt reparu, lorsqu'il s'est trouvé pris à l'improviste par les questions importantes de la gauche et du centre gauche; on a senti qu'il ne pouvait parler sans avoir reçu ses instructions, et l'on se demandait pourquoi un télégraphe n'était pas établi entre le banc ministériel et les Tuileries, pour mettre les ministres à même de répondre immédiatement à toutes les questions.

Et puis encore, quelle faiblesse dans sa réponse au sujet de la vente des journaux sur la voie publique, et combien

Paris. — Typographie Walder, rue Bonaparte, 44.

PLUTARQUE POPULAIRE CONTEMPORAIN

CRÉMIEUX

13ᵉ Livraison.

le brave homme dont je parlais tout à l'heure a dû être peiné intérieurement en donnant à entendre que le gouvernement n'entendait pas pousser plus loin sa longanimité en fait de procès de presse. Car, je le répète, je suis convaincu que M. de Forcade ne demanderait pas mieux que d'être libéral si sa situation le lui permettait.

Le jour viendra-t-il enfin où il lui sera donné de pouvoir concilier ses paroles et ses actes avec les vœux secrets de son cœur?

En attendant, on se demande, en lisant ses états de service, émaillés de tant d'échecs, quels sont ses titres à la haute position qu'il occupe dans l'Etat.

Ah! j'oubliais de vous dire un détail qui explique bien des choses. M. de Forcade la Roquette est le frère utérin du maréchal Saint-Arnaud, le même qui, le 2 décembre et le 4 décembre 1851..... La mère du ministre actuel était veuve du père de M. Saint-Arnaud lorsqu'elle épousa M. de Forcade.

Ainsi, cette famille aura fourni successivement une des premières assises de fondation et une des pierres du couronnement de l'édifice impérial, l'alpha et l'oméga du second empire.

J.-B. RAYMOND.

CRÉMIEUX

I

« J'ai cinquante-deux ans de vie publique, et je défie bien qu'on m'adresse un reproche qui puisse me toucher d'une manière sensible. »

Ainsi s'exprimait Crémieux devant le Corps législatif, dans la séance du 10 décembre 1869, à propos des calomnies répandues contre lui dans le département de la Drôme, à l'occasion des élections de juin dernier, par un préfet et par un maire, que le gouvernement a récompensés tous deux, l'un en lui donnant de l'avancement, l'autre en le nommant chevalier de la Légion d'honneur.

Une autre fois, dans sa vie politique, Crémieux a eu à répondre de ses actes.

C'était le 15 juillet 1848. La commission d'enquête nommée par l'Assemblée constituante, pour informer sur les événements du 15 mai et sur les journées de juin, interrogeait, comme témoin, le membre du gouvernement provisoire naguère encore ministre de la justice de la commission exécutive.

Voici en quels termes il appréciait le rôle joué par le gouvernement provisoire :

« Nous avions une position qui ne s'est jamais vue dans l'histoire. Nous voulions éviter les coups de fusils dans Paris; la guerre civile dans la capitale, c'était, à nos yeux, le renversement de la République honnête que nous avions voulu fonder. Nous n'avions qu'une force morale, une force de parole. Quand on craignait un mouvement, quand la crainte était sérieuse, mon avis était de faire les concessions qui n'engageaient l'honneur ni le courage d'aucun de nous, et qui auraient pour résultat de ne pas emporter le gouvernement provisoire qui me semblait, pardonnez-moi cette fière pensée, le boulevard de la République. Nous avons été assez heureux pour n'avoir pas à déplorer une goutte de sang.

« Un membre. Oui, mais vous avez légué les collisions à l'Assemblée.

« Crémieux. Je ne sais, mais votre allégation fût-elle vraie, nous savions du moins que l'Assemblée aurait une force que nous ne pouvions avoir. Je maintiens que le gouvernement provisoire, pris dans son ensemble, a fait ce qu'il devait. L'histoire jugera ses actes collectifs, j'en prends ma part de responsabilité sans réserve ; quant aux actes particuliers, à chacun sa responsabilité.

. . . .

« Un membre. Je place sous vos yeux trois grâces accordées à des forçats. Pourquoi ?

« Crémieux. Je n'ai accordé aux condamnés des bagnes que la moitié des grâces des années précédentes pour la période correspondante, et pour des motifs graves. Au reste, je prends sous ma responsabilité personnelle, sans aucune exception, tous les actes de mon Ministère, et, plus spécialement encore, ce qui concerne les grâces ; j'en ai fait un usage que je livre, comme tout ce que j'ai fait, à l'appréciation de mes amis et de mes ennemis. »

Tel est l'homme ! Toujours prêt à répondre de ses actes. Le même à vingt-un ans de distance, comprenant la responsabilité du député et du candidat comme il a compris la responsabilité du ministre. Homme surprenant à une époque où tant de choses, tant d'hommes, tant de principes se sont si profondément modifiés. Caractère solidement trempé, qui, sans affectation de rudesse, sans éclats de protestation, a traversé sain et sauf de toute transaction avec le despotisme, de toute atteinte de la gangrène morale devenue presque endémique depuis dix-huit ans, le monde politique et le monde des affaires.

Vaincu et désarmé depuis l'organisation du triomphe de la force, il a subi avec tristesse, non avec résignation, cette oppression, cet exil à l'intérieur que nous subissons tous, en gémissant surtout du sommeil prolongé de la patrie, en attendant le réveil des idées de liberté, prêts à dire : « Je suis là, moi aussi qui souffre sous le poids de l'oppression, je réclame une place dans les rangs, le jour où la France voudra se remettre en marche pour la conquête de l'avenir. Si je ne vais pas aussi vite que les jeunes, je tâcherai de les aider à demeurer dans la bonne et vraie voie qui conduit à la liberté et au progrès. »

Et, en effet, le jour étant venu où les symptômes du véritable réveil se sont manifestés, lui qui se trouvait trop vieux en 1863 pour être candidat à la députation, il s'est écrié : « Me voici ! » et s'est présenté aux électeurs de la Drôme.

On sait par suite de quelle pression il a eu 341 voix de moins que son concurrent. Mais les électeurs de la 3me circonscription de la Seine ont bientôt réparé l'échec glorieux éprouvé à Valence, et Crémieux fait aujourd'hui partie de la députation de Paris.

II

J'ai esquissé en quelques lignes son caractère d'homme politique, d'homme public. C'est en vous racontant succinctement sa vie que je vous peindrai l'avocat et l'homme privé.

Crémieux est né à Nîmes en 1796, le 30 avril, a fait ses études à Paris au collège Louis-le-Grand, et son droit à la faculté d'Aix.

Son père, riche négociant israélite du Languedoc, avait rempli des fonctions municipales en 1793.

Voici en quels termes un de ses biographes, Tony Révillon, nous raconte les débuts dans la vie et au barreau du futur avocat, député et ministre Adolphe Crémieux :

« La réaction qui suivit le 9 thermidor priva son père de la liberté. Emprisonné, décrété d'accusation, l'ancien membre de la commune de Nîmes perdit coup sur coup sa fille et ses deux fils; une crise commerciale fit écrouler sa maison.

« Le futur avocat vint au monde au milieu de ce malheur complet.

« Enfant, il vit son père travailler, lutter, épargner pour payer ses dettes; il comprit de bonne heure qu'il ne devait demander qu'à lui-même sa place dans le monde.

« En 1817, il débutait au barreau de sa ville natale. Débuts éclatants. Dans une de ses premières causes, il eut l'occasion de prendre place parmi les libéraux du Midi, trop enclins sans doute à l'alliance entre les souvenirs de la Révolution et ceux de l'Empire, mais qui avaient du moins le mérite de représenter le courant de l'esprit français et la haine de tous les honnêtes gens contre la réaction de 1815 et les assassinats de la Terreur blanche.

« Un citoyen, nommé Ravaud, avait accusé le triste héros de cette Terreur, — Trestaillons, — de lui avoir volé des raisins dans sa vigne. Trestaillons osa poursuivre Ravaud comme diffamateur. Mᵉ Crémieux fut chargé par ce dernier de sa défense.

« — Sans doute, messieurs, — dit-il, — la loi punit celui qui calomnie un de ses concitoyens; mais cette loi bien évidemment ne peut être invoquée par Trestaillons. Je ne ferai pas là ce misérable l'honneur de discuter la prévention qu'il ose porter devant vous. L'accès des tribunaux doit lui être fermé, à moins qu'il n'y soit traîné entre deux gendarmes pour venir rendre compte de ses crimes!...

« En ce moment, un des confrères de l'orateur lui fait remarquer que Trestaillons est dans la salle.

« — Grand Dieu! s'écrie-t-il sans s'interrompre, — et je souffrirais sa présence dans cette enceinte sacrée! Magistrats, j'ai dans mes mains et je dépose sur le bureau du procureur du roi une plainte en assassinat. La voilà formulée par ce qui reste aujourd'hui de la famille Chivas. Le monstre a tué sept personnes de cette même famille; je le dénonce!...

« Trestaillons s'enfuit de l'audience et Ravaud fut acquitté.

« Depuis ce moment jusqu'en 1830, M. Crémieux se donne tout entier au travail. Son père meurt, sans avoir achevé de payer ses dettes; il les paye à sa place. Il commence sa fortune; il se marie. Parmi ses causes, il en est une fort gaie que je prends au *Grand Dictionnaire* de Larousse. Il s'agissait de défendre M. Cabot de La Fare, que le cardinal de La Fare voulait obliger à retrancher la seconde moitié de son nom. M. Crémieux prouva péremptoirement que le maréchal de La Fare était mort en 1752 sans laisser de postérité, et que les La Fare de la Restauration, y compris le cardinal et sa famille, avaient usurpé leur nom, ce qui leur ôtait le droit de se plaindre qu'on eût suivi leur exemple.

« — S. M. Louis XVIII, ajouta-t-il, n'aimait point à voir s'éteindre les grandes familles. Soutenus par le cardinal de Bernis, les La Fare d'aujourd'hui arrivèrent bientôt à la cour, porteurs d'une généalogie fraîchement faite et d'autant plus facile à établir qu'elle n'avait plus de contradicteur légitime. Que dirent les courtisans, les meilleurs juges en cette matière? Ils tournèrent le dos en chantant :

> « La fare i dondaine
> O gai
> La fare i doudon. »

Qu'on me permette à ce propos une légère digression :

Crémieux n'est pas seulement un des avocats les plus spirituels du Palais, un des orateurs les plus piquants et les plus variés de la tribune législative, un de ceux qui savent le mieux, avec cette tournure d'esprit si particulièrement française qu'il possède au plus haut degré, égayer par un mot plaisant, par une allusion heureuse, les causes les plus tragiques et les questions les plus graves, il est encore, il est surtout, dans la conversation un des hommes les plus enjoués, les plus allègres de son temps. Je ne sache pas de meilleur convive, de plus agréable compagnon de voyage que lui.

Passionné pour les arts et pour les artistes pour qui il est souvent à la fois un avocat et un ami dévoué, il apprécie, juge et critique avec un goût éclairé, et émaille ses appréciations de souvenirs piquants, d'anecdotes caractéristiques qui se rattachent à cette belle période artistique et littéraire de 1825 à 1850, dont la France a fourni les principaux éléments par les hommes et par les œuvres.

A table, en vrai bourgeois de la Restauration, il chante volontiers la chanson crânement patriotique, légèrement épicurienne, et rappelle ainsi qu'il a été enfant et a grandi aux refrains de Désaugiers, d'Émile Debraux et de Béranger. Dans ces moments, son visage aux traits mal équilibrés, à l'aspect peu séduisant de prime abord, prend une expression de bonhomie fine qui n'est pas sans charme. Il est impossible d'entendre causer Crémieux un quart d'heure sans ressentir pour l'homme une vive sympathie. Lamartine aurait dit de lui : c'est l'ange de la laideur.

III

Pendant toute la durée de la Restauration, Crémieux ne se fit connaître qu'au Palais, où il plaidait surtout des causes civiles. Cependant, ses opinions libérales étaient bien connues et il ne laissait échapper aucune occasion de les manifester.

Aussi fut-on généralement surpris de le voir, au mois de décembre 1830, dans le procès des ministres de Charles X, accepter la défense de M. Guernon-Ranvilli, un des signataires des Ordonnances du 25 juillet. Il ne faisait pourtant que remplir un des devoirs les plus impérieux de la profession d'avocat. L'avocat se doit à toutes les causes et à tous les accusés, de même que le médecin se doit à toutes les maladies et à tous les malades. D'ailleurs, ne plaidait-il pas devant la cour des Pairs, à côté de M. de Martignac, un libéral, lui aussi, à sa manière, qui avait essayé, sans succès, mais non sans honneur, de concilier ces deux éléments hétérogènes: la liberté et la monarchie de droit divin.

Certes, je ne doute pas que Crémieux fit tout son possible pour s'identifier avec la situation de son client, pour trouver les arguments les plus propres à toucher ses juges. Pourtant il éprouva là combien est difficile l'exercice de la profession d'avocat dans les affaires politiques, aux hommes animés de convictions sincères, lorsque leur conscience elle-même proteste contre la cause qu'ils ont à plaider. Après un exorde long et pénible, il ne put continuer et tomba évanoui. Disons à sa décharge que cet évanouissement ne fit aucun tort à son client, dont le sort était décidé à l'avance et qui fut condamné avec tous ses collègues.

Peu de temps après il acheta la charge d'avocat, à la cour de Cassation, de M. Odilon Barrot, devenu préfet de police. Puis il se posa décidément en défenseur des causes libérales et démocratiques en plaidant successivement pour la *Tribune*, pour le *National*, pour le *Constitutionnel*, pour la *Gazette de France* et pour les accusés d'avril devant la cour des Pairs.

En 1840, lorsque la question d'Orient suscita un de ces mouvements politiques qui semblent menacer périodiquement l'Europe occidentale, Crémieux se préoccupa surtout de la situation que la faction cléricale voulait faire à ses coreligionnaires, les israélites d'Orient. Des juifs, de Damas, étaient accusés d'avoir commis des cruautés odieuses contre un prêtre catholique, et l'on n'allait à rien moins qu'à vouloir rendre tous les juifs responsables de ces actes abominables.

Crémieux fit le voyage de Turquie, de Syrie et d'Egypte, tout exprès pour avoir une information complète des faits et il obtint l'acquittement des accusés.

IV

C'est en 1842 que commence réellement sa carrière politique. Nommé par l'arrondissement de Chinon, comme député de l'opposition, il se posa, dès le début, en homme modéré mais complétement indépendant.

Une des questions les plus importantes qui se soient jamais débattues devant des Chambres françaises, se présentait devant la Chambre des députés : les chemins de fer, qu'il devenait urgent de construire si l'on ne voulait pas rester en arrière des autres nations de l'Europe déjà pourvues d'un certain nombre de voies ferrées, seraient-ils confiés à des compagnies concessionnaires, ou resteraient-ils la possession exclusive de l'Etat?

La Chambre et, on peut le dire, la France elle-même étaient divisées en deux partis. De chaque côté se trouvaient des esprits éminents, des hommes pratiques. De chaque côté se présentait un écueil à éviter.

Les partisans du système des compagnies, parmi lesquels on comptait un grand nombre de députés et de journalistes de l'opposition, craignaient surtout qu'en livrant au gouvernement un aussi vaste monopole que celui de l'exploitation des chemins de fer, on ne facilitât singulièrement la corruption électorale, on ne mît au service des influences ministérielles une armée de fonctionnaires dévoués quand même et aveuglément à l'administration, maîtresse de leur sort.

Leurs adversaires, les partisans du système du monopole de l'Etat, affirmaient que le système des concessions, tout en n'offrant pas à la sécurité publique et à l'exactitude du service des garanties suffisantes, aurait pour résultat de surexciter en France l'esprit de spéculation, d'enchérir le prix des transports, de livrer enfin le pays à des administrations avides, prêtes à abuser de leur situation quand elle serait prospère ou à implorer le secours de l'Etat si les revenus des entreprises étaient inférieurs à leurs à calculs de probabilité. De ce côté se trouvaient plusieurs hommes à vues élevées, indépendants de tout esprit de parti, et un certain nombre de socialistes, particulièrement ceux qui avaient fait leur éducation économique à l'école de Charles Fourier. C'est à propos de cette question qu'Alphonse Toussenel avait écrit son beau livre *les Juifs rois de l'époque*, vigoureuse philippique dirigée contre le système des concessions, contre l'esprit de la spéculation envahissante et toutes les manœuvres des principaux chefs de l'école Saint-Simonienne, si vigoureuse, en effet, que l'auteur ne put trouver un journal qui osât la publier toute entière; à peine la *Démocratie pacifique* consentit-elle à en reproduire quelques fragments en feuilleton.

Dans ces conjonctures, le plan de Crémieux, membre de l'opposition, paraissait devoir être parmi ses coreligionaires, ces grands maîtres du capital industriel, qui avaient du reste dans leur camp, non-seulement plusieurs journaux dévoués au gouvernement, les organes de l'opposition libérale, le *Siècle* et le *Constitutionnel*, mais encore le *National*, qui représentait une des nuances de l'opposition avancée.

Le gouvernement, dirigé alors par un homme assez étranger aux combinaisons financières et industrielles, M. Guizot, paraissait ne pas beaucoup se soucier de compliquer, par des questions de chemins de fer, les embarras de la situation politique, et être bien décidé à rester neutre dans cette question de principe, résolue, d'ailleurs, à l'avance, par une majorité législative composée de membres de tous les partis.

A ces diverses considérations s'en ajoutait une autre qui semblait de nature à influer sur la résolution de Crémieux;

il était, disait-on, le principal avocat de la maison Rothschild, pour ses grands litiges civils et commerciaux.

Eh bien ! Crémieux fit le contraire de ce qui était probable. N'écoutant ni l'esprit de parti, ni l'esprit de caste, n'obéissant qu'à la seule impulsion de sa conscience, il se prononça avec la minorité pour l'exécution des chemins de fer par l'Etat. Bien plus, on assure que, comme il était décidé à porter la parole dans le sens de son opinion, à combattre à la tribune le système des concessions, il eut soin de faire prévenir à l'avance M. de Rothschild, son ami, que, placé entre un devoir de conscience d'homme public et des considérations d'amitié et d'intérêt, il s'exposait, à son grand regret, à perdre la clientèle et peut-être l'amitié de son opulent client, en plaidant à la tribune cette cause à peu près désespérée de l'exploitation des chemins de fer par l'Etat.

Le système des concessions l'emporta malgré le beau discours de l'avocat député. Plus tard, en 1851, lorsque député de la gauche à l'Assemblée législative, il soutenait contre M. Bineau et contre la majorité, à propos de l'achèvement de la ligne de Paris à la Méditerranée, le système de deux compagnies distinctes, l'une de construction, l'autre d'exploitation avec retour à l'Etat au bout de trente-cinq ans, il put reconnaître, dans l'étude qu'il fit des résultats déjà produits par le système des concessions à long terme, qu'il était resté bien en deçà de la vérité dans les prévisions sinistres de sa première campagne des chemins de fer.

Qu'il nous suffise de faire observer, à ce sujet, pour indiquer de quelle importance sont en politique les questions de chemins de fer, que le premier usage en matière industrielle que le pouvoir issu du coup d'Etat du 2 décembre fit de son omnipotence fut de réaliser la concession à long terme, au profit d'une seule compagnie, de cette ligne de Paris-Lyon-Méditerranée, à laquelle l'Assemblée législative refusait son adhésion, et que Crémieux avait si énergiquement battue en brèche.

En un mot, le système préconisé par Crémieux, en novembre 1851, remettait le pays en possession de la ligne avec un revenu minimum de vingt millions par an, au bout de trente-cinq ans ; le système qui a prévalu abandonne tous les droits à la compagnie concessionnaire pour quatre-vingt-dix-neuf ans. Calculez.

Et maintenant, si vous voulez avoir une idée des ravages et des ruines, des corruptions et des désastres que la France est en droit d'imputer à l'ensemble de ce système de vastes monopoles, lisez les deux beaux et savants livres de M. Georges Duchêne *La spéculation devant les tribunaux*, qui raconte les scandales judiciaires, et *l'Empire industriel*, qui chiffre les sacrifices que ce système impose aux contribuables.

Mais nous voilà bien loin de Crémieux et de sa biographie. Cette digression pourtant était doublement utile ; d'abord pour révéler un acte d'indépendance et de désintéressement peu connu, je crois, et qui honore singulièrement son auteur ; en second lieu pour mettre en relief la haute aptitude du député de la 3ᵉ circonscription de Paris, en matière de finances et de questions sociales et industrielles, et justifier la confiance dont il vient d'être l'objet.

V

Réélu en 1846, Crémieux continua de siéger à gauche, prit part au mouvement qui se manifesta en faveur de la réforme électorale et à la fameuse campagne des banquets.

Cependant, le 24 février, la révolution le surprit comme tant d'autres, et, après l'abdication du roi, ce fut lui qui se chargea de plaider à la Chambre des députés la cause de la régence de la duchesse d'Orléans.

Il était trop tard. Lorsqu'il arriva à la

Chambre, la salle était déjà envahie, et la proclamation de la république inévitable. Il fut un de ceux qui acceptèrent, de l'acclamation des députés présents, la mission difficile d'organiser la république et de pourvoir aux premières nécessités administratives du moment. Il a raconté lui-même, assez naïvement, dans sa déposition devant la Commission d'enquête des journées de mai et de juin, la façon dont se constitua le gouvernement provisoire qui lui confia le portefeuille de la justice. Laissons le parler, c'est une curieuse page d'histoire contemporaine :

« Lorsque nous nous rendîmes à l'Hôtel-de-Ville, pour notre installation, nous y trouvâmes, dans la petite pièce où nous passâmes la nuit du 24 au 25, MM. Marrast, Flocon, Louis Blanc et Albert qui nous avaient devancés. Nous leur demandâmes : — Qui êtes-vous ? Ils nous répondirent : — Nous avons été nommés membres du gouvernement provisoire. — Par qui ? Je crois qu'ils ont répondu : — Par la société démocratique. Si on nous avait demandé à nous par qui nous avions été nommés nous-mêmes, nous aurions bien pu dire : à la Chambre, mais point par la Chambre ; nous avions été nommés par l'acclamation populaire et par des députés dans la Chambre ; ils se disaient nommés par une acclamation populaire. Nous les acceptâmes d'abord comme secrétaires. Plus tard, quand ils eurent traversé le feu avec nous, nous avons supprimé le titre de secrétaires, ils sont devenus membres du gouvernement provisoire.

« J'étais plein d'estime pour M. Marrast, je ne connaissais pas M. Flocon, autrement que comme rédacteur de la *Réforme* et républicain dévoué ; Louis Blanc m'était connu par son Histoire et par quelques relations du monde, je l'avais reçu dans mes soirées, quant à Albert, nous étions aises d'avoir un ouvrier dans le gouvernement provisoire. »

Le poste de ministre de la justice, qui avait été assigné à Crémieux, était, dans les circonstances, un des plus difficiles à remplir. Convaincu du danger qu'il pouvait y avoir à interrompre le fonctionnement des tribunaux, en même temps qu'édifié sur le peu de sympathie de la plupart des magistrats pour le nouveau régime, placé dans cette alternative difficile, ou de laisser la justice de la République aux mains de magistrats royalistes, ou d'en suspendre l'exercice faute d'avoir sous la main, pour remplacer tous ceux qu'il aurait voulu destituer, un nombre suffisant d'hommes capables, sûrs et convaincus, il crut devoir ménager les hommes pour conserver l'institution jusqu'au moment où un gouvernement régulier aurait pratiqué, dans l'organisation du corps judiciaire, les larges et radicales réformes indispensables pour le mettre en harmonie avec des institutions vraiment démocratiques.

Malgré tous les reproches que lui a adressés la réaction, on peut dire que chez lui l'esprit d'ordre étouffa l'esprit révolutionnaire. Sa modération fut, à coup sûr, une faute. En temps de révolution il ne faut pas être révolutionnaire à demi et entreprendre d'organiser une république avec des institutions monarchiques et des serviteurs de la monarchie. Rien ne facilite et n'encourage l'œuvre des réactions plus que le respect des prétendus droits acquis ; c'est ainsi qu'au lieu d'une reconstruction de l'édifice on n'obtient qu'un replâtrage.

Rendons toutefois cette justice à Crémieux ; il diminua la taxe de quelques frais de justice, proposa le rétablissement du divorce et destitua ou suspendit quelques magistrats ouvertement hostiles au nouveau régime. Si ce ne fut pas assez pour satisfaire la Révolution et les révolutionnaires, cela suffit pour lui faire d'implacables ennemis. Aussi fut-il un des ministres qu'on attaqua bientôt avec le plus de passion, surtout lorsqu'il se fut prononcé hautement contre la mise en accusation de Louis Blanc, à propos du 15 mai.

Il avait été nommé membre de la constituante par les départements de la Seine et d'Indre-et-Loire, et opté pour ce dernier. Il resta donc à l'Assemblée, prit part à la discussion de la Constitution, siégeant sur les bancs de la gauche et combattant souvent l'administration du général Cavaignac. Il commit même la faute d'appuyer la candidature de M. Louis Bonaparte à la présidence.

Les premiers actes qui suivirent l'élection du 10 décembre lui révélèrent bientôt la portée de son erreur. Il fit son possible pour la réparer dans la campagne qu'il engagea contre l'Elysée et qu'il soutint durant trois années, jusqu'au 2 décembre 1851. Il fut pendant cette période un des orateurs les plus ardents, les plus éloquents, les plus incisifs, les plus féconds et les plus résolus de la Montagne.

Aussi eut-il l'insigne honneur d'être arrêté et conduit à Mazas, où il subit une captivité de vingt-trois jours.

Rendu à la liberté, — si toutefois on peut appeler la liberté la situation faite aux vaincus du coup d'Etat qui sont demeurés fidèles à leur cause et se sont résignés à vivre en étrangers du fruit de leur travail dans leur pays conquis et volontairement opprimé, — il s'est consacré exclusivement à son travail du Palais, à ses amitiés qui sont nombreuses, à son culte pour les arts qu'il aime en véritable artiste.

Mais, il le prouvait il y a encore quelques jours, la passion politique couvait en lui; il a suffi d'un appel du pays pour la faire éclore, et la France a retrouvé sur la brèche, aussi jeune, aussi ardent, aussi honnête qu'aux jours des grandes luttes, le vieux républicain parlementaire, prêt à mettre au service de la liberté cette lumineuse expérience des affaires, cette parole ferme, sûre et précise, si utiles aux minorités dans les grandes assemblées.

JULIEN LEMER.

VICTOR DURUY

Alphonse Karr a fait un roman intitulé, *Fort en thème*; le roman de M. Duruy pourrait s'intituler, *Fort en histoire*. Je me demande pourquoi l'université ne l'a pas encore placé au rang des dieux pour l'offrir en exemple aux jeunes élèves, et les encourager dans l'étude de l'histoire ancienne, de l'histoire romaine et autres. Rien de l'histoire contemporaine, bien entendu.

Quel beau sujet de composition pour une classe de rhétorique ou de philosophie que cette thèse; comme quoi l'étude de l'histoire mène à tout, même à faire travestir l'histoire contemporaine. Il serait digne du conciliant M. Bourbeau, successeur de l'infortuné M. Duruy, de donner ce texte à développer pour la composition du prochain concours général.

Il faudrait toutefois mettre les élèves en garde contre de dangereux égarements, et les bien prévenir qu'il y a histoire et histoire, de même qu'il y a fagots et fagots, comme dit Molière. Voyez plutôt cet autre exemple : Michelet aussi était fort en histoire, je crois même qu'il est resté assez fort. Pourtant il s'est vu exiler

PLUTARQUE POPULAIRE CONTEMPORAIN

Victor Duruy

24e **Livraison**.

Paris. — Thypograpie Walder, rue Bonaparte, 44.

de sa chaire et il n'a pu arriver, le pauvre homme, qu'à la gloire d'être un des plus grands écrivains de son temps.

Est modus in rebus, est un vieil adage latin qu'on nous apprend sur les bancs du collége et qu'on peut traduire ainsi :

> Faut d'l'histoire, pas trop n'en faut.
> L'excès en tout est un défaut.

Je ne suis pas bien sûr même que M. Duruy n'ait pas regretté parfois quelques-uns des excès historiques de sa jeunesse. Les journaux cléricaux ne lui ont pas épargné les citations de nombreux fragments où il a fait profession d'un libéralisme excessif aux yeux de *ces messieurs*, comme dit Goz dans *Lions et Renards* d'Emile Augier, de ce ton de nez fort dévot que saint Evremont prête au père Canaye dans la célèbre *Conversation du maréchal d'Hocquincourt*.

II

Car il était libéral, plus que libéral même, si l'on en croit la chronique, un tantinet républicain, ce professeur destiné à devenir un des derniers ministres du pouvoir personnel.

Et comment en eût-il été autrement ? Né à Paris en 1811, de parents artistes qui travaillaient aux Gobelins, il avait fait ses premières études au collége Rollin (ancien Sainte-Barbe), et s'était par conséquent nourri de cette moelle libérale et tant soit peu démocratique que tous les collégiens de Paris, pendant la Restauration, suçaient dans leurs familles les jours de sortie. Que tous ceux qui ont vécu et grandi à cette époque, de 1825 à 1830, évoquent leurs souvenirs d'enfance et se rappellent ce qu'ils entendaient dire partout autour d'eux, dans le salon comme dans l'arrière-boutique, sur le boulevard comme dans la retraite la plus intime de la famille, et ils conviendront avec moi qu'il n'était guère possible, après avoir respiré trois ou quatre ans cette atmosphère imprégnée de fluides libéraux, après avoir été impressionné par ce concert de protestations, par cet ensemble d'aspirations vers l'avenir, d'éprouver la moindre sympathie pour les idées et les systèmes monarchiques.

A coup sûr, si Paris eût été alors en possession du suffrage universel et si on l'eût consulté, ce n'est pas seulement la suppression de la monarchie qu'il eût voté ; il lui aurait encore fallu la suppression du clergé.

Telles étaient les idées, tels étaient les sentiments de la majorité de Paris, idées et sentiments que la jeunesse des colléges respirait avec l'air et dont il a été assez difficile de la purger. On l'a bien vu par ce qui s'est passé après 1830. C'est la génération grandie dans les lycées de Paris, de 1820 à 1829, qui a fourni la grande armée des républicains incorrigibles.

Tout républicains qu'ils étaient, ces jeunes échappés de collége, il en est plusieurs qui étaient, par situation de famille et de fortune, ou par leurs aptitudes mêmes, prédestinés à devenir fonctionnaires. Il fallait bien se créer des moyens d'existence, et les gouvernements monarchiques ont eu de tout temps, le soin d'établir aux abords des carrières libérales de telles barricades de difficultés que les familles effrayées ont tendu de plus en plus à pousser leurs enfants dans les voies droites et unies du fonctionnarisme.

Donc le jeune Victor Duruy fut reçu en 1830 à l'école normale ; il en sortien 1833 pour aller distribuer ses premiers *pensums* dans une classe d'histoire du collége de Reims. Deux mois de Champagne lui suffirent. Il était trop fort en histoire pour un collége de province ; il sut le prouver et se faire appeler à Paris au collége Henri IV.

Mais le professorat n'était pas précisément ce qui lui faisait désirer le séjour de Paris. Victor Duruy avait près de vingt-trois ans, il aimait Paris comme on l'aime à cet âge, et il était affamé de littérature historique et de gloire littéraire. Il voulait faire des livres.

Or, avant de faire des livres pour son propre compte, il fallait en écrire pour le compte des autres; c'était une des nécessités de cette époque, où l'on pratiquait avec un très-coupable laisser-aller le marchandage scientifique et littéraire. De même que M. Thiers avait commencé par écrire des précis historiques pour le compte et sous le nom de Félix Bodin, de même M. Duruy collabora sans signer à une collection de traités élémentaires d'histoire.

Cependant, dès 1838, il commença à publier, sous son propre nom, des traités de géographie historique et politique; la république romaine, l'empire romain, le moyen âge, la France furent successivement l'objet de ses études, en même temps qu'il continuait à enseigner l'histoire dans les chaires de l'Université, avec des tendances démocratiques très-marquées. Un grand nombre de ses anciens élèves du collége Henri IV, de l'Ecole normale, de l'Ecole polytechnique se sont demandé souvent, depuis, comment il se faisait que le ministre semblât renier les principes que le professeur leur avait inculqués. Mais l'homme s'agite et Dieu le mène, a dit M. Guizot. Or, il est bien certain que M. Victor Duruy ne se doutait guère, à l'époque où il démontrait à ses élèves la supériorité de la forme républicaine sur toutes les autres formes de gouvernement, que Dieu dût le mener à l'hôtel du ministère de l'instruction publique, lui mettre un grand portefeuille sous le bras et lui faire conférer le titre d'excellence par le plus despotique de tous les gouvernements.

III

Jugez à quel point M. Duruy devait être éloigné d'entrevoir un portefeuille et un habit de sénateur dans ses rêves d'avenir.

En 1851, lorsque le coup d'Etat du 2 décembre mit tant de situations de fonctionnaires et d'hommes de lettres en question et plaça tant de braves gens dans la nécessité d'opter entre les suggestions de leur conscience et les nécessités de leur position et de l'avenir de leurs familles, M. Duruy avait déjà publié un certain nombre de livres. Outre ses traités de géographie, il avait écrit son *Histoire sainte d'après la Bible*, son *Histoire romaine*; il venait de faire paraître son *Histoire grecque*, et il achevait son *Histoire de France* en 2 volumes.

Sa position d'homme de lettres était excellente, ses livres se vendaient très-bien, et j'aime à croire que son ami, M. Hachette père, lui donnait une large part de droits d'auteur.

Il avait quarante ans, était par conséquent dans toute la force de l'âge, de la maturité et de la fécondité d'esprit.

Très-laborieux par nature, rompu et habitué au travail depuis l'enfance, il était en droit d'espérer que le produit de ses œuvres suffirait amplement aux besoins de sa famille.

Telle fut aussi, à ce moment, sa pensée, si j'en crois des chroniqueurs qui se disent bien informés.

Mais on ajoute que s'il est de fer pour le travail, le fécond historien est de roseau pour la décision. On raconte donc qu'avant de prendre une résolution, il s'en alla consulter M. Hachette sur la question de savoir s'il donnerait sa démission de professeur de l'Université, — à l'exemple de tant de professeurs qui renoncèrent alors aux positions les plus brillantes, — pour se consacrer exclusivement à la littérature historique et, qui sait? peut-être au journalisme d'opposition.

Il est probable que M. Hachette ne considéra, dans cette circonstance, que l'intérêt de son ami et la sécurité de la famille de M. Duruy, qui était déjà nombreuse. Ce qu'il y a de certain, disent les mêmes chroniqueurs, c'est qu'il lui conseilla de garder sa place, en lui démontrant que les revenus de ses livres ne suffisaient pas pour pourvoir à l'éducation de ses enfants, et que ses devoirs de père de famille devaient primer ses devoirs de citoyen.

Combien d'autres ont ainsi, sous prétexte de devoirs de famille, courbé la tête, résisté à l'impulsion de leur conscience et rendu possible l'établissement d'un despotisme qu'aurait frappé d'inertie la retraite de tous les hommes de quelque valeur!

Il n'en faut que plus honorer ceux qui ont résisté à toutes les tentations et ont bravement et résolûment entrepris la lutte contre la misère, plutôt que de pactiser avec leurs convictions et leur conscience!

Quelle qu'ait été, depuis, leur attitude, quels que soient les dissentiments d'opinion qui nous séparent d'eux, nous ne devons pas oublier qu'ils ont souffert et qu'ils ont eu à combattre, au moment où ils abandonnaient des places avantageuses et des perspectives d'avancement rapide, contre les plus formidables influences de famille, souvent à affronter la réprobation de leurs amis les plus chers, et ce serait être ingrat que de ne pas leur tenir compte de ce qu'ils ont abandonné pour rester fidèles au devoir.

C'est, du reste, une question de conscience assez délicate, et j'en connais qui ne se font aucun mérite de la victoire qu'ils ont remportée le jour où ils ont, malgré les supplications de leur famille et d'un congrès d'amis, envoyé leur démission au gouvernement issu du coup d'Etat.

Je me rappelle un ancien ami fort versé dans les affaires de finances, que sa capacité avait mis en vedette dans les bureaux du Trésor durant les traverses difficiles de 1848, 1849 et 1850.

Il jouissait, en 1851, d'un joli traitement de 12,000 francs, lequel, joint à une modeste aisance, lui constituait une position très-confortable.

Je le rencontrai quelques jours après le 2 décembre. Il était pâle et avait l'air embarrassé. Mon regard et ma poignée de main en l'abordant équivalaient à un point d'interrogation.

— Eh bien! oui, me répondit-il avant que j'eusse ouvert la bouche, je suis encore au ministère.

Ma main s'était refroidie dans la sienne, qui était toute moite.

— Après tout, lui dis-je, vous avez une femme, des enfants, etc.....

— Et, continua-t-il, on m'a fait toutes sortes d'avances; je sais que je suis utile, et je ne voudrais pas m'en aller en ce moment.

A quelques semaines de là, je le revis, plus pâle que la première fois et même un peu maigri.

— Comprenez-vous! cela? me dit-il, mon chef de division m'a fait venir avant hier, et il m'a reproché mes amitiés, mes fréquentations, d'un ton très-bienveillant, sans doute; mais enfin il m'a dit que je pouvais bien voir ceux de mes amis qui sont hostiles au gouvernement, soit chez eux, soit chez moi, mais qu'il fallait autant que possible éviter de me montrer avec eux dans des lieux publics, au restaurant, au café.

— Ah! mon pauvre ami, lui dis-je, que je vous plains!

Un beau jour, c'était deux mois plus tard, il accourut chez moi; il avait encore maigri, mais il n'était plus pâle et ses yeux rayonnaient de joie. En arrivant il se jette dans mes bras et m'embrasse avec une effusion dont je ne l'aurais pas cru capable (nous ne nous étions jamais embrassés)!

— Je suis libre, mon cher ami! s'écria-t-il! libre! libre! entendez-vous? J'ai donné ma démission hier; quel bonheur!

J'avoue que je lui rendis son embrassade avec une joie qui mit des larmes dans mes yeux :

— Mais, votre famille? lui objectai-je, votre famille, qu'a-t-elle dit? qu'a-t-elle fait?

— Ma femme a un peu pleuré, ma belle-mère a beaucoup crié, en disant que je ruinais tout le monde...

Oh! les belles-mères en ont-elles amolli et perverti des consciences par leurs criailleries et leurs éternelles protestations au nom du devoir du père de famille!

— Dam! c'est 12,000 francs par an que vous avez sacrifiés à votre conscience; mais vous avez de quoi vivre?

— À peine le nécessaire, mais je travaillerai, je reprendrai la plume de journaliste pour le compléter et y ajouter même le superflu : mais ce n'est pas tant mes appointements dont ma belle-mère ne peut se consoler, que de la perspective perdue, de la position, de l'influence; elle me rêvait directeur général, ministre, que sais-je ! et avait déjà la prétention de faire donner des places à tous mes cousins et arrière-neveux, et des bureaux de tabac à toutes ses connaissances. Ah! elle aurait fait de moi un joli personnage, si je n'y avais mis bon ordre.

— Et votre femme?

— Ma femme est plus raisonnable, quoique bien affligée et bien inquiète au fond. Elle a bien vu que j'ai lutté autant que je l'ai pu. Mais il était aisé de deviner que je serais mort à la peine. Figurez-vous que je ne pouvais plus me regarder, plus me faire la barbe, sans être pris d'un invincible dégoût de moi-même, sans être tenté de me jeter moi-même à la face toutes les injures du vocabulaire. Trois ou quatre fois j'ai senti mon bras agité d'un tremblement nerveux et ma main prête à me couper la gorge. J'aurais fini par là si je n'étais pas mort de consomption ou de honte rentrée. La honte est un poison pour les âmes honnêtes... Si vous saviez comme je me porte bien et comme je me trouve heureux depuis hier!

Et, en effet, je crois que je n'ai jamais vu d'homme plus heureux.

Sa belle-mère survécut peu à ce désastre. La Providence devait à mon ami cette compensation.

IV

M. Duruy, professeur de l'Université, ministre même et sénateur, n'a pas cessé de se bien faire ou faire faire la barbe, car il possède un des mentons les plus correctement rasés de l'état major officiel du second empire.

Mais, par suite de quels phénomènes, se demande-t-on, le professeur qui avait été tenté de donner sa démission après le coup d'Etat, le maître de conférences de l'Ecole normale qui faisait devant ses élèves l'éloge du régime républicain, devint-il ministre de César?

Ici se manifeste surtout l'importance du fort en histoire et, toujours suivant les chroniqueurs, l'influence de M. Hachette.

Personne n'ignore que le chef de l'Etat a l'ambition d'être écrivain. De toutes les gloires, celle à laquelle il tient le plus peut-être, c'est la gloire littéraire.

Gustave Planche, de qui il admirait le style précis et nerveux, à qui il fit offrir plusieurs fois une place à son choix dans l'administration des Beaux-Arts, Gustave Planche, pauvre et malade dans un garni à 25 francs par mois, disait à M. Buloz, directeur de la *Revue des Deux-Mondes :*

« J'accepterais bien de lui une bonne place ; je tâcherais de me faire aux exigences de cette cour que je n'aime pas, aux manœuvres de cette politique que je ne comprends guère. Mais malheureusement il veut être littérateur, et, vous me connaissez, en littérature je ne suis pas flatteur. »

Donc, après avoir fait œuvre d'écrivain, de stratégiste avec son Traité de l'artillerie, œuvre de polémiste dans le *Progrès du Pas-de-Calais* (d'autrefois), d'économiste avec la *Question des sucres*, de socialiste avec l'*Extinction du paupérisme*, le chef de l'Etat fut tenté de faire œuvre d'historien en écrivant l'*Histoire de César*.

Ecrire le récit des faits, leur attribuer une signification politique, philosophique ou sociale quelconque, c'est besogne d'artiste (*artifex* comme disait Néron); mais chercher, réunir, classer les documents, c'est besogne d'ouvrier littéraire, besogne que les Mocquard et autres intimes du cabinet ne se sentaient peut-être pas aptes à accomplir.

Il fallait un homme rompu aux recherches et aux études historiques, capable non-seulement de classer des documents, mais encore de donner quelques bons avis sur la méthode et le point de vue historiques. On jeta les yeux sur le modeste maître de conférences de l'Ecole normale, et, comme ses opinions très-notoires auraient pu être un obstacle, si on lui eût proposé à brûle pourpoint une collaboration plus ou moins secrète, on se borna à lui faire dire qu'il s'agissait de conférer sur quelques points délicats de l'histoire romaine.

La chronique affirme que M. Duruy hésita beaucoup à accepter l'invitation qui lui était faite et qu'il alla faire part de ses perplexités à son oracle, M. Hachette.

M. Hachette, en universitaire pratique qu'il était, n'eut pas de peine à faire comprendre à son ami, qui ne demandait peut-être pas mieux que de comprendre ainsi, le dilemme de sa situation : ou se résigner à aller aux Tuileries ou donner sa démission. Or, comme père de famille, M. Duruy n'avait pas le droit, dut dire M. Hachette, de donner sa démission.

Le professeur se noua donc la cravate blanche autour du cou, endossa son habit noir et se rendit à l'appel qui lui était fait.

Il revint, dit-on, enchanté de son interlocuteur et s'empressa d'aller remercier son éminent éditeur du bon conseil qu'il lui avait donné.

Les entretiens familiers sur l'histoire romaine se succédant, devinrent de plus en plus fréquents et aboutirent, non-seulement à la publication du premier volume de l'*Histoire de César*, mais encore à l'offre du portefeuille de l'instruction publique.

Et voilà, suivant la chronique, comment M. Duruy devint ministre pour avoir été fort en histoire.

V

Comme ministre, on peut affirmer que M. Duruy rendit les plus grands services à la politique du second empire.

Son passé libéral et ses tendances anticléricales firent de lui un des principaux représentants de cette politique bifurcante qui voulait s'appliquer à la fois à ménager la chèvre de l'église et le chou du libéralisme.

Placé à la tête de l'instruction publique comme épouvantail et comme gage de résistance aux entreprises envahissantes du clergé, il joua le rôle d'une sorte d'épée de Damoclès menaçante, suspendue sur la tête de l'épiscopat jaloux d'exercer une prépondérance dans l'enseignement, et toujours enclin à prétendre diriger les intelligences et les études sous prétexte de la direction des âmes.

Plus les polémistes de l'armée religieuse l'attaquaient, et Dieu sait qu'ils ne s'en firent pas faute, plus le gouvernement, qui sait combien les influences cléricales sont antipathiques à la classe ouvrière et à une notable portion de la bourgeoisie, avait l'air de faire des concessions à l'esprit moderne en lui conservant son portefeuille. En même temps que M. Rouher prononçait, à propos de la question romaine, son fameux JAMAIS, destiné à sceller l'alliance de l'empire français avec l'ultramontanisme, M. Duruy organisait l'enseignement secondaire pour les jeunes filles et préparait sa fameuse campagne en faveur de l'instruction gratuite.

C'est dans cette circonstance que l'infortuné ministre fut en mesure d'apprécier le caractère du rôle qu'on lui faisait jouer. Son rapport, inséré au *Moniteur*, fut désavoué, et on le traita comme on raite un commis qui a cherché à abuser de la modeste part d'initiative et d'autorité dont il dispose. Jamais, même sous les gouvernements les plus despotiques, ministre ne fut bafoué d'une façon plus cruelle.

Mais ce qui surprit fort les amis de M. Duruy, ce qui désillusionna les esprits les plus prévenus en sa faveur, c'est qu'il ne saisit pas cette occasion, unique dans la vie d'un ministre, pour conquérir d'un seul coup la popularité; il ne donna pas sa démission. Pourtant M. Hachette n'était plus là pour lui donner des conseils.

— Il ne peut pas faire tout ce qu'il voudrait, on le retient, votre parti lui suscite des obstacles, disait un jour un libéral bien connu à un membre du clergé, mais il est animé des meilleures intentions, j'en suis sûr.

— Comment, animé, répondit le prêtre en souriant, vous pouvez bien dire qu'il est *pavé* de bonnes intentions et vous verrez un jour que ce n'est pas par cela seulement qu'il ressemble à l'enfer.

M. Duruy n'a pourtant rien d'infernal; il manque, au contraire, essentiellement de cette énergie qu'on prête aux suppôts de Satan.

Je dois dire toutefois que c'est seulement l'énergie du caractère qui lui manque; il sait faire preuve d'une grande force de volonté lorsqu'il ne s'agit que de cette persévérance et de cette patience d'étude qui ont fait de lui l'homme fort en histoire.

Ainsi, la force en histoire a pu conduire cet homme timide, qui possédait tout au plus l'éloquence du professorat, à devenir presque orateur à la tribune des grandes assemblées.

Que de travail, que de répétitions devant la glace a dû coûter cet apprentissage de la tribune !

Je me rappelle qu'une affaire m'avait amené au ministère le jour où il prononçait son premier discours important à la tribune du Corps Législatif.

Un congrès d'employés, tous sympathiques à leur ministre, se tenait dans un des bureaux. L'inquiétude se peignait sur tous les visages. On attendait impatiemment des nouvelles de ce début. Enfin, un émissaire arriva du palais Bourbon. Le moment était solennel. Chacun se posa en point d'interrogation devant le nouveau venu.

— Il va très-bien ! s'écria-t-il, voilà un quart-d'heure qu'il est à la tribune ; il a été un peu déconcerté au premier moment; mais maintenant on l'écoute, et je crois que tout se passera à merveille.

En effet, un quart-d'heure après, un nouveau *reporter* entrait et confirmait les premières nouvelles.

Le dernier qui vint annonça le succès définitif du ministre.

Il était orateur !

Orateur, c'est possible, mais homme d'Etat ! jamais ! comme a dit M. Rouher.

Ce n'est pas un homme d'Etat qui se serait exposé au désaveu que je viens de raconter, qui aurait exposé le fils de son maître à couronner et à embrasser le fils du général Cavaignac, qui aurait enfin donné aux professeurs des lycées de France, pour sujet de leurs discours de distribution de prix, ce fameux thème de la guerre de 1866, qui a mis ces braves gens dans le cas de débiter des bourdes patriotiques dont le monde entier a ri à se tenir les côtes pendant plus d'un mois.

Pauvre M. Duruy, il n'a pu rien achever de ce qu'il avait entrepris, la réforme de l'instruction primaire, c'est le Bourbeau, qu'on lui a donné pour successeur, qui a l'air de devoir l'accomplir.

Quant à l'*Histoire de César*, je ne sais pas sous quel ministère elle s'achèvera.

J.-B. RAYMOND.

Paris. — Typographie Walder, rue Bonaparte, 44

PLUTARQUE POPULAIRE CONTEMPORAIN

BANCEL

15ᵉ Livraison.

BANCEL

Un soir du mois de janvier ou de février dernier, un homme aussi remarquable par le caractère que par l'esprit, d'une grande science et d'un grand sens, le docteur Montanier, me dit :

— J'ai entendu hier, au grand Orient, un des plus beaux discours qui aient peut-être été prononcés à une tribune française.

— Le nom de l'orateur? demandai-je.

— Bancel!

— Il est donc à Paris?

— Oui, mais pour peu de jours seulement, et j'estime heureux entre tous ceux qui ont eu avec moi le bonheur de l'entendre l'autre soir.

A ce discours, le docteur Montanier revenait sans cesse. Huit, quinze jours de suite, il en reparla. Il avait été sous le charme, et le charme se prolongeait.

— Depuis si longtemps, me disait-il, nous sommes privés de parole libre! Ah! la bonne chose, ah! l'excellente chose qu'un vraiment beau discours prononcé par un vrai tribun!...

Quelque temps après, il me dit :

— Voulez-vous entendre Bancel?... Le 14 mars prochain, la Loge de Mars et des Arts, dont j'ai l'honneur d'être vénérable, donne un grand banquet par souscription. Bancel y sera et très-vraisemblablement il y parlera.

J'acceptai avec enthousiasme... et j'entendis Bancel. Jamais je n'avais assisté à pareille fête. Notre génération est une déshéritée. Elevée dans le silence, elle ne soupçonne pas la puissance de la parole. Hélas! Ledru-Rollin est notre contemporain et nous ne l'avons jamais entendu !...

Bancel nous parla de la Révolution française et nous électrisa et nous fanatisa.

Le succès fut immense, indescriptible...

Sur l'heure même, sa candidature, dans une des circonscriptions de Paris, fut posée par acclamation.

L'histoire de cette candidature est encore présente à tous les souvenirs. La lutte de Bancel et d'Ollivier dans la 3ᵐᵉ circonscription, fut le grand intérêt des élections de mai 1869.

La réaction avait mis sur Ollivier tout son espoir. Le combat fut vif, acharné du côté de nos ennemis. M. de Girardin semblait avoir fait de l'élection de l'autre Emile une affaire personnelle. Il combattit Bancel, non plus seulement avec la passion ordinaire en ces sortes de luttes, mais avec la rage du désespoir, allant jusqu'à fouiller dans les tiroirs de son adversaire pour y retrouver les vers qu'il avait composés à dix-huit ans.

Rien ne fit. L'élan révolutionnaire était donné.

Dans les réunions publiques, Bancel était chaque jour fêté, acclamé, tandis que le nom seul d'Ollivier, — juste châtiment d'une conduite politique inqualifiable, — excitait le fou rire, le rire ironique et sanglant.

Bancel l'emporta à dix mille voix de majorité !

Le même jour, il fut nommé à Lyon, et de bien peu s'en fallut qu'il ne fut aussi nommé dans la Drôme, mais là les influences administratives eurent leur gain de cause habituel...

Le triomphe était aussi complet que possible.

Ce que le peuple sacrait en lui, c'était l'exilé, c'était le proscrit du 2 décembre.

— Tu as porté la main sur cet homme, disait la voix du peuple au chef de l'Etat, il était mon élu, tu l'as chassé... je te le renvoie ! mais c'était aussi le tribun...

L'éloquence de Bancel, à la fois brillante et substantielle, plaît à la fois à la foule et aux lettrés : à la foule, parce qu'elle a la conviction, la chaleur, la passion, la véhémence, l'éclat; aux lettrés, parce qu'elle a la correction du style, l'image, le tour poétique, l'élévation de la pensée...

A qui donc déplaît-elle? Car enfin Bancel doit subir la loi commune qui veut que tout homme, si bien doué qu'il soit, ait ses détracteurs...

Elle déplaît aux petits jeunes gens sceptiques, aux gouailleurs de boulevard, à toute cette tourbe de prétendue jeunesse que les grands sentiments ennuient, et pour qui toute conviction est une pose. Un de ces petits journaux qui vivent de drames judiciaires ou de scandales, se moquait l'autre jour de son *accent solennel* et de sa *voix prophétique*. Il faut se mettre bien avec la police, n'est-ce pas ?

Non pas que Bancel orateur soit sans défaut... il a un peu de recherche, d'emphase, si vous voulez, mais cette emphase *qui n'est point sans charme*, passera avec la fréquentation de la tribune politique. Laissez-lui le temps de dépouiller le maître de conférences, et vous verrez !...

Désiré Bancel a aujourd'hui 46 ans. Il est né en 1823, à Lamastre, dans l'Ardèche. Fils d'un avocat célèbre de Valence, il plaidait lui-même dans cette ville avec succès, quand les suffrages de ses concitoyens l'envoyèrent à l'Assemblée législative, aux élections de mai 1849. Il avait alors 26 ans, — tout juste l'âge voulu par la loi.

Bancel, qu'on appelait alors Bancel fils, ce qui prouve une certaine notoriété autour du nom de son père, alla s'asseoir à la Montagne.

Le 13 juin il ne suivit pas Ledru-Rollin aux Arts-et-Métiers, mais avec Pierre Leroux, il combattit vivement la proposition de mise en état de siége de Paris, soutenue par le général Cavaignac. Toutefois, durant cette période, — la plus néfaste de notre histoire, — il ne prit que rarement la parole. Son discours le plus remarqué, fut celui qu'il prononça le mercredi 26 novembre 1851, à propos des interpellations de Crémieux, relatives à une décision prise par le ministère, de transporter à Noukahiva les condamnés de Lyon, à la suite de l'accusation du complot du sud-est.

On me pardonnera d'insister sur cette séance curieuse.

Voici les faits : Le conseil de guerre de Lyon avait condamné à la déportation pour crime de complot, — non suivi d'effet, — les citoyens Alphonse Gent, Ode et Longomazino. Les trois condamnés avaient été transportés de Lyon à Paris, la chaîne au cou. Après une station à Mazas, on les avait conduits, toujours la chaîne au cou, de Paris à Brest.

La loi qui appliquait la peine de la transportation aux condamnés de cette catégorie, était du 16 juin 1850, or, le complot en question avait été combiné bien avant cette date, puisqu'il résultait des débats mêmes que, dès le 18 mars 1850, la résolution déjà était prise par les conjurés. Leur appliquer la loi, c'était donner à cette loi un effet de rétroactivité qu'elle ne devait pas avoir.

M. Crémieux n'eut pas de peine à démontrer ce point de droit, mais comprenant que le droit pesait peu de chose en présence d'une assemblée pareille, il

Paris. — Thypograpic Walder, rue Bonaparte, 44.

PLUTARQUE POPULAIRE CONTEMPORAIN

Ernest Picard

16ᵉ Livraison.

chercha à faire appel à l'humanité...

En réponse, un M. Daviel (?), alors ministre de la justice, fit appel au spectre rouge...

— Est-ce que vous ne voyez pas tous les jours, criait-il, le vol, le pillage, l'incendie?

— Mais non! mais non! répondait la gauche...

Mais le Daviel continuait toujours... Il finit en suppliant la droite de ne pas se laisser toucher par les considérations d'humanité, car, disait-il, on est très-bien à Noukahiva.....

Bancel prit la parole.

« Ces trois hommes que le gouvernement de M. Louis Bonaparte, président de la République française, a jugé à propos d'envoyer à 4,000 lieues de la mère-patrie, je les connais et je les aime!

A ce début, la droite murmure...

« Je les connais et je les aime! » répète Bancel.

Puis de défenseur se faisant accusateur :

« Vous parlez sans cesse de conspirations...Ces conspirations, savez-vous où je les trouve? je les trouve dans le mépris des lois à chaque instant pratiqué par les agents du gouvernement. Je les ai rencontrées hier encore dans un discours factieux de M. le Président de la République!...

« .... Mais je connais ces funestes pratiques; vous voulez diffamer et flétrir pour mieux asservir. Vous n'y réussirez pas!...

« Je suis certain que vous vous séparerez, sinon avec éclat, au moins avec douleur, avec franchise, avec sincérité, de cette politique qui a oublié les antécédents de celui qui se fait appeler le chef de l'État...

« Boulogne et Strasbourg, oui, voilà les tentatives de conspirations ténébreuses qui *aspiraient à couvrir le sol de la patrie de débris et de ruines*. Les tentatives *conspiratrices* et *usurpatrices*, elles étaient Boulogne et Strasbourg. On les a donc oubliées? et on ose verser, du haut de cette tribune, par l'organe de son ministre de la justice, non-seulement le dédain et l'infamie, mais la calomnie sur des départements... oh! je proteste!...

Ici M. le Président interrompit l'orateur.

— Rentrez dans la question! fit le Dupin que vous savez.

Bancel continua :

« Il y a des principes qui dominent tout, ce sont les principes d'humanité, ces principes, au-dessus desquels aucun pouvoir ne peut se placer, au-dessous desquels tous ceux qui marchent sont flétris dans l'histoire; ces principes, je déclare que le gouvernement de M. Louis Bonaparte les a oubliés. Je ne veux rien dire de plus...

« ... Cette politique, je la caractérise d'un mot : elle a consisté dans le mensonge depuis le commencement jusqu'à la fin. »

— Rentrez dans la question! reprend Dupin.

« On a dit au peuple, poursuit Bancel, je suis héritier de la Révolution, votez pour moi. On s'est présenté aux bourgeois comme le seul ami, comme le seul défenseur de l'ordre et on a recherché les voix de la bourgeoisie. On poursuit toujours le même but, caché autrefois, évident aujourd'hui et certain : la réélection inconstitutionnelle... »

Le président. Je vous rappellerai à l'ordre si vous continuez...

Et Bancel de continuer nonobstant ces menaces :

— Allez, messieurs les ministres, si quelque chose peut réussir en France, c'est une politique franche et loyale : qu'elle se trompe, c'est possible; mais qu'elle ait au moins le mérite de la franchise et de la sincérité: le mensonge, la politique punique ne prendra pas davantage, ne prendra jamais dans notre pays; notre sol rejette cette plante empoisonnée... »

Généreuse illusion que la suite des faits se chargea de démentir cruellement!

Voici la péroraison de ce discours ému, indigné, magnifique :

« J'avais compris autrement la République! Ce n'était pas pour moi un gouvernement impitoyable… je ne considérais pas seulement la République comme le gouvernement *qui nous divise le moins,* selon l'expression de M. Thiers, j'aurais voulu le considérer comme le gouvernement *qui nous rapprocherait le plus.* Vous ne l'avez pas voulu, vous avez été impitoyables. Eh bien ! le peuple et l'histoire vous jugeront. »

L'effet fut immense. Applaudissements répétés des collègues de la gauche, murmures de la droite, félicitations, serrements de mains.

M. Crémieux lui sauta au cou et l'embrassa !

Dans la suite de la discussion, M. Crémieux, ayant repris la parole, dit ces mots, que nous sommes heureux de reproduire :

« Quand on commence sa carrière comme M. Bancel, par de pareils discours, on mérite l'estime de tous ses amis. »

Mais que pouvaient l'éloquence et le bon sens dans une question que la passion politique avait jugée d'avance ?

L'assemblée passa à l'ordre du jour, après quoi, M. Fouquier d'Hérouel déposa une proposition relative aux *assurances contre l'incendie !…*

L'incendie qui menaçait la République et que Bancel prévoyait, il éclata cinq jours après !… Le 2 décembre…

Bancel demeurait alors rue de la Victoire, 25. Les argousins chargés de l'arrêter se trompèrent, allèrent le chercher au n° 15 et le manquèrent.

« Grâce à cette erreur, dit notre ami Fulbert-Dumonteil dans le beau portrait qu'il a tracé de notre héros, Bancel reste libre, revêt son écharpe de représentant, court à l'assemblée et de l'assemblée au faubourg Saint-Antoine qu'il essaie de soulever. Le lendemain 3 décembre, il parvient à réunir quatre cents républicains, se met à leur tête, et arrive en chantant la *Marseillaise* sur le boulevard Montmartre, où il est arrêté. »

Bancel fut expulsé du territoire français par décret du 9 janvier 1852. Il eut l'honneur de faire partie de ce cette liste de soixante-six *individus* que par mesure de *sûreté générale,* le coup d'Etat éloignait momentanément de leur patrie. Ces soixante-six *individus* étaient soixante-six représentants du peuple !… De ces soixante-six vaillants défenseurs de la sainte cause, quelques-uns sont morts, hélas !… mais le plus grand nombre survit, ayant beaucoup appris dans l'exil ; mais surtout n'ayant rien oublié, nous l'espérons du moins !…

Bancel alla se fixer en Belgique…

En 1854, imitant en cela Emile Deschanel et Madier de Montjau, proscrits comme lui, il se mit à faire des conférences, d'abord à Bruxelles, puis dans d'autres villes, et sa parole tribunitienne remporta dès le début les plus brillants succès…

Les Belges enthousiastes lui votèrent une médaille d'or.

« D'autres exilés français encore, Laussedat, Versigny, Charles Place, Challemel-Lacour, Arsène Meunier, Agricol Perdiguier firent aussi des conférences et ne réussirent pas moins bien… »

« C'est ainsi, dit Emile Deschanel dans une étude sur les Conférences, que la France républicaine s'honora dans la proscription et dans l'exil. »

Bancel a réuni ses conférences en trois beaux volumes sous le titre de *Harangues et Commentaires,* études littéraires d'un souffle puissant…

Il vient de publier aussi tout dernièrement : *Les Révolutions de la parole,* qu'il a dédiées à la Belgique hospitalière ?

« Quand Bancel parle, on dit : c'est écrit, tant sa parole est correcte et élégante. Quand il écrit, on dit : c'est parlé, tant son style est entraînant, passionné. Il semble qu'on entend la voix de l'orateur, il semble qu'on voit son geste ardent ponctuer ces larges périodes. »

C'est ain que Fulbert-Dumonteil

résume son appréciation sur Bancel, et l'on ne saurait dire mieux et plus justement.

Bancel est de taille moyenne; gros et gras, de forte corpulence, sanguin; la tête en arrière jetée, comme la portaient Mirabeau, Danton, est massive, mais énergique, expressive; des rides précoces sillonnent ses tempes. Il a l'œil grand et plein d'éclairs, la poitrine large, le front vaste... tout l'aspect d'un tribun.

Sa voix est excellente, rauque et un peu sourde d'abord; la chaleur du débit l'épure et l'assied; au bout d'une demi-heure, elle devient pleine, grave, sonore. Ce sont là les meilleures voix. Le geste est ample, harmonieux, sympathique. Un de ses mouvements favoris est celui que David prête à Robespierre dans son tableau du *Serment du Jeu de Paume*. Ses deux poings ramenés sur sa poitrine semblent y chercher *deux cœurs pour la liberté*.

A la Chambre; la majorité l'écoute avec faveur, je n'ose dire avec plaisir. Il force l'attention de ces intraitables en leur parlant un langage auquel ils ne sont pas habitués. Finira-t-il par les émouvoir, par les convaincre? Très-vraisemblablement, non... Mais comme il y doit tenir peu!... et comme nous y tenons peu!

Du reste, son éloquence a déjà produit ce premier résultat: d'avoir inspiré à M. de Piré son interruption la plus raisonnable.

— Vous êtes, lui criait l'autre jour M. de Piré, vous êtes la statue de la Liberté à la tribune!...

Allons! pour cette fois, monsieur le marquis, pas trop mal! . . . . .
. . . .
Bancel est un de ceux sur lesquels le peuple croit pouvoir compter.

Gabriel Guillemot.

ERNEST PICARD

I

Voyez ce visage souriant, ces yeux gris-bleu, au regard fin, plus sympathique que perçant, ce nez plus long et plus aquilin que ne semble devoir le comporter l'ampleur épaisse des joues, ces cheveux blonds portés souvent un peu longs, ces lèvres à la fois sensuellement charnues et spirituellement pincées, cette tête fortement charpentée et solidement attachée sur de larges épaules par un cou puissant; cette taille trop courte et trop ramassée pour la hauteur et le volume de la tête, qui forme un couronnement d'édifice hors de proportion avec l'architecture générale du monument.

C'est Ernest Picard.

Rencontrez-le au Palais, dans la salle des Pas-Perdus, portant sous le bras sa serviette de maroquin gonflée de dossiers, dans la rue, au foyer d'un théâtre, dans un salon, dans les couloirs du Corps Législatif; c'est toujours la même physionomie souriante, le même air bon enfant.

Je ne connais qu'un seul endroit où M. Ernest Picard ne soit pas souriant, c'est le bureau de rédaction de l'*Electeur libre*, le journal qu'il a fondé peu de temps avant les élections de 1869, avec le concours de MM. Jules Favre et Hénon, dans l'espoir de diriger le mouvement électoral de cette année mémorable.

Assurément, pour se faire réélire, Ernest Picard n'avait pas besoin de cet instrument, mais quand il a voulu en jouer pour un autre que lui, quelle déroute! Voyez la candidature de son frère, le bel Arthur Picard.

Le suffrage universel ne se laisse pas aussi aisément mener qu'on le suppose, dans les villes, et surtout à Paris.

Et puis, je crois bien qu'il commence à être las du népotisme ou tout au moins à s'en défier; il ne croit plus aux frères, peut-être pour avoir trop cru aux neveux.

Quelle singulière prétention, du reste, que de vouloir dicter ses choix au peuple avec un journal qu'on appelle l'*Electeur libre*, par antiphrase sans doute!

Ce fut une faute et un malheur pour ce journal d'avoir voulu patronner des candidats au lieu de demeurer résolûment sur le terrain de la défensive et de se borner à défendre le suffrage universel, dans toutes les circonscriptions de la France, contre les entreprises, les manœuvres et les pressions, tant des autorités locales que du pouvoir central.

Là était la véritable mission de l'*Electeur libre*, là surtout, et c'est ce qui me fait insister sur ce point, était le véritable rôle, le véritable élément de M. Ernest Picard, un des plus fins, des plus adroits et parfois des plus véhéments parmi les spécialistes de la vérification des pouvoirs.

Quels services ce journal aurait pu rendre au suffrage universel, quelle lumière il aurait pu jeter sur les questions de vérifications électorales qui s'agitent depuis le commencement de la session, si, au lieu de s'occuper de poser, dans trente ou quarante circonscriptions, les candidatures de ses patrons et de leurs amis, il s'était énergiquement constitué en garde-champêtre, en gendarme de la liberté électorale, signalant tous les faits de corruption et de pression commis ou tentés, soit par les candidats, soit par les autorités, enregistrant toutes les circulaires, toutes les lettres de nature à vicier les élections, admettant toutes les réclamations, toutes les protestations, les commentant, les vérifiant, organisant en quelque sorte sur le moment même l'enquête électorale préliminaire, facilitant, simplifiant ainsi le travail du Corps Législatif, et rendant les contestations du gouvernement difficiles, sinon absolument impossibles!

Voilà ce que M. Picard, M. Jules Favre et consorts auraient pu faire avec leur journal, dans l'intérêt de la sincérité du suffrage universel, si, au lieu de se considérer comme les avocats de leur propre candidature et de celles de leurs amis, ils eussent fait de leur bureau de rédaction une sorte de parquet, et de leur comité, une sorte de ministère public représentant la défense de la liberté électorale, de même que les parquets des tribunaux représentent la vindicte de la société ou plutôt du pouvoir.

Avocat du suffrage universel, c'était un beau titre à prendre et à garder pour les fondateurs de cette feuille!

Répertoire des attentats commis ou tentés contre le suffrage universel en 1869, c'était une belle attribution à se donner pour un journal, l'abondance des matières eût-elle dû le contraindre parfois à publier trois et quatre suppléments. Sa collection aurait fourni le plus curieux et le plus instructif recueil de documents

II

Très-courte est et doit être la biographie d'Ernest Picard.

Sa vie d'avocat et d'homme politique n'est, en effet, guère accidentée.

Né le 24 décembre 1821, il venait d'avoir vingt-six ans, et n'était reçu avocat que depuis quatre ans et docteur en droit depuis deux ans, lorsqu'eut lieu la révolution de février.

A peine avait-il pu débuter au Palais et plaider quelques petites causes sous les auspices de son patron M⁰ Liouville, qui devint bientôt son beau-père.

C'était un avocat très-libéral, disait-on, que M⁰ Liouville. Souvent, sous le gouvernement de Louis-Philippe, il plaida pour des journaux de l'opposition et pour des accusés politiques; je crois même me rappeler qu'on voulut faire de lui, une fois, un candidat à la députation; mais je crois aussi qu'il préférait aux affaires politiques les affaires civiles dans lesquelles son talent incontestable, son savoir en jurisprudence, sa haute probité étaient fort appréciés.

Contemporain des Berryer, des Odilon Barrot, des Ledru-Rollin, des Michel (de Bourges), des Bethmont, des Dufaure, des Crémieux, des Marie, etc., etc., qu'il eut l'honneur de présider comme bâtonnier, on comprend qu'il laissât volontiers à ces aigles du barreau politique les plus grandes causes d'intérêt général, dans l'étude desquelles il ne suffit pas d'apporter talent et savoir, il faut encore avoir de la conviction et de la passion. Lesquels d'eux ou de lui et de ses imitateurs abandonnèrent la proie pour l'ombre? On en juge suivant le point de vue où l'on se place; ce qu'il y a de certain, c'est que si les avocats politiques ont laissé une grande renommée, quelques-uns même un nom glorieux, M⁰ Liouville passe pour avoir laissé une grande fortune.

Quoi qu'il en soit, M⁰ Ernest Picard, peut-être pour complaire à son patron, ne prit au Palais aucune attitude politique pendant la République de 1848, bien qu'il fût à l'âge où, d'ordinaire, on est le plus porté à l'effervescence. Sous la présidence, pendant ces trois années où les mensonges des partis coalisées contre les institutions nées de la révolution de février fournirent aux consciences honnêtes tant d'occasions de manifester leur indignation, le jeune avocat paraît avoir gardé la même réserve. Je ne sais pas même s'il était déjà attaché au conseil du contentieux du journal *le Siècle*. On ne le voit poindre à l'horizon que vers 1858, époque où sa candidature à la députation de la Seine fut posée pour remplacer M. Goudchaux, démissionnaire par suite de refus de serment.

On connaît cet épisode assez important et très-caractéristique de notre histoire contemporaine. Toutefois, aujourd'hui que la question du serment politique est à l'ordre du jour, il n'est peut-être pas superflu de le rappeler.

Le général Cavaignac, Carnot et Goudchaux, nommés députés de la Seine par le suffrage libre de leurs concitoyens aux élections de 1857, se présentèrent au Corps législatif et refusèrent le serment en séance publique, après la vérification de leurs pouvoirs, au moment où il leur fut demandé.

Ce refus de serment, qui s'était déjà produit en 1852, causa un certain scandale. Le gouvernement craignit que les électeurs ne prissent goût à ces éclats de conscience, et que les refus de serment ne vinssent à se multiplier. C'est alors qu'il prit le parti d'exiger de tous les candidats le dépôt du serment écrit et signé, antérieurement à l'élection.

La question s'agita alors dans le parti républicain de savoir s'il fallait abandonner aux candidats officiels du gouvernement les sièges législatifs que les électeurs paraissaient disposés à livrer à l'opposition avancée, ou s'il n'était pas préférable de se résigner à prêter un serment que les convictions bien connues et les professions de foi mêmes des candidats contredisaient formellement.

C'était une délicate question de tactique politique et de conscience. Laisser le despotisme à lui-même, le livrer à ses propres et seules inspirations, encouragées infailliblement par une chambre toujours complaisante et sans l'ombre même d'une opposition et d'une protestation, pouvait satisfaire la conscience des républicains et en même temps priver le pouvoir de ce semblant de résistance qui l'autorise à alléguer une sorte de respect pour certaines libertés qui suffisent aux gens faciles et disposés à se contenter de peu, gens pétris de la pâte dont on fait les satisfaits de tous les régimes ; à ce point de vue le système avait bien sa valeur, et je me demande encore à l'heure qu'il est, si le réveil du sentiment public ne se fût pas produit plus tôt au milieu de ce mutisme de parti pris d'une opinion que tout le monde savait toujours vivace en France.

Mais, d'un autre côté, n'était-il pas utile, nécessaire même, que, de temps à autre, quelques voix se fissent entendre, dont les échos, grâce à la publicité du *Moniteur* et de tous les journaux, retentiraient dans le pays tout entier et jusqu'aux âmes des exilés qui attendaient sur des rives lointaines, pour rappeler à ce pouvoir son origine, pour protester contre les gaspillages d'argent et de sang français, contre les abus les plus monstrueux de l'arbitraire ?

N'était il pas bon que la seule assemblée élue par le suffrage universel contint un groupe d'opposition, si restreint qu'il fût, autour duquel pourraient venir s'agglomérer peu à peu tous les mécontentements, tous les intérêts blessés et tout ce qui constitue, en un mot, les éléments d'une opposition parlementaire ?

L'histoire de la Restauration n'offrait-elle pas un exemple frappant de cette formation d'un groupe de résistance, infime d'abord, initiant la France peu à peu au sentiment de la liberté, et aboutissant un jour à être les 221 et à préparer la Révolution de 1830 ?

Si peu nombreux que soit un groupe politique, il faut compter avec lui, en France, du moment qu'il représente des idées, un sentiment, des principes.

Or, le groupe à former devait représenter l'idée du gouvernement du pays par le pays, le sentiment de la réprobation contre l'origine du pouvoir issu du 2 décembre, le principe de la revendication de toutes les libertés.

On adopta donc le système du serment, et c'est ainsi que fut formé le groupe des CINQ.

III

On n'a pas oublié quels étaient les noms de ces fameux CINQ, qui, durant cinq années, de 1858 à 1863, eurent à lutter contre les insolences autoritaires de M. Billault, ex-républicain socialiste de 1848, contre les boursouflures hautaines de M. Baroche, ex-organisateur de banquets en février, qui s'était vanté d'avoir *devancé la justice du peuple*, contre les impertinences prétendues courtoises de M. de Morny, ancien chef des satisfaits sous Louis-Philippe, ex-séide du ministère Guizot.

Ils s'appelaient :

Jules Favre ;

Ernest Picard ;

Hénon ;

Emile Ollivier !!!

Alfred Darimon !!!!!

M. Hénon était un médecin républicain de Lyon, qui avait été élu en 1852, et avait refusé le serment.

M. Jules Favre avait dû surtout le succès de sa candidature à son éloquente plaidoirie pour Orsini.

M. Emile Ollivier avait été nommé en souvenir de son père, le citoyen Démosthènes Ollivier, qui, le 4 mai 1848, à l'ouverture de l'Assemblée constituante, avait fait constater au procès-verbal que l'acclamation de la République avait été faite à l'unanimité, et quarante-trois mois après, à la suite du coup d'Etat, avait été menacé de la déportation, expulsé de France, et, un peu plus tard, chassé de Nice par le gouvernement sarde, sur la demande du gouvernement français.

M. Alfred Darimon s'était, pour ainsi dire, présenté sous le patronage de son illustre maître, P.-J. Proudhon, comme républicain socialiste initié aux questions économiques et financières qu'il traitait spécialement dans la *Presse*.

Enfin, M. Ernest Picard, recommandé

par le *Siècle*, s'était signalé, comme je l'ai déjà dit, depuis quelque temps, par son attitude politique au Palais, et avait déclaré qu'il adhérait aux idées de ses quatre collègues.

On voit donc que les cinq, de 1858 à 1863, devaient être considérés comme tout aussi irréconciliables que les Gambetta et les Bancel d'aujourd'hui. Ce n'est point un mandat d'opposition modérée, de transaction avec le pouvoir que leur avaient confié les électeurs; ils avaient mission, non de demander la faveur d'une certaine somme de liberté, ou même les libertés nécessaires, comme dit M. Thiers, mais bien de revendiquer la liberté tout entière, comme l'entend et la veut une nation qui se respecte, une nation qui veut être majeure et maîtresse de ses destinées.

Je ne sais pas si les *Cinq* ont tous compris leur mandat dans ce sens, mais je ne crois pas que M. Ernest Picard l'ait jamais compris autrement.

Ce qu'il y a d'incontestable, en tout cas, c'est que cette première session de cinq années, de 1858 à 1863, fut sa plus belle époque, le vrai temps de sa gloire.

Il prit tout d'abord, dans la distribution des rôles, le rôle de tirailleur. Toujours sur la brèche, il harcelait l'ennemi par les traits les plus vifs, les plus piquants, ce qui ne l'empêchait pas d'être encore à son poste les jours de grande bataille et de remporter de véritables triomphes oratoires.

Car M. Ernest Picard n'est pas seulement un orateur d'escarmouches, un discoureur fin, spirituel, incisif. S'il manie le sarcasme et l'ironie avec cette facilité vraiment française de Voltaire, s'il sait égayer la discussion par des traits parfois plus enjoués que mordants et faire rire ses adversaires de choses qui devraient les faire rougir ou pleurer, il trouve aussi parfois la note de l'éloquence émue, l'accent du tribun indigné, le mouvement du citoyen passionné et convaincu.

Plutôt sceptique qu'enthousiaste, ce n'est peut-être pas l'entraînement d'une foi ardente qui l'inspire, qui le pousse et le maintient dans les rangs de l'opposition; c'est son tempérament de critique, enclin à voir tout d'abord les côtés mauvais ou dangereux des choses et des questions, les ridicules, les travers et les vices des hommes et des institutions.

Aussi est-on fondé à croire que pour lui l'opposition ne fut, n'est pas et ne sera jamais un but ou un moyen, comme pour tant d'autres; elle est un élément; il vit dans l'opposition comme le poisson dans l'eau, comme l'oiseau dans l'air; dans l'opposition seulement il respire à son aise, et je ne puis me figurer, avec la nature d'esprit que le ciel lui a départie, M. Ernest Picard soutenant un gouvernement quelconque, fût-ce le sien, fût-ce le gouvernement de ses rêves.

Je n'ai éprouvé aucune surprise de le voir se séparer sur tant de points des irréconciliables et des radicaux, bien que je le croie encore aujourd'hui tout aussi radical et tout aussi irréconciliable que qui que ce soit. Ne fallait-il pas des aliments à ses appétits d'opposition? Il a trouvé sans doute que le gouvernement ne lui en fournissait pas assez, et il s'en est pris à ceux de ses coreligionnaires politiques dont il n'approuvait pas la tactique et les plans de conduite, tout en admettant leurs idées et leurs principes, tout en visant le même but qu'eux.

Il suffit de jeter les yeux sur la collection du *Moniteur* de 1858 à 1869, et de relire quelques-uns des discours du député de la Seine, pour se rendre compte de la portée de ses idées politiques; il suffit de voir comment il prélude à la session de 1870 par les premiers combats d'avant-garde qu'il livre à propos des vérifications de pouvoirs, pour être convaincu que sa pensée va beaucoup plus loin que le programme de la Gauche. Mais, vraisemblablement il n'a pu se défendre d'une certaine surprise en reconnaissant, par le résultat des élections de mai et juin derniers, le mouvement latent d'opinion qui s'était opéré en France et particulièrement à Paris durant les six années de la dernière législature, et, bien que sa parole ait quelque peu contribué à ce mouvement, sa surprise s'est manifestée par un temps d'arrêt qui a pu être pris pour un recul.

Sans doute les élections ne se sont pas comportées ainsi qu'il l'avait espéré; si, dans de certaines localités de province le suffrage universel n'a pas donné à lui et à ses amis les voix sur lesquelles il comptait, d'un autre côté, à Paris, à Lyon, dans les grandes villes, il a marqué ses préférences pour des candidats d'une nuance plus colorée, et accentué si vivement son programme de revendication politique et sociale que le député, habitué à protester contre les évocations du spectre rouge de MM. Billault, Rouher et Baroche, a pu craindre de voir ces fantasmagories prendre un corps, jeter l'effroi dans les esprits et les faire reculer dans la voie de la liberté et du progrès.

Il a pu reconnaître aujourd'hui combien ces craintes sont chimériques et il n'hésitera plus à suivre l'impulsion que le suffrage de Paris a lui-même donnée.

Nous n'en sommes plus où nous en étions en 1863, à l'époque où les *cinq* hésitaient à prendre spontanément la liberté de publier leur compte rendu sur papier non timbré, de peur d'une contravention. Les faits ont prouvé que les libertés qu'on était le plus sûr d'avoir étaient celles qu'on savait prendre.

Je m'arrête au souvenir de ce compte rendu, et je me demande pourquoi l'exemple offert par les *cinq* en 1863 n'a pas été suivi par tous les députés individuellement en 1869.

Pourquoi ces comptes rendus, au lieu d'être publiés à la fin des législatures, ne le seraient-ils pas à la fin de chaque session?

Quoi de plus simple, de plus juste, de plus digne des députés d'un grand peuple de dire à leurs commettants, en un mémoire succinct : « Depuis l'ouverture de la session, j'ai pris à la Chambre telle situation; tel jour j'ai parlé à propos de telle question, protesté en tels termes, voté de telle façon, interpellé le gouvernement sur tel abus; dans les bureaux j'ai soutenu telle opinion, je me suis associé à telle demande, j'ai pris telle initiative, préparé tel projet de loi, combattu telle intrigue, cherché à déjouer telle manœuvre, etc., etc. »

Chaque député ferait ainsi sa confession législative, passerait la revue de sa conscience devant ses électeurs, dans un écrit de quelques pages qu'il adresserait à tous les électeurs inscrits de sa circonscription et dresserait ainsi, à son point de vue, le bilan de la session.

Ces cahiers des députés ne serviraient-ils pas puissamment à l'instruction politique du peuple? ne fourniraient-ils pas, à la fin de la législature, la meilleure profession de foi, le programme le plus sérieux qu'ils puissent fournir? Ne remplaceraient-ils pas avantageusement, par un exposé du passé qui servirait en quelque sorte d'engagement pour l'avenir, le mandat impératif si séduisant théoriquement pour les esprits pénétrés de la nécessité d'organiser le gouvernement du pays par le pays, mais si difficile à faire passer dans la pratique?

C'est une idée que je livre à tous les députés qui comprennent sérieusement et veulent remplir consciencieusement leur mission de mandataires du peuple.

Je prévois l'objection que peut soulever cette idée.

Un petit nombre de députés, dira-t-on, se donnera la peine de dresser ce compte rendu qui ne produira pas l'effet qu'on serait en droit d'en attendre, faute d'être publié par la plupart des membres du pouvoir législatif.

Je n'ai qu'un mot à répondre :

Que vingt ou trente députés de l'opposition commencent. Ils verront de quelle façon leur résumé législatif sera accueilli par leurs électeurs et par la presse. Et je ne doute pas que l'année suivante un très-grand nombre de leurs collègues ne suivent leur exemple. Au besoin, leurs électeurs eux-mêmes les y inviteraient.

Quand bien même, du reste, les députés officiels ou officieux persisteraient à s'abstenir de tout compte rendu, ceux des membres de l'opposition, en exposant ce qu'ont fait leurs auteurs, ne montreraient-ils pas par là même ce qu'ont fait ou n'ont pas fait leurs adversaires, ne mettraient-ils pas en lumière l'inertie des négligents, la docilité des faibles, la complicité des dévoués? Le silence de ceux-ci serait la leçon de leurs électeurs !

Et bientôt, grâce peut-être à cette initiative, l'enquête permanente de l'exercice du mandat législatif passerait dans nos mœurs politiques; députés, électeurs constamment tenus en haleine par la fréquence de leurs rapports, s'enseigneraient mutuellement l'art de ne pas se laisser gouverner, et, de ces assemblées de délégués du souverain, chargés de la préparation des lois, disparaîtrait définitivement la dynastie des *fainéants*.

IV

Ce n'est pas M. Ernest Picard qui peut jamais craindre d'être classé dans cette dynastie.

Nul n'est plus actif, plus laborieux, mieux au courant de toutes les questions et de toutes les discussions, plus assidu à son banc, plus prompt à monter à la tribune ou à parler de sa place que le député de l'Hérault, qui, malgré son option, est et tient à rester le député de la Seine, en vrai Parisien qu'il est.

Certes, comme pourrait le dire certain député, bouc émissaire de tous les calembourgs législatifs, M. Picard pouvait, à bon droit, opter pour l'Hérault, qui est le département des *esprits*, puisque c'est celui qui produit le plus de vins, d'eaux-de-vie et d'alcools. Mais son esprit est si particulièrement parisien, sa verve plutôt parisiennement féconde en saillies que verbeusement gasconne, a un bouquet si caractéristique de boulevard, qu'on pourrait difficilement s'habituer à voir en lui un représentant régional, chargé de défendre des intérêts de clocher.

Et puis, n'est-ce pas encore bien parisien? son salon est surtout meublé des bronzes que lui ont offert les ouvriers parisiens qu'il a défendus dans un procès célèbre; du buste de Voltaire, également donné par des ouvriers, buste et bronzes placés au milieu d'une profusion de fleurs; car il aime les fleurs aussi en vrai Parisien.

Enfin, ce qui le rattache surtout à Paris, c'est sa persistante hostilité contre l'autocratie de M. le Préfet de la Seine, l'habile magistrat dont les populaires entreprises ont réussi à tripler en peu d'années, à Paris, le nombre des adversaires de l'Empire et à faire monter le thermomètre de la désaffection du tempéré d'Émile Ollivier et Darimon au tropical ardent de Bancel et Rochefort.

Ses luttes contre le sénateur-baron-préfet sont les meilleures pages de la vie parlementaire d'Ernest Picard, qui a fait pour la revendication des libertés municipales des Parisiens de véritables campagnes, et n'a pas peu contribué à jeter quelque lumière dans le chaos administratif et financier du gouvernement préfectoral.

Cette spécialité n'exclut nullement chez le laborieux et remuant député l'étude des questions de politique générale et de finances, et s'il ne paraît pas être très-versé dans la connaissance des systèmes socialistes modernes, il ressort au moins de plusieurs de ses discours qu'il veut le développement de notre régime électoral et l'application du principe électif à un certain nombre de fonctions publiques; qu'il veut aussi la réforme du système général de l'impôt, la suppression des octrois et de toutes les taxes qui grèvent le travail et la consommation.

Or, lisez attentivement Proudhon et vous verrez que la généralisation du principe électif et la disparition des impôts de consommation sont le commencement du socialisme.

Ernest Picard ne serait-il pas un de ces socialistes sans le savoir, comme j'en ai connu beaucoup en 1848, comme j'en connais beaucoup encore aujourd'hui ?

Socialiste ou non, ce tirailleur spirituel a rendu des services à la démocratie, et il me semble appelé à en rendre encore. Sachons donc lui en tenir compte ; ce n'est jamais moi qui conseillerai au peuple l'ingratitude.

V

J'emprunte, pour finir, une anecdote au volume déjà cité de M. Fulbert Dumonteil :

« J'ai connu autrefois, dit l'auteur des *Portraits Intimes*, un restaurateur qui ressemblait étonnamment à M. Guizot.

« Quand il avait enlevé ses couverts, il se drapait dans un habit noir et allait sur le boulevard, où il recevait avec une satisfaction profonde de respectueux coups de chapeau.

« M. Picard, lui aussi, ressemble énormément à l'un de ses voisins, restaurateur au bois de Boulogne.

« Un jour qu'il se promenait devant l'établissement de son sosie, arrive une noce. Soudain, une large main s'appesantit lourdement sur l'épaule du député. C'est le nouveau marié.

« — Et cette dinde ? dit-il, comment va-t-elle ? Est-elle au moins à la broche ?

« — Quelle dinde, monsieur ?

« — Farceur ! et le saumon ? à quelle sauce l'avez-vous mis ? Vous savez que ma belle-mère en a demandé ?

« — Vous vous trompez...

« — Comment, je me trompe ? Elle vous a dit : «J'adore le saumon ; tâchez de vous en procurer. » Et vous lui avez répondu en saluant : « Il y en aura un, madame ! »

« Impossible de s'expliquer. Les grands parents, les amis entourent Ernest Picard. Celui-ci offre un cigare, celui-là une prise de tabac, tandis que la mariée, le tirant par la basque de son habit, l'appelle amicalement son cher bonhomme !

« — Vous vous trompez, vous dis-je, s'écrie le député impatienté.

« — Et qui êtes-vous, alors ?

« — Ernest Picard ! je suis avocat et je plaide les séparations de corps. »

« Les séparations de corps ! ces paroles jetèrent un grand froid dans la noce qui rentra comme un seul homme au restaurant, et M. Picard continua tranquillement sa promenade.

« Un an après, un client se présente chez l'avocat.

« — Je vous ai bien cherché, dit-il. Enfin, je vous trouve ! »

« C'était le marié du bois de Boulogne.

« — Qu'y a-t-il pour votre service ?

« — Voici l'affaire. Je veux plaider en séparation. Ma femme, un démon...

« — Trop tard ! riposte Ernest Picard. Comme je ne faisais pas mes affaires au Palais, j'ai changé de carrière. Je suis devenu restaurateur, et mon établissement ouvre demain. Je n'ai qu'un conseil à vous donner, à vous et à votre démon : « Réconciliez vous. »

Un trait d'esprit et une bonne action ! Cette journée méritait d'être marquée d'un caillou blanc. Car c'est une bonne et bien rare action pour un avocat que de conseiller à des plaideurs de transiger !

N'est-ce pas cet esprit trop aisément conciliant que redoutent en lui les radicaux convaincus de l'incompatibilité absolue de la liberté et de l'empire ? Ne craint-on pas qu'un jour il soit tenté de dire aussi à la démocratie : « Je n'ai qu'un conseil à vous donner, à vous et à votre..... : Réconciliez-vous ! »

Jean Luy.

Paris. — Typographie Walder, rue Bonaparte, 44

PLUTARQUE POPULAIRE CONTEMPORAIN

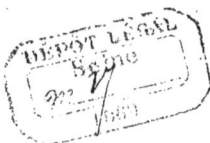

Edmond About

12e Livraison.

EDMOND ABOUT

About (Edmond-François-Valentin), est né dans le département de la Meurthe, le 14 février 1828. C'est un enfant de l'Ecole normale et de l'Ecole d'Athènes.

Voilà un extrait de naissance bien glorieux pour un littérateur fantaisiste dont les articles de genre ont brillé dans les feuilles du *Figaro* et du *Gaulois*. Il ne faut pas tant d'érudition pour signer les lettres de *Valentin* et écrire des vaudevilles sans couplets, tombés à l'Odéon et à la Comédie-Française.

Les chutes éclatantes d'About ont fait sa gloire; sa popularité ressort de son impopularité même.

La principale cause de l'impopularité d'About, spirituel comme un bohème, libre penseur à la façon d'Emile Ollivier, c'est moins son esprit versatile et paradoxal, que l'origine de sa naissance littéraire.

Il n'est sorti de l'Université, il n'a fait l'école buissonnière, que dans l'intention de s'amender, de faire pénitence, de viser plus tard à l'Académie.

Les envieux de toutes les conditions l'ont deviné et ne lui ont pas encore pardonné son ambition.

Ses camarades d'école lui en veulent toujours d'avoir pris le chemin le plus long, celui des lettres, pour cependant les dépasser tous! Les bohèmes, ses confrères, ne lui savent aucun gré d'avoir ignoré la misère, d'avoir obtenu un premier prix d'honneur, en philosophie, en 1848.

Il est bien entendu depuis longtemps que les gens *forts en thème* en sont bons à rien; il est convenu que ni l'Université, ni l'Ecole de Rome, ni le Conservatoire, ni même l'Ecole d'Athènes, ne doivent produire de grands littérateurs ou de grands artistes.

Ils naissent tous sous le soleil de la vocation.

Ce sont les gens de lettres et les artistes, ces enfants de Dieu et du hasard, qui ont accrédité ce préjugé pour humilier les *classés*! ces favoris de la fortune.

About, l'élève de l'Ecole normale, de l'Ecole d'Athènes, devait être lapidé à la fois par d'anciens condisciples dont il avait déserté le camp administratif, par de nouveaux collègues, étrangers, pour la plupart, sur le domaine de la littérature légère, à l'Ecole normale et même à l'Ecole d'Athènes.

Qu'est-ce que l'École d'Athènes, instituée en 1846, par M. de Salvandy, le seul ministre dont les gens *de lettres aient gardé la mémoire*?

Une serre chaude où l'on fait éclore des œufs de poulet morts-nés! c'est-à-dire des Hellénistes surfaits dans la patrie d'Homère où il ne règne plus que des forbans!

A l'Ecole d'Athènes, la France et ses enfants désapprennent la langue maternelle, les Grecs dénaturent le langage des dieux.

Voilà ce que nous fait connaître monsieur About, à son retour à Paris, un peu moins sûr de sa vocation après avoir passé deux ans en Grèce, entrant à la librairie Hachette pour y écrire des livres d'enfants, et possesseur pour unique fortune d'une somme de cinq cents francs.

Edmond About, alors sans argent et sans nom, élève dévoué de l'Université, se trouvait dans la triste position de ces grands prix de Rome qui, pour vivre, se font peintres d'enseignes, ou de ces grands prix d'Académie qui, pour gagner leur vie, travaillent volontiers à l'almanach Bottin.

Mais About avait vingt-cinq ans; tout en faisant concurrence à la maison Mame de Tours, il entendait chanter son cœur; son âme avait soif de passion. A travers les récits anodins de ses livres faits sur mesure, il laissait échapper des expressions pittoresques et colorées qui, dans sa prose anodine et de commande, produisaient l'effet d'un pétard éclatant dans une boule de neige.

Ces expressions fort risquées dans des contes à l'usage de l'extrême jeunesse causaient le désespoir du correcteur principal de la maison Hachette ; elles étaient signalées impitoyablement à l'encre rouge par le commis préposé à la censure enfantine.

— Monsieur, — dit un jour le correcteur censeur à M. Hachette, — vous avez en Edmond About un écrivain incorrigible. Vous lui donnez cinq cents francs pour écrire des contes ; et il vous gâte pour plus de deux mille francs de papier par une littérature incompréhensible, pleine de barbarismes.

— Pour vous ! reprit en souriant M. Hachette, qui avait su apprécier le savant et humoristique écrivain trop à l'étroit dans le cadre où il s'était placé, moins par modestie personnelle que par la modestie de sa position.

Sans rien dire au consciencieux correcteur, M. Hachette fit venir le jeune écrivain ; il lui tint à peu près ce langage :

— Monsieur, vous êtes jugé incapable par mon correcteur de gagner cinq cents francs dans le genre de littérature qui vous est dévolu. Désormais vous n'écrirez plus des livres d'enfants.

A ces paroles qui lui tombaient comme une douche d'eau froide sur la tête, About pâlit ; c'était son pain qu'on lui retirait.

— Mais, s'empressa d'ajouter M. Hachette en souriant, je vous donne mille francs pour que vous me fassiez quelque chose sur le royaume de Grèce, sur la Grèce moderne, telle qu'elle est encore depuis que vous avez quitté l'Ecole d'Athènes.

Et About, heureux de cette transposition qui le mettait sur son véritable terrain, ne tarda pas à apporter à M. Hachette le manuscrit de la *Grèce contemporaine*.

Ce livre est le chef-d'œuvre du genre ; quoique peu sérieux au fond, il est l'expression de cet esprit français qui déroute et confond l'imagination la moins futile et la plus sérieuse. On y devine le gamin de Paris qui fait le grand écart et s'habille en Turc, un mercredi des cendres, pour gambader sans crier gare dans la docte assemblée de l'Ecole d'Athènes. About, déguisé en Grec moderne, fait un pied de nez à Homère.

About est tout dans ce livre.

Aussi la *Grèce contemporaine* eut-elle un succès colossal ; et M. Hachette, déchira le traité de mille francs, qui liait About comme un ancien Grec au Turc barbare ; il lui fit un traité nouveau de dix mille francs, et lui dit, en le lui présentant le plus gracieusement du monde :

— Vous voyez, monsieur About, que vous n'étiez pas fait pour écrire des livres d'enfant ; cependant, quoi que vous fassiez, vous resterez toujours gamin !

Un éditeur spirituel, prophète et prodigue? c'est un merle blanc sur le domaine de la librairie ; l'exemple de M. Hachette n'a pas été suivi. Il fallait le bonheur d'About pour rencontrer un pareil homme au début d'une carrière, la plus difficile d'entre outes, dans laquelle l'insouciant écrivain n'a pourtant recueilli que des lauriers et des roses.

Désormais, M. About était posé.

Ce n'était plus le scribe embrigadé dans un atelier de librairie, l'obscur reporter du *Figaro*, duquel on disait, à la suite d'une polémique soutenue par lui, de concert avec M. Paul Boiteau :

— M. Paul Boiteau a perdu la partie, pourtant, il avait beau jeu, il avait en main un *Atout*.

Avant l'apparition de la *Grèce contemporaine*, le nom de M. About était si peu connu, qu'on pouvait le dénaturer sans intention.

Le succès de son premier livre lui ouvrit les portes de toutes les grandes revues, de tous les grands journaux.

Il s'empressa d'en franchir le seuil et de quitter le péristyle de la maison Hachette.

Pour une nature remuante comme M. About, la maison Hachette n'était qu'une serre chaude ; il n'y était entré que pour en casser les vitres. Les professeurs qui, d'ordinaire, écrivent des livres au compte de cette maison classique, ne lui pardonnaient pas son commencement de popularité basée sur le scandale.

Il avait médit de l'École d'Athènes, de l'Université, de la Grèce antique et moderne. C'était assez pour vouer About aux dieux infernaux ; ce n'était pas assez pour l'homme de lettres qui voulait plus de bruit encore autour de son nom.

Après avoir médit de la Grèce, troublé le repos de ses anciens professeurs, il conçoit un nouveau livre pour agiter le monde parisien et accroître, avant tout, sa réputation. Il écrit *Tolla*, dans la *Revue des deux Mondes* et les *Mariages de Paris* dans le *Moniteur*.

Ces deux ouvrages ne sont qu'une sténographie originale et spirituelle de certaines conversations privées. Du reste, About effleure et ne creuse pas, mais il effleure avec une plume de fer en égratignant ! Il aime, ce Camille Desmoulins de la phrase, à faire partir son coup de pistolet au milieu de la foule, mais au milieu d'une foule paisible que discute toujours sa bruyante personnalité.

About, en homme habile, a constamment tiré son coup de pistolet dans les endroits les plus *retirés*, par conséquent, les plus sonores pour que leurs échos eussent un plus grand retentissement.

Ses scandales ont été une spéculation.

Là où un écrivain moins audacieux n'eût trouvé que l'oubli, About au *Moniteur*, à la *Revue des deux Mondes* comme à l'atelier de littérature de la maison Hachette, conquit une réputation colossale.

Cette renommée monta des salons parisiens au palais.

Quoique le jeune écrivain n'eût que l'esprit d'un pamphlétaire mondain, quoiqu'il n'eût pas encore écrit une œuvre, il fut alors accueilli partout où l'art, la science et la littérature comptaient ses plus dignes représentants.

Le Palais-Royal lui fut ouvert.

Il n'est-tel que d'être gamin et de faire des ricochets dans l'eau, pour atteindre le but désiré et y lancer habilement sa pierre.

Ce fut ce qui arriva pour About.

Trois ans après son retour d'Athènes, l'auteur de la *Grèce contemporaine* et de *Tolla* était si bien posé qu'il écrivait une pièce pour la Comédie-Française, et pour le début d'une jeune comédienne qui, comme lui, avait obtenu un tour de faveur à la maison de Molière, d'ordinaire si peu hospitalière !

About écrivit en trois semaines sa pièce de *Guillery* qui eut une chute foudroyante.

Cependant, notre écrivain a du trait et du mot, mais il ne s'agit pas d'écrire une pièce comme un article de journal ou un livre de nouvelles, L'*humour* ne suffit pas en face d'un public de théâtre. Pour l'émouvoir, il faut le prendre par l'esprit, le cœur et les yeux ; About n'est rien moins qu'architecte, c'est un faiseur de statuettes, c'est un habile esquisseur qui bâtit sur le sable ! Il n'a jamais réussi au théâtre, parce qu'il a précisément les qualités contraires d'un habile arrangeur. Il festonne et ne construit pas, il improvise et ne prépare jamais ce qu'il produit.

Pour l'artiste ou l'homme de lettres, l'existence compte moins par ses années que par ses œuvres : Nous voici arrivés à l'époque de l'apparition de *Germaine*; elle date de la chute même de *Guillery*; elle fait contre-poids, par son succès éphémère, à la chute de cette pièce.

Dans *Germaine*, About l'humoristique et le fantaisiste essaie de devenir un psychologue penseur; mais dès les premières pages de ce livre, — un pastiche de Balzac, — on devine la contrefaçon ! Lorsque About tâche de devenir profond et dramatique pour son compte, il n'est que lourd et burlesque.

Mais, qu'importe! About savait ce qu'il faisait en s'habillant dans les habits trop larges de Balzac; il savait en imposer aux sots et aux pédants qui exigent d'un véritable écrivain autre chose que des pamphlets comme la *Grèce contemporaine* ou des vaudevilles comme *Risette*.

Désormais About avait son brevet de littérateur dans sa poche; avec *Germaine* il pouvait se faire passer pour un écrivain de la pensée, lui qui n'est que l'écrivain de la forme.

Fort de son nouveau diplôme, le gamin de lettres qui débuta, dès son enfance, par faire l'école buissonnière à l'Ecole normale et à l'Ecole d'Athène, pouvait partout aller casser des vitres, et démolir des gloires : son autorité surfaite lui donnait quittance de tous les frais de la casse !

En ce moment, la politique extérieure commençait à absorber tous les esprits; on pressentait la campagne d'Italie, l'ère impériale allait se signaler par des conquêtes au profit de l'indépendance des peuples.

About, l'enfant terrible, ne devait pas rester en arrière dans le mouvement qui partait de haut; qui, d'en bas, faisait frémir d'enthousiasme toutes les populations.

L'occasion était belle pour faire tapage et agrandir sa tracassière personnalité.

De penseur, About se déguise en homme politique, il publie la *Question romaine*.

C'est un nouveau pétard qu'il jette à propos sur un incendie qui couve. On était à la veille de la campagne d'Italie.

About, pour faire croire à tout le monde qu'il écrit sur la volonté de sa conscience, d'après les inspirations de ses fortes croyances et de son ardent patriotisme, devance les armées françaises sur le territoire de Rome.

Il prépare son pamphlet : *la question romaine*, par une série d'articles sur la *Rome contemporaine*, publiés dans le *Moniteur*.

On croit généralement qu'il est allé dans la ville des papes pour venger la France et les peuples de l'asservissement catholique ! Hélas ! il n'était d'abord parti pour Rome que sur une volonté maternelle le forçant à abandonner Capoue ou Corinthe.

Une liaison féminine brisée fut le point de départ de sa mission prétendue politique.

Mais en enfant mutin qu'il était, il se vengea sur le Saint-Siége de la continence que l'on a infligée à ses sens, pour ne pas dire à son cœur; car About, incapable de penser profondément, ne doit pas être capable de haïr ou d'aimer.

Il attaque le Saint-Siége, il fait tourner à son profit ses arrêts forcés, comme il avait entrepris auparavant ses professeurs, quand il était parti de leur école, sans argent, sans position et sans crédit.

Encore une fois son bonheur le servit à souhait ! Il se trouvait dans son exil sur un terrain devenu le point de mire du monde entier.

Lorsque l'enfant terrible eut lancé sa pierre dans les vitraux du Vatican, le pape et les cardinaux s'émurent outre mesure du retentissement que causa la chute de cette pierre au milieu de leurs pieux conciles.

On crut que le projectile partait des Tuileries. Rome s'en épouvanta, Paris s'en émut; le monde catholique fut assez puissant pour faire interdire en France le pamphlet de la *Question romaine*.

L'enfant riait tout bas de son espièglerie, qui prenait les proportions d'un événement politique.

Une semaine après l'interdiction de la *Question Romaine*, la Belgique, le foyer de tous les scandales, la terre bénie de toutes les contrefaçons, publiait le pamphlet incendiaire.

Mais About, qui aime à allumer le feu sans se brûler les doigts, qui sait qu'en matière de popularité, la Roche tarpéienne est toujours très-près du Capitole, se hâte de quitter la ville des Papes.

Il va droit à la Roche tarpéienne des Tuileries, au Palais-Royal; le lendemain, l'empereur, avant d'aller en voiture, par le chemin de Lyon, porté par le peuple enthousiaste qui le conduit à l'indépendance de l'Italie, le lendemain, l'empereur signe l'autorisation de l'entrée en France de son livre, la *Question Romaine*.

D'écrivain de genre, de penseur, About est devenu tout à coup un homme politique. Il peut aspirer à tout, il peut tout vouloir; il a ses entrées au château et pourrait s'emparer au besoin d'un portefeuille ministériel.

Mais About a trop de bon sens pour se tromper lui-même; il trompe trop bien le public pour ne pas avoir la conscience de ses actes : il connaît son inconstance, il sait atteindre un but que les circonstances lui ont fait voir d'un coup d'œil, jamais il n'indiquera le but le premier. Il crie le plus fort dans la mêlée, mais la mêlée où il se fourre se fait toujours avant cet espiègle.

On allume le feu pour lui, il y fait griller ses marrons ! et une fois la guerre d'Italie finie, il termine son rôle d'écrivain politique pour reprendre son véritable état d'écrivain humoristique.

About sent d'où vient le vent, il le flaire, le suit et tourne avec lui ; plus le vent est fort, plus ses raffales sont puissantes, plus il enfle sa voix, mais ne lui demandez pas de commander aux éléments, il sait que c'est un jeu terrible, qu'un jour où l'autre les éléments ont brisé les plus forts. Il veut le rocher de Prométhée pour s'élever, mais non pour y être enchaîné et dévoré par un vautour. Il veut bien monter à la Roche tarpéienne, mais pour y dominer, non pour tomber du faîte à la base de la roche maudite.

C'est un équilibriste en ambition; c'est un espiègle, un distrait que la nature bien plus que la volonté, le hasard autant que le bonheur, ont fait homme adroit et très-sûr de lui.

Le vent du bonheur le porte, l'entraîne, et il se laisse guider par le vent. Voilà tout.

About est l'homme de son temps.

La fée qui a présidé à sa naissance l'a fait incrédule et sceptique comme le temps où il vit. Incapable d'écrire un livre sérieux, de construire une pièce de théâtre qui puisse vivre plusieurs semaines, il a conquis une réputation que lui envierait l'écrivain ou le dramaturge le plus populaire.

L'époque est aux faiseurs de nouvelles, aux arrangeurs de mots; About est bien l'homme de son époque; il ne la dépasse pas car il ne tient pas à être décapité.

Dès que la guerre, — qui ne dure pas à notre époque, — fut finie, About usa de son autorité incontestée pour écrire des livres humoristiques, des œuvres éphémères qu'il vendit au poids de l'or.

Son traitement d'écrivain aimé du public équivaut aujourd'hui au traitement d'un ministre détesté par l'opinion.

Depuis lors il a écrit : *l'Homme à l'oreille cassée*, *Le nez d'un notaire*, *Le cas de M. Guérin*, *Trente et quarante*.

L'enfant chéri du public à eu un succès fou dans un genre, du reste, qui constitue bien sa personnalité; en restant gamin, About a laissé croire qu'il pouvait être homme, et qu'il ne prenait une forme badine que pour mieux déguiser sa pensée.

Cependant, il n'est plus le temps où Voltaire avait besoin de rire pour ne pas pleurer, de se faire le courtisan des rois pour rester l'avocat des causes justes, l'adversaire de la royauté et de l'église.

Mais le public est routinier; About a persuadé à tout le monde qu'il ne restait bouffon que parce qu'il ne pouvait, sans préjudice pour le monde qu'il bafouait, devenir un penseur sérieux.

Il n'en est rien : About suit les instincts de son tempérament, par goût, comme il suit les instincts de la foule, par spéculation. Il n'a pas d'invention, et n'a que de l'imagination sous une forme imprévue et légère.

Dans ses œuvres, Edmond About plaît, parce que ses œuvres sont le miroir d'un public insouciant et frivole. Il a l'esprit de la phrase, trop souvent celui du mot, quelquefois celui de la situation; et le public qui n'en demande pas davantage, le public d'aujourd'hui qui n'est plus le *délicat* du dix-huitième siècle, se laisse charmer par son semblant d'élégance qui n'est, après tout, qu'un argot de salon; il s'amuse de la charmante allure de ce conteur dont l'excentricité exclut la passion, dont l'esprit chasse le cœur.

About, dans ses nouvelles, a du reste un grand mérite, c'est d'être *lui*, un enfant dont l'âge est sans pitié!

Il ne faut pas croire cependant qu'About soit méchant; non, c'est un enfant terrible qui allume l'incendie tout simplement avec un fétu de paille, en faisant des ronds, comme les gamins de l'école; il jette des pierres dans les maisons, en se sauvant du désastre qu'il a lui-même provoqué, et en criant avec malice : « encore un carreau de cassé! »

Il vous lapidera, selon sa bonne ou mauvaise humeur; la rancune ne le tient pas au cœur; ce n'est pas la conviction qui le pousse, il raille pour le plaisir de railler, pour ajouter une grâce à son style, un charme de plus à sa grâce; il tue pour faire un mot, le mot passé, il ne pense plus au mal qu'il vous a fait.

Sa verve est soumise aux influences du temps, il est gai avec le soleil qui se lève, triste avec les temps de pluie. Sa plume est un baromètre qui ne marque sérieusement que les signes positifs de sa valeur pécuniaire.

Hors son ardent désir de parvenir, il est distrait et insouciant comme un enfant qu'il est. Les intérêts privés le touchent peu; c'est par instinct bien plus que par calcul qu'il gagne cent mille francs par an, un peu moins qu'Alexandre Dumas, tout en ayant les mêmes défauts que le grand conteur dont il est, dans la fantaisie, un singe en diminutif.

Comme le maître, il ne sait ni compter, ni se fixer.

En voici un exemple :

A l'époque où les chalets étaient si fort à la mode, About, pour faire comme tout le monde, achète aux Champs-Elysées une de ces maisons de bois toutes faites qui se montent comme un meuble.

Le soir, en rentrant chez lui, About dit à sa mère :

— J'ai fait une acquisition magnifique, qui me pose du premier coup en propriétaire.

La mère d'About, qui redoute les fantaisies de son fils, en dehors de sa littérature, lui demande avec effroi :

— Qu'as-tu fait?

— J'ai acheté un chalet!

— Mais malheureux, — répond-elle avec anxiété, — tu n'as pas de terrain; où placeras-tu ton chalet?

— C'est juste, je n'y avais pas songé! Eh bien, achetons un terrain.

Et About acheta un terrain trois fois trop grand pour le chalet; comme le nombre de ses amis était plus grand encore, il ajouta des annexes à son chalet trop petit; si bien que les annexes et les amis aidant, About courait, tout simplement, sur un terrain de fleurs, à la ruine la plus complète.

En mère prudente, la mère se décide

à arracher About à ce caprice de la Suisse parisienne; elle lui dit un matin :

— Tu ne sais pas, Edmond, j'ai acheté un terrain.

— Ah! bah, — répond-il. — Mais je n'ai pas de quoi bâtir une maison.

— Eh bien, vends ton chalet.

— Mais il ne vaut pas la valeur d'une maison.

— Bah! en te rendant à Saverne, en restant deux ans sur le terrain qui s'y trouve, sans recevoir d'amis, tu trouveras bien le moyen d'ajouter ce qui te manque : une maison. Tu as acheté un chalet sans terrain, je puis bien acheter un terrain sans maison. Il n'y a que le premier chalet qui coûte.

Et l'on vendit le chalet de Paris pour payer, sans l'aide des coûteux amis, la propriété de Saverne.

Cette anecdote dépeint tout le caractère insouciant d'About, un grand enfant qui, pour le vulgaire, reste un grand homme de lettres.

La fameuse chute de la pièce de *Gaëtana*, loin de démoder et d'amoindrir About, n'a fait que le grandir encore. Cette pièce ne méritait ni les scandales, ni les colères qu'elle a provoqués.

Sa mort glorieuse a posé About en martyr. La jeunesse des écoles, en sifflant cette œuvre, a voulu plutôt siffler l'homme que l'œuvre par elle-même. Mais les persécutions grandissent, et des phalanges de persécuteurs n'ont jamais servi que de piédestal aux persécutés.

Il était maladroit aux professeurs bafoués, aux hommes de soutane déchirés à belles dents par l'écrivain du Palais-Royal, de montrer si visiblement le poing et les dents à ce gamin.

Gaëtana était une nouvelle bulle de savon lancée par le chalumeau de cet espiègle; il fallait la laisser crever au premier souffle d'un vent propice.

Mais non, on a voulu faire payer d'un seul coup à Edmond About toutes les vitres qu'il avait cassées; l'Institut et l'Eglise, en se tournant contre lui, ont mis de son côté l'opinion publique.

Si la pièce de *Gaëtana*, malgré ses adversaires intéressés, n'a pas réussi, ce n'est pas leur faute, c'est la faute de la pièce qui n'était pas une pièce, mais un élégant bavardage, fort à sa place dans une causerie du Figaro ou dans un livre de nouvelles.

About n'a, répétons-le, ni le tempérament d'un dramaturge, ni la force virile d'un réformateur.

Aujourd'hui, c'est le double rôle que cet homme d'esprit veut jouer aux yeux du public.

Depuis que cet homme blond prend du ventre, il fait de gros livres; il veut être un homme utile, un grand réformateur. Le temps est à la rénovation des idées, la génération nouvelle remonte le courant de 1848 ; About, qui a consulté son baromètre, écrit aujourd'hui un livre in-8° sur *le Progrès*.

Il n'est plus à sa place ; mais il suit le courant des idées, du reste, il n'a plus vingt ans, et n'est plus assez jeune pour courir encore toute la semaine après le bon mot du dimanche.

Ses courriers du *Figaro* et du *Gaulois*, ses articles sur le Salon se ressentent de fatigue qu'il éprouve en faisant de nouvelles cabrioles.

Il faut avoir vingt ans pour sauter toujours, à toute heure, sur le tremplin de la place. La fantaisie aime la jeunesse.

About commence à devenir un vieux gamin; il a donc raison de faire des livres sérieux qu'on ne lit pas ; ce sont autant de bonnes notes qu'il se prépare pour entrer à l'Académie, lorsqu'il aura tout à fait du ventre.

La popularité d'About est, en résumé, comme ses livres, une bulle de savon qui s'évanouira dans l'espace.

Encore dix ans, et l'on ne se souviendra plus de ce casseur de vitres qui ira s'endormir comme tant d'autres sous la coupole de l'Institut.

Ce sera le dernier scandale à propos d'About ; l'Université et l'Eglise se chargeront encore une fois d'exhumer sa gloire *sapeuse* ; après, on n'en parlera plus! Et les Quérard de l'avenir se chargeront tout seuls de faire revivre la personnalité de cet enfant taquin, et d'écrire au bas de sa statuette :

About, caricature de Voltaire !

Tн. Labourieu.

EUGÈNE PELLETAN

I

C'est assurément une des plus pures, des plus honnêtes, des plus sympathiques individualités de la littérature et de la politique contemporaines que le député démocrate de la neuvième circonscription de la Seine.

La coupe de son visage d'un ovale allongé, le vaste développement de son front, le dessin de ses sourcils épais et arqués, la vigueur de sa barbe et de ses cheveux, le relief énergique et néanmoins harmonieux de ses pommettes et de son nez, l'attitude habituelle de sa personne lui donnent un aspect sévère; sa physionomie semble avoir quelque chose d'ascétique.

Causez avec lui, regardez l'expression de ses yeux. Vous découvrez aussitôt l'homme bon, bienveillant, tendre et dévoué à tout ce qui souffre.

Observez son sourire, vous êtes pénétré de la franchise communicative de cet esprit aussi fin, aussi divers, aussi facile qu'il est loyal et convaincu.

Faites vibrer chez lui la corde de l'indignation, soudain son regard s'allume, sa lèvre tout à l'heure épanouie par le sourire, tremble agitée par la sainte fièvre des nobles passions ; sa narine se gonfle soulevée par le souffle des justes colères qu'inspire la haine du mal, le souvenir des iniquités dont il a souffert lui-même, avec tant d'autres.

Car il y a quatre caractères pour ainsi dire distincts dans cette personnalité si nettement accusée :

L'enthousiaste, qui adore les arts et est fortement épris de poésie, d'idéal et de spiritualisme.

Le père de famille, l'homme privé, l'ami, le bourgeois dans la meilleure acception du mot, attaché au foyer et pratiquant avec bonheur toutes les vertus domestiques, plus cette excellente vertu sociale, l'amour du prochain.

Le critique, qui met un esprit volontiers railleur et caustique au service de son jugement et de sa raison.

Enfin, le citoyen, l'historien, qui n'a pu être témoin des misères, des mensonges, des attentats, des infamies inhérentes à l'histoire des monarchies, sans amasser dans son cœur des flots d'amertume, dont la fermentation soulève des tempêtes de colère, d'horreur et d'indignation.

A la rigueur, Pelletan pourrait se dispenser de chercher dans l'histoire et dans la vie des autres des motifs d'indignation. Sa propre vie n'est-elle pas en quelque sorte celle d'un martyr de ses idées, de ses convictions, de sa loyauté d'écrivain ?

Mais, encore une fois, il est trop péné-

PLUTARQUE POPULAIRE CONTEMPORAIN

Eugène Pelletan

Paris. — Typographie Walder, rue Bonaparte, 44.

tré de l'amour du peuple et du genre humain, pour se préoccuper du souvenir de ses propres souffrances.

II

Pelletan est né à Royan (Charente-Inférieure), le 29 octobre 1813. Son père était notaire et fut, depuis, juge de paix. C'est à tort que la plupart de ses biographes ont prétendu qu'il était fils d'un ministre protestant.

Il fit la plus grande partie de ses études à Poitiers et y commença son droit. Envoyé à Paris pour étudier et passer ses derniers examens, il s'occupa de philosophie et d'études sociales en même temps que des cours de Pellat et de Duranton; se mit en rapport avec les chefs de l'Ecole Saint-Simonienne et rendit de nombreuses visites à la Maison de Ménilmontant, à l'époque où le Père Enfantin, Charles Duveyrier, Rodrigues, Michel Chevalier, Emile Péreire, Massol et tant d'autres, y prêchaient en foudroyantes diatribes la critique de l'organisation sociale du monde moderne, et prophétisaient l'avènement d'une société nouvelle fondée sur la juste répartition des produits entre le capital et le travail.

En même temps il suivait assidûment au collége de France et à la Sorbonne les cours de Michelet, de La Romiguière, de Jouffroy et de Lerminier, étudiait avec passion les musées de peinture de Paris, lisait avec enthousiasme les poëtes et les prosateurs contemporains.

Mais bientôt Paris, avec ses musées, ses cours publics, son Opéra, son Théâtre-Italien, son Conservatoire de musique, ses écrivains si variés et si féconds, ne suffit plus à son tempérament d'artiste avide de chefs-d'œuvre; il abandonne tout cela, Sorbonne et Faculté de droit, pour courir à pied, le sac au dos, le bâton de voyageur à la main, chercher en Italie des impressions, des admirations nouvelles.

Ces grands pèlerinages artistiques à pied n'étaient pas rares à cette époque d'enthousiasme et de passion, où l'on ne payait peut-être pas les beaux tableaux aussi cher qu'aujourd'hui, mais où on les aimait d'un amour plus sincère. On faisait cent lieues à pied pour aller chercher une émotion.

En revenant d'Italie, après avoir visité Rome, Naples, Florence et tous les grands chefs-lieux de l'art italien, il passa par la Suisse et par l'Allemagne pour saluer les chefs-lieux de la libre pensée et de la philosophie, et revint à Paris plus artiste, plus enthousiaste et plus philosophe encore qu'il n'était au départ.

Mais si son tempérament moral s'était développé dans ce long voyage, son tempérament physique avait été terriblement atteint par les fatigues et les privations. Il tomba gravement malade, si gravement que son médecin, désespérant de le sauver, ne jugeait plus nécessaire de monter les cinq étages de la maison qu'il habitait dans la Cité, sur le quai Napoléon, et se bornait à demander de ses nouvelles à la portière, tous les jours en se rendant à son service de l'Hôtel-Dieu. La nature seule pouvait le sauver, et elle le sauva!

Ce fut vers cette époque (1837) qu'il débuta sérieusement dans le journalisme par quelques articles dans des journaux littéraires.

Bientôt il fut attaché à la rédaction de *la Presse*, qui venait de se fonder, et y commença une série de feuilletons de critique littéraire, sous le titre d'*Impressions de lecture d'un inconnu*. Ces articles furent très-remarqués; le monde des lettres, intrigué par le mystère impénétrable de la signature, les attribua même pendant quelque temps à Charles Nodier.

Il n'est guère de journaux littéraires, de revues, de feuilles légères où Pelletan, de 1837 à 1845, n'ait donné quelques articles. Excessivement laborieux, doué d'un esprit très-souple, très-fécond et très-varié, que soutenaient une érudition solide, un goût exercé, un jugement sûr, pendant qu'il tenait avec une véritable autorité la plume du critique littéraire dans *la Presse* et dans *la France littéraire*, il rendait compte des salons de peinture dans divers journaux et notamment dans *la Sylphide*, où il écrivait en quelques pages le premier texte de son beau livre : *la Naissance d'une ville*.

Le petit article, l'article de fantaisie, ne lui était pas non plus étranger ; il en est plusieurs qui sont de vraies merveilles d'humour, de verve, d'esprit satirique en même temps que de bon sens et d'érudition. *La Marmite qui bout*, fantaisie historique, scientifique et humanitaire sur l'invention de la vapeur et sur ses conséquences, a fait le tour de tous les journaux de France, de tous les almanachs, et a eu les honneurs de la traduction dans toutes les langues.

Pelletan, loin de se laisser absorber par cette incessante production, consacrait ses veilles à des études sur les écoles socialistes et sur les divers régimes politiques.

C'est à cette époque, il me semble, que remontent ses relations avec Lamartine. Attiré vers le grand poëte par une irrésistible sympathie d'âme, il devint bientôt pour lui un ami dévoué, un aide laborieux et zélé. Il assista au travail de composition et de révision du livre qui contribua le plus à la popularité du grand écrivain, l'*Histoire des Girondins*, livre qui eut cette singulière fortune de venir juste à son heure pour réconcilier la bourgeoisie française avec la Révolution de 1792 et pour la familiariser avec l'idée de la République. Avec quelle ardeur je courais chez Pelletan pour tâcher d'obtenir en primeur la lecture de quelques épreuves d'un livre que toute l'Europe attendait avec une si fébrile impatience !

Etre l'ami de Lamartine au moment de la révolution de Février, quelle belle occasion pour un ambitieux vulgaire, et combien d'autres eussent voulu tirer parti d'une telle situation !

Mais Pelletan comprend l'amitié et la dignité autrement que ceux-là, et ce fut vainement que Lamartine lui offrit le poste qu'il lui plairait de choisir. Il refusa même d'aller représenter la République comme commissaire dans la Charente-Inférieure. Il se contenta d'improviser un petit livre de quelques pages qui reste encore une des meilleures histoires des trois journées, parce qu'il garde l'empreinte du moment, et rappelle merveilleusement aux contemporains de l'événement l'impression juste de l'esprit public de Paris.

Toutefois, le patronage de Lamartine que Pelletan refusait pour une fonction administrative, il l'accepta pour se présenter aux électeurs de la Charente Inférieure, au scrutin des 23 et 24 avril 1848. Le républicanisme de Pelletan parut trop modéré ; on lui préféra le républicanisme plus ardent du citoyen Baroche, qui, comme chacun sait, avait devancé la justice du peuple et pouvait, à bon droit, se vanter d'être un républicain de la veille.

Avec quelle douleur, cependant, il fut témoin à cette époque, des intrigues de la rue de Poitiers et du déplorable égarement des républicains formalistes et autoritaires qui, sous prétexte de réagir contre le mouvement socialiste et contre la sanglante tentative des journées de juin, se laissaient absorber par les partis monarchiques ! Plusieurs fois je fus le confident de ses chagrins et de ses appréhensions de citoyen, chagrins et appréhensions que d'ailleurs je partageais, au moment où la candidature de Louis Bonaparte à la présidence de la république se manifesta, ralliant à elle les chefs des orléanistes, des légitimistes, le clergé et même un certain nombre de républicains autoritaires, et même de socialistes, tous ceux, en un mot, qui n'étaient pas animés du pur sentiment de la liberté !

Un autre de ses amis partageait ou semblait partager ses idées. C'était M. Arthur de la Guéronnière ; ils fondèrent ensemble le *Bien public*, journal quotidien, sous le patronage de Lamartine et avec le concours de Hennette de Kesler, qui fut exilé au 2 décembre, et est aujourd'hui professeur de langues à Guernesey.

Le *Bien public* né vécut pas longtemps, sous la Présidence. Il avait déjà cessé de paraître lorsque Pelletan se présenta de nouveau comme candidat devant les électeurs de la Charente Inférieure, au scrutin des 12 et 13 mai 1849, pour l'Assemblée législative. Combien les temps étaient changés! Le penseur, le philosophe, qui avait paru tiède aux électeurs de 1848, sembla trop ardent à ceux de 1849.

Pelletan continua donc à combattre les ennemis de la démocratie et du progrès, comme journaliste, faute de pouvoir les combattre comme représentant du peuple. Outre ses feuilletons hebdomadaires de la *Presse*, ses vives et brillantes polémiques contre l'*Univers religieux* au sujet de l'Inquisition et du prêt à intérêt, il publia dans la *Presse* sa *Profession de foi du XIXme siècle*, un livre qui, suivant l'opinion de M. Michel Chevalier, marque « une date philosophique, » un des plus beaux livres assurément de la littérature moderne, un de ceux où la philosophie du progrès s'affirme avec le plus d'élévation et d'éloquence.

Le coup d'Etat du 2 décembre trouva Pelletan plus ferme et plus inébranlable que jamais dans ses convictions républicaines. Aucune considération de famille, de difficultés matérielles de l'existence, de place à prendre soit dans le journalisme complaisant, soit dans l'opposition modérée, ne put entamer cette foi robuste, et il se résigna à gagner le pain de sa nombreuse famille par les travaux littéraires les plus obscurs et les plus maigrement rétribués.

III

Que de mauvais jours l'écrivain irréconciliable eut à traverser dans cette douloureuse période de lutte où il combattait non-seulement le second empire, mais encore souvent le premier, à propos de critique historique, mais encore aussi parfois l'opposition trop complaisante aux exigences du despotisme.

Je me rappelle avoir lu de lui, je ne sais dans quelle revue, une série d'articles sur l'*Histoire du consulat et de l'empire* de M. Thiers, dans lesquels il montrait l'ancien ministre de Louis-Philippe popularisant à plaisir le nom de Napoléon, par l'érection de la statue de l'homme au petit chapeau sur la colonne Vendôme, par la translation des restes inhumés à Sainte-Hélène, par l'éclat donné au procès de l'affaire de Boulogne, par l'adoption de la candidature de Louis Bonaparte à la présidence, dans le seul but de faire des réclames à son livre, réclames qui avaient abouti au coup d'Etat, conduit leur auteur à Mazas et à Vincennes, et finalement produit le second empire, pour lequel l'historien, à son grand désespoir, n'avait été qu'un simple Raton, dont le rôle s'était borné à tirer du feu les marrons que mangeaient les Bertrands du bonapartisme.

Bafouer M. Thiers était chose peu désagréable aux puissants de ce moment là, mais attaquer l'idole, le chef de la dynastie, était encore un acte d'une audace inouïe; le jour de la justice qui commence à se faire sur l'auteur du dix-huit brumaire n'était pas venu. Le journal fut supprimé, et l'auteur des articles fut en quelque sorte mis en interdit.

Le pouvoir exerçait alors sur toute la presse, même sur la presse d'opposition, — ceux qui ont tenu une plume à cette époque peuvent en témoigner, — une autorité qui ressemblait à celle de Rome en matière ecclésiastique; quand il avait prononcé contre un écrivain l'excommunication majeure, le pain et le sel lui étaient refusés dans tout le journalisme français; à peine pouvait-il trouver un imprimeur s'il lui prenait fantaisie de signer de son nom quelques livres ou quelques brochures. Si, par un coup d'audace inouï, une feuille vaillante avait la témérité de braver pour lui l'avertissement, la suspension, la suppression, et de lui donner asile, elle était mise à l'index et se voyait bientôt en butte, sinon aux poursuites qu'elle avait l'art d'éviter à force de modération, au moins aux persécutions de toute sorte sous les prétextes les plus futiles de contraventions, de nouvelles inexactes, de renseignements erronés.

Pelletan eut le singulier honneur d'être l'objet d'une pareille excommunication. Aussi ne fut-il que fort peu de temps collaborateur du *Siècle*, et ne resta-t-il à la *Presse* en 1855 que pour la quitter peu de temps après. Son ami Félix Mornand, ayant fondé le *Courrier de Paris* en 1857, eut le courage de lui confier la critique du salon de peinture. Le *Courrier de Paris* vécut peu, et Pelletan se remit de plus belle à travailler pour des encyclopédies et à publier des volumes et des brochures : *Heures de travail* ; — *Le pasteur du désert* ; — *Les droits de l'homme* ; — *Les rois philosophes* ; — *Qu'allons-nous faire ?* — *Une étoile filante, Béranger*, attaque très-énergique contre le premier empire sous forme d'un pamphlet contre le chansonnier qui a tant contribué à populariser le nom de Napoléon ; — *Décadence de la monarchie française*, histoire rapide, éloquente et précise des déprédations, des concessions, des prodigalités financières et des dissolutions morales, produites par le pouvoir personnel et absolu de Louis XIV, livre excellent et plein d'enseignements pour les hommes curieux d'apprécier l'influence du despotisme sur la prospérité financière et morale d'une grande nation ; — *La naissance d'une ville* ; — *La nouvelle Babylone*, tableau saisissant de Paris moderne, étudié avec une verve admirable, une facilité et une justesse de satire merveilleuses au point de vue politique, financier, industriel, artistique et moral ; — puis une série de brochures qu'il entreprit de publier mensuellement comme une sorte de revue, entreprise à laquelle le parquet suscita bientôt des entraves.

Cependant, en 1861, un autre journal, le *Courrier du dimanche*, osa solliciter la collaboration de Pelletan. Il paya cher ce dangereux honneur ; on le combla d'avertissements, d'amendes et de suspensions. Quant à l'écrivain, il fut poursuivi personnellement pour un article intitulé : *La liberté comme en Autriche*. La sixième chambre lui décerna trois mois de prison et 2,200 fr. d'amende.

En apprenant cette condamnation, Lamartine s'écria : « Pour cet article, nous lui aurions donné le prix Montyon, à l'Académie ! »

Pelletan était bien en fonds pour payer les trois mois de prison ; c'est le fonds qui ne manque jamais, celui-là. Mais où trouver les 2,200 fr. d'amende ? La caisse du journal était épuisée par ses propres amendes, et il ne pouvait convenir à la dignité de l'écrivain de solliciter l'intervention de ses amis politiques.

Il se résigna donc, à son grand regret, à se séparer de sa bibliothèque, capital et instrument de l'homme de lettres, à vendre ses chers livres, compagnons et soutiens aux heures de lutte, consolation dans les moments de doute, de tristesse et de désespoir.

Un catalogue fut dressé, la vente fut affichée sur les murs de Paris et annoncée dans les journaux ; les livres furent transportés rue des Bons-Enfants, à la salle Silvestre, cet hôtel Drouot des livres et des manuscrits.

A sept heures et demie du soir la vente commença ; l'assemblée était nombreuse et choisie. On y remarquait plusieurs Anglais, curieux sans doute de posséder quelques ouvrages provenant de la bibliothèque d'un publiciste, et qui sait ? peut-être enrichis de quelques annotations marginales manuscrites.

Ces friands de curiosité en furent pour leur espoir ; ils n'eurent pas, du reste, longtemps à languir. La vente s'arrêta après le premier article.

En effet, à peine le n° 1 fut-il annoncé par le crieur et mis sur la table qu'une voix s'écria :

« — Deux mille deux cents francs ! »

PLUTARQUE POPULAIRE CONTEMPORAIN

ÉMILE ♦ OLLIVIER

19ᵉ Livraison.

C'était le montant de l'amende. Il était inutile d'aller plus loin. L'ouvrage fut livré au libraire libéral qui avait mis l'enchère, et Pelletan remporta sa bibliothèque.

IV

Une année s'était à peine écoulée depuis sa condamnation, lorsque Pelletan se présenta comme candidat aux électeurs de la neuvième circonscription de la Seine, circonscription qui semblait taillée à plaisir par l'administration pour rendre inutiles tous les efforts d'un candidat de l'opposition.

Or, de tous les candidats démocrates de Paris, Pelletan était celui que le gouvernement combattait avec le plus d'ardeur et qu'il se croyait le plus sûr de vaincre.

Dans cette nouvelle lutte, il faut le dire, le publiciste déploya une activité, une énergie, un talent, une force de volonté et de persévérance admirables. Sans cesse sur le chemin de Javel à Maison-Alfort et à Ivry, assidu à toutes les réunions électorales, prêt à répondre à toutes les questions, il parcourait, au besoin, deux fois dans la même journée, les vingt kilomètres qui séparaient les deux points extrêmes de sa circonscription. La surprise de M. Fialin de Persigny fut grande lorsqu'il apprit que tant d'efforts avaient réussi à triompher de ses manœuvres. Cependant le gouvernement et la majorité du Corps législatif ne trouvèrent pas la victoire de Pelletan assez complète ; il n'avait obtenu qu'un très-petit nombre de voix de majorité. On lui chercha une chicane, et son élection fut annulée pour vice de forme. Les électeurs, convoqués de nouveau le 13 décembre, lui donnèrent 15,115 voix sur 24,620 votants. Le gouvernement se déclara satisfait.

Pendant ses six années de législature, le député de la Seine, toujours assidu aux séances, a pris une part très-active à toutes les discussions et n'a laissé échapper aucune occasion de revendiquer tous les droits dont nous a dépouillés le second empire, et de protester contre le coup d'Etat du 2 décembre ; il a même eu parfois l'honneur d'être rappelé à l'ordre. On peut affirmer que, tant par ses discours que par son attitude à la Chambre, il est un de ceux qui ont contribué puissamment à provoquer le mouvement d'opinion qui s'est fait en France pendant cette période et s'est manifesté avec tant d'éclat aux élections de 1869.

Les électeurs lui en ont tenu compte en lui donnant 23,410 voix, huit mille de plus qu'en 1863.

De son côté, il a prouvé, depuis l'ouverture de la session, qu'il comprenait la signification du mandat qui lui a été confié.

Avec des députés tels que Pelletan, le mandat impératif n'a aucune raison d'être. Les électeurs savent ce qu'il veut, aussi bien qu'il sait lui-même ce que veulent ses électeurs.

JULIEN LEMER.

ÉMILE OLLIVIER

I

Le voià ministre !

Ancien républicain de la veille, suspect de tendances démagogiques, ex-commissaire de la république de 1848, ex-préfet de la même république, ex-avocat suspendu de ses fonctions, ancien *cinq* de 1857 à 1863, se voyant voué aux seconds rôles dans l'opposition, exposé à la démangeaison de jouer les premiers emplois, se croyant appelé à devenir un César parlementaire, s'il prouvait qu'il aimait mieux être le premier dans la bourgade d'un centre quelconque que le second dans la Rome d'une opposition radicale, il a voulu être chef de parti; il s'est figuré ou on lui a fait croire qu'il était chef de parti.

Et, comme tel, il s'est fait confier la mission de composer un cabinet.

Et aujourd'hui le voilà ministre!

Chef de parti! S'est-il bien douté de ce que c'était qu'être chef de parti? Croit-il posséder les qualités que le cardinal de Retz jugeait indispensables à un bon chef de parti, si l'on en croit ce passage de ses *Mémoires* :

« Y a-t-il une action au monde plus grande que celle d'un parti? Celle d'une armée a sans comparaison moins de ressorts; celle d'un Etat en a davantage, mais les ressorts n'en sont pas, à beaucoup près, si fragiles et si délicats. Enfin, je suis persuadé qu'il faut de plus grandes qualités pour former un bon chef de parti que pour faire un bon empereur de l'univers, et que, dans le rang des qualités qui le composent, la résolution marche de pair avec le jugement; je dis avec le jugement héroïque, dont le principal usage est de distinguer l'extraordinaire de l'impossible. »

Or, que pensez-vous de la résolution du citoyen Emile Ollivier?

Quid aussi, comme on dit au Palais, du jugement héroïque de M. Emile Ollivier?

La comédie politique en tant de journées et de voltes-faces qu'il a jouée depuis huit mois, et qui pourrait s'intituler la *Course au portefeuille*, a pu le poser en homme tenace, mais non pas en homme de résolution. Quant aux péripéties des derniers actes qui ont amené le dénouement de cette pièce dont le succès est encore contesté, elles ne témoignent pas, à coup sûr, d'un jugement héroïque.

Mais le passé du citoyen républicain et de l'avocat nous permet-il au moins d'espérer que le ministre mettra dans l'avenir ces qualités si nécessaires au service du cabinet parlementaire dont il est le chef?

II

Comme républicain, le citoyen Emile Ollivier est né sous une heureuse étoile, le 2 juillet 1825, puisque, à peine inscrit au barreau de Paris depuis quelques mois, il fut, avant d'avoir atteint sa vingt-troisième année, grâce au nom et à l'autorité de son père, républicain éprouvé, nommé commissaire général de la république à Marseille.

Ce que fut son administration, hélas! c'est le rapport de M. R. Marquézy, conseiller à la cour d'appel d'Aix, délégué de la commission d'enquête sur l'insurrection de juin, pour le département des Bouches-du-Rhône, qui va nous le dire.

Qu'on me permette de citer quelques passages de ce document aujourd'hui très-rare, mais dont Son Excellence trouvera sans doute encore un exemplaire aux archives du ministère de la justice.

« Le mouvement projeté eut donc lieu le 22 mai, dit M. R. Marquézy (c'est évidemment le 22 juin qu'il a voulu dire, mais, en copiste fidèle, je respecte l'erreur de date ou la faute de typographie du document officiel publié par l'imprimerie de l'Assemblée nationale). Il faut bien le dire : s'il a eu la gravité que nous déplorons, on doit en grande partie l'attribuer à l'inexpérience du préfet Ollivier, qui n'est pas encore convaincu que les paroles évangéliques et le langage des apôtres ne suffisent pas pour conjurer un orage qui éclate avec une certaine intensité.

« Monsieur le préfet Ollivier a, sous ce rapport, encouru de graves reproches de la part de la population marseillaise, et, malheureusement pour lui, les faits ne les justifient que trop.

« Si, jusqu'au mois de juin, rien n'avait pu lui faire craindre qu'une insurrection sérieuse éclaterait à Marseille, diverses circonstances, cependant, lui avaient indiqué qu'on chercherait à jeter de l'agitation dans les esprits, et surtout dans les classes ouvrières. Les rapports de police lui faisaient connaître que cette agitation avait de la gravité; mais, à partir du 18 juin, il n'a plus pu se faire illusion sur les projets hostiles des meneurs.

« La scène dont il a failli, ce jour-là, devenir la victime, eut un caractère tel, que tous ceux qui en furent les témoins comprirent que ce n'était que le prélude à des désordres plus graves. «Nous étions « maîtres de la préfecture, dirent les me-« neurs; nous avons eu tort de l'aban-« donner, mais nous y reviendrons. » Ces propos devaient engager M. le préfet à prendre les précautions les plus sérieuses pour parer aux événements dont on menaçait la tranquillité publique.

« Le 21, malgré la réunion des délégués, qui avaient décidé que la manifestation relative aux heures de travail était inutile et ne devait pas avoir lieu, on lui annonce que les clubs veulent qu'elle ait lieu, et la police lui fait craindre que le rassemblement ne soit composé de 15 à 20,000 personnes.

« La fausseté du prétexte de cette manifestation, le lieu où l'on avait décidé qu'elle se ferait, malgré le refus des délégués des ouvriers, le nombre de personnes qui devaient y concourir, l'approche du jour fixé pour le mouvement, par la lettre lue au Prado, et dont il avait connaissance, tout démontrait à M. le préfet qu'il devait s'attendre à un mouvement très-sérieux, et que des moyens énergiques de répression étaient indispensables.

« La lettre qu'il écrivait le 21 au soir à M. le général de division prouve qu'il était lui-même convaincu de la gravité des circonstances. « Nous sommes menacés, lui disait-il, pour demain matin d'une immense manifestation. » Il paraissait disposé à recourir à des moyens énergiques pour comprimer le mouvement, puisqu'il ajoutait : « Il faut, par un acte éclatant d'énergie, mettre un terme à ces continuelles tentatives de désordre. »

« Après une lettre aussi alarmante, on s'attend à ce que le lendemain un déploiement de forces considérables imposera aux fauteurs de désordre. M. le préfet se borne cependant à demander un piquet de 200 hommes de la ligne, autant de garde nationale; et lorsque le général de division lui annonce qu'il ira, le lendemain, passer la revue du 20ᵉ de ligne, à une lieue de la ville, il ne s'oppose pas à ce qu'on fasse ainsi sortir de la ville le seul régiment qui y soit en garnison et sur lequel il puisse compter.

. . . .

« Je dois signaler enfin un dernier fait qui prouve que si l'émeute n'a pas occasionné de plus grands malheurs dans la ville de Marseille, c'est que les éléments qui la constituaient n'avaient pas une grande puissance. Elle a été favorisée autant qu'elle pouvait l'être par les fautes commises par des autorités qui auraient dû au moins remplacer ce qui leur manquait d'expérience et d'habileté par la bonne harmonie qui doit toujours régner entre ceux qui sont chargés de l'administration d'une ville importante.

« Cette bonne harmonie était loin d'exister entre le préfet et le général.

« Lorsque, pressé par les événements, qui devenaient de plus en plus menaçants, le préfet apprend que le général est dans la rue, non loin de la préfecture, il le fait prier de monter chez lui pour se concerter avec toutes les autorités qui y sont réunies, et le général répond que, s'il était général de brigade, il irait chez le préfet, mais qu'il est général de division, et que c'est au préfet à venir chez lui.

« Une misérable question de préséance, élevée en face d'une émeute qui grossissait et des barricades qui s'élevaient sur plusieurs points de la ville !...

« Après cela, n'a-t-on pas lieu de s'étonner que l'émeute ne soit pas devenue plus formidable et qu'elle n'ait pas occasionné de plus grands désastres?

« Il est vrai que le général se plaint vivement des entraves que le préfet apportait à tous ses mouvements militaires, et ses récriminations sont fondées.

« Quatre ou cinq fois dans l'après-midi du 22, l'ordre a été donné, sur la réquisition du préfet, d'attaquer la barricade Castellane, et dès que la force armée se mettait en mouvement, le secrétaire particulier du préfet et M. Gent, représentant du peuple, son ami, paraissaient sur les barricades, en parlementaires, et arrêtaient le mouvement. Ils avaient toujours l'espoir, disaient-ils, d'amener les insurgés à détruire eux-mêmes les barricades. En attendant, on travaillait, sous leurs yeux, à les rendre plus solides et à en élever de nouvelles.

« C'est pendant toute une après-midi qu'en montrant des ordres du préfet, qui signait presque en même temps la réquisition d'attaquer et l'ordre de suspendre les hostilités, ou en invoquant l'autorité de ce fonctionnaire, que son secrétaire particulier et M. Gent ont paralysé les bonnes intentions de la garde nationale et de la troupe de ligne, et ont augmenté l'anxiété qui régnait dans une ville populeuse.

« Ces faits expliquent suffisamment la désaffection générale dont le général et le préfet ont été frappés dans Marseille. »

. . . .

Je laisse de côté beaucoup d'autres faits analogues signalés dans ce rapport, qui ne comprend guère moins de dix pages in 4°, et je me borne à citer le paragraphe suivant, parce qu'il indique une tendance du caractère de M. Emile Ollivier. Il est relatif aux dépêches expédiées de Paris que M. le préfet, dit M. le conseiller, n'a jamais mis un grand empressement à publier.

« Le 25 juin, à trois heures, aucune dépêche de cette journée n'était encore connue. La plus grande inquiétude régnait dans les esprits, et plusieurs journalistes allèrent à la Préfecture pour demander si on n'avait rien reçu; M. le préfet leur répondit que non, puis il avoua à l'un d'eux, mais confidentiellement, qu'il en avait reçu une, mais qu'il croyait devoir différer de la publier. En effet, elle ne fut publiée que dans la soirée, car les journaux qui paraissent à cinq heures du soir ne purent la faire connaître. »

Il me paraît bien évident, d'après cette longue mais importante citation, qu'à cette époque, le citoyen Emile Ollivier, commissaire général et préfet de la République, ne possédait ni la résolution, ni le jugement héroïque nécessaires à un chef de parti. Il est vrai qu'il n'était pas un chef de parti, puisqu'il était le principal représentant de l'autorité.

Avouez, au moins, qu'il la représentait assez drôlement.

Je vous ai dit qu'il était né sous une heureuse étoile. Vous ne pourrez en disconvenir, lorsque vous saurez que cette première campagne administrative, assez malheureuse, ne l'empêcha pas d'être, peu de temps après, chargé de représenter le gouvernement de la République à Langres, probablement comme sous-préfet mais non pas comme préfet, quoiqu'en disent Vapereau et toutes les notices biographiques publiées dans les journaux, d'après lui, car Langres n'est qu'une des sous-préfectures du département de la Haute-Marne.

Mais son père était un si brave et si digne républicain !

Je manque de renseignements sur ses faits et gestes administratifs dans la patrie de Diderot, qu'il dut quitter naturellement, lorsque s'organisa l'administration départementale de la présidence de 1848.

III

En 1849, il rentra au barreau de Paris, et bientôt il se signala par une plaidoirie brillante pour madame de Guerry contre la communauté de Picpus, qui avait pour avocat M⁰ Berryer ; il fut presque à la hauteur de son illustre adversaire ; dans cette circonstance, le futur ministre des cultes appuya son argumentation sur des principes qui ne durent pas être goûtés par la cour de Rome et par le parti clérical.

L'histoire ne nous dit pas qu'il ait été inquiété à l'époque du coup d'Etat. Toutefois son père fut expulsé successivement de France par le gouvernement français, et de Nice par le gouvernement sarde.

Avocat instruit et éloquent, M. Emile Ollivier paraissait se résigner à ne chercher que la gloire et la fortune que donne le barreau, lorsqu'en 1857, l'ambition politique s'empara de nouveau de son esprit. Il se présenta comme candidat de l'opposition aux électeurs de la troisième circonscription de la Seine, fut recommandé par les trois seuls journaux de la démocratie d'alors, le *Siècle*, la *Presse*, le *Courrier de Paris*, obtint la majorité, et vint s'asseoir sur les bancs de la gauche, avec Jules Favre, Ernest Picard, Darimon, Hénon, avec qui il constitua cette mémorable opposition des *cinq*, qui a joué un certain rôle dans l'histoire du second empire.

Il fut bientôt proclamé le second orateur du parti. Moins disert, mais moins acerbe que Jules Favre, moins spirituel, mais moins mordant qu'Ernest Picard, il sembla, — tout en protestant contre la loi de sûreté générale de 1858 avec une vive énergie, tout en appréciant en 1859 avec une certaine sévérité les résultats politiques de la campagne d'Italie, tout en combattant vigoureusement, en 1860, le régime infligé à la presse, — apporter dans l'expression de sa pensée une réserve et une mesure qui le rendaient moins antipathique à la majorité que ses collègues, et lui ménageaient en quelque sorte de faciles transitions pour l'avenir.

Cependant, c'est dans le cours de cette législature que le futur ministre de la justice eut une petite aventure judiciaire, dans laquelle il apporta une persévérance et une ténacité qui ressemblent presqu'à de la résolution. Il pouvait en résulter une scission qui lui rendît à tout jamais impossible tout rapprochement avec le gouvernement et surtout avec la magistrature.

Le 30 décembre 1859, il défendait en police correctionnelle, devant la 6ᵉ chambre, M. Vacherot et son beau livre *La Démocratie*. A peine s'était-il levé pour répondre au réquisitoire du procureur impérial, et avait-il commencé sa plaidoirie par cette phrase d'exorde :

« Le ministère public a fait appel aux passions violentes, cela est mauvais, je le regrette, »

Que le tribunal l'interrompit et, jugeant immédiatement « qu'il s'était écarté du respect dû à la justice, »

Le suspendit de ses fonctions d'avocat pour trois mois.

L'affaire fit beaucoup de bruit. M⁰ Ollivier n'accepta pas cette condamnation disciplinaire. Il protesta, interjeta appel et épuisa tous les degrés de juridiction.

Le 13 janvier 1860, la chambre des appels de police correctionnelle, se déclarant, sur les conclusions de M. Pinard, alors avocat général, compétente pour connaître de l'appel, confirma le jugement.

Le 10 février, la cour de cassation, sur les conclusions de M. le procureur général Dupin, rejeta son pourvoi contre cet arrêt.

Le 17 février, la chambre des appels, sur les conclusions de M. le procureur impérial Chaix d'Est-Ange, ancien bâtonnier de l'ordre des avocats, qui probablement ne s'en souvenait plus, refusa d'entendre des témoins choisis parmi les membres les plus honorés du barreau, qui offraient de rétablir les faits dans la plus rigoureuse exactitude.

Enfin, le 17 avril, la cour de cassation rejeta définitivement le pourvoi formé contre l'arrêt de la chambre des appels.

Aujourd'hui, cet avocat, si outrageusement houspillé par la magistrature, est devenu, après dix ans de lutte, le chef de cette magistrature !

M. Emile Ollivier s'était-il fait alors à lui-même, contre cette magistrature, le serment d'Annibal? Est-ce pour cela que, chargé de composer un ministère, il a choisi pour lui le portefeuille de la justice?

Nous le verrons bien !

IV

Quoi qu'il en soit, depuis cette époque, l'opposition de M. Ollivier affecta des formes de plus en plus parlementaires, tout en restant, pour les principes, conforme à celles de ses quatre collègues jusqu'aux élections de 1863.

En effet, les *cinq* purent établir, dans leur fameux compte rendu, qu'ils avaient constamment suivi la même ligne de conduite et poursuivi les mêmes revendications pendant toute la durée de cette législature.

Les électeurs l'en récompensèrent en lui donnant 18,151 voix contre 10,095 seulement qu'obtint le candidat du gouvernement.

Mais les *cinq* s'étaient multipliés. Paris, à lui seul, avait envoyé neuf députés de l'opposition au Corps législatif. Qu'allait devenir M. Emile Ollivier dans les rangs d'une gauche qui comptait parmi ses nouvelles recrues des hommes tels que Thiers, Pelletan, Jules Simon, Guéroult, Garnier-Pagès, Berryer, Marie, Magnin, etc., etc.? Après avoir servi six ans dans la petite armée démocratique, comme lieutenant, à côté d'Ernest Picard et presque de pair avec son capitaine Jules Favre, fallait-il se résigner à n'être plus que simple soldat avec les nouveaux venus?

Le jeune orateur ne voulut pas accepter une pareille situation, et, dès la première session, il parut indiquer qu'il était avec l'empire des accommodements. La majorité le nomma rapporteur de la loi sur les coalitions, et il prouva à quel point les transactions sur les principes de liberté peuvent produire des lois équivoques et mauvaises. Il ne faut pourtant pas trop en vouloir à cette loi qui, si incomplète qu'elle soit, a facilité le mouvement des grèves de 1868 et de 1869 et semé un germe de dissolution dans le régime impérial.

Bientôt il fut chargé par le chef de l'Etat de rédiger un rapport sur le différend survenu entre le vice-roi d'Egypte et la compagnie du canal de Suez. Ce rapport lui donna ses entrées aux Tuileries et la position de commissaire du vice-roi d'Egypte, avec 30,000 francs d'appointements; mais il dut, par suite de ces dernières fonctions, renoncer au barreau.

Quel fut au juste son rôle dans les manœuvres qui amenèrent la célèbre lettre du 19 janvier 1867 et les réformes qui en furent la conséquence? M. Rouher le joua-t-il, ou joua-t-il M. Rouher? furent-ils tous les deux les jouets d'un autre personnage? Son livre long et verbeux, et si personnel sur cet épisode de sa vie politique, ne jette pas une grande lumière sur cette question. Il fit, dans la rédaction de ce livre, un si colossal abus du pronom personnel, que la lettre J manqua dans toutes les casses de l'imprimerie Poupart avant que le volume fût composé : il fallut en acheter une fonte supplémentaire. Du reste, jamais écrivain ne se montra plus irrésolu que M. Ollivier pendant l'impression de son livre. La facture de corrections et de remaniements fournirait une étude instructive sur l'indécision de son caractère et de son esprit. A sept ou huit reprises différentes, il donna l'ordre d'imprimer, puis de supprimer la lettre de l'archevêque de Paris, changeant d'idée du matin au soir et jusqu'à trois fois dans la même journée. Il n'eut pas moins de peine à accoucher de son volume qu'à mettre au monde son cabinet du 2 janvier.

On sait comment les électeurs de Paris apprécièrent et son livre et sa conduite politique. Sa candidature dans la 3e circonscription ne fut pas même l'objet d'une lutte; ce fut une véritable déroute. Heureusement pour lui, les électeurs du Var consentirent à panser

Paris. — Typographie Walter rue Bonaparte 44

PLUTARQUE POPULAIRE CONTEMPORAIN

Emmanuel Arago

20ᵉ Livraison.

ses plaies électorales, et il obtint ce titre de député sans lequel il lui eût été impossible de jouer au chef de parti.

Comment ce petit Machiavel d'occasion fut-il accepté comme trait d'union entre le centre gauche et le centre droit, entre le centre droit et la droite ou le parti de la cour? Ceci est de l'ordre de ces petits mystères qui font des monarchies même parlementaires un foyer permanent d'intrigues misérables dans lesquelles l'intérêt des peuples est la seule chose dont on ne tienne aucun compte.

Et dire qu'il y a des gens qui, en regardant le nez pointu, le front fuyant et les yeux souvent baissés et faciles à la dissimulation du ci-devant républicain, se demandent s'il n'y aurait pas en lui l'étoffe d'un Juan de Vargas ou d'un Lorenzaccio!

Non, non, examinez-le de près, en pensant à tous les épisodes de sa vie, qui s'enchaînent si logiquement, malgré les apparences, et vous reconnaîtrez que s'il n'a pas le jugement héroïque dont parle le cardinal de Retz, il a peut-être bien la résolution demandée.

Il a été résolu à devenir ministre; il a fait tout ce qu'il fallait pour cela.

Il est et il sera résolu à garder son portefeuille, il fera encore tout ce qu'il faudra pour cela.

Jusques à quand et jusques à quoi? Nous le verrons.

JEAN LUX.

EMMANUEL ARAGO

Il n'est pas jeune et cependant sa biographie n'est pas longue. Non que sa vie n'ait pas été bien remplie; mais Emmanuel Arago est un fils et pendant longtemps il a paru tirer toute sa valeur du nom de son père.

Chose étrange, et combien nous vivons encore sous l'empire des anciens préjugés aristocratiques! Pour les fils de ducs, de marquis ou de comtes, pour les fils de généraux, leur naissance est un titre à toutes sortes d'emplois, de faveurs. Il semble qu'ils soient nés capables de tout.

Pour les fils d'illustres savants, de grands poëtes, de grands écrivains, c'est le contraire. Le public leur fait de leur nom un fardeau très-lourd. Il semble vouloir les contraindre à mériter l'honneur qu'ils ont de le porter. On dirait que c'est pour ceux-ci que reste vrai le vieil adage : noblesse oblige!—tandis que pour les autres : noblesse favorise ; noblesse est un élément de situations politiques, financières, industrielles, de beaux et riches mariages, noblesse tient lieu de savoir, de talent et même parfois d'autre chose.

Que de fois n'arrive-t-il pas aux gens les plus intelligents et qui se croient les plus équitables, de dire, à propos du fils d'un Hugo, d'un Guizot, d'un de Rémusat : « Il aura beau faire, celui-là, il ne sera jamais à la hauteur de son père! »

Comme si l'on ne devait pas tenir compte à tout homme, surtout lorsqu'il est né sur les marches du temple de la gloire, comme dirait un poëte classique, d'être par lui-même à une hauteur quelconque.

Regardez pourtant ce brave avocat des causes perdues, perdues surtout depuis l'empire, puisqu'il a la spécialité des procès faits à la liberté et à la démocratie, sa tête est belle, son attitude est noble et digne; il porte bien trois grandes choses très-difficiles à porter : son grand nom, sa grande taille, son grand nez.

Emmanuel Arago, fils de François Arago, l'illustre astronome, l'écrivain vulgarisateur de la science, le républicain qui contribua puissamment à préparer et à accomplir la fondation de la seconde république en France, est né à Paris, le 6 juin 1812.

A dix-huit ans, il faisait des vaudevilles en collaboration avec Marie Aycard, Ed. Monnais, Rochefort (le père même d'Henri Rochefort).

A vingt ans, il publiait un volume de vers, et continuait à faire des vaudevilles, il était alors un des beaux, des dandys de son temps, la fleur des pois du boulevard de Gand, du balcon de l'Opéra et des foyers de théâtres.

A vingt-cinq ans, il s'aperçut que si son oncle Etienne, dont l'exemple l'avait attiré du côté des théâtres, était auteur dramatique, il n'était pas moins bon républicain pour cela; il se souvint qu'il l'avait vu combattre en juillet 1830, et reconnut que le nom d'Arago comportait une attitude politique bien marquée. Il se fit donc inscrire au tableau de l'ordre des avocats, et s'essaya avec succès dans des affaires de contrefaçon.

En 1839, il fut l'un des défenseurs de Barbès et de Martin Bernard, devant la cour de Paris, et dès lors commença à prendre la spécialité des procès politiques. On le vit figurer jusqu'en 1848 dans toutes les affaires de quelque importance qui firent intervenir la magistrature et le barreau dans la politique.

Le 24 février 1848, il se signala parmi les citoyens qui réclamèrent de la chambre des députés la proclamation immédiate de la république. Aussi, dès le 27, partait-il pour Lyon, investi des fonctions de commissaire général de la république dans la seconde ville de France.

Son administration, malgré toutes les accusations auxquelles elle fut en butte de la part de la réaction, mérita les éloges de tous les républicains consciencieux et honnêtes. Elle fut aussi énergique et aussi résolue que celle de M. Emile Ollivier fut molle et indécise à Marseille.

Sous sa responsabilité, il décréta un impôt de quatre-vingt-dix centimes pour payer, maintenir et absorber, faute de pouvoir le discipliner, le corps des *Voraces* qui s'était formé spontanément. Par un coup d'audace très-heureux, il retint sur un fonds de 500,000 fr. destiné au comptoir d'escompte de Lyon, la somme nécessaire au payement des ateliers nationaux et, plus sage que M. De Falloux et M. Marie, évita ainsi à la ville de Lyon les horreurs de la guerre civile. Le vote de l'Assemblée constituante, dans sa séance du 15 février 1849, fit justice de toutes les malveillances dont il était l'objet, et constata le mérite de son initiative.

Représentant du peuple à la Constituante pour le département des Pyrénées-Orientales, il siégea rarement à l'Assemblée; dès le 25 mai, la commission exécutive l'avait nommé ministre plénipotentiaire à Berlin. Il y demeura jusqu'à l'élection du 10 décembre et sut y faire acte de démocrate au nom de la République en intervenant en faveur des Polonais du grand-duché de Posen, et en obtenant la mise en liberté du général Mieroslawski.

Sa démission donnée et acceptée, il vint s'asseoir sur les bancs élevés de la gauche et protesta contre l'expédition de Rome. Il demanda le retour en France de tous les transportés de juin. Cet acte fait le plus grand honneur à ses sentiments et témoigne de la portée de son sens politique.

Député à la Législative, il siégea et vota avec la montagne, mais s'effaça complètement après le 2 décembre. Il crut que l'honneur insigne et tout à fait exceptionnel fait à son père, qui fut maintenu directeur de l'Observatoire et dispensé de prêter serment, lui faisait un devoir de s'abstenir.

Il ne rentra au barreau qu'au bout de quelque temps, y plaida encore des procès de presse et des affaires politiques et se fit remarquer en 1867 par son éloquente et très-habile défense de Bérézowski.

Honnête et dévoué, Emmanuel Arago, qui a pris place dans les rangs de la gauche, depuis que les électeurs de la 8ᵉ circonscription de la Seine l'ont envoyé au Corps législatif, est appelé à rendre encore de très-grands services à la démocratie.

J.-B. RAYMOND.

PLUTARQUE POPULAIRE CONTEMPORAIN

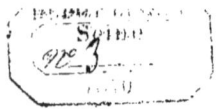

Garibaldi

21ᵉ Livraison.

GARIBALDI

Garibaldi, c'est le type de l'indépendance nationale, c'est le plus grand héros, le plus sublime martyr de la liberté.

Sa belle figure, déjà légendaire, s'élève comme une menace contre les rois et s'annonce encore comme une espérance à tous les peuples.

Sa tête au front découvert, aux yeux profonds, à la barbe et aux cheveux flottants exprime la force, l'intrépidité et la douceur.

Dans cette figure de capitaine plébéien, de chevalier sans peur et sans reproche de la jeune démocratie, il y a du messie et du vengeur ; c'est le Dieu de la dernière guerre : celle des peuples contre tous les despotismes.

Giuseppe Garibaldi est né à Nice, le 4 juillet 1807, dans le golfe de Gênes, à l'endroit même où la France et l'Italie semblent se confondre ; aussi, le patriote italien a été soldat de l'armée française lors de la guerre du Piémont contre l'Autriche : la France est la patrie de tous les soldats armés pour la liberté.

Comme l'aigle, Garibaldi eut un rocher pour berceau ; il est né le plus près de Dieu, au bord de la mer ; en dehors des hommes, et dès son enfance, Garibaldi apprit à regarder de haut l'humanité.

Habitué à la vie rude de matelot, il y acquit une virilité sans exemple ; il devint aussi fort de volonté que de tempérament pour être un jour ce qu'il fut : le soutien des opprimés et l'exécuteur des bourreaux !

Giuseppe ne s'est pas démenti un seul instant dans son amour national comme dans sa foi chevaleresque ; Manin, le dictateur de Venise, disait : toute injustice me regarde ; Garibaldi ne l'a pas dit, il l'a prouvé.

Giuseppe a débuté dans la vie par être marin. Né dans une patrie qui ne s'appartenait pas, il se contenta de souffrir en silence en attendant l'heure de la lutte contre les oppresseurs de l'Italie.

Les premières pages de son histoire valent tout un roman : Il s'engage dans la marine sarde et il y conquiert rapidement ses grades, ce qui ne l'empêche pas de conspirer avec les *carbonari* qui rêvent avec lui l'affranchissement de la patrie.

Depuis sa plus tendre enfance, il avait voué une haine mortelle à l'Autriche ; à la première tentative d'insurrection contre l'étranger, Garibaldi lève le drapeau de l'indépendance. Mais le mouvement trop hâté eut un fâcheux aboutissement, la police fit de nombreuses arrestations ! le jeune carbonaro dut chercher la liberté dans la fuite.

Il part à pied, le chevalier errant de l'indépendance italienne, et déguisé en paysan, il passe le Var, se rend en France, la terre hospitalière de tous les proscrits.

Après avoir séjourné quelque temps à Marseille, écrit M. Julien Lemer dans son *Histoire de la guerre d'Italie*, il revient dans sa patrie où l'appelle, dans la haute Italie, une nouvelle entreprise contre l'Autriche.

Traqué dans les *Montagnes noires*, il prend aux yeux de ses ennemis les proportions d'un personnage surnaturel, par l'adresse qui'il déploie pour leur échapper. Aimé d'une jeune fille noble qui avait voulu partager les périls et les fatigues de sa vie aventureuse, c'est là qu'il voit mourir l'objet de son premier amour et qu'il ensevelit les restes de son héroïque compagne, au pied d'un rocher qui porte aujourd'hui le nom de celle à qui il sert de tombeau : *Margarita*.

Tourmenté par un incessant besoin d'agitation et d'oubli, il s'engage bientôt comme officier dans la flotte du bey de Tunis; mais la vie qu'il mène sur la côte d'Afrique lui paraissant trop calme, il va chercher le mouvement et la guerre dans l'Amérique méridionale et combattre pour la défense de la république de l'Uruguay.

On était en 1838. Rosas faisait attaquer Montevideo par cinq mille hommes. Garibaldi, à la tête de cinq cents jeunes gens, marche à la rencontre des assaillants. Repoussé par la puissance irrésistible du nombre, il est obligé de se réfugier à Gualaguay, dans la province d'Entrerios, où on l'expose en place publique aux injures des habitants, après quoi il est mis en prison. Après huit mois de captivité, il réussit à s'évader, revient à Montevideo, y rallie ses compagnons et se fait donner par le président de la république le commandement de trois vaisseaux. C'est avec cette flottille qu'il engage contre la flotte de Buenos-Ayres une lutte qui dure deux ans.

Mais cette lutte portant un trop grand préjudice aux intérêts commerciaux engagés sur la rivière de l'Uruguay, une escadre anglo-française intervient pour faire cesser la guerre. Ce n'est pas sans combattre que Garibaldi cède aux forces imposantes de l'amiral anglais; mais il trouve moyen d'éviter à ses compagnons la honte d'être faits prisonniers en les embarquant sur des canots et en mettant le feu à ses trois navires.

La population de Montevideo le reçoit avec enthousiasme.

Quelque temps après, il épouse une Brésilienne au cœur héroïque, Annita, celle qui devait le seconder, lui servir de lieutenant dans les guerres qui suivirent.

Rosas déclare encore la guerre à la république en 1843. C'est encore Garibaldi qu'on lui oppose avec sa légion, composée en grande partie d'Italiens qui attaquent et battent à maintes reprises au cri de Vive l'Italie ! des troupes dix fois supérieures en nombre. A Salta, cerné avec ses trois cents légionnaires par Rosas à la tête de trois mille hommes, il enfonça les lignes ennemies et mit l'armée en déroute par quatre côtés différents.

En récompense de cette victoire héroïque, la république de l'Uruguay vota des dons en argent et en terres à chacun des soldats de la légion. Tous, d'un commun accord, refusèrent l'argent, mais consentirent à accepter les terres pour les cultiver.

Les soldats de Garibaldi, ces sublimes aventuriers d'un capitaine toujours armé pour la défense du droit, deviennent alors de paisibles laboureurs jusqu'à l'heure où les rappellera leur capitaine qui, lui, n'avait accepté, ni terre, ni argent.

C'était l'heure où la vieille Europe rappelait son plus vaillant enfant, dans sa patrie si éprouvée; l'Italie, pour la troisième fois, se soulevait contre l'Autriche.

Garibaldi, le proscrit, se souvenait que l'Italie l'attendait à chaque soulèvement : Garibaldi se souvenait et accourait.

II

La révolution de 1848 venait d'éclater. La nouvelle République française avait répandu la terreur chez tous les rois de l'Europe. Les peuples opprimés tressaillaient pleins de joie et d'espérance, confiant dans le gouvernement provisoire de la France républicaine.

Il ne fallait qu'un ordre, qu'un mot de la nouvelle république pour venger à jamais l'Italie et la Pologne. Mais l'Italie eut peur de la France et cet ordre on ne le donna pas. Le mot ne fut pas dit par le plus grand orateur et le plus grand poëte de la révolution nouvelle.

Lamartine, en faisant respecter toutes les nationalités, laissait sans défense contre le despotisme des hommes comme Garibaldi, ne reconnaissant la patrie que là où pouvait grandir la liberté que la France venait cependant d'acclamer déjà pour elle-même.

Aussitôt la révolution de 1848 accomplie, et aux premiers tressaillements de la mère patrie prête à venger ses droits, Garibaldi rassemble ses soldats laboureurs, il change leurs socs de charrue en autant de glaives, il part avec sa légion pour la vieille Europe redevenue la terre promise de la liberté.

Il rêve pour l'Italie ce que Lamartine et son gouvernement démocratique ne rêve que pour la France, mais non aussi pacifiquement, puisque l'Italie n'était encore ni unitaire, ni franchement italienne.

Le 2 juillet 1848, Garibaldi débarquait à Gênes, quelques jours après, il était à Roveslalla au quartier général du roi Charles-Albert, lui et sa poignée de braves.

Malheureusement, on ne crut pas à l'utilité de son concours ou plutôt la réaction française qui, déjà, se prononçait contre la révolution européenne, eut peur de l'audace de Garibaldi, de ses soldats, venus du Nouveau Monde pour venger l'Ancien.

Alors Garibaldi se rendit à Milan pour offrir son épée, sa légion au service de son gouvernement provisoire, qui lui conféra aussitôt le titre de général, et lui donna l'ordre de se diriger vers Bergame, à la rencontre des Autrichiens.

C'est ici que va commencer la véritable mission de ce vaillant héros; avec le noyau d'hommes qui l'avaient servi depuis son retour d'Amérique, Garibaldi était parvenu à composer une petite armée de deux mille soldats intrépides qu'il avait divisée, à la mode antique, en cohortes, centuries et décuries, il avait en outre quelques cavaliers.

Sur les cadres de la quatrième centurie, figurait sa femme Annita, une héroïne digne de ce héros; elle marchait côte à côte de Garibaldi, cette grande et superbe Brésilienne, stimulant les soldats par sa voix et son exemple, sans jamais plus reculer que Giuseppe au grondement du canon et au sifflement des balles.

Et c'est avec cette poignée de soldats que Garibaldi devint le plus grand héros de cette guerre de 1848 à 1849 dont le souvenir est resté dans toutes les mémoires; raconterons-nous le rôle sublime, surnaturel qu'y joua Garibaldi inspiré par son patriotisme et son horreur contre les Autrichiens, sa fascination persuasive que sa foi, son amour de la patrie et son courage inspiraient à toutes les populations? son retour à Milan, prêt à capituler, sa résistance de vingt et un jours à Oseppo, où la vaillante Annita remplace le chef retenu sur son lit par ses blessures; sa retraite désespérée à la tête de cinq cents hommes qui se frayent un passage au milieu de deux régiments autrichiens? la victoire qu'il remporta, avec de simples canots, sur deux bateaux à vapeur? son passage, enfin, à Varèse, à Côme, à Olgiata, où il échappa, à force de courage, aux poursuites de l'armée ennemie, pour se retirer, avec ses compagnons, dans les montagnes hospitalières de la Suisse?

Quelques mois à peine écoulés, Garibaldi est appelé à siéger à la chambre des députés de Piémont. Il s'y fait remarquer par l'âpreté et l'énergie de son éloquence, et prouve que sa parole peut-être une arme aussi. Il refuse de concourir à la dernière tentative armée que Charles-Albert va faire contre l'Autriche, tentative qui doit aboutir à la funeste journée de Novare. Mais, instruit que les forces de la révolution italienne se concentrent à Rome, il y court aussitôt et arrive dans la ville éternelle avec deux mille volontaires.

On sait quel rôle il joua comme membre de l'assemblée constituante de Rome, quelle défense il organisa comme général de l'armée lombardo-romaine ; la brillante sortie qu'il fit à la tête de huit mille hommes contre le roi de Naples, dont il faillit s'emparer à Bocca d'Acre ; sa résistance désespérée pendant le siége fait par l'armée française ; enfin sa retraite après que la constituante eut rejeté la proposition de faire sauter la ville.

Cette retraite fut en partie dirigée par la femme de Garibaldi, à la tête de sa centurie.

Avant de quitter Rome, le général révolutionnaire avait adressé à ses légionnaires la proclamation suivante :

« Soldats,

« Voici ce qui vous attend : la chaleur et la soif pendant le jour, la faim pendant la nuit, point de solde, point de repos, point d'abri ; mais en revanche, une misère extrême, des alertes et des marches continuelles, des combats à chaque pas. Que ceux qui aiment l'Italie me suivent ! »

Et presque tous le suivirent !

Voici, du reste, ce que le général Vaillant disait du chef et des soldats, dans son rapport sur le siége de Rome :

« Il était partout, et de ses volontaires il avait fait de vieux soldats. »

Avec ses cinq mille compagnons, Garibaldi veut tenter de gagner Venise, dernier boulevard de l'indépendance italienne ; il marche d'abord sur Lodi. Atteint par une division française qui le poursuit, il engage le combat et réussit à faire une retraite honorable ; bat près de Fuligno une division autrichienne ; cherche vainement à réveiller sur son chemin le patriotisme endormi des populations ; gagne la Toscane, où il trouve des sympathies pour sa personne, mais aucun élan pour la cause de la liberté, et arrive à la frontière de la république de Saint-Marin. Mais la terreur qu'inspire l'Autriche est telle, que la petite république refuse l'hospitalité aux derniers soldats de la cause italienne.

Chef et soldats, Annita elle-même, enceinte de six mois, tous souffrent les tortures de la faim. Attaqués dans ce moment par un corps autrichien, la petite armée se disperse ; poursuivis jusque dans les montagnes, la plupart des volontaires se réfugient en désordre sur le territoire de Saint-Marin. Ils atteignent la capitale de ce petit Etat, Garibaldi rallie autour de lui environ quinze cents hommes, parlemente avec le général autrichien ; mais, ne pouvant accepter les conditions qui lui sont faites, il s'échappe pendant la nuit avec cent cinquante compagnons pour ne pas compromettre les San-Marinois, parvient à gagner la mer au milieu des plus grands périls, se jette avec sa suite dans des barques de pêcheurs, et fait voile pour Venise. Mais l'approche d'un vaisseau autrichien le force de débarquer sur la plage. Les fugitifs sont obligés de se séparer, de fuir un à un pour ne pas être pris en masse. Garibaldi, suivi seulement d'un de ses compagnons, qui l'aide à porter sa femme mourante sur son dos, s'achemine ainsi sur Ravenne.

Quel calvaire ! Quelle station douloureuse pour ce héros, pour ce preux, pour ce martyr qui aimait sa femme d'un amour égal à celui qu'il ressentait pour l'Italie ! Et quelle récompense avait ce double amour ! un double tombeau.

Garibaldi enterra lui-même, deux jours après, la malheureuse et héroïque Annita ; il l'enterra de ses mains, lui le proscrit, sur une terre qu'il lui était défendu de remuer, lui dont la tête était mise à prix, lui à qui chaque Italien, d'après l'ordre de l'Autriche, devait refuser le pain et le sel, sous peine de mort !

Il en coûte d'aimer la patrie et la liberté; aucun malheur ne manqua à ce grand cœur qui souffrit toutes les tortures!

Garibaldi a payé sa gloire par des crises suprêmes. Les stations douloureuses n'ont pas été épargnées à ce soldat-christ de la liberté!

III

Encore une fois la partie est perdue. Garibaldi est deux fois veuf, veuf d'Annita et de l'Italie.

Homme mûr, et rudement éprouvé, il revient au berceau de ses jeunes années; à Gênes, d'où il était parti, quinze ans auparavant pour l'Amérique.

Le héros y revient, comme il est parti, et plus malheureux encore, puisqu'il n'avait plus d'espérance, plus de compagne héroïque et adorée pour le consoler de la perte de la Patrie!

Alors Garibaldi regarde la mer qu'il a en face de lui; elle l'attire, il repart pour l'Amérique, cette terre vierge de la liberté.

Que fait-il en Amérique! Cette fois il se fait industriel et agriculteur, il n'a plus le désir de se mêler aux luttes des partis étrangers! Mais le lion changé en berger rêve encore, aux heures du repos, à la délivrance de l'Italie.

L'heure de sa délivrance sonne de nouveau, Garibaldi revient en Italie.

Ce fut le 11 avril 1859; le comte Walewki, ministre des affaires étrangères, communiquait au Sénat, par ordre de l'Empereur, un exposé signalant les empiétements de l'Autriche en Italie, qui menaçaient non seulement le nord de ses Etats, mais jusqu'à la paix de l'Europe.

Et déjà l'armée d'Autriche, de l'empereur François Joseph, passait le Tessin, la limite du Piémont; déjà l'Autriche jetait le gant au roi Victor-Emmanuel.

Au moment où la France impériale, moins timorée que la France republicaine, mais dans un but moins libéral, allait venger la nationalité italienne, Victor-Emmanuel, plus hardi que Charles Albert, songeait à l'intrépide soldat de l'indépendance, à Garibaldi.

Le héros était prêt.

Garibaldi organise alors un corps de volontaires, composé d'anciens compagnons d'armes et de nouveaux engagés dignes des anciens : le corps des chasseurs des Alpes.

Il entre en campagne, sans attendre les ordres du roi, au nom de la patrie esclave. Les Autrichiens étaient entrés en Lombardie, il s'y précipite, comme une tempête avec ses braves soldat de l'ancien et du nouveau monde; il adresse, avec son premier coup de feu aux Autrichiens, cette proclamation aux Lombards :

« Lombards !

« Vous êtes appelés à une nouvelle vie et vous devez répondre à l'appel comme le firent vos pères à Ponsida et à Legnano. L'ennemi est encore le même : atroce assassin, impitoyable et pillard. Vos frères de toutes les provinces ont juré de vaincre ou de mourir avec vous. C'est à nous à venger les insultes, les outrages, la servitude de vingt générations passées, c'est à nous à laisser à nos fils un patrimoine pur de la souillure de la domination du soldat étranger.

« Victor-Emmanuel, que la volonté nationale a choisi pour notre chef suprême, m'envoie au milieu de vous pour vous organiser dans les batailles patriotiques. Je suis touché de la sainte mission qui m'est confiée et fier de vous commander.

« Aux armes, donc! Le servage doit cesser.

« Qui peut saisir une arme et ne la saisit pas est un traître.

« L'Italie, avec ses enfants unis et affranchis de la domination étrangère, saura reconquérir le rang que la Providence lui a assigné parmi les nations. »

A cette mâle énergie, à cet accent convaincu, on sent le héros qui s'est encore grandi par le malheur, par la haine implacable que le patriote a vouée à l'Autriche.

A cet appel, toutes les provinces auxquelles Garibaldi s'adressaient se soulèvent, en lui répondant aux cris de vive la liberté!

Le roi Victor-Emmanuel, secondé par les troupes françaises, défendait son trône; son général Garibaldi, secondé par ses soldats indépendants, défendait la patrie.

Partout Garibaldi marchait à la tête de ses volontaires à des victoires certaines, ayant les Français d'un côté, les Piémontais de l'autre, toujours en avant, contre les Autrichiens, ces soldats du despotisme, ces esclaves armés et féroces, ces garnisaires du servage Italien.

Ce n'était pas une armée que celle de Garibaldi, c'était une avalanche armée, une trombe humaine, c'était la foudre.

L'Italie se réveillait au bruit du canon, à la voix de Garibaldi, le titan de la victoire. Il était à la fois l'espoir, l'enthousiasme de ce peuple qui se reconnaissait en lui.

Cet homme, ce héros pâle, aux yeux ardents, au front altier, recouvert du rouge capellino Dalmate, au costume pittoresque, emprunté aux Maures antiques, c'était la liberté, c'était l'Italie. Garibaldi passait et les Autrichiens fuyaient; il passait à travers les rangs ennemis qu'il faisait ensuite reculer de Romagnano à Borgosesia, de Borgosesia à Arona, franchissant le Tessin, entrant en Lombardie, sans regarder derrière lui, ne se souciant ni du nombre, ni de la force, lui, le fort, lui le géant patriote.

Sa force à lui était dans sa foi, et à son apparition, les hommes s'armaient, les femmes pleuraient de joie, les enfants eux-mêmes voulaient suivre ce preux, ce mâle apôtre de l'indépendance.

Quand il avait disparu, l'Italie était libre et les villages arboraient le drapeau aux trois couleurs, le drapeau italien.

Garibaldi arrive ainsi à Varèse, sur la route de Milan où les armées françaises et piémontaises l'attendent, l'une pour consolider la prépondérance de la France impériale, l'autre pour raffermir un trône menacé par l'étranger.

Garibaldi arrive, mais uniquement pour sauver l'Italie; il y arrive en aventurier, en pressant le pas, en devançant la France et le Piémont.

Les habitants de Varèse avaient à peine eu le temps de féliciter Garibaldi et les vaillants chasseurs des Alpes qu'on lui signale l'approche d'un corps d'armée de trente mille autrichiens.

La situation est critique. Garibaldi a des soldats déterminés, mais il n'a pas un seul canon.

— Ce n'est rien, s'écrie-t-il, les Autrichiens en ont.

Cependant, leur artillerie joua d'une façon terrible contre les barricades de pierre et de chair qui étaient opposées à l'armée de l'empereur d'Autriche. L'Autrichien eût eu raison de cette légion d'hommes, il l'eût dispersée homme par homme si son chef n'eût employé ce moyen suprême : lancer à la fois tous ses volontaires sur le corps d'armée autrichien.

Après trois heures d'un combat acharné, Garibaldi ouvrait un passage, à Varèse, à l'armée française et piémontaise; la route de Milan était libre; l'Autriche abandonnait ses canons à Garibaldi.

Un commissaire extraordinaire de Victor-Emmanuel, près du corps des chasseurs des Alpes, honorait publiquement, par une proclamation, Garibaldi, qu'il reconnaissait comme le premier soldat du roi Victor-Emmanuel, et le maire de Varèse déclarait le gouvernement autrichien déchu.

Mais cela ne suffit pas au héros, la route de Milan n'était pas libre; il fallait la déblayer au profit de la France et du Piémont, la trombe de Garibaldi se masse de nouveau, roule, court et vole; elle chasse, elle balaie, disperse l'étranger. Elle pénètre dans la ville de Côme, où les illuminations sont prêtes à l'avance, où toutes les voix, tous les cœurs fraternisent à la vue du rédempteur de l'Italie.

Chaque journée nouvelle se compte par une nouvelle victoire; partout sur la oute de Milan le drapeau italien remplaçait le drapeau de l'étranger, partout des commissaires sardes créaient une garde nationale, levaient des bataillons de patriotes.

Garibaldi apparaissait et la nation italienne revivait. Déjà il s'apprêtait à marcher sur Milan pour s'emparer de la personne même de l'empereur François-Joseph, lorsqu'il apprit que les deux souverains, dont il avait été le premier soldat, l'empereur Napoléon III et le roi Victor-Emmanuel, l'avaient devancé.

La mission de Garibaldi touche à son terme, il a combattu pour la liberté, pour l'unité italienne, il a réussi; il n'a plus qu'à descendre de son piédestal de héros.

Les souverains l'obligent à n'être plus qu'un pionnier courageux, après avoir été un conquérant libéral. Il reçoit des félicitations pour lui et ses soldats, lui qui ne veut qu'une récompense : la liberté de ses concitoyens qu'il a le premier affranchis de l'Autriche.

Il lit cet ordre du jour qui honore son courage, mais qui ne satisfait pas assez son indépendance :

Commandement général de l'armée sarde

ORDRE DU JOUR, N° 16

« Pendant que l'armée alliée se tenait encore sur la défensive, le général Garibaldi, à la tête des chasseurs des Alpes, des rives de la Dora s'élançait hardiment sur le flanc droit des Autrichiens avec une rapidité de mouvement extraordinaire; en peu de jours il arrivait à Sesto Calende, d'où, après avoir chassé l'ennemi, il pénétrait sur le territoire lombard et venait s'établir à Varèse. Là, attaqué par le feld-maréchal Urban avec 3,000 hommes d'infanterie, 200 chevaux et 4 canons, il soutenait, quoique dépourvu d'artillerie, une lutte acharnée dont il sortait vainqueur. Par d'autres combats successifs, il s'ouvrait le chemin de Côme; là, il repoussait encore les Autrichiens et il s'emparait de leurs magasins et de leurs bagages. Ces beaux faits d'armes sont le plus bel éloge de ces jeunes volontaires qui ont combattu comme de vieux soldats. Ils ont bien mérité de la patrie. Sa Majesté, se plaisant à leur témoigner sa plus haute satisfaction, a ordonné de faire connaître à toute l'armée les noms des braves chasseurs qui se sont le plus distingués, ainsi que les récompenses qu'il leur accorde par le présent ordre du jour :

« Médaille d'or à la bravoure militaire, Garibaldi (Giuseppe), général des chasseurs des Alpes; croix d'officier de l'Ordre militaire de Savoie, Médici, lieutenant-colonel; croix de chevalier du même ordre, Succhi, major; médaille d'argent à la bravoure militaire : Cenni, Puggi, de Cristoforis, capitaines; Prebustini, lieutenant; Pedotti, Guerzoni, sous-lieutenants; Vigevano, chasseur; mention honorable : Corenz, lieutenant-colonel des chasseurs des Alpes, et à vingt-deux capitaines, lieutenants, sous-lieutenants, sergents et soldats.

« Fait au quartier général de Milan, le 8 juin 1859.

« D'ordre de Sa Majesté,

» *Le lieutenant général chef d'état-major de l'armée.*

« DE LA ROCCA. »

Garibaldi consent, en haine de l'Autriche, a devenir le lieutenant du roi Victor Emmanuel, c'est encore la liberté qu'il défend; et Garibaldi, à Brescia, prépare des victoires nouvelles qui font de Napoléon III un conquérant, de Victor-Emmanuel un roi chevalier.

Garibaldi, lui, reste l'aventurier : il a chassé l'étranger, préparé des victoires dont d'autres recueillent les lauriers, qu'importe. L'Italie est affranchie. Les victoires de Magenta et de Solférino ont fait la France glorieuse entre toutes les nations, qu'importe à Garibaldi, qui, cependant, a travaillé à cette gloire. Avant tout, l'Italie compte comme une nation libre entre toutes les jeunes nations régénérées par la révolution, voilà son œuvre.

Après le traité de Villa-Franca, Garibaldi laissait à la diplomatie le soin de reprendre une tâche que, par son héroïsme, il avait rendue si facile.

Par le traité de Villa-Franca, l'empereur d'Autriche et l'empereur des Français assuraient la paix de l'Europe, et affermissaient le trône de Victor-Emmanuel; mais par les hauts faits de l'héroïque Garibaldi, le peuple italien avait déjà conquis son indépendance et assuré ses libertés.

La paix conclue, Garibaldi se retire avec ses fils qui l'ont suivi dans ses dernières campagnes, avec les dignes enfants d'Annita, dans l'île de Caprera.

Garibaldi, sans autre titre que celui de défenseur de la patrie, redevient agriculteur. Cincinnatus, dictateur romain, ne retourna-t-il pas à sa charrue après avoir porté les armes en l'honneur de son pays?

IV

Dirons-nous encore la glorieuse campagne de 1860, ce fantastique débarquement de la cohorte des Milles qui, sous la conduite du grand capitaine plébéien, s'empara en quelques jours de la Sicile, passa dans le royaume de Naples et mit en fuite d'un seul coup, manarque, armée royale, princes et courtisans? Parlerons-nous de ce beau fleuron ajouté par le républicain Garibaldi à la couronne du roi d'Italie? Parlerons-nous aussi de la funeste aventure d'Aspremonte, de la balle reçue au talon pour prix d'un royaume, triste témoignage de la reconnaissance des rois!

Garilbadi victorieux n'était qu'un soldat heureux de l'indépendance; vaincu, il devenait un héros sublime, plus cher encore à ce peuple italien à qui il ne s'était pas assez dévoué en lui donnant tout son sang et tout son amour.

Il fallait encore qu'il fût méprisé et honni! Il fallait qu'il fût abandonné de tous ceux qu'il avait servis par sa loyauté et par son héroïsme. Ce fut ce qui arriva à la dernière campagne de Rome, à la défaite de Mentana!

Notre patriotisme nous défend de faire l'historique de cette triste campagne où Garibaldi, guidé par son amour national, devint forcément l'adversaire de la France.

A cette époque, la ville des papes, secrètement dévouée à l'Autriche, à tout le vieux parti catholique, essayait de ravir, par la ruse, ce que l'amour national avait conquis par la force et par le droit.

Alors, l'intérêt de tous les trônes était en jeu. Les rois les plus libéraux ne pouvaient plus se tourner ostensiblement contre les rois leurs aînés; le peuple italien, encore neuf dans la révolution à peine accomplie, n'osait se prononcer entre des potentats qui l'avaient délivré du joug de l'Autriche, et des princes détrônés qui essayaient de l'asservir de nouveau.

Eh bien, ce que personne n'osa faire, Garibaldi le tenta, à la tête de ses volontaires redevenus agriculteurs; il se présenta sous les murs de Rome pour défendre à la ville des papes de reprendre, en sous-œuvre, une nouvelle œuvre d'asservissement.

Après avoir terrassé l'Autrichien dans sa patrie affranchie par lui, il espéra terrasser le pape. Cette fois, le héros fut vaincu; ses volontaires tombèrent un à un sous les murs de Rome : Achille fut blessé au talon.

Au début de sa carrière héroïque, Garibaldi avait perdu ses deux épouses, dont l'une mourut dans ses bras; à la fin de sa carrière, il faillit perdre ses deux enfants, et vit mourir autour de lui tous

Paris. — Typ. Walder, rue Bonaparte, 44

PLUTARQUE POPULAIRE CONTEMPORAIN

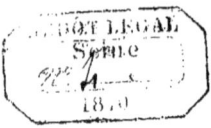

JULES FAVRE

22ᵉ Livraison.

ses braves soldats qui, par deux fois, avaient donné l'indépendance à l'Italie.

Garibaldi donnait au monde un exemple tout nouveau. Il n'était plus le vengeur du peuple italien, entraînant avec lui un empereur et un roi dont il préparait les victoires. Il se dressait tout seul, avec ses aventuriers, en face du Vatican, ce foyer de toutes les intrigues essayant de contester à tous les peuples, par le servilisme catholique, leurs droits nouveaux, leurs souverainetés encore mal affermies.

Le héros du peuple, non plus du peuple italien, mais du peuple du monde, avait cette fois devancé l'heure de la victoire; il fut vaincu.

Depuis cette dernière défaite, Garibaldi, abandonné de tous les rois, est devenu plus grand encore.

Ce n'est plus une gloire, c'est une espérance. Ce n'est plus un triomphateur, c'est un apôtre.

Les zouaves pontificaux, en tuant jusqu'aux derniers les soldats de ce héros qui ont donné une patrie à un peuple esclave, un trône à un roi contesté par l'Autriche, les zouaves pontificaux, ces soldats de toutes les aristocraties, en isolant de plus en plus cette grande figure, l'ont rendue plus imposante aux yeux du monde.

Garibaldi, dans son exil, dans sa retraite obstinée, ne se montre plus comme l'idéal d'un peuple régénéré par son courage; il se dresse toujours comme une menace; le géant attend la tempête pour s'élever encore au-dessus d'elle, la dominer, et conduire sous sa foudre, les peuples régénérés à la terre promise de la démocratie universelle.

Garibaldi est mieux qu'un héros aventurier, c'est un soldat rédempteur.

TH. LABOURIEU.

JULES FAVRE

I

Avoir été pendant douze années le chef incontestable et à peu près incontesté de l'opposition législative en France, avoir eu l'honneur d'être considéré comme le suprême espoir de la liberté, avoir eu le droit de traiter de haut les Morny, les Billault, les Baroche, les Rouher et les autres porte-voix de l'empire dictatorial et absolu, avoir conquis, grâce à cette situation et au prestige qu'elle lui donnait, tour à tour le bâtonnat de l'ordre des avocats et un fauteuil à l'Académie, et en être venu à la fin de la dernière législature à se voir vaincu au premier tour de scrutin dans les diverses circonscriptions électorales où il se présentait et obligé finalement, au ballotage, de disputer le mandat législatif de la septième circonscription de Paris à Henri Rochefort, et d'accepter comme appoint, pour se compléter une majorité, les voix bonapartistes et cléricales du candidat officiel Savart!

Telle a été l'étrange position politique de Jules Favre dans le mouvement électoral de 1869!

S'être vu couronné au capitole de l'opposition et voir de si près la roche tarpéienne de l'impopularité!

Est-il donc vrai que les Athéniens de Paris et de la France fussent déjà las d'entendre appeler cet Aristide de la tribune l'avocat de la liberté?

Et les journaux officieux étaient-ils bien fondés à lui offrir déjà l'aumône de leur pitié et de leurs condoléances hypocrites sur l'ingratitude du peuple?

Non, certes, le peuple n'était, ni ne voulait être ingrat envers l'homme qui avait flétri si énergiquement le coup d'Etat en pleine tribune, démasqué si éloquemment les ignobles mobiles financiers de l'expédition du Mexique, stigmatisé tant de fois les tripotages électoraux des candidatures officielles et revendiqué en toute occasion les droits de la liberté. Mais il est des époques dans la vie des nations, où elles comprennent qu'il ne suffit plus à la liberté d'avoir des avocats, qu'il lui faut des tribuns qui, à un jour donné, deviennent les soldats de la sainte cause, non pas les soldats armés de fusils, mais les soldats armés d'idées nouvelles et prêts à formuler en lois les aspirations d'un pays régénéré.

Certes, les Français de 1870 sont encore assez artistes pour ne pas refuser leur admiration aux grandes périodes oratoires; mais ils se disent déjà en variant un peu le vers du bonhomme Chrysale :

Je vis de bonnes *lois* et non de beau langage;

Et ils ne seraient pas fâchés de voir venir à l'aide des avocats de la liberté quelques vrais tribuns du peuple.

Tribun du peuple, ne l'est pas qui veut, maître Jules Favre, et peu nombreux sont les orateurs qui, dans les temps modernes, ont mérité ce beau titre. Des orateurs, nous en avons eu, nous en avons encore à la Chambre, hommes diserts, apportant au service du progrès l'élégante faconde d'Isocrate et parfois la verve soigneuse et la fougue pompeuse de Cicéron, mais, si j'en excepte Ledru Rollin, il faut remonter à la grande époque de la révolution pour trouver de vrais tribuns du peuple.

Pour un tel rôle, talent, savoir, convictions même ne suffisent pas; il faut que la foi ardente et toujours en haleine soit servie par le tempérament, qu'elle impose aux auditeurs des assemblées au moins le respect des idées dont elle s'inspire, qu'elle semble animée par le génie de tout un peuple, et que la voix du tribun qui en est possédé paraisse grosse, à ceux qui l'écoutent, des millions de voix des citoyens dont il est l'organe.

C'est ce tribun du peuple que le Peuple de 1869 aurait voulu trouver en Jules Favre.

Il l'a vu hésitant et peut-être même hostile sur quelques points de ses revendications les plus absolues; il s'est souvenu de certains votes, de certains discours, de certains actes de 1848; il s'est pris à douter de lui, et il lui a fait expier cruellement ses hésitations et ses votes passés en lui marchandant un siége au Corps législatif.

Espérons que la leçon ne sera pas perdue, et qu'à défaut du tempérament qui lui manque, l'avocat du peuple trouvera, dans le sentiment des nouveaux devoirs qu'impose à l'opposition la nouvelle comédie parlementaire dans laquelle on lui offre un rôle, les inspirations d'un vrai tribun.

II

Je trouve dans la nouvelle édition du *Livre des orateurs* de Cormenin, une appréciation un peu sévère, mais assez fine sinon juste en tout point, du talent de Jules Favre comme orateur.

« Depuis qu'on ne joue plus de drame politique sur le théâtre du Palais-Bourbon, » écrivait Cormenin en 1860, « et que le grand Montalembert, qui passionnait la foule, s'est, malgré lui, retiré dans la coulisse, M. Jules Favre est devenu le prince des acteurs d'une scène secondaire et désertée.

« Son geste est noble, sa diction est étudiée et savante. Il a du mordant dans son organe, mais le hoquet qui le dépare nous affecte désagréablement, nous autres Athéniens qui ne sommes pas de la Scythie, c'est-à-dire de la province. Quelle illusion pourrait, d'ailleurs, nous faire sur la scène du Palais-Bourbon un comédien qui porte des lunettes, que la main de quelque Phidias n'eût jamais sculptées sur le buste de Démosthènes, et qui ne miroitèrent jamais non plus sur les yeux superbes de Berryer ni de Guizot ?

« Jules Favre a une grande manière, nul ne possède, comme lui, les coulisses et l'entente de la scène politique. Il est artiste consommé. Quel joueur de flûte ! Quelles intonations savantes ! On sent venir, courir et s'éveiller dans sa parole les frémissements de son âme. Il passe, il insinue habilement, dans la trame de son discours, des arguments de droit et des fragments historiques ; il captive, il ménage, il retient, avec un art singulier, l'attention de son auditoire...

« Il lui manque peut-être, pour animer son élocution, un orchestre plus nombreux, des claqueurs mieux disposés, des accompagnements de voix, des souteneurs à l'unisson. Qu'eussent dit Talma, Mars et Rachel, s'ils ne se fussent pas sentis aidés par des regards et des cris sympathiques ? s'ils eussent entendu des murmures systématiques, des coups de sifflet ? Il faut que l'orateur et l'auditoire se mêlent, se confondent dans le commun transport, dans l'idéal oubli de leur ravissement.

« Jules Favre a le coup d'archet ; c'est un virtuose de parole. Il a une ironie amère et froide. Mais l'acier n'a pas besoin d'entrer tout brûlant dans la peau pour y pénétrer profondément.

« Il a les défauts de l'avocat dont c'est le métier. Il se coule et se perd dans les détails. Il n'a peut-être pas assez de naturel, — le naturel a tant de charmes ! — Il est rare aussi qu'un avocat ait de la grâce ; ils ont de cette sorte d'esprit qui fait grimacer, mais non de celui qui fait rire. Ils rient à la façon de ces écoliers qui voient tomber, sur les glissoires de la promenade, un de leurs camarades maladroit.

« J'ai du faible pour M. Jules Favre, comme pour tous les hommes religieux. Il n'est pas méchant, pas rouge, pas vipère. N'a-t-on pas dit de moi-même : voyez ce vilain homme qui a pris le nom de Timon, le plus méchant des Grecs ! »

Il n'est peut-être pas hors de propos de rappeler que c'est M. de Cormenin, dont le livre et les pamphlets ont été publiés sous le pseudonyme de Timon, qui parle ainsi de son faible pour M. Jules Favre, *homme religieux*.

Il continue ainsi :

« Jules Favre a les grandes manières de la tribune. Il entre, il se développe avec des circonlocutions dans les exordes. Il soigne sa péroraison où s'égarait, s'embarrassait Odilon-Barrot à ne pouvoir plus quitter ses auditeurs et lui-même, et d'où le général Bugeaud ne s'échappait qu'en coulant brusquement au bas de l'estrade et sans dire aïe !

« Mais, chose singulière ! à la même place où je vis briller libéralement les marquis de Chauvelin, de Lafayette et d'Argenson, je vois assis trois avocats, trois ministres non ministres, et partant non marquis, qui leur répondent comme pour témoigner que les empires de la terre passeront, mais que les avocats ne passeront point.

« Ils s'attardent sur le trottoir comme des officiers de garde nationale qui ne voudraient pas être confondus avec le gros de la troupe, et peu habitués à la manœuvre, sans trop savoir d'où ils partent et où ils vont, ils s'arrêtent de temps en temps et, regardant en arrière, ils disent : où sont donc nos soldats ?

« Ce n'est pas seulement les soldats qui leur manquent, c'est le champ de bataille, les cris de la montagne et de la vallée, la mêlée des gens, les nuages de la poudre, les éclaircies du canon, les péripéties de la victoire ! C'est l'ennemi.

« Où est l'ennemi ? là où naguère tout était votre ennemi ! Où peut-il être dans un pays où il n'y a plus, sans dispute possible, d'autre souverain que le peuple? Dans un pays où vous ne pouvez pas, comme en Angleterre, convoquer des meetings, conduire des processions d'ouvriers, emboucher les mille soufflets de la presse, et prendre à la cravate les chambriers pour qu'ils expectorent, avec des hauts-de-cœur, les gorgées du suffrage universel. »

A la rigueur, M. de Cormenin pouvait parler ainsi en 1860, lorsque l'Opposition était représentée à la Chambre par la simple patrouille des *Cinq* (quatre hommes et un caporal) qui commencèrent à peine à bégayer les légitimes revendications du peuple, à signaler les mensonges, les trahisons et les escamotages mis en pratique pour égarer et dénaturer le suffrage universel. Mais il devait bien prévoir, le conseiller d'État versatile, l'ex-président de la commission chargée de rédiger la constitution républicaine, rallié au coup d'État, l'ex-pamphlétaire éplucheur de la liste civile de Louis Philippe et des dotations royales, rallié à la liste civile de Louis Bonaparte et aux dotations de la famille impériale, l'écrivain clairvoyant qui a su deviner Sadowa six ans à l'avance, il devait bien prévoir qu'un jour viendrait où le sentiment de la France percerait la trame du tissu de mensonges, d'hypocrisies et de terreurs fantasmagoriques dont l'enveloppait le pouvoir personnel, et qu'alors il n'y aurait plus à se demander où est l'ennemi, car l'ennemi serait partout, chez tous ceux qui prétendraient encore concilier la pratique d'une monarchie quelconque avec les idées de liberté, de paix universelle et de juste rétribution du travail, qu'un jour viendrait enfin où le peuple ne se contenterait plus d'une consultation d'avocats plaidant platoniquement la cause de la liberté devant un tribunal de magistrats triés par le gouvernement sur le volet des candidatures officielles, et demanderait enfin à ses législateurs de songer à constituer les bases de la justice sociale.

M. Jules Favre a-t-il ce qu'il faut pour devenir un des tribuns qui plaideront la cause du peuple devant l'aréopage qui créera cette grande œuvre de la fin du XIX° siècle : *le code social*?

Voyons encore ce qu'en dit Cormenin :

« Tout en lui refusant cette véhémente éloquence qui se dévore elle-même après avoir brûlé tout ce qu'elle touche, cette éloquence qui fait les orateurs incomparables, qui a fait Cicéron, qui a fait Démosthènes, qui a fait Mirabeau, qui a fait O'Connel, qui a fait quelquefois Berryer, quelquefois de Serre, quelquefois même Guizot; j'accorderais à Jules Favre qu'il est le premier des avocats du barreau parisien, plus parfait peut-être, comme avocat, que Berryer lui-même.

« Ses plaidoyers sont des modèles à la fois de l'enchaînement le plus habile et d'une élégance suprême, il est maître de la science du cœur humain, quelle profonde étude du jeu de nos passions ! quelle dialectique fine et serrée ! quelle pureté de langage ! quel respect pour les mœurs ! quels portraits achevés ! Avec quel art il tisse la trame de ses expositions ! comme il assemble ses preuves ! comme il enveloppe son adversaire à mesure qu'il se rapproche de lui ! comme il empêche, en resserrant, en redoublant le cercle de son argumentation, et en se présentant en même temps à toutes les issues, qu'il n'échappe par quelque côté ! Là, sur son terrain du barreau, mieux qu'à la tribune, il ne se laisse entraîner que par la passion de la justice, dans les voies de la vérité. On est ému des mots touchants avec lesquels il dépeint, il prémunit la sainteté du mariage, les foyers de la famille et les institutions de la propriété. On sent qu'on a devant soi un honnête homme et que ses accents inspirés sortent du cœur. Ils sortent aussi avec une abondance et une grâce infinies, ils sortent de sa foi religieuse, et je lui sais gré, moi, hautement catholique (c'est Cormenin qui parle!) de professer aussi, même devant des Barreaux voltairiens, ce culte sublime d'où il tire, il faut le lui dire, plus que de toute autre source, la force et le charme de son talent.

« En résumé, pour en finir avec l'orateur dont je trace ici le portrait, je préfère le Jules Favre de 1850 au Jules Favre de ces dernières années. » Ceci est écrit en 1860.

« Il substitue malgré lui la déclamation à la passion oratoire. Comment voulez-vous qu'il soit éloquent? il sait ce qu'il dit. Il se pose, lorsqu'il ne devrait pas étudier sa pose. Il enfle et conduit les modulations de sa voix lorsqu'il devrait la laisser s'animer d'elle-même; il ne se trouble pas, car il ne voit pas l'ennemi; il n'attaque pas, parce que ses antagonistes sérieux, les ministres, sont absents ou quasi absents. Il les cherche du regard sur leurs bancs irresponsables, même y fussent-ils présents! Il se croit, non pas à la tribune, mais au barreau, puisqu'il n'a que des avocats devant lui, et il leur parle en avocat; et, ne pouvant être orateur, puisqu'il n'y a pas de lutte et de lutteurs, il devient rhéteur, il s'attache à la phrase, il la tourmente, il la caresse, il la colore! il en pourrait faire tout autant seul à seul dans son cabinet; il étend les bras, il se frappe la poitrine, il trébuche sur les gammes de son diapason. »

Il est impossible d'indiquer en termes plus sympathiques pourquoi Jules Favre n'est pas et ne peut pas être le tribun du peuple. L'éloge que fait de lui Cormenin est sa condamnation aux yeux de la démocratie.

Et, de fait, voyez à quelles fautes politiques peuvent entraîner l'amour de la phrase, le culte de la péroraison, l'emploi des moyens de palais dans les cours de tribune : N'est-ce pas Jules Favre qui terminait ainsi un de ses discours dans la discussion de l'Adresse en 1866 :

« Pour moi, je ne demande qu'une « chose, c'est que demain les ministres « viennent nous apporter des lois qui « mettent les principes de 1789 en ap- « plication, et alors, messieurs, je déser- « terai les bancs de l'opposition, et alors « je comprendrai que mon devoir est « d'appuyer ceux qui doivent rétablir « la liberté en France. »

Ce n'est pas un tribun du peuple qui aurait caressé une telle péroraison, qui n'était, même pour Jules Favre, qu'une figure, qu'un moyen oratoire. Combien de fois n'a-t-il pas prononcé à la tribune, à propos des droits octroyés, le *timeo danaos et dona ferentes*, et je ne doute pas qu'il ne professe au fond de sa conscience le *delenda Carthago* des Catons de la démocratie.

Mais les avocats ne sont ni des tribuns, ni, j'en ai bien peur, des hommes d'Etat.

Ne voyant en toute chose qu'un sujet de plaidoirie, ils s'habituent aisément à en considérer, à en étudier, à en aimer presque, autant l'envers que l'endroit. Aussi savent-ils se mettre à la place de leurs adversaires et apprécier le talent qu'ils ont déployé en les contredisant, comme ces prévôts de salles d'armes qui s'écrient au moment même où ils sentent le coup qui les atteint : « Tudieu, voilà une belle botte! »

L'homme du barreau qui, dans l'opposition, n'a été que l'avocat de la liberté, devient, lorsqu'il est au pouvoir, non un homme d'Etat, mais un avocat du gouvernement.

Voyez ce qu'ont été les cabinets d'avocats en France, depuis l'installation du parlementarisme : Pendant la Restauration, le cabinet Martignac, qui essaie vainement de concilier la liberté avec l'absolutisme, mené sous main par le parti clérical, et ne dure que quelques mois. — Sous Louis-Philippe, les cabinets où figurent les Odilon-Barrot, les Dufaure, les Dupin, les Barthe, les Teste, les Martin (du Nord), les Persil, etc., sont éphémères ou rappellent de fâcheux souvenirs ; les véritables hommes d'Etat de ces deux époques, on peut en convenir tout en répudiant leurs doctrines, ce sont les de Serre, les Lainé, les Louis, les Villèle, les Peyrronet, les Casimir Périer, les Thiers, les Guizot, les de Broglie, les Molé, les Humann, les Duchâtel.

Le second empire, préoccupé surtout de la nécessité de se créer des défenseurs, n'a guère élevé que des avocats, des Baroche, des Billault, des Rouher; aussi a-t-il été encore plus pauvre en hommes d'Etat; les seuls à peu près d'hommes politiques qu'il ait eus au service de son déplorable système, furent Morny, Thouvenel et Fould. Ils sont morts tous les trois à la peine. Que reste-t-il aujourd'hui?

Il se peut que les dilettanti de l'art oratoire se promettent un grand plaisir à être témoins des belles passes d'éloquence de maître Jules Favre et maître Ollivier. Mais le peuple se soucie peu de dilettantisme, il lui faut autre chose que ces tournois de langue, et ce ne serait vraiment pas la peine d'avoir protesté par plus de trois millions de voix contre l'iniquité de l'organisation politique et sociale du pays, si de cette protestation il ne devait résulter encore que des discours.

Un coup d'œil jeté sur le passé de Jules Favre va nous mettre à même de juger de ce que nous pouvons espérer de lui.

III

Né à Lyon le 21 mars 1809, Jules Favre, dès l'âge de vingt-un ans, se manifeste presque comme un républicain de naissance. Le 29 juillet 1830, il écrit au *National* une lettre pour demander l'abolition de la royauté et la nomination d'une Constituante.

En 1831, il est inscrit au barreau de Lyon où il fait son stage et intervient avec la garde nationale dans la lutte fratricide engagée entre la garnison et les ouvriers. — En 1834, il défend les ouvriers mutuellistes de Lyon accusés de société illicite et sort du palais au milieu d'une grêle de balles, dirigée, par suite d'un de ces malentendus qui se produisent trop fréquemment, contre des citoyens inoffensifs. — En 1835, il vient à Paris défendre devant la Cour des Pairs les accusés d'avril et commence une plaidoirie par ces mots : « Je suis républicain ! » En 1836, il se fait inscrire au barreau de Paris et conquiert bientôt une réputation quoiqu'il perde souvent ses procès. Mais il les perd avec éloquence, comme certains médecins perdent leurs malades avec savoir et talent. Si ses clients y perdent leur liberté et leur argent, l'avocat y gagne toujours au moins de la gloire.

La situation de Jules Favre au Palais était excellente, surtout comme avocat de causes politiques, lorsqu'éclata la révolution de février, si excellente que Ledru-Rollin le nomma d'emblée secrétaire général du ministère de l'intérieur.

Mais, dès le mois de mars, lorsque parurent les fameuses circulaires adressées aux commissaires de la République dans les départements et les non moins fameux Bulletins émanés du ministère de l'intérieur, les journaux réactionnaires se prirent à l'attaquer très-vivement en lui attribuant l'initiative des instructions radicales envoyées aux agents du nouveau gouvernement.

Il est curieux de voir aujourd'hui en quels termes Jules Favre s'est défendu de ces imputations et a expliqué sa conduite politique durant les premiers mois de la république, dans sa déposition du 11 juillet 1848 devant la commission d'enquête chargée par l'assemblée constituante de rechercher les causes des événements du 15 mai et des 22, 23 et 24 juin.

Après s'être étendu, un peu trop longuement peut-être, sur les craintes que lui inspiraient Louis Blanc, Albert et surtout Caussidière, il en vient à la question des circulaires et des Bulletins :

« Je ne fais pas, dit-il, de difficulté

de convenir que j'ai rédigé quelques-unes des circulaires qui ont fait tant de bruit. J'ai rédigé la première qui fut modifiée toutefois, et fortifiée par M. Ledru-Rollin. Elle devait-être secrète. Ces mots tant critiqués : *Pouvoirs illimités*, n'étaient que la traduction exacte des instructions verbales données, dès l'origine, aux commissaires. Par exemple, Emmanuel Arago prétendait avoir tout pouvoir, même de raser Lyon. Les commissaires étaient nommés sans discernement, sans aucun choix. On prenait les premiers venus ; la circulaire avait pour but de délimiter leurs pouvoirs, tout en proclamant la nécessité de leur en donner de fort étendus. D'abord la première circulaire fit peu de sensation. Ce ne fut qu'après la démarche des gardes nationaux, » (la manifestation du 16 mars, probablement), « qu'on en fit un crime à M. Ledru-Rollin. Quant à la seconde, elle produisit moins d'impression. Elle roulait sur les élections. Les commissaires devaient intervenir dans les élections par voie de doctrine, et j'estime encore que cela était nécessaire, puisque nous répondions qu'il fallait des républicains pour fonder la République. Quant aux Bulletins, c'est une imitation de ce qui se pratiquait à la Convention. C'étaient des instructions élémentaires pour les campagnes; le bulletin n°, 16 a paru un samedi : il pleuvait, et cependant on s'arrêtait en foule pour le lire. Il était partout considéré comme infâme. Je fus confondu, et fis courir à la poste pour arrêter le départ, s'il en était temps encore. Évidemment, M. Ledru-Rollin avait été surpris. Je voulus encore une fois donner ma démission. C'était Elias Régnault qui rédigeait les Bulletins. Absent par un chagrin de famille, Elias Régnault ne s'occupa pas de celui-ci. Ce fut George Sand qui rédigea ce fameux 16 Bulletin. Etienne Arago avait donné le conseil à Ledru-Rollin de confier à madame Sand la rédaction des Bulletins. Elle avait adressé le matin même, au Ministère, trois projets écrits dans des nuances différentes. Ce fut en quelque sorte le hasard qui fit choisir celui qui pouvait occasionner le plus de scandale dans le monde politique. »

Cette déposition, dans laquelle Jules Favre chercha surtout à dégager sa responsabilité et chargea peut-être un peu trop vivement Caussidière et Louis Blanc, concorde, du reste, avec son attitude dans la demande en autorisation de poursuites contre eux, qu'il appuya hautement devant l'Assemblée, comme rapporteur, dans la séance du 2 juin, et qui, repoussée ce jour-là, fut admise dans la célèbre séance de nuit du 25 au 26 août, où Flocon défendit si éloquemment ses deux collègues.

Républicain formaliste et autoritaire en 1848, Jules Favre semble s'être attaché, comme législateur, à tout ce qui était de nature à consolider en France une république bourgeoise, en favorisant la reprise des affaires commerciales et industrielles et en rassurant la bourgeoisie contre les terreurs réelles ou simulées qu'inspirait le socialisme.

Ainsi, après avoir, de concert avec Dupont de Bussac formulé et défendu énergiquement, contre les hommes de la haute banque, une proposition sur les concordats amiables qui aurait pu servir de base à une réforme radicale du désastreux code des faillites, il votait avec la droite contre la suppression de l'impôt du sel, pour la loi sur les attroupements et le décret contre les clubs, ce qui ne l'empêchait pas, par une sorte de contradiction, de se prononcer avec la gauche pour l'abolition de l'impôt sur les boissons, pour l'impôt progressif, pour l'abolition de la peine de mort et contre le rétablissement du cautionnement des journaux.

Sous la présidence, Jules Favre prit une attitude d'opposition assez marquée; cependant, il vota pour l'augmentation du traitement alloué au président et pour le crédit de 12 millions affecté à l'expédition d'Italie de 1849, dont il devait, quelques mois plus tard, incriminer hautement la tendance, au point même d'appuyer la demande de mise en accusation du président et des ministres. A partir de ce moment, il devint un des chefs de la gauche et combattit résolûment la politique désastreuse qui préparait l'attentat de décembre et la ruine de la république.

IV

Jules Favre fut un des députés qui protestèrent le plus énergiquement contre le coup d'État. Néanmoins, il ne tarda pas à reprendre sa place au barreau de Paris et, renonçant momentanément à la politique, il se consacra tout entier à sa profession d'avocat, son cher *métier*, comme il l'appelle lui-même. Il l'aime tant, ce métier de la parole, que, se sachant pourvu des qualités éminentes qui constituent le grand écrivain, il néglige de laisser d'autres monuments de sa valeur littéraire que ses discours. A peine a-t-il fait imprimer, de 1833 à 1837, quelques mémoires et deux livraisons d'une *biographie contemporaine*. Rarement il publie ses discours et, tout récemment, s'il s'est encore manifesté, homme de lettres, c'est par un petit proverbe, *le Trait-d'union* qu'il s'est amusé à dialoguer pour le faire jouer chez lui dans une soirée intime.

Il semblait résigné à ne faire de la politique qu'au palais ou dans des conversations familières; deux fois il avait été nommé membre de conseils généraux, dans le Rhône et dans la Loire, et il avait refusé de prêter le serment exigé par la Constitution. Ce fut par son *métier* d'avocat, c'est-à-dire en plaidant une cause mémorable, en défendant la vie d'un homme dans une de ces circonstances où le métier devient en quelque sorte une mission, dans l'affaire d'Orsini, qu'il fut amené à rentrer dans la politique active et militante. Son talent oratoire s'était élevé à une si grande hauteur que les électeurs de Paris crurent devoir lui offrir la candidature dans une élection partielle; il fut nommé, et devint bientôt le chef reconnu du groupe des *Cinq*.

La liberté doit lui tenir compte, et l'histoire ne peut oublier de faire mention de cette campagne de six années qu'il conduisit avec une habileté et une énergie qui ne se démentirent jamais, proclamant, en toute occasion, dans l'enceinte du Corps législatif, les droits de la nation outrageusement méconnus, les revendiquant hautement en paroles éloquentes dont les comptes rendus des journaux, si incomplets qu'il fussent, répercutaient l'écho dans tout le pays.

Si une majorité de parti pris votait toujours contre ses conclusions, il savait que ce n'était pas à ces sourds-muets par situation, dont la condition parlementaire était de ne pouvoir ni entendre ni parler, que s'adressait sa parole incisive et souvent amère; il savait qu'elle passait par dessus ces têtes officielles fermées à toute vérité pour aller remuer le cœur même de la nation. L'ordre des avocats de Paris lui prouva qu'il n'avait pas parlé dans le désert, en le nommant et le renommant bâtonnier en 1860 et en 1861.

Vinrent les élections de 1863, et ce furent deux départements, la Seine et le Rhône, qui lui donnèrent un nouveau témoignage en le nommant député. Dans la cinquième circonscription de Paris, il obtint 18,744 voix sur 27,798 votants.

Cette seconde campagne de six années, de 1863 à 1869, peut-être moins brillante que la précédente, au point de vue de la gloire personnelle de l'orateur, bien qu'elle lui ait valu un fauteuil à l'Académie, produisit pour la liberté et le pays des résultats plus décisifs. Elle prépara le grand mouvement de 1869.

La faute grave de Jules Favre et de plusieurs de ses collègues, c'est peut-être de n'avoir prévu ni l'importance, ni la portée de ce mouvement, d'avoir cru qu'ils pourraient le diriger à volonté suivant les besoins ou les intérêts de leur tactique parlementaire, oubliant les lois

Paris. — Typographie Walder, rue Bonaparte, 44.

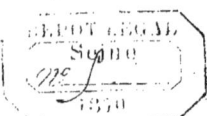

PLUTARQUE POPULAIRE CONTEMPORAIN

Jules Simon

23ᵉ Livraison.

les plus élémentaires de la gravitation politique sur l'accélération de la marche des choses et des institutions. Aussi y a-t-il eu un moment où l'opposition législative et ses programmes ont cessé d'être en équilibre avec les aspirations légitimes des électeurs qui l'ont nommée. Désorientée, tant par l'ardeur des revendications d'un peuple qui ne se borne pas à *demander des libertés*, mais *veut toute la liberté*, d'une nation qui entend n'être plus gouvernée, mais être seulement administrée par des mandataires, chargés seulement de veiller à ce qui intéresse la collectivité des citoyens, d'une société qui prétend, à l'instar de toutes les grandes associations financières ou industrielles, substituer à la forme de la commandite et au système des gérants mal surveillés, le régime de l'anonymat et du contrôle le plus effectif, — que par les semblants de concessions illusoires d'un gouvernement qui cherche à retenir la proie, c'est-à-dire le pouvoir, en abandonnant l'ombre, c'est-à-dire l'apparence du contrôle à ses adversaires, elle a cherché un instant sa voie et a paru hésiter sur l'attitude à prendre.

Aujourd'hui, je crois, tous les nuages doivent être dissipés; la situation s'est éclaircie, le niveau doit être rétabli entre l'opposition et les légitimes aspirations du peuple. Aussi y a-t-il lieu d'espérer que Jules Favre, qui déjà s'est manifesté en s'associant à la dernière déclaration de Gambetta, redeviendra bientôt le Jupiter tonnant de la gauche, et trouvera enfin les grands accents de tribun du peuple qui conviennent à la revendication de tous les droits du citoyen et à l'affirmation de la justice sociale!

JULIEN LEMER.

JULES SIMON

I

M. Jules Simon naquit à Lorient, le 31 décembre 1814. Il fit ses premières études au collége de cette ville. Il était en troisième et avait treize ans, lorsqu'un grand malheur frappa sa famille; elle fut complétement ruinée. On ne put continuer a pourvoir aux frais de l'éducation de l'enfant.

Dans la vie de presque tous les hommes supérieurs, il y a de ces événements. On ne sait quel caprice ironique inspire les destinées. Il semble qu'une puissance inconnue joue avec les existences humaines. Quand un homme doit briller dans une situation quelle qu'elle soit, il est rare que les obstacles ne s'accumulent pas entre cette situation et lui. Le sort a d'inclémentes railleries. Chose bizarre, la marque la plus certaine d'une prédestination, c'est l'éloignement du but voulu. A côté de la nature qui pousse il y a la souffrance qui écarte. Tiraillé entre ces deux pouvoirs, ce n'est que désolé, meurtri, brisé par une lutte désespérante que l'homme arrive au terme où l'attend la mort, plus clémente que la vie.

En vain, dira-t-on, que le combat fortifie et que l'obstacle est nécessaire, cette nécessité même accuse Dieu. Quelle est donc cette création ridicule toujours en suspens entre deux forces contradictoires? quels sont donc ces êtres inachevés, qui ont des organes et des sentiments, et que l'emploi de ces organes tue et que l'usage de ces sentiments écrase? Féroce comédie que se donne quelqu'un qu'on ne connaît pas.

M. Jules Simon devait devenir célèbre par son savoir. Il était donc de toute nécessité qu'il lui fût difficile de s'instruire. Un jour, ses parents, qui l'avaient retiré du collège, l'appelèrent et lui dirent :

Une occasion se présente, quelqu'un veut te prendre comme apprenti dans la ville; il faut renoncer au latin, au grec, aux narrations, à l'histoire; l'heure est venue d'être sérieux; demain tu entreras chez un horloger, qui t'enseignera à faire sonner les pendules.

Le petit Jules ne répondit rien, mais le lendemain on ne le retrouva plus.

Chose curieuse, la vie de Jules Simon s'ouvrit comme un roman. Semblable à Ribera, à Murillo, à Claude le Lorrain, il commença par errer, enfant, à travers les chemins, sans autre appui que sa volonté, sans autre espoir que son désir. Il arriva à Vannes, ayant six francs dans sa poche, et ces six francs ne devaient de longtemps avoir de successeurs.

A Vannes, il trouva à donner des leçons d'orthographe et de latin; ces leçons lui étaient payées, les unes trois francs, les autres trente sous par mois. Il partait à six heures du matin pour exercer ce dur métier; il recommençait le soir à quatre heures; il gagnait ainsi son pain, et les frais de son éducation au collège, éducation qu'on lui donnait dans l'intervalle, c'est ainsi qu'il fit sa seconde et sa rhétorique.

Ce stoïcisme dans cet enfant trouva, par extraordinaire, des admirateurs. Quand il fut en philosophie, le conseil général de l'endroit lui vota, à titre de récompense, la somme exorbitante de deux cents francs; ce conseil général était lettré; trouver deux cents francs pour encourager le mérite et le courage, quand tant de paresseux et d'imbéciles n'ont pas encore tout le luxe qui leur est nécessaire, c'est œuvre vraiment sublime et qui doit exciter notre admiration. Ces deux cents francs, le jeune homme les employa à faire le voyage de Rennes, et à payer ses frais d'examen.

Il finit par se faire recevoir à l'école normale, où sa misère l'accompagna. Ses jours de sortie il ne dînait pas.

Agrégé de philosophie en 1835, il fut nommé professeur à Caen, où il demeura un an; puis il vint à Versailles. Là seulement la destinée commença à lui sourire. Devenu l'ami de M. Victor Cousin, ce dernier l'appela à Paris, comme professeur à l'école normale. A vingt-quatre ans, Jules Simon professait à la Sorbonne.

II

De 1839 à 1847, M. Jules Simon demeura écrivain et professeur. Ses principaux travaux publiés durant cette période, furent :

1° Du commentaire de Proclus sur le Timée de Platon;

2° Etude sur la théodicée de Platon et d'Aristote;

3° Histoire de l'école d'Alexandrie;

4° Manuel de philosophie.

Il collabora, en outre, à la *Revue des Deux-Mondes*.

Chevalier de la Légion d'honneur en 1845, il se présenta à la députation dans son pays, en 1847.

Ayant échoué, il fonda avec un de ses collègues, M. Amédée Jacques, une revue politique et philosophique ayant pour titre : *la Liberté de penser*.

M. Jules Simon se chargea spécialement de la partie politique. Ce fut dans ce journal qu'il salua l'avénement de la république au 24 février.

Cette fois, le département des Côtes-du-Nord l'envoya à l'Assemblée constituante. Il continua d'ailleurs à écrire dans *la Liberté de penser*, où il publia, sans les signer, des articles périodiques, intitulés : *l'Assemblée nationale*, articles dans lesquels il rendait compte des événement politiques du mois.

Lorsque le Conseil d'État fut réorganisé, en 1849, M. Jules Simon fut désigné par l'Assemblée pour y siéger.

Il faut savoir gré à M. Jules Simon d'avoir, à cette époque, violemment combattu la candidature du prince Louis-Napoléon à la présidence de la République. Il fut un des rares esprits, qui virent alors loin et juste; certes, il n'était point malaisé d'ouvrir les yeux, mais l'histoire constatera avec surprise que les meilleurs furent aveuglés. M. Jules Simon eut le mérite de regarder où on allait, et de le dire.

Ayant abandonné sa *Revue*, en 1851, M. Jules Simon écrivit au *National*, où il s'opposa constamment aux actes présidentiels. Chacun de ces actes, qui préparaient le coup d'État, était dénoncé et commenté par le journaliste-philosophe. Vains efforts, qui furent couronnés par une noble action.

Après le coup d'État, M. Jules Simon refusa de prêter serment au nouveau régime, et, quoique professeur inamovible, donna sa démission.

Son cours avait d'ailleurs été suspendu après une vigoureuse protestation qu'il avait osé faire en public.

Les luttes de la pensée n'enrichissent guère. M. Jules Simon se retrouva aussi pauvre qu'en 1847; mais dans son cœur il y avait le même courage. Il se remit simplement à donner des leçons de latin.

Il dut se consoler en songeant que Magnan n'avait plus de dettes, et que, par conséquent, la France était sauvée.

III

La véritable vie d'un écrivain est contenue dans ses ouvrages. Pour nous occuper de ces derniers, nous en finirons donc promptement avec les faits. Ceux-là, d'ailleurs, qui nous restent à indiquer, sont connus de tous nos lecteurs :

En 1857, M. Jules Simon se présenta aux électeurs de Paris. Il fut battu par M. Fouché-Lepelletier. Le suffrage universel en était encore à préférer les nullités que lui recommandait un gouvernement redouté. Ce ne fut, on le sait, qu'aux élections de 1863, que le peuple se réveilla de sa torpeur. Un coup d'État est long à digérer, même à l'estomac d'un lion.

Depuis 1852, M. Jules Simon avait publié quatre beaux livres : le *Devoir*, la *Religion naturelle*, la *Liberté*, et la *Liberté de conscience*. Après avoir résumé dans ces œuvres sa philosophie et sa politique, l'auteur aborda les questions sociales. Si je ne craignais d'employer ici un terme purement artistique, je dirais que ce fut là sa troisième manière.

Il écrivit l'*Ouvrière* et l'*Ouvrier de huit ans*. Il fit des conférences sur les logements d'ouvriers. Ces conférences faites en Belgique nous étaient rapportées par les journaux.

En 1863, M. Jules Simon fut nommé député. Il prit pour la première fois la parole, le 19 janvier 1864, dans la discussion de l'Adresse, pour soutenir un amendement relatif à la liberté du travail.

Depuis ce moment, il ne cessa pas d'être sur la brèche, traitant toutes les questions, écrivant, parlant, agissant. Ce fut, avec M. Jules Favre, le député de la gauche qui se fit entendre le plus souvent. Il parut infatigable. Il a réuni ses principaux discours dans un volume intitulé : la *Politique radicale*.

Les plus intéressants sont ceux qu'il prononça sur la séparation de l'Église et de l'État, sur la liberté de la presse, sur la responsabilité de l'imprimeur, sur l'outrage à la morale publique et religieuse, sur l'organisation de l'armée, sur l'instruction obligatoire, et sur les droits de coalition et de réunion.

Cependant, il faisait paraître de nouveaux volumes, l'*École*, le *Travail*, et, plus récemment, la *Peine de mort*.

Tous ces travaux méritaient la récompense qu'il a obtenue aux dernières élections, en étant envoyé au Corps législatif par une majorité foudroyante dans trois départements.

On n'ignore pas que M. Jules Simon a

opté pour la Gironde et qu'il a été remplacé à Paris par M. Emmanuel Arago.

IV

Il n'est pas un livre de M. Jules Simon qui n'ait eu un grand nombre d'éditions. On comprendra que nous ne puissions les analyser tous. Notre intention d'ailleurs est moins de juger les opinions de l'homme que de les présenter au lecteur.

Le *Devoir* nous donnera sa philosophie; la *Politique radicale*, sa politique; le *Travail*, l'*Ecole* et l'*Ouvrier de huit ans*, son système social.

La philosophie de M. Jules Simon est résumée dans ces paroles de la préface du *Devoir* :

« Au moment d'agir dans les circonstances graves, nous entendons deux voix en nous-mêmes : l'une, c'est celle de l'intérêt qui nous dit : voilà ce qui te donnera du repos, de la sécurité, ou de la richesse, ou de la gloire, ou de la puissance ; l'autre, que tous les hommes appellent le devoir, et qui nous dit : oublie-toi, dévoue-toi, sacrifie-toi.

« Que les incrédules écoutent la voix de l'intérêt, à la bonne heure; mais, qu'il le sache ou qu'il l'ignore, celui qui choisit le devoir a la foi philosophique. On ne peut croire au devoir sans croire en même temps à Dieu, à la liberté, à l'immortalité.

« Personne ne se sacrifierait pour le devoir, si le devoir était d'institution humaine. On lui donne son repos, sa fortune, sa vie, parce qu'on reconnaît qu'il vient de Dieu. La plus irréfutable démonstration de l'existence de Dieu, c'est la vie et la mort d'un juste. »

On ne peut, en moins de mots, terrasser plus complètement l'école matérialiste et montrer son impuissance. Sans la divinité, point de devoir, sous peine de niaiserie. Comme tous les hommes supérieurs, M. Jules Simon croit donc en Dieu, d'où résultent pour lui le mérite et le démérite d'une humanité libre, et, par conséquent, l'immortalité de l'âme.

Il pense que pour éclairer des ténèbres, il faut incontestablement une lumière.

Dans la *Religion naturelle*, parlant des inégalités et des injustices sociales :

« La difficulté, dit-il, serait invincible sans l'immortalité. L'injustice, quand elle subsiste, est une objection invincible contre la justice de Dieu. Mais ce renversement du vrai et du juste dans le monde signifie que la vie n'est qu'un commencement, une épreuve, une heure avant l'éternité. Qu'importent les autres démonstrations ? Ceci est tout. »

C'est pourquoi les ennemis de M. Jules Simon l'accusent de n'être pas libéral, comme si, parce qu'on croit à la justice suprême, c'était une raison pour ne pas poursuivre le mieux sur la terre.

Un philosophe allemand, Feuerbach, traitant la même question, prononça ces paroles :

« C'est seulement sur le manque de justice, de sagesse et d'amour dans l'humanité, que repose la nécessité de l'existence de Dieu. La vérité serait donc de rendre inutile la vie future par l'amélioration de cette vie. »

J'en demande pardon au philosophe athée, mais sa solution me semble éminemment ridicule. Quand même vous parviendriez à organiser la société idéale que vous rêvez ; quand vous feriez de tous les hommes des frères, et que vous supprimeriez par cela même tous les maux qu'ils se causent mutuellement, est-ce que les souffrances naturelles ne subsisteraient pas ? Effacez-vous les maladies ? ferez-vous qu'une femme ne soit pas aimée par deux hommes, et ne préfère pas le second au premier ? est-ce qu'il n'y a pas inégalité entre un malade et un homme en santé ? est-ce qu'il n'y a pas injustice à ce que je sois au désespoir, quand mon rival est heureux ? s'il n'y a pas d'immortalité, l'équité et le bonheur sont donc des chimères; et, lorsque vous rayez Dieu du monde, vous emportez avec lui la seule consolation que je puisse avoir, la seule pensée qui retienne la main d'un misérable, armée contre sa propre vie.

V

La *Politique radicale* forme une sorte de traité sur toutes les questions les plus palpitantes du moment. Consultons encore la préface, pour connaître le député, comme nous avons connu le philosophe.

« Quelle doit être, dit M. Jules Simon, la doctrine de l'école radicale en matière de presse? la liberté totale; en matière d'enseignement? la liberté totale; en matière de droit de réunion, de droit d'association? la liberté totale; en matière de liberté religieuse, de liberté de conscience? la liberté totale; point d'autorisation préalable, point de restrictions, point de salaire du clergé, point d'alliance avec Rome, point de concordat.

« Quelle doit être la théorie de l'école sur l'origine des fonctions? le suffrage universel; sur l'organisation de la justice? l'élection des juges, la généralisation du jury; sur l'impôt? l'impôt unique; sur les douanes, sur l'octroi? abolition; sur les patentes? abolition; sur le livret? abolition; sur les ministres? responsabilité; sur les agents administratifs à tous les degrés? responsabilité; suppression de l'article 75; sur les communes? affranchissement de la tutelle administrative; liberté totale dans la gestion de leurs affaires; élection des maires par le suffrage universel. Il n'y a pas plus d'arcanes dans la politique étrangère : point de guerre de conquête, point d'armée permanente, point d'autre alliance politique que nos alliances naturelles, c'est-à-dire l'alliance avec tous les peuples libéraux; les alliances commerciales fondées sur le principe de la liberté absolue du commerce et sur celui de la réciprocité. C'est un programme aussi simple et aussi monotone que les litanies; et même, pour qui sait les entendre, ces deux mots : la moindre action, la liberté totale, ont une seule et unique signification. »

Cette profession de foi est, comme on le voit, essentiellement républicaine.

VI

Venons maintenant aux doctrines économiques de M. Jules Simon.

Dans *l'Ecole*, il s'occupe naturellement de l'éducation. Partant de ce principe, que le peuple qui a les meilleures écoles est le premier peuple; (s'il ne l'est pas aujourd'hui, il le sera demain); M. Jules Simon trace l'historique des écoles sous tous les régimes; il étudie la législation de l'instruction primaire, puis, considérant l'état actuel de cette instruction, il conclut qu'il faut lui donner tous les millions dont elle a besoin, et ne pas les regretter.

Il passe ensuite à l'éducation des filles, qu'il regarde comme aussi importante que celle des garçons; et il considère à ce propos l'influence des femmes et de leur éducation sur les mœurs. M. Jules Simon s'occupe, dans les chapitres suivants, de l'instruction obligatoire et de l'enseignement libre. Il répond aux objections de ceux qui affirment l'impossibilité de l'obligation, et il donne les moyens de l'établir. Nous ne pouvons entrer ici dans la discussion de la question.

Les volumes intitulés : *l'Ouvrière, le Travail et l'Ouvrier de huit ans*, discutent, comme l'indiquent leurs titres, les intérêts de la classe ouvrière.

M. Jules Simon s'appuie sur deux grands principes : la liberté et l'association.

Il fait l'éloge du travail et de ceux qui travaillent. Il montre que le travail intellectuel et le travail manuel sont frères; que le travail et le capital ont la même origine et les mêmes droits : que le capitaliste d'aujourd'hui est le travailleur d'hier; que le travailleur d'aujourd'hui peut être le capitaliste de demain; que beaucoup de querelles ont pour cause un malentendu; qu'il suffit le plus souvent, pour résoudre un problème, d'en bien comprendre les termes, et pour réconcilier des adversaires, de les rapprocher l'un de l'autre et de leur apprendre à se connaître.

Il enseigne aux patrons la démocratie et aux ouvriers les affaires.

Deux principes dominent toute la question : la liberté d'abord ; c'est le premier et le plus grand besoin. La liberté est également nécessaire dans l'Etat, dans le marché, dans l'atelier. Sans la liberté, il n'y a pas de justice. Dépendez-vous d'un homme? s'il est juste, il pourrait ne pas l'être : son honnêteté n'est qu'un heureux hasard. Dépendez-vous du règlement? qui l'a fait? d'où prend-il son autorité? qui en garantit la justice? Il ne faut dépendre que de soi. Toute doctrine qui supprime la liberté supprime l'homme.

L'association est très-nécessaire à la liberté : elle donne de la force à ceux qui n'ont pas de force. La liberté, sans la liberté de s'associer, aboutirait tôt ou tard à l'oppression ; elle reconnaîtrait le droit des minorités, mais elle en supprimerait l'usage. Par l'association volontaire, le droit est en même temps reconnu et armé ; il devient un fait, ce qui équivaut à dire, que, par elle, la société devient juste.

Quant aux femmes et aux enfants, M. Jules Simon plaide leur cause avec une grande éloquence. Notre société ne tue-t-elle pas l'une par la misère, et l'autre par la fatigue? Ce que nous appelons l'adoucissement des mœurs n'est peut-être que leur hypocrisie ; nous assassinons plus lentement qu'autrefois ; cela tient-il à ce que nous sommes plus doux ou à ce que nous sommes plus lâches ?

Citons ici les paroles de Rossi :

« Le but de la société n'est pas seulement d'être riche. Supposons que ce fût un moyen de richesse nationale, que de faire travailler les enfants quinze heures par jour, la morale dirait que cela n'est pas permis; la politique aussi nous dirait que c'est une chose nuisible à l'État. Pour avoir des ouvriers de onze ans, on aurait de chétifs soldats de vingt ans. La morale fait valoir ses préceptes et la politique ses exigences, et, quand même il serait prouvé que le procédé serait utile comme moyen de richesse, on ne devrait pas l'employer. Quand l'application du travail est contraire à un but plus élevé que la production de la richesse, il ne faut pas l'employer. »

VII

Physiquement, M. Jules Simon est un homme d'une taille moyenne, à l'air doux et fin; son regard ne s'enflamme guère que lorsqu'il est à la tribune où il parle d'ordinaire, une main dans la poche de son pantalon, et avec un laisser-aller plein de dédain. A la ville personne n'est plus aimable. M. Jules Simon a l'urbanité démocratique; riche et pauvre reçoivent de lui la même poignée de main, cordiale et affectueuse.

Son salon est devenu, depuis quelques années, un cercle politique important et influent. Nul homme ne reçoit avec plus de grâces et n'a plus l'air d'être votre obligé, quand vous l'allez voir.

Toujours levé de bonne heure, M. Jules Simon est un travailleur infatigable. On peut discuter ses opinions, mais on ne peut nier que, lorsqu'il traite une question, il ne la connaisse à fond. Ce labeur persévérant ne l'empêche pas d'accueillir tous les visiteurs : c'est un côté qu'il avait de commun avec Sainte-Beuve. J'ai d'ailleurs souvent remarqué que les gens qui se rendent invisibles, sous prétexte qu'ils sont trop occupés, sont ceux qui produisent le moins, et perdent le plus de temps.

Le nombre d'affaires dont vient à bout Jules Simon est inimaginable. Aujourd'hui il prononce un discours à la Chambre, ce soir il parlera dans une conférence ; au sortir de la conférence il prendra le chemin de fer, passera la nuit, présidera demain, dans quelque ville de province, une réunion électorale ou libre-échangiste; la nuit suivante il reviendra; à peine arrivé, il discutera un projet de loi dans les bureaux. Quelquefois alors on le trouve un peu pâle. « Je suis épuisé, vous dit-il, je ne saurais aller plus loin. » Vous le quittez, il recommence, se croit maladif, et vit comme un Hercule.

Avec cela, écrit les livres que vous savez.

Il a aussi la passion des livres d'autrui. Son appartement n'est qu'une succession de bibliothèques ; ou s'y promène à travers des milliers de volumes ; il en a même de rares et de curieux. C'est là le seul luxe du grand écrivain, si toutefois on peut appeler luxe un amoncellement de choses utiles.

On conte peu d'anecdotes relatives à M. Jules Simon ; en revanche, il en sait beaucoup sur M. Cousin.

Voici un mot, assez joli, de ce dernier.

Un jour qu'ils se promenaient bras dessus bras dessous, parlant de Jouffroy, que M. Cousin ne pouvait souffrir :

Je n'admets pas, dit ce dernier, qu'un professeur de l'Université ne soit point catholique ; et, si j'avais connu les sentiments de Jouffroy, je l'aurais destitué.

— Diable, fit Simon, vous oubliez que celui qui vous tient le bras partage ces sentiments, et peut-être aussi celui dont le bras est tenu. Les destituerez-vous tous les deux ?

M. Cousin le regarda.

« Vous savez bien, dit-il finement, que les personnes présentes sont toujours exceptées. »

J'emprunte, pour terminer, à mon ami Fulbert-Dumonteil, un trait de l'enfance de Jules Simon, qui montre ce dernier sous un jour tout nouveau.

C'était au fort d'un rigoureux hiver. Jules Simon avait environ dix ans. Un soir, en revenant de l'école, il trouve une belle perdrix rouge, gisant à moitié morte sous les fenêtres. Le malheureux oiseau n'était qu'une boule de neige. L'enfant l'approche du feu et le réconforte soigneusement d'un peu de vin chaud.

La patte droite de la perdrix avait été brisée par un grain de plomb. L'écolier juge la blessure incurable, coupe, non sans émotion, la patte meurtrie, et, prenant une branche d'osier, remplace habilement le membre amputé par une irréprochable jambe de bois.

L'opération réussit à souhait. Deux jours après, l'invalide allait à merveille, et adoptait une place au foyer, regardant tourner la broche, fraternisant avec les chats, gratifiant les chiens d'un coup de bec amical et familier.

Elle finit par engraisser. Quant à son infirmité, elle n'y pensait plus. On entendait le tic-tac de sa jambe de bois, renouvelée deux fois par semaine, et on la voyait arpenter la chambre avec la majesté d'un héros qui aurait perdu sa jambe sur un champ de bataille.

Le petit Simon, très-fort déjà en histoire romaine, l'avait surnommée Cornélie.

Cornélie et Jules ne faisaient qu'un. Cornélie était de la maison, de la famille, jouait avec la plume et perchait sur les genoux de l'enfant. Seulement, pour lui éviter un coup de tête et un danger, Jules arracha à l'oiseau quelques plumes de ses ailes. Si, par hasard, l'invalide eût gagné les bois, il est certain que son infirmité lui eût, un jour ou l'autre, coûté la vie.

Le printemps venu, Cornélie se promenait dans la cour, et poussait jusqu'au jardin, pour peu que le temps fût beau.

Un jour qu'elle faisait sa promenade habituelle, elle fut surprise par la pluie et par la grêle. Elle veut courir, mais sa jambe est à la fois bien fragile et bien lourde. Elle essaye de voler. Ses ailes sont sans force. Elle fait un effort, se traîne, se presse, tourne, chancelle et tombe. L'orage éclate plus terrible, plus violent, et Cornélie se débat vainement sous la grêle.

Après l'orage, son ami Jules la trouva morte, noyée dans une flaque d'eau, et, à dix pas derrière elle, il ramassa la petite jambe de bois.

C'est pourquoi M. Jules Simon ne mange jamais de perdreau.

Oui, tu dis vrai, mon cher Fulbert, pour faire le portrait de Jules Simon, il n'y a qu'à lui appliquer les titres de trois de ses livres :
Devoir, travail et liberté.

HENRY MARET.

LE BARON HAUSSMANN

I

Hier c'était un des puissants de la terre. Aujourd'hui ce n'est plus qu'un pauvre préfet en disgrâce, encore moins qu'un prince détrôné. Car je ne suppose pas qu'il ait emporté avec lui les diamants de la couronne... murale de sa bonne ville de Paris.

Je ne sais pas même s'il jouit d'une de ces maigres pensions que l'Etat départit à ceux qui l'ont bien servi.

Quant à des maisons, des hôtels, des villas comme en ont les fortunés du jour, tout le monde sait, et de la façon la plus authentique, qu'il n'en a à l'ombre.

— Quoi! pas même un terrain?

— Pas de terrain! — A moins que ce soit quelque pauvre petite concession à perpétuité dans l'ex-futur cimetière de Méry-sur-Oise.

Mais s'il ne lui reste ni maisons, ni terrains, ni hôtels, ni villas, il emporte avec lui ce qu'un homme de sa valeur doit le plus ambitionner, le témoignage d'une conscience bonne personne, et une célébrité qui peut défier toute concurrence.

Quelle célébrité en effet, que celle de de l'homme qui a eu la gloire de faire le Paris démoli et ramolli, — le Paris à larges voies poudreuses et torrides en été, glaciales—et fécondes en courants d'air, en refroidissements et en fluxions de poitrine l'hiver durant, — le Paris auberge des aristocraties d'Europe, — la ville de joie, *urbs lætitiarum*, du monde entier !

Quelle gloire enfin que celle du bienfaiteur des pauvres qui a eu la sublime inspiration de répandre l'air et la lumière dans le quartier du boulevard Malesherbes, de percer le boulevard du Prince Eugène et de créer ce splendide amphithéâtre du Trocadéro, place toute préparée pour l'ambition du préfet qui voudrait se procurer à son tour, la gloire de reboiser cette colline et d'y dessiner les massifs et les cascades des buttes Chaumont!

Successeurs du baron, vous ne vous

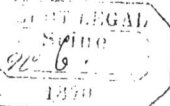

PLUTARQUE POPULAIRE CONTEMPORAIN

Le Baron Haussmann

24ᵉ Livraison.

Paris. — Typ. Walder, rue Bonaparte, 44

plaindrez pas qu'il ne vous ait rien laissé à faire.

Et cependant combien elle est complète et combien elle absorbe tout, l'illustration de cet homme type qui caractérise mieux qui que ce soit, à lui seul, l'œuvre du second empire!

Comment croyez-vous donc que s'appellera cette époque de l'histoire?

Sera-ce le siècle de Belmontet ou de Liégeard, les poëtes de l'empire?

Sera-ce le siècle de Dréolle ou de Duvernois, les journalistes de l'empire?

Sera-ce le siècle de M. Yvon ou de M. Winterhalter, les peintres de l'empire?

Sera-ce le siècle de de MM. Poniatowski ou Offenbach, les musiciens de l'empire?

Sera-ce le siècle de M. Ernest Feydeau ou de M. Octave Feuillet (ce Feydeau des familles) — les romanciers de l'empire?

Non! non! non!

Arrière, poëtes et musiciens, peintres et romanciers, arrière aussi vous autres hommes d'Etat illustres et grandioses, Morny et Billault, Persigny et Rouher, Calvet-Rogniat et Emile Ollivier, arrière petits-grands hommes, en vain prétendez-vous être comptés pour quelque chose dans l'œuvre du second empire, arrière; le baron Haussmann à lui tout seul absorbe toutes les gloires, et ce siècle ne pourra s'appeler autrement que le siècle d'Haussmann, comme Paris s'appelle la ville d'Haussmann, comme il ne doit bientôt plus y avoir qu'un seul boulevard, le boulevard Haussmann!

Mais que dis-je? je parle comme s'il était encore là, ce puissant et glorieux baron, j'oublie qu'il a été frappé par le plus cruel des ostracismes, sans que les nouveaux ministres aient voulu même lui laisser le temps d'écrire les mémoires ou plutôt le roman de son administration; j'oublie qu'il est errant dans quelque bourgade, cherchant sans doute une pierre où reposer sa tête, lui qui a tant remué de pierres; j'oublie que peut-être, suivant l'usage adopté lorsque les gens sont en disgrâce, on va débaptiser ses créations; — M. P. de Richemont, aujourd'hui sénateur, jadis administrateur du chemin de fer d'Orléans, fit bien effacer sur sa porte, en février 1848, le mot d'Orléans, jugeant probablement qu'on allait débaptiser la ville et le chemin de fer en raison de la disgrâce de la famille!

— Comment pourrait-on bien appeler le boulevard Haussmann? Boulevard Chevreau? ce mot ne ferait-il pas penser à l'ancien boulevard de *Gand*? ne préterait-il pas à rire aux Parisiens? Il y a bien dans ma ville natale, une rue nommée rue Cochon, en mémoire d'un administrateur paternel et bienfaisant, et les habitants n'en rient point!

Non, il n'en sera pas ainsi. M. Haussmann a semé trop de ruines pour être aisément oublié. Les hommes gardent de longs et profonds souvenirs des grands destructeurs, et, à ce titre, le baron peut être certain d'avoir laissé une trace difficile à effacer. Et si les ingrats Parisiens ne se souviennent pas de la création des casernes, des églises, des théâtres et des prisons édifiées par les soins de cet ingénieux magistrat, assurément les étudiants du quartier latin garderont bonne mémoire de la mutilation du jardin du Luxembourg, les directeurs des théâtres du boulevard du Temple se rappelleront comment fut ruinée leur industrie jadis si prospère, les actionnaires enfin de la compagnie immobilière penseront souvent, en pleurant leur argent perdu, à ce qu'il en coûte pour avoir voulu aider l'omnipotent édile à exécuter son plan d'embellissement de Paris.

Et je ne parle ni des usiniers de l'ancienne banlieue de Paris, ni des négociants en vins, ni des petits rentiers, des pensionnaires de l'Etat à revenus fixes, qui ont vu leur modeste aisance transformée en gêne, presque en misère, par l'accroissement du prix des loyers et de toutes les denrées, ni enfin de ces milliers d'ouvriers relégués, par l'orgie de palais et de somptueux hôtels que le préfet de la Seine a provoquée, du centre de Paris dans les quartiers éloignés, à quatre ou cinq kilomètres de leurs ateliers, tous citoyens qui doivent garder au glorieux baron une vive reconnaissance de cette heureuse idée de faire de la ville du travail, du commerce et des affaires une ville de luxe, le bazar européen des fastes et des voluptés du riche.

Et dire qu'il y a des gens qui crient encore très-haut que le génie, l'âme même de ce démolisseur sont entrés et séjournent encore dans les pierres et les grandes voies de son nouveau Paris, qu'ils inspireront ses successeurs, comme ils ont inspiré les autres préfets des grandes villes de France! — Car la maladie de la démolition, l'*Haussmann-morbus*, est devenue une véritable épidémie. — Dire qu'on ose émettre le vœu de voir se continuer cette œuvre aussi pernicieuse pour les mœurs que désastreuse pour les finances, aussi déplorable au point de vue de l'économie sociale, qu'insultante pour la misère du pauvre et pour la gêne du travailleur!

Œuvre de civilisation, œuvre de prévoyance pour assurer en tout temps du travail aux ouvriers du bâtiment, disent-ils.

Eh bien! voulez-vous savoir ce qu'on pensait, en 1848, de pareilles idées, qui ne sont pas neuves, sachez-le bien?

J'avais l'honneur, en mars 1848, d'être vice-président d'un club dont le siège était dans le faubourg Saint-Antoine.

Un soir, un maçon monte à la tribune et nous tient à peu près ce langage.

« Citoyens, j'ai une idée. On se plaint de manquer de travail, le bâtiment surtout ; car quand le bâtiment travaille, tout travaille. Eh bien! mon idée c'est de faire travailler le bâtiment. Paris est trop vieux, il faut le démolir pour en construire un tout neuf à la place. Ça fera travailler tout le monde. »

Je dois dire que l'immense majorité de cette assemblée d'ouvriers pleins de bon sens éclata de rire au nez de l'orateur. Souffrant, le mécanicien tribun,

avec l'accent de cette haute raison qu'il mettait dans tous ses discours, s'écria de sa place :

« Mais l'argent ! qui est-ce qui le fournira?

— Parbleu, les octrois, dit le maçon.

— J'aimerais mieux les supprimer, répliqua Souffrant, et diminuer ainsi le prix des denrées de première nécessité, que de les augmenter pour bâtir des maisons neuves où il n'y aurait pas de logements pour nous. »

Ce maçon précurseur ne vous représente-t-il pas les hautes idées d'économie politique de M. le préfet? n'avait-il pas deviné les ateliers nationaux de la bâtisse qui devaient être un des principaux instruments du règne du second empire?

II

Georges-Eugène Haussmann est né à Paris, le 27 mars 1809. Le dictionnaire de Vapereau, toujours si bien renseigné sur la jeunesse des hommes importants, nous apprend qu'il fut élève du Conservatoire de musique ; mais il ne nous dit pas pour quel instrument. S'il eût appris la lyre et fût devenu seulement de la force d'Amphion, il eût pu reconstruire Paris suivant le mode imaginé par ce célèbre architecte en *ut* mineur pour l'édification de la ville de Thèbes ; ce procédé eût paru sans doute plus économique aux contribuables, et probablement il présiderait encore aux destinées de la grande ville.

Quoi qu'il en soit, cette jeunesse philharmonique explique la sympathie que le baron-préfet a témoignée pour la musique et les musiciens, et la haute protection qu'il a accordée à l'Opéra, à l'Opéra-Comique et surtout au Théâtre-Lyrique qu'il a fini par rendre presque impossible.

Il paraît qu'il travailla ensuite chez un notaire, — j'aurais plutôt cru chez un avoué pour apprendre la procédure des expropriations, — se fit recevoir avocat et entra quelque temps après dans l'administration.

Nérac a la chance de l'avoir pour sous-préfet en 1833; — il passe à Saint-Girons en 1840, et est chargé en 1842 de présider au bonheur de Blaye. C'est là que le trouva la République de 1848, qui se passa de ses services. Mais le gouvernement de la présidence comprit le parti qu'il pouvait tirer de cet homme habile, résolu et souple à la fois.

Le Var, l'Yonne et la Gironde eurent successivement l'honneur d'être administrés par lui, et les aristocraties de Draguignan, d'Auxerre et de Bordeaux d'être reçues dans ses salons. C'est dans cette dernière ville que le coup d'État le trouva tout disposé à l'accueillir en homme qui devait, quelques mois plus tard, prendre l'initiative des demandes de rétablissement de l'empire et entendre le premier cette belle parole si bien justifiée depuis, par les faits : « *L'empire c'est la paix!* »

En récompense de son beau zèle, il fut, en 1853, appelé à remplacer M. Berger à la préfecture de la Seine, et, dès lors, commença la danse des millions.

Tout d'abord les Parisiens lui souhaitèrent la bienvenue, et on peut leur appliquer cette phrase mémorable de Bilboquet, dans *les Saltimbanques*: « Les habitants sont enchantés de ce magistrat qu'ils ne connaissent pas. Ah! s'ils le connaissaient... mais ils ne le connaissent pas. »

Il faut dire aussi qu'il trouva un terrain merveilleusement préparé; une population à peine revenue de la terreur inspirée par le coup d'État, affamée de changements, de spectacles, de mises en scène propres à suppléer pour elle la vie politique supprimée par le despotisme impérial, à servir d'aliment à son besoin de vie et de mouvement; une tourbe de gens d'affaires avides de spéculations, d'opérations financières, au moyen desquelles put se refaire avec plus de développement et moins de gêne, c'est-à-dire sans contrôle de presse, d'assemblée parlementaire et de justice, le mouvement d'agiotage commencé 1840 et interrompu par la grande crise de 1847, suivie de la révolution de février.

M. Haussmann sut admirablement tirer parti de cette situation et prouva une fois de plus qu'il n'y a de véritablement aptes à exercer un pouvoir sans contrôle que les hommes capables d'en abuser.

L'assainissement et la propreté de la rive gauche de la Seine exigeaient l'élargissement de la rue Saint-André-des-Arts, il s'empressa d'aérer le bois de Boulogne et d'en faciliter l'accès par cette belle avenue poudreuse et privée d'ombre qui le relie au rond-point de l'Étoile; — les habitants et la sécurité publique réclamaient le percement de la rue du Four-Saint-Germain; il créa le boulevard Malesherbes; — les besoins de la circulation nécessitaient impérieusement l'aplanissement de la butte des Moulins et la suppression des rues des Orties, des moineaux et d'Argenteuil; il se hâta de supprimer les théâtres du boulevard du Temple, de percer le boulevard du Prince-Eugène, de dégager la caserne du Château-d'Eau pour ouvrir là une sorte de champ de bataille où pourrait camper toute une armée; — il aurait pu être utile, ayant ouvert le boulevard Saint-Germain dans le qurtier des Écoles, de faire disparaître les cloaques des rues Serpente, Mignon, du Jardinet, etc., qui environnent l'école de Médecine; il n'eut rien de plus pressé que de commencer le boulevard Saint-Germain par l'autre extrémité, pour démolir les grands hôtels et supprimer les grands jardins du faubourg Saint-Germain, couper les rues de Lille, de l'Université, de Bellechasse, Saint-Dominique, où la circulation ne laissait rien à désirer.

C'est ainsi qu'il sut sacrifier au dieu de l'imprévu et faire le bonheur des Parisiens par des surprises sans nombre.

Combien ne pourrais-je pas encore citer de ces opérations marquées au coin de la superfluité, pour ne pas dire quelque chose de plus.

Il faut toutefois lui rendre cette justice : il sut plaire à trois sortes de mondes très-puissants : au monde du clergé par la construction ou la restauration d'une foule d'églises ; — au monde militaire par le percement de grandes voies stratégiques et l'édification d'une myriade de casernes ; — au monde financier par la création de toutes sortes de caisses faciles à vider, par l'émission de de toutes sortes d'emprunts, par une infinité de fusions de sociétés et de créations de monopoles.

Doit-on s'étonner que satisfaisant ainsi les appétits de tant de grugeurs de la fortune publique et des fortunes privées, il ait à ce point excité l'admiration des badauds ?

Enfin, n'a-t-il pas possédé l'art le plus prisé de nos jours, l'art de grouper des chiffres ? On peut s'en convaincre en lisant le joli travail qu'il a inspiré au député de la sixième circonscription de la Seine, M. Jules Ferry : *Les comptes fantastiques d'Haussmann*.

Cependant, c'est à une question de chiffres que ce préfet-modèle a vraisemblablement dû sa disgrâce. Il y a tout lieu de penser, en effet, que la fameuse affaire des dix-sept millions du Crédit Foncier, qui a tant agité la fin de la dernière session du Corps Législatif, en mars 1869, n'a pas été étrangère à l'exclusion rigoureuse que lui a infligée le ministère Ollivier-Buffet-Daru.

III

Il faut en convenir toutefois ; ce bel homme si arrogant, si obstiné, si insolent, au besoin, dans son attitude, dans son langage et dans ses actions, aussi bien à l'égard des sénateurs ses collègues, des ministres et des hommes de finance, qu'à l'égard des fonctionnaires en sous-ordre et des entrepreneurs qui dépendaient de lui, a eu l'insigne honneur, à l'heure de sa chute, d'inspirer à Edouard Lockroy une oraison d'adieu qui est un vrai chef-d'œuvre d'ironie mordante et incisive, un de ces morceaux littéraires de haut goût qui font, pour ainsi dire, partie de la biographie d'un homme et méritent de rester attachés à son nom jusqu'à la consommation des siècles.

Je ne saurais mieux faire, pour terminer cette esquisse, que de citer tout au long ce précieux panégyrique :

« M. Haussmann nous quitte. C'est toujours avec une douleur profonde que nous verrons un homme estimable et estimé abandonner son poste. C'est toujours avec respect que nous essayerons de le consoler. Oui, pour lui dire nos regrets, notre voix s'élèvera, plus haut encore que celle de Dréolle ; plus haut que celle de la Guéronnière ; plus haut que toutes les grandes voix de la presse. Nous pleurerons sur cette gloire tombée, qui perd, en même temps que sa place, l'appui de Lannau Roland et l'estime de Matagrin !

« Homme de bien, adieu ! Vous vous étiez sacrifié à l'empire. Fortune, noblesse, vous aviez tout mis à son service. Vous aviez consenti à laisser le vieux nom des Haussmann s'accoupler au nom tout nouveau des Bonaparte. Représentant de l'ancienne noblesse, vous avez compris qu'il fallait donner la main à la noblesse naissante. Mais vos aïeux n'ont point eu à rougir de vous ; les Haussmann qui ont planté l'étendard chrétien sur les remparts de Jérusalem ont pu, du haut du ciel, jeter sur vous des regards bienveillants. Avant même d'être préfet, et quoique vous occupant de commerce et d'industrie, vous saviez déjà soutenir leur bonne réputation de chevaliers.

« Homme de bien, adieu ! Votre fortune avant d'arriver au pouvoir était immense. Vous rouliez sur l'or, comme on dit. Et vous avez renoncé à une vie pai-

Paris. — Typographie Walder, rue Bonaparte, 44.

PLUTARQUE POPULAIRE CONTEMPORAIN

Mazzini

25ᵉ Livraison.

sible et opulente pour faire le bonheur de vos concitoyens.

« Que dis-je? Cette fortune gigantesque, ne l'avez-vous pas dépensée toute pendant le temps que vous étiez aux affaires? N'a-t-elle pas servi à l'accomplissement de vos admirables projets? Le pouvoir vous a ruiné. Vous le quittez pauvre comme Cincinnatus. Et ces trente ou quarante mille maisons que vous avez successivement achetées, espérant avoir plus tard un abri où reposer votre tête, ne vous ont-elles pas été arrachées, une à une, par cette chose terrible et impitoyable qu'on appelle : « Expropriation pour cause d'utilité publique? »

« A Paris, dans cette grande ville que vous avez assainie et transformée, vous ne possédez ni une chaumière ni un cœur. Votre conscience vous reste, avec quelques châteaux appartenant à madame Haussmann. C'est assez, n'est-ce pas? C'est assez quand la conscience est pure et que les châteaux ne sont pas grevés d'hypothèques! Vivez heureux, maintenant. Le souvenir de vos grandes actions vous fera trouver le pain noir de la destitution moins amer. Vivez heureux! Votre désintéressement est connu, votre gloire est pure. Homme généreux et modeste, et soucieux seulement du bien public, nous savons aujourd'hui que si vous refusiez tout contrôle, c'était seulement pour pouvoir verser à l'aise dans les caisses publiques ces richesses immenses que vos pères vous avaient léguées!

« Homme admirable, au revoir ! Vous représentez trop bien l'empire pour ne pas devenir ministre un jour.

« Et moi, je dirai à votre successeur : O Chevreau! imitez s'il se peut, un si noble exemple ! Vous perdrez peut-être votre fortune, mais vous acquerrez des biens plus solides et plus durables, qui sont l'estime universelle et la sympathie de tous les honnêtes gens. Soyez un second Haussmann. Un jour viendra où l'on sera forcé de vous mettre à la porte. Votre misère sera à peine adoucie par cinq cent mille livres de rente. Mais vous conserverez le titre de sénateur, et vous resterez un « ami du Château. » Le chef de l'Etat aime à rencontrer, chez les autres, les qualités dont lui-même a fait preuve et les vertus qu'il sait pratiquer. »

Et maintenant, vous pouvez remercier les Dieux, homme du Trocadéro, l'auteur des *Aigles du Capitole* a inscrit votre nom dans l'histoire, en caractères plus solides que ceux des plaques municipales blanc sur azur, fixées le long du boulevard qui porte votre nom.

J.-B. RAYMOND.

MAZZINI

I

Si Garibaldi est le bras de l'Italie moderne, on peut dire que Mazzini en est la tête et l'âme !

Que parlé-je de l'Italie! Est-ce que ces deux grands citoyens, ces deux génies de la révolution, ne sont pas aussi bien Français qu'Italiens, Anglais qu'Espagnols, Allemands que Polonais? Ne font-ils pas partie de cette grande patrie qui a aujourd'hui sa nationalité dans le monde et qu'on appelle : *les Etats-Unis d'Europe*?

Comme l'illustre agitateur Hertzen, qui vient de mourir à Paris et que nous enterrions hier, ces fiers héros de la république universelle ont à peine le temps de se manifester patriotes, de brandir au service des opprimés de leur pays l'arme ou l'idée, cette arme plus efficace, plus rapide et de plus longue portée que tous les fusils perfectionnés, que déjà, soldats ou penseurs, ils se manifestent citoyens de la grande et universelle démocratie humaine, amis et frères de tous les peuples tenus sous le joug, ennemis irréconciliables de toutes les tyrannies, de tous les despotismes, qu'ils soient ou non déguisés sous des hypocrisies soit-disant libérales ou parlementaires.

Ce sera l'éternel honneur de la révolution française d'avoir jeté dans le monde la première semence de la fraternité des peuples, de l'idée de la démocratie internationale. Ce germe n'a pas péri, quelques efforts qu'aient faits pour le détruire les intrigants, les fourbes, les traîtres et les despotes qui, à tant de reprises, ont cherché à faire dévier la révolution de son principe et à l'absorber au profit de leur égoïsme criminel.

D'autres peuples, avant le peuple français, avaient chassé ou condamné leurs rois, d'autres peuples avaient cherché et réussi à se gouverner eux-mêmes; mais leurs révolutions étaient restées enfermées dans le cercle étroit de leur nationalité. La France, la première, a eu la gloire d'être animée du véritable esprit révolutionnaire et d'en souffler sur le monde la contagion universelle.

Ne le voit-on pas, en effet, ce génie révolutionnaire français, enfanté par les grands penseurs du xviie et du xviiie siècle, donner sa part d'idées et prendre sa part d'action dans le mouvement républicain de la jeune Amérique du Nord, et contribuer ainsi à fonder le *nouveau monde*?

A peine revenu de son expédition lointaine, il commence son œuvre intérieure et s'attaque à la vieille société monarchique et aristocratique. Mais voilà que les rois inquiets, se sentant ébranlés sur leurs trônes, lancent contre lui leurs armées et tentent de l'arrêter dans son essor. Non content de les renvoyer chez eux, il les poursuit jusqu'au milieu de leurs peuples, qu'il initie au sentiment de la liberté, à la grande idée de l'égalité, initiation sublime, malheureusement détournée de son but par l'esprit militaire, au profit de l'ambition la plus funeste, la plus malfaisante qui ait jamais enrayé la marche de l'humanité.

Mais les sabres s'émoussent, les conquérants qui ont méconnu l'idée sont à leur tour vaincus par elle; il se fait, pendant quelques années, un obscurcissement sur le monde; mais l'idée n'a fait que dormir juste le temps de se féconder par une incubation nouvelle; elle reparaît, se manifestant tantôt dans un pays, tantôt dans un autre; ses germes sont restés partout, et aussitôt que le signal de la végétation révolutionnaire est donné, partout ils éclatent, soulèvent les peuples, renversent les trônes et offrent aux générations nouvelles la perspective de l'abondante moisson du progrès.

Hélas! si le faucheur militaire reparaît, qu'il n'espère pas détruire l'idée. En vain combattra-t-il ceux qui la portent en eux, par l'exil, par la prison, par la déportation, par la ruse, la corruption et l'intoxication morale de tous les vices, les hommes pourront mourir, se vendre, s'atrophier dans la putréfaction générale, l'idée survit et un jour vient où elle surgit de nouveau et embrase de sa flamme vingt peuples à la fois.

Mais pour que l'idée révolutionnaire survive ainsi, pour que ce feu sacré se conserve, pendant les années de silence et de sommeil politique où les despotismes se flattent de l'espoir de l'avoir à jamais éteint, il faut que quelques grandes âmes, quelques hauts et puissants esprits, quelques populaires initiateurs et propagateurs lui servent en quelque sorte de foyers, foyers que, de temps à autre, attise la persécution comme pour en faire jaillir de lumineuses étincelles, et prouver à l'univers que le génie du monde nouveau n'est pas éteint, et continue sous la cendre son mystérieux chemin à travers les générations nouvelles.

Mazzini est un de ces génies possédés du sublime esprit de la révolution. Il est de ce beau pays d'Italie, si fécond en génies, en génies utiles à l'enseignement et au mouvement de l'humanité.

Si la France est la patrie des idées de liberté et de progrès, l'Italie est la patrie des hommes de génie du monde moderne. Dante, Christophe Colomb, Galilée, Machiavel, Michel-Ange, Raphaël, et tant d'autres depuis Rienzi jusqu'aux révolutionnaires contemporains, les Manin, les Cavour, les Garibaldi, les Mazzini…

Mazzini est l'expression la plus éclairée, la plus influente, la plus active, la plus communicative de l'esprit révolutionnaire de notre temps, c'est-à-dire de la grande idée d'où sortira un jour le congrès des Etats-Unis d'Europe, idée qui a pour principal adversaire une autre idée, dont le foyer est à Rome, l'idée catholique.

La lutte est ouverte aujourd'hui entre les deux principes, le principe apostolique et clérical, qui a pour éléments de domination la superstition, l'ignorance, le despotisme et les sabres des rois; — le principe de la république universelle, de la démocratie humaine, de la fraternité des peuples, qui a, pour moyens de succès la persuasion par la parole, la plume et la presse; pour arme le suffrage universel; pour armée les peuples.

Mazzini est un des principaux apôtres de cette grande idée qui est destinée à être l'âme de la régénération sociale.

II

Joseph Mazzini est né à Gênes, le 28 juin 1808. Son père, professeur de médecine, lui fit donner une éducation littéraire et surtout libérale. A peine était-il reçu docteur en droit que déjà ses jeunes compatriotes le signalaient comme un sage, tant à cause de l'austérité de ses mœurs, qu'en raison de son ardeur au travail, et de l'éloquence énergique de sa parole abondante et facile.

C'est d'abord comme littérateur, mais littérateur animé de l'esprit de lutte, que Mazzini se fit connaître à l'âge de vingt ans par des articles de critique insérés dans l'*Indicateur génois* et dans l'*Indicateur livournais*, et consacrés à proclamer la révolution romantique accomplie en France par Victor Hugo, en Italie par Manzoni. Il publia aussi pour la défense de la même cause littéraire, des travaux dans l'Anthologie de Florence.

Mais, en 1830, l'apôtre de la révolution littéraire devient bientôt le tribun de la révolution politique, et on le voit s'occupant, à vingt-deux ans, de réformer la société des Carbonari, à laquelle il était affilié et dont il trouvait l'action trop lente au gré de ses ardentes impatiences.

Dénoncé, arrêté, emprisonné pendant six mois, il fut mis en liberté sous la condition de s'exiler de l'Italie. Il se retira à Marseille, où, avec le concours d'autres réfugiés, d'un grand nombre de patriotes italiens qui, passant journellement d'Italie en France et de France en Italie, allaient porter au cœur de la patrie les inspirations, les idées et les ordres du jeune chef, et lui servaient d'interprètes et de lieutenants, il fonda la fameuse société : *La jeune Italie*, dont le mot d'ordre fut *Dio et popolo*. Ce fut vers cette époque, je crois, qu'il écrivit au roi de Piémont Charles Albert pour l'engager à se mettre à la tête du mouvement unitaire italien; il avait jugé dès lors que le Piémont devait contribuer à la délivrance de l'Italie.

Le silence du roi semblait une fin de non-recevoir. Mazzini le considéra ainsi, et, en mai 1833, il fit envahir le Piémont par la petite armée qu'il avait organisée. Ses soldats de l'indépendance ayant été dispersés, il réorganisa de nouvelles forces qu'il plaça sous la conduite du général Ramoniro. Une seconde expédition, tentée en février 1834, fut encore plus malheureuse que la première : l'armée de la *Jeune Italie* fut entièrement anéantie.

Mazzini, découragé en apparence, se retira en Suisse jusqu'en 1836, puis s'installa à Londres. Jusqu'à quel point fut-il initié à la tentative malheureuse des frères Bandiéra? Ceci est un mystère comme il y en a tant d'autres dans la vie de Mazzini. Tout ce qu'on peut affirmer, c'est que cette affaire appela l'attention sur son nom et sa personne, qui paraissaient oubliés, et que, peu de temps après, il se concertait avec les comités révolutionnaires de Paris et de Malte.

En 1842, Londres voit paraître le journal intitulé l'*Apostolato popolare*, fondé par Mazzini, et le gouvernement anglais, malgré son respect pour la liberté de la presse, en conçoit de l'ombrage. La correspondance de l'apôtre populaire est saisie; on l'accuse d'avoir fait assassiner deux espions italiens, et il faut toute l'énergie de ses dénégations et la confiance qu'inspire la loyauté de son caractère pour que cette affaire n'ait pas de suites.

Néanmoins, l'action de Mazzini, de 1843 à 1847, se borne à un travail mystérieux et latent. C'est seulement en 1847, lorsque Pie IX, récemment promu au pontificat, semble prendre à cœur l'œuvre de délivrance de la patrie italienne, que le grand révolutionnaire, qui n'avait encore en vue à cette époque que la fondation de l'unité italienne, écrit au nouveau pape pour le féliciter des réformes libérales par lesquelles il vient d'inaugurer son règne et adhérer à son initiative d'émancipation. Montanelli, Balbo, Ricciardi et une foule d'autres patriotes italiens imitèrent l'exemple de Mazzini.

La révolution de février lui paraît être le signal de la délivrance. Il accourt à Paris, organise un club et conduit lui-même les volontaires italiens à l'Hôtel-de-Ville, où il est accueilli et encouragé par Lamartine.

Sous l'influence de l'esprit révolutionnaire qui électrisait alors Paris, l'ardeur de Mazzini redouble; il vole en Italie, fonde des clubs à Gênes et à Milan, organise le fameux *Circolo nazionale*, s'oppose, comme républicain, à l'annexion de la Lombardie à la monarchie sarde, et crée pour la défense de ses idées et de ses principes le célèbre journal *l'Italia del Popolo*, qui joua un si grand rôle pendant les luttes de l'indépendance italienne, en 1848 et 1849. Après la prise de Milan par Radetzki, il s'inscrit parmi les volontaires de Garibaldi, se retire quelques semaines à Lugano, puis arrive à Florence où il est nommé triumvir avec Montanelli et Guerrazzi. Ce dernier occupe bientôt seul le pouvoir en qualité de dictateur. C'est de Lugano, je crois, qu'est datée la brochure qui eut un si grand retentissement, dans laquelle Mazzini annonçait que la guerre des rois était finie, que désormais la guerre des peuples allait commencer.

III

Jusque-là, Mazzini n'a été qu'un conspirateur, doué, il est vrai, d'une éloquence et d'une puissance d'organisation hors ligne, un conspirateur qui a su créer un parti et s'en faire reconnaître pour le chef. Rome va maintenant nous le montrer homme d'État.

Au moment du meurtre de Rossi et de la fuite du pape à Gaëte, le parti mazzinien était très-influent à Rome; il avait pour tribun Cicerovacchio, un orateur populaire très-aimé. Il suffit au tribun de prononcer le nom de Mazzini, d'annoncer son arrivée, pour subjuguer tous les esprits. En effet, dès que Mazzini parut, Rome fut à lui. Plus de 9,000 suffrages, presque l'unanimité des votants, lui conféra le titre de représentant.

La république proclamée, Mazzini, qui est un véritable homme politique, ne se fit aucun scrupule d'adjurer le peuple de s'allier avec la monarchie piémontaise. Il pensait que le roi de Piémont pourrait défendre son alliée contre la ligue des autres monarchies. Le 23 mars 1849, il fut institué triumvir avec Armellini et Saffi, mais exerça une véritable dictature. Convaincu, avec Machiavel et tous les grands politiques, que le respect des mœurs d'un peuple est le plus sûr moyen de lui faire accepter toutes les transformations légales et sociales, il maintint avec soin les pompes et les splendeurs du culte romain. Jamais fêtes de Pâques ne furent célébrées avec plus de faste qu'en 1849.

Son aptitude d'homme d'Etat ne se signala pas moins dans la rédaction de la Constitution républicaine, qu'il promulgua quelques semaines après, et dans les négociations diplomatiques qu'il eut, au sujet de l'intervention française, avec M. de Lesseps, chargé de représenter la République française. Il réussit à faire accepter à l'envoyé de notre gouvernement des conditions qui assuraient le maintien d'une république à Rome, tout en réservant les intérêts spirituels du catholicisme et les intérêts français. Mais notre gouvernement subissait déjà trop les influences cléricales, malgré la fameuse lettre à Edgard Ney, qui n'était qu'une simple manœuvre électorale, pour ratifier une transaction reposant sur des bases vraiment démocratiques. Le général Oudinot reçut l'ordre d'agir, et la force triompha du droit, après que les Romains, aidés par tous les étrangers animés de sentiments républicains, eurent soutenu un siége en règle.

L'histoire conserve l'admirable protestation que Mazzini exhala contre le bombardement de Rome par une armée française :

« La France, disait-il, est victime d'une basse intrigue, comme nous le sommes!... La France a eu la gloire, cette nuit, de tuer une pauvre jeune fille du Transtevère qui dormait à côté de sa sœur.

« Nos jeunes officiers, nos militaires improvisés, nos hommes du peuple, tombent sous votre feu en criant : « *Vive la République!* » Les braves soldats de la France tombent sous le nôtre, sans cri, sans murmures, comme des hommes déshonorés. Je suis sûr qu'il n'y en a pas un seul qui ne se dise en mourant ce qu'un de vos déserteurs nous disait aujourd'hui :

« — *Nous sentons en nous quelque chose comme si c'étaient des frères que nous combattions.* »

« Et cela pourquoi? Je n'en sais rien, vous n'en savez rien. La France n'a pas ici de drapeau. Elle combat ici des hommes qui l'aiment et qui, hier encore, avaient foi en elle.

« C'est une bien triste page qui s'écrit en ce moment par la main de votre gouvernement dans l'histoire de la France ; c'est un coup mortel porté à la papauté que vous voulez soutenir et que vous noyez dans le sang. C'est un abîme sans fond qui se creuse entre deux nations appelées à marcher ensemble pour le bien du monde, et qui, depuis des siècles, se tendaient la main pour s'entendre ; c'est une profonde atteinte à la moralité des rapports entre peuple et peuple, à la croyance commune qui doit les guider, à la cause sainte de la liberté qui vit de cette croyance, à l'avenir, non de l'Italie, — la souffrance est un baptême d'avancement pour elle, — mais de la France, qui ne peut se maintenir au premier rang si elle abdique les mâles vertus de la croyance et de l'intelligence de la liberté. »

Mazzini avait bien compris, comme toute la gauche de la Législative nouvellement élue, comme les hommes du 13 juin, que le bombardement de Rome par une armée de Français, était le prélude de la ruine de la République française. Quand le général Oudinot fut chargé, le 2 décembre, par la fraction de la Législative, réunie à la mairie du dixième arrondissement, sous la présidence de M. Napoléon Daru (aujourd'hui ministre des affaires étrangères) de défendre la loi violée et d'exécuter, au nom de la République, les ordres de la représentation nationale outrageusement dissoute par la force, le spectre de la République romaine par lui violemment mise à mort dut se présenter à lui, et, lui montrant ses plaies encore saignantes, s'écrier :

— « Tu es le premier soldat français qui a porté les armes contre la République. »

Mazzini, quand il n'y eut plus d'espoir pour Rome de prolonger la résistance, voulut essayer d'une suprême ressource; il proposa à l'Assemblée constituante d'aller soulever les provinces et de crier le *sursum corda!* à l'Italie tout entière. Sur le refus de la majorité, il donna sa démission en l'accentuant de termes énergiques, et partit pour la Suisse.

Pendant quelque temps il présida une assemblée italienne qui avait trouvé comme lui un asile dans la République helvétique. Mais les monarchies européennes, avec lesquelles la République française faisait cause commune, exigèrent bientôt l'expulsion de ce gouvernement de proscrits. Obligé de se réfugier à Londres, il y fut nommé président du comité national italien et adressa au nom de ce comité, à l'Assemblée législative de France, une protestation éloquente qui fit alors beaucoup de bruit. Peu de temps après, en 1850, il organisait, de concert avec Ledru-Rollin et Kossuth, placés avec lui à la tête du Comité révolutionnaire international, le célèbre *emprunt Mazzinien* qui fournit le moyen d'organiser une nouvelle prise d'armes.

Le 6 février 1853, l'insurrection éclata à Milan sous la direction de Mazzini. Elle fut réprimée par les Autrichiens et la Lombardie fut mise en état de siége. Le chef, l'inspirateur de cette revendication armée put se dérober aux poursuites et aux piéges de la police autrichienne et aller reprendre à Londres son œuvre révolutionnaire interrompue.

Quatre années plus tard, l'infatigable Mazzini, à qui les rapports sur la situation morale et politique de son pays disaient que le moment approchait où l'Italie serait mûre pour l'affranchissement, essayait de réaliser son plan de soulèvement général. En juillet 1859, il se mettait lui même à la tête d'une émeute, pendant qu'un de ses lieutenants soulevait Livourne et que son chef d'état-major, le colonel Piscane, révolutionnait le royaume de Naples. Ces tentatives furent réprimées, mais Mazzini n'en demeura pas moins convaincu que l'heure de la délivrance ne tarderait pas à sonner.

La même année il était impliqué en France, avec Ledru-Rollin, comme complice, dans le procès Tibaldi, et condamné par contumace par la cour d'assises de Paris à la déportation perpétuelle. Il continuait de résider à Londres.

Cependant, 1859 arrivait. La France déclarait la guerre à l'Autriche, et alliée au Piémont, délivrait, avec le concours des populations soulevées par Garibaldi, la Lombardie, la Toscane, et toute l'Italie du nord, moins Venise et le quadrilatère. L'intervention d'une armée impériale dans cette guerre de l'indépendance était de nature à inspirer quelques ombrages à Mazzini; il ne se fit pas faute de le proclamer dans ses lettres; mais, en voyant le gouvernement français laisser l'œuvre inachevée et aboutir à l'acte inexplicable de Villa-Franca, et à l'incroyable traité de Zurich, il comprit qu'il était réservé à son influence et à ses amis de travailler désormais à l'unification de l'Italie, cette unification dût-elle d'abord profiter au Piémont. Il est hors de doute aujourd'hui que c'est sous son inspiration que Garibaldi entreprit et que Cavour autorisa la campagne de Sicile qui devait être suivie de la prise de Naples. Toutes les forces des divers partis républicains et libéraux furent mises en mouvement pour obtenir ce premier résultat; il ne dédaigna aucune influence, aucun concours, et se rappela à propos en ce moment ces magnifiques conseils qu'il donnait, en 1852, dans un de ses manifestes, à la démocratie :

« Il faut que le parti tout entier se moralise... et que chacun d'entre vous poursuive l'étude de la solution qu'il croit avoir entrevue ; qu'il parle, qu'il écrive selon sa conscience, rien de mieux. C'est là notre droit à tous. Mais qu'il ne confonde pas la lutte avec la victoire, *qu'il ne fasse pas de son drapeau spécial un drapeau d'exclusion ;* qu'il ne déserte pas la grande armée de l'avenir ; qu'il se rappelle ce que je ne cesserai jamais de répéter à mes frères : « *Nous ne sommes pas la démocratie, nous n'en sommes que l'avant-garde. Nous avons à lui frayer le chemin, elle fera le reste.* »

Jamais, peut-être, la démocratie n'eut plus besoin qu'en ce moment de méditer ces belles et prudentes paroles. Elles signifient que nous tous, qui voulons l'affranchissement des peuples, nous devons nous unir pour ce but commun, sans tenir compte des dissidences ultérieures qui pourront se produire lorsqu'il s'agira d'organiser la pratique des institutions nouvelles. Chacun alors dira ce qu'il croit être le bien, et le peuple saura choisir les lois et les institutions qui lui conviendront le mieux. Mais, avant tout, conquérons le droit pour nous de parler et d'écrire, le droit et la faculté pour lui de se prononcer en toute liberté.

Depuis la constitution de l'unité italienne, Mazzini a vainement réclamé du parlement le droit de rentrer en Italie. La persécution ne s'est pas encore lassée ; en 1864, le gouvernement français trouva moyen de l'impliquer dans un nouveau procès, le procès Greco, et de le faire expulser de Suisse.

Il rentra en Angleterre et ne renonça point pour cela à se rapprocher de l'Italie, surtout depuis l'annexion de la Vénétie.

En 1869, il avait fixé sa résidence tout près des Alpes, lorsqu'il fit une grande maladie qui mit ses jours en danger. Sa retraite devint le but des pèlerinages de la démocratie, et les bulletins de la santé de l'illustre agitateur intéressèrent plus le monde politique que les faits et gestes des souverains d'Europe.

IV

Regardez cette belle tête, ce front de penseur, ces yeux bien ouverts et profonds qui semblent plonger dans l'avenir ; cette bouche sévère et dédaigneuse, qui semble plissée par le mépris des fausses puissances de la terre et le dégoût de l'histoire du temps présent ; cet admirable accent circonflexe, formé par le rictus du front et les arcades sourcilières, dont le sommet a l'air de porter la pensée vers les régions supérieures. Ne voyez-vous pas dans cette austère et imposante physionomie la marque d'une conscience pure, le reflet d'une belle âme se disant à elle-même : « J'ai bien vécu ma vie ! »

Et, de fait, comparez à celle des heureux et des puissants du jour cette belle vie de luttes, de privations et de persécutions subies au service de la sainte cause de l'humanité, et demandez à l'histoire celui qu'elle préfère du ministre servile et prévaricateur ou du génie inspiré par l'amour de la liberté et par la conscience du droit humain !

Jean Lux.

JULES FERRY

I

Le député de la sixième circonscription de la Seine a été et est encore, j'aime à le croire, un des hommes sur lesquels la démocratie est en droit de fonder les plus légitimes espérances.

Sa taille, son attitude, son visage ouvert, sa physionomie expressive sont bien d'un tribun plutôt que d'un avocat, et je vois en lui l'homme des grandes assemblées, le parleur énergique des clubs et des sociétés populaires plus que le plaideur du palais. On sent que l'avocat, en lui, est doublé d'un homme de lettres, d'un journaliste qui a étudié les questions politiques et sociales ailleurs que dans les dossiers de ses clients.

Peut-être intimidé lors des premières apparitions qu'il a faites à la tribune du Corps législatif, qu'il s'est, à mon avis, trop hâté d'aborder, pour traiter des questions de vérifications de pouvoirs, il a dû d'abord sonder le nouveau terrain sur lequel il allait être placé et prendre la mesure des proportions physiques et morales de son auditoire comme perspective et comme patience, comme optique et comme attention, comme acoustique et comme système d'interruptions.

On comprend que, dès lors, il n'a pu lui-même donner sa mesure, ni à ses amis de la démocratie, ni à ses ennemis de la majorité, plus ou moins dévouée au gouvernement personnel.

Mais Jules Ferry est jeune, il est ardent, il s'est fait un devoir d'être un des premiers à monter à l'assaut de cette redoute de l'empire autoritaire qu'il avait mission de combattre, de par la préférence que ses électeurs lui avaient témoignée en ajournant son énergique concurrent Henry Brisson, un des soldats les plus fermes, les plus convaincus, les plus laborieux, les plus braves et les plus actifs de la démocratie nouvelle, et en évinçant M. Adolphe Guéroult, le député sortant qui n'avait contre lui que ses attaches du Palais-Royal et ses tendances trop évidentes à s'accommoder d'un parlementarisme plus ou moins hypocrite. Il a dû croire aussi que son premier livre, livre très-bien fait sur les élections de 1863, lui créait une sorte de spécialité dans les questions de manœuvres électorales et de candidatures officielles.

PLUTARQUE POPULAIRE CONTEMPORAIN

Jules Ferry

26ᵉ Livraison.

Paris. — Typ. Walder, rue Bonaparte, 44

Mais comme il a bien su prouver que la tribune lui deviendrait aisément familière dans le réquisitoire si éloquent dans sa concision, qu'il a prononcé lors de la demande d'une ouverture de crédit de 17 millions pour les besoins urgents de la ville de Paris.

Avec quelle précision il a caractérisé les actes de cette administration sans pudeur, comme sans contrôle, de cette Commission municipale, nommée par un préfet et une bureaucratie dont elle se fait un plaisir de servir les vues, sorte de fantôme de représentation qu'on persiste à donner aux habitants de Paris, comme si les citoyens qui ont signifié leur volonté par plus de 180,000 voix données aux candidats les plus radicaux, les 23 et 24 mai, 6 et 7 juin, 21 et 22 novembre 1869, étaient encore gens à se payer d'une pareille monnaie!

La nécessité absolue de rendre à Paris un conseil municipal élu n'a-t-elle pas été démontrée de la façon la plus éclatante par son argumentation si serrée, si irréfutable?

N'est-ce pas là, en vérité, ce qu'il y avait, ce qu'il y a toujours de plus urgent?

Plus urgent, à coup sûr, que de réparer les erreurs financières de M. le préfet Haussmann, de ses administrateurs et de son conseil municipal!

N'était-ce pas à lui et à eux, complices de ces erreurs, comme l'a dit, je crois, M. Glais-Bizoin, à payer leurs fautes, plutôt qu'à nous, qui n'en pouvons mais?

Néanmoins, l'affaire a été votée à *l'unanimité*, disent les comptes-rendus. Comment se fait-il que la députation de Paris tout entière, ou tout au moins Jules Ferry et Glais-Bizoin, n'aient pas protesté contre cette unanimité?

Il est beau de n'être que deux, il est beau même d'être seul pour la défense d'une cause juste, contre une assemblée tout entière!

Je me rappelle une circonstance où le grand philosophe Proudhon se trouva seul avec Greppo à voter pour sa proposition sur la propriété. L'histoire dira, dans un avenir qui n'est peut-être pas éloigné, de quel côté fut la haute raison, la profondeur de vues et la philosophique prévoyance.

Que ce vote ne vous décourage pas, jeune député de la Seine, vous vous êtes constitué au Corps législatif l'avocat de deux nobles causes : la loyauté électorale et l'émancipation municipale des Parisiens. Gardez-vous de les négliger; elles intéressent toutes deux, à un égal degré, l'avenir de la démocratie.

II

Jules Ferry est né à Saint-Dié, dans le département des Vosges, le 5 avril 1832; il n'a donc pas encore trente-huit ans.

On ne raconte point d'anecdotes sur son enfance, ni sur la précocité de son intelligence. Toutefois, ce qui prouve qu'il commença ses études assez jeune, c'est qu'il avait fini son droit à l'âge de dix-neuf ans, puisqu'il fut inscrit au barreau de Paris en 1851.

Il avait vingt-trois ans lorsqu'il se signala par un des discours de rentrée de la conférence du stage.

Depuis cette époque jusqu'en 1863, les études de jurisprudence, les plaidoiries civiles et une collaboration assidue à la *Gazette des tribunaux* occupèrent tous ses instants.

En 1863, l'homme politique apparut en lui; il se présenta comme candidat dans la cinquième circonscription en concurrence avec Garnier Pagès, mais se retira presque aussitôt devant ce vétéran de la démocratie, qui, s'il n'était déjà plus une force et une éloquence, était pourtant encore un drapeau.

Quelque incomplet et partiel qu'ait été le mouvement électoral de 1863, dont la tendance démocratique ne se produisit avec éclat et ensemble qu'à Paris, Jules Ferry fut frappé de la force latente qu'il pressentit dans ce symptôme d'un réveil prochain de l'opinion. Il entreprit de l'étudier, et ouvrit un dossier à cette manifestation de l'esprit public, si altérée par les falsifications et les sophistications des influences et des pressions administratives.

Quels procédés d'informations employa-t-il pour se procurer tous les documents qu'il accumula dans son livre : *La lutte électorale en* 1863 ? Comment organisa-t-il, pour obtenir tous ces renseignements, une sorte de contre-police d'opposition qui le mit au courant d'un grand nombre de manœuvres plus ou moins légales, plus ou moins morales, mises au service des candidatures officielles? C'est ce qui intrigua fort les puissantes têtes du gouvernement, et particulièrement, paraît-il, M. de Forcade la Roquette, alors vice-président du Conseil d'Etat.

Ce futur grand électeur de France, qui n'était pas encore au courant des secrets de la comédie dans laquelle il n'était alors que comparse, mais où il devait un jour prendre un des premiers rôles, courut chez M. Emile de Girardin et, lui montrant le livre de Jules Ferry, un républicain (*proh pudor!*) le lui signala comme la preuve d'une véritable conspiration organisée : « Il est, lui dit-il, tout rempli de détails que nous ignorions nous-mêmes. »

Aimable candeur !

Il est bien certain au moins que ce livre a signalé bon nombre de faits et moyens d'action contraires à la liberté du suffrage universel et a pu mettre, depuis, les comités électoraux en garde contre l'emploi des mêmes procédés.

Mais le servilisme officiel est zélé et doué d'une si féconde imaginative qu'il a su inventer de nouveaux trucs pour la campagne de 1869 qui aurait pu fournir à Jules Ferry un livre encore plus nourri de faits et plus volumineux que son étude sur les élections de 1863.

Peu de temps après, en 1864, le jeune avocat se trouva compris dans cet étrange procès des *Treize*, qui offrit aux citoyens étonnés un si mémorable exemple de l'élasticité que savent prêter à la législation messieurs les magistrats du parquet.

Vers la même époque, il devenait collaborateur du *Temps*.

Je ne saurais du reste mieux faire pour compléter cette notice que de citer tout au long le travail si consciencieux et si remarquablement pensé et écrit que M. Mario Proth a préparé sur le plus jeune des députés de la Seine. On sent en le lisant, que l'auteur de *Bonaparte comme-diante-tragediante*, — ce beau livre, qui contient la plus saisissante, la plus originale et la mieux étudiée des appréciations historiques de l'homme de brumaire par l'esprit moderne, est profondément pénétré des sentiments démocratiques de Jules Ferry et complètement initié à ses vues sur les institutions politiques qui conviennent à la France de l'avenir.

« En mai 1868, alors que les élections générales n'apparaissaient que dans un lointain bien vague encore et bien confus, nous eûmes occasion d'ébaucher, au courant d'un livre, une étude des quatre partis qui se divisaient la France au temps de la Ligue et sur lesquels se sont modelés, ou peu s'en faut, tous ceux qui par la suite ont défilé ou défilent sur la scène de nos évolutions et révolutions diverses, à savoir : *les bons chrétiens*, ces satisfaits quand même de tous les despotismes tant qu'ils sont solides; les *réduits*, ces trahisseurs nés de toutes les oppositions, tant qu'elles ne sont pas victorieuses; les *hérétiques*, groupe aujourd'hui, foule demain, car hérésie est synonyme de révolution, et leurs proches, leurs alliés, leurs frères, leurs chefs, les *politiques*, que l'ignorance, la mauvaise foi ou le préjugé ont parfois tenté d'assimiler aux ambitieux souples ou aux égoïstes habiles. On nous permettra d'en détacher les lignes suivantes :

« Il nous souvient d'une des plus élo-
« quentes et spirituelles pages d'Alexan-
« dres Dumas dans ses *Impressions de*

« *voyage en Suisse* : racontant sa visite à
« certain château d'Arenenberg et sa
« conversation avec la dame du lieu qui
« se montrait fort curieuse des destins
« probables de la France et des chances
« d'une restauration bonapartiste, il
« nous apprend comme il lui définit
« d'une ingénieuse façon les vrais répu-
« blicains, la priant de ne les point con-
« fondre avec trois espèces qu'il baptisa
« de noms très-heureux, les républiquis-
« tes, les républiqueurs, les républiquets.
« Nos politiques, à leur tour, ne doivent
« point être confondus avec les politi-
« quistes, fabricants de systèmes à la dou-
« zaine et marchands d'utopies, ni avec
« la gent bourdonnante et encombrante
« des politiqueurs si admirablement ca-
« ricaturée par Gavarni, avant le suffrage
« universel, il est vrai, lequel suffrage
« appellera cent Aristophanes; ni avec les
« politiquets, race myrmidonienne des
« plagiaires qui s'habillent à la friperie
« de l'histoire et récitent les traîtres du
« vieux répertoire avec une imperturba-
« bilité grotesque. »

« Politique en effet, dans son meilleur, dans son unique sens, ne veut dire ni verbiage, ni diplomatie, mais action, action persistante et ferme, en même temps que souple et graduée, volonté claire et inébranlable quant au but, complexe et mobile quant à la mise en œuvre des moyens, j'entends des moyens honnêtes, le premier, l'essentiel principe de toute vraie politique n'étant autre que l'honnêteté. Les moyens infâmes n'ont jamais procuré à leurs auteurs que des succès éphémères; qui les emploie, de quelque nom qu'il se nomme et quelque temps qu'il dure, est lié, garotté, annulé, étouffé par eux. La vraie politique ne se retourne point *ad libitum* comme un gant, mais elle plie quelquefois à la manière de l'acier. On la pourrait appeler encore la stratégie de l'idée. Ainsi, le parti des politiques a-t-il pour alliés naturels quelquefois dangereux, les hérétiques, pour adversaires obligés les bons chrétiens et les réduits. Il doit honorer toujours et aider ceux-là, les exciter tour à tour ou les tempérer selon les besoins de la cause commune, les protéger contre tous et parfois contre eux-mêmes. Trois fois admirables et vingt fois utiles sont les belles intelligences qui savent tout ensemble penser en hérétiques et agir en politiques. Contre les bons chrétiens et les réduits la seule tactique infaillible, c'est l'ironie à outrance, le ridicule à mitraille. Ne point prendre ces gens-là au sérieux est une excellente façon de se respecter soi-même; les jeter grinçants et grimaçants à la risée des masses est un devoir. Le parti des politiques laisse éclore et s'affirmer librement tous les systèmes, et les *politiquismes* possibles, quitte à tomber dru sur les plus extravagants. Il les favorise même, il en inventerait plutôt. Il ne recule pas devant l'excentricité pour ne point laisser s'endormir la polémique, ni tomber l'opinion dans une léthargie profonde. Mais il ne s'enferme dans aucun système, il ne s'arrête dans aucune excentricité. Il guette les occasions et s'inspire des circonstances. En d'autres termes, il zigzague sur une route droite. L'opportunité des mouvemens et la pondération des forces sont ses plus grands soucis. Il se renouvelle incessamment à la manière de l'oligarchie anglaise et s'adjoint toute renommée à son aurore, toute individualité reconnue. Il appelle à lui la jeunesse, parce qu'elle incarne le progrès et laisse se recruter parmi les vieillards ces personnages que la naïveté populaire confond quelquefois avec les hommes politiques; je veux dire les hommes d'État, ces vieux germes du *statu quo*. Il a ses téméraires et ses prudents, ses Annibal et ses *cunctator* qu'il jette tour à tour en avant, selon les éventualités de la campagne. Il use ses ennemis et n'abuse pas de ses amis. Pamphlet, satire, attaque véhémente ou discussion courtoise, livre à succès, brochure à sensation, propagande, agitation, évolution, révolution, de chaque chose il saisit la minute rapide, et ne commande jamais son lâchez-tout qu'à bon escient, car il n'ignore pas qu'un retard peut être moins irréparable qu'une précipitation. La politique, enfin, est un art autant qu'une science, et la forme n'y a pas une moindre importance que le fond....... »

Or, quand Jules Ferry accepta la candidature de la sixième circonscription, un jour de banquet républicain, le 24 février 1869, il nous sembla venir à point nommé comme l'une des plus brillantes espérances de cette génération éprouvée à qui 51 si brutalement barra la route, comme l'un des plus marquants et des mieux prédestinés parmi ceux-là qui savent penser en hérétiques et agir en politiques. De candidat, il est passé élu. Il s'est affirmé à la Chambre. Notre opinion sur son compte n'a point varié.

M. Jules Ferry est né en 1832 à Saint-Dié. Il est de cette race des Vosges, laborieuse, hardie, tenace.

En 1852, il fut l'un des deux lauréats de la conférence des avocats, circonstance parfois aggravante, mais il n'était point homme à s'endormir, comme tant d'autres, sur cette première gerbe de faciles lauriers.

« En 1853, un discours de rentrée, qu'il prononça dans cette même conférence, causa quelques cris dans le monde effarouchable des bons chrétiens et des réduits, car il glorifiait, sous une forme élégante et vive, la révolutionnaire *influence de la philosophie du dix-huitième siècle sur le barreau.*

Philosophiquement, Jules Ferry a depuis lors fait d'énormes progrès ; il s'est dégagé de tous les ressouvenirs métaphysiques du collège et de toutes les religiosités classiques, pour marcher d'un pas sûr dans la voie de la pensée libre, ainsi que nous l'atteste l'étude par lui publiée dans la *Revue positive* en 1867, étude attendrie et forte qu'il a consacrée à la chère mémoire de son ami prématurément mort. Mais dans le discours de rentrée de 1855, l'on goûte l'écrivain habile, serré, logique, nerveux, et déjà dans quelques pages prévoyantes contre les despotismes hypocrites et prétendus réformateurs, l'on pouvait pressentir le futur membre de la gauche radicale. Si M. Robert Mitchell avait daigné quelque peu feuilleter les œuvres et la vie de Jules Ferry, il n'aurait point, pour défendre l'indéfendable excellence de la place Vendôme, il n'aurait point sottement accusé, l'autre jour, Jules Ferry d'une versatilité éloignée de son caractère, et avec laquelle on ne saurait confondre le développement continu d'un esprit résolûment progressiste.

« En 1857, déjà fort apprécié au Palais et répandu dans le monde politique, il se prodigua, il se multiplia dans cette chaude escarmouche, la première contre le Bas-Empire, qui mena les Cinq aux bancs de la gauche. Quelques mauvais plaisants, au mois de mai dernier, reprochèrent à M. Jules Ferry ses relations avec Emile Ollivier. Rassurez-vous, âmes rigides, elles ne durèrent pas plus que l'effort de ce monsieur à jouer le spectre du Deux Décembre, et l'Excellence Ollivier, si Excellence il y a, n'aura guère, ou je me trompe fort, d'adversaire plus gênant et plus décidé que le député de la sixième.

« En 1863, nouvel assaut à l'Empire, plus chaud, plus nombreux, mieux fourni que le premier. Jules Ferry en fut encore l'un des plus ardents et des plus utiles volontaires. Et il compléta si bien en cette nouvelle affaire ses études de stratégie électorale, il étudia si bien et si de près, *in anima vili*, le césarisme militant, que son livre la *Lutte Electorale* en 1863 restera comme un des documents les plus précieux, un des tableaux les plus saisissants de l'histoire de l'Empire, n° 2 œuvre d'artiste. — Jules Ferry a le style simple, nerveux, concis, élégant, l'exposé clair, l'ironie alerte. Pas plus de remplissage dans ses écrits que dans ses discours. Il lui faut peu de traits pour camper un personnage : exemple, son portrait, trop indulgent, de M. Fialin, duc de Persigny ; peu de lignes pour éclairer un fait ou une question, œuvre forte et complexe, où fréquemment le maître polémiste se double d'un philosophe humain et sagace. Jugez-en plutôt :

« Quand les premiers railways sillonnèrent les campagnes, les paysans en eurent peur; puis, ils se mirent à les haïr comme des ennemis, à les maudire comme des fléaux : blés germés, vignes perdues, désordres du ciel et des saisons, c'est le chemin de fer qui fut le grand coupable. Aujourd'hui, cet effroi naïf a fait place à l'indifférence. Quand la locomotive passe à toute vapeur, le paysan se lève sur le sillon, ses bras nus posés sur le houe; son regard accompagne un instant le bruyant phénomène, puis lentement, il recourbe son dos vers la terre. C'est de ce regard vague, rêveur et las où se reflètent tant de misères, que le campagnard voit passer les plus grandes choses de ce monde. La liberté est de ce nombre. Comme le railway, elle lui est indifférente; elle ne le gêne pas, et il ignore encore qu'elle peut lui servir. »

« Un jour, les Français libérés qui rechercheront comment a pu réussir si longtemps chez nous une deuxième édition augmentée, mais peu corrigée du coup de brumaire, n'auront qu'à relire pour leur entière édification la *Lutte électorale en* 1863. Ils y verront non sans quelques soupirs de soulagement, l'orgie finale de l'autorité au pays de la révolution, les tyrans multipliés par les tyranneaux, l'effarement de nos conquérants aggravé par l'insolence de leurs agents, le déchaînement du grotesque, la fête de la brutalité, l'infinité de la corruption, les démènements et sous-démènements d'un peuple de deux cent mille fonctionnaires, le mensonge, la calomnie, instruments de règne, les centaines de grands et les milliers de petits moyens, les coups de théâtre, les manœuvres de la dernière heure....... et que sais-je encore ? Ils y verront enfin, et ce ne fut pas là le moindre de nos amusements, la génération peu spontanée d'un membre du tiers-parti, et comme quoi toutes les forces de l'empire furent un jour convoquées à la confection d'un Latour Dumoulin, d'un Segris, *e tutti quanti*.

« Dès avant 1863, Jules Ferry avait activement collaboré, avec MM. Clamageran, Dréo, Floquet, sous la direction savante de M. Hérold, à la rédaction du *Manuel électoral*, un vade mecum simple et clair du suffrage universel, si utile, si précieux, si indispensable par ce temps de candidatures officielles où les Du Miral surgissent tout armés de la « choupière de m'sieu le maire », comme la Minerve antique du cerveau de Jupiter.

« En 1864, Jules Ferry, déjà désigné par les attentifs de l'opposition, fut un instant candidat au faubourg Saint-Antoine, lors des élections supplémentaires. La jeunesse eût volontiers soutenu sa candidature que la presse accueillait avec faveur, mais il se retira devant la popularité de Garnier Pagès, et surtout devant l'appoint que vint inopinément prêter à celle-ci le patronage alors tout-puissant de Jules Favre.

« Huit jours avant l'ouverture du scrutin, le pouvoir fort dont nous subissons la puissance, fit disperser par sa police une réunion électorale chez Garnier Pagès, avec accompagnement de perquisitions. Puis il se recueillit, feignant de n'entendre point les adjurations de l'ancien maire de Paris qui, dès son entrée au Corps législatif, se prit à réclamer la poursuite sérieuse que semblait annoncer cette impromptue violation de domicile. Aussitôt que fut close la session, le pouvoir fort n'ayant rien à redouter momentanément de la gauche en vacances, s'empressa de parachever son petit complot mûri à loisir dans le silence du cabinet de son juge d'instruction. Un beau matin, alors qu'on ne s'en garait plus, nombre de domiciles furent envahis à la mode décembrale et nombre de tiroirs fouillés. Et le 4 août, tandis que l'on clouait au Champ de Mars les baraques de la Saint-Napoléon, commença ce fameux, ce désopilant, ce pharami-

neux procès des Treize, si présent à toutes les mémoires. Sans doute il amusera fort les générations prochaines, ce brave procès. Combien ne riront-elles point d'apprendre qu'en 1864, au pays de France, treize personnes furent acaccusées de s'être réunies à vingt-et-une, nombre colossal, à partir duquel une réunion cessait d'être privée pour devenir publique, inoffensive et tolérée pour passer dangereuse et interdite au pays de France en 1864. Combien elles s'en donneront, ces émancipées, sur le souvenir déjà lointain de ce pouvoir fort qui ne sut jamais compter sur ses doigts, pas même les millions qu'il ramassait dans les poches de la nation, et ne négligea oncques une occasion, si saugrenue et si ridicule qu'elle fût, d'arracher à tout un chacun par des explosions de terreur folle le secret de sa force tant prônée, à savoir qu'il n'était qu'un gouvernement de tolérance nationale. Les noms des treize ont maintes fois reparu dans les luttes politiques de ces dernières années. Ferry en fut, et il eut Berryer pour défenseur, ou plutôt comme les accusés en pareille cause ne se défendent guère, Berryer plaida la liberté à propos de Ferry : « Mon client, dit-il au cou-
« rant de sa belle plaidoirie, est un des
« auteurs du *Manuel électoral*, et c'est là
« son péché capital aux yeux de l'admi-
« nistration. M. Ferry a commis un
« autre gros péché. Il a publié le volume
« de la *Lutte électorale*, il a publié toutes
« les pièces produites lors de la vérifi-
« cation des pouvoirs au Corps législatif,
« il a mis au jour tous ces faits de cor-
« ruption dont l'administration s'est
« rendue coupable, et dont un citoyen
« honnête rougirait d'être le com-
« plice... » Treize! oh! le chiffre fatidique qu'à table on redoute, treize! ils étaient mille, deux mille, vingt mille. Vous en étiez de la fête, nous en étions, j'en étais, tous en étaient. En appel comme en instance, nos treize furent condamnés, et Ferry s'en frotta les mains, car le pouvoir fort donnait à sa jeune candidature la consécration refusée par le grand prêtre de la gauche. Coût : cinq cents francs. Voilà qui s'appelle une bonne affaire.

« Mais un maître polémiste, cela ne se trouve point chaque jour sur les pas d'un rédacteur en chef. Aussi M. de Girardin chercha-t-il à s'attacher Jules Ferry, qui vint faire à la *Presse* une courte et brillante campagne sur le terrain de l'économie politique. Cette science, aussi ennuyeuse qu'utile, prit dès lors une importante place dans ses études, et il en tint conférence ouverte une fois par semaine, chez lui.

Comme son premier livre l'avait révélé écrivain, ses premiers articles le signalèrent journaliste. Les gens de talent traversent volontiers les journaux de Girardin, mais ils ne se fixent point d'ordinaire aux alentours de son absorbante personnalité. De la *Presse*, Jules Ferry passa au *Temps*, dont le milieu méthodiste et calme ne fit que mieux ressortir sa preste et vivante allure. Quand arriva l'entre-tuerie germanique de 1866, il en prévit mieux les conséquences que l'impérial préposé aux affaires de France. Il fut de cette minorité avisée qui batailla ferme contre la Prusse au grand étonnement des politiqueurs et politiquistes, admirateurs nés de tout ce qui cogne fort. Sadowa et ses annexes, l'aveu piteux des angoisses patriotiques et le signalement des points noirs par l'astronome des Tuileries, justifia pleinement le groupe aussi restreint que clairvoyant des politiques.

De Bismark, Jules Ferry se retourna contre Haussmann, et tout aussitôt commença, entre le journaliste et le maçon préfet, une guerre sans trêve ni merci, dont tout l'honneur resta au premier et dont se souviendra le second dans la tardive retraite où il emporte *innumerabile dictu*! dix mille fois autant de malédictions que de mille livres de rente. Il crut, ce père du moellon, enterrer son adversaire sous un Pélion sur Ossa de communiqués. Toujours applaudi, jamais battu, Ferry, enfin, lui jeta à la face cette autre page d'histoire, que Courier eût signée et qui a nom : *Comptes fantastiques d'Haussmann*. Certes, ces *Comptes*, rapidement populaires, ont quelque peu contribué à la chute d'Haussmann et à la nomination de Ferry. Et cet écrit vengeur vivra par bonheur autant que le souvenir, hélas ! impérissable de ce casernier à outrance, de ce lourd agent de destruction et de tyrannie, contre qui les artistes n'auront jamais assez de dédains, les historiens assez de regrets, et les vrais Parisiens assez de colère.

« Quand Jules Ferry se présenta aux électeurs de la rive gauche, la situation politique était loin du degré de tension qu'elle a depuis si rapidement atteint. La lutte, la vraie lutte finale, n'était point encore engagée entre la République et l'Empire, et personne dans la sixième circonscription notamment n'eût osé prédire le résultat de l'élection.

« Cette circonscription, en effet, est de toutes la moins homogène et la plus indéfinissable. La vie extrême s'y rencontre avec la décrépitude caractérisée; les étudiants y coudoient les sénateurs. Le gouvernement y est presque centralisé, et l'on y peut faire aisément en une heure le tour des grands corps de l'Etat. Les instituts et institutions, les collèges, écoles et académies s'y pressent comme épis en gerbe. Le jésuitisme y tient ses assises, l'Eglise y tient ses campements. Une forêt de couvents, une pépinière de capucineries y ont poussé en pleine terre sainte, à l'ombre des institutions tutélaires du bas-empire. En face d'eux la science la plus émancipée, la plus armée, la philosophie la plus dégagée, la pensée la plus libre. Bigarrement complexe, la 6ᵉ circonscription est la plus intelligente à la fois et la plus superstitieuse, la plus hardie et la plus trembleuse. Là est le Paris supérieur quasiment tête de la France, là est le Paris honteux et provincial. Rien n'est couard comme le petit boutiquier de la rive gauche, fournisseur de tant de mondes, accoquiné à tant d'intérêts divers; tel de ces bons bourgeois faisait son testament avant d'aller aux réunions publiques.

« Ferry avait au début deux adversaires redoutables, contre qui la lutte semblait impossible à qui n'avait point le sens exact des progrès de l'opinion publique. Le premier, M. Guéroult, avait pour lui ce qui est beaucoup dans notre pays de routine, d'être le député sortant. De plus il avait son journal et l'indifférence bienveillante du gouvernement auquel il n'avait point donné de graves sujets de plainte. Mais à cause de sa situation hybride et dangereuse en ce temps de nettes revendications et de mandats impératifs ou tout au moins impérieux, M. Guéroult fut assez facilement vaincu. Le second, M. Cochin, donna aux révolutionnaires bien d'autre fil à retordre. Cette médiocrité multiple qui est de l'institut, de la Congrégation qui célèbre Lincoln et croit au Saint-Père, ce petit-fils d'un hôpital célèbre, est un des féodaux seigneurs de la sixième circonscription, la seule où il puisse réussir. Il eut les deux appuis passionnés de l'Eglise et du gouvernement; fort de son arrière-garde bonapartiste, le bataillon de Basile s'en donna, que c'était une bénédiction ; les petits jeunes gens des cercles catholiques se constituèrent en permanence facteurs du mensonge et de l'injure, que du matin au soir ils allaient bravement porter à domicile. C'était écœurant et terrible. Le sort vous préserve à jamais de ces crampons de la calomnie !

« Quand le résultat de cette élection, une des plus importantes de 1869, fut connu, alors qu'une foule de citoyens acclamait Jules Ferry dans les salles et jardins de Maurice Bixio, chez qui s'était établi le comité central, « quel dommage, dit-il à mi-voix en serrant la main de son frère, quel dommage que votre père soit mort! » Puis, s'approchant d'une porte ouverte sur les jardins, il s'écria d'une voix ferme en s'adressant à ceux qui criaient : vive Ferry!

« Il ne faut crier vive personne! Vous venez de me confier un drapeau; il ne s'abaissera jamais dans mes mains; je le jure ici devant le peuple souverain. La sixième circonscription vient de montrer qu'elle n'appartient ni à l'Eglise ni à l'empire, mais à la démocratie libérale et républicaine. Poussez maintenant un cri, un seul, celui des peuples qui reprennent possession d'eux-mêmes : Vive la nation! »

« Volonté loyale et résolue, intelligence nette et précise, Jules Ferry est un des plus agissants de la gauche.

« Il a tenu, tient, et tiendra jusqu'au bout, sans broncher, son volontaire serment. »

Mario Proth.

Que pourrais-je ajouter à cette appréciation si juste et si précise?

Un seul mot; c'est que je suis heureux d'avoir trouvé mes idées et mes sentiments si éloquemment exprimés par la plume d'un ami.

Julien Lemer.

LE P HYACINTHE

I

Il survit, dans la société moderne, deux traditions du passé, qui sont particulièrement hostiles au développement de la vie civile et au progrès des mœurs civiques des peuples. Ces deux traditions sont :

La tradition militaire;
La tradition cléricale.

Chacune de ces deux traditions est représentée,—dans notre monde issu de la grande révolution politique et civile de 1789, dans ce monde constitué, au nom du Code, sur l'égalité civile; au nom de la loi de 1848, sur l'égalité politique, c'est-à-dire le suffrage universel, — non pas seulement par des idées et par des institutions en désaccord moral avec les principes de ces deux révolutions, mais encore par des costumes, par des signes de ralliement extérieurs qui sont un obstacle insurmontable à la complète démocratisation des mœurs publiques.

Deux ordres de citoyens seulement conservent encore un costume professionnel qu'ils portent publiquement et constamment, en dehors même de l'exercice de leur profession :

Le militaire,
Et le prêtre.

Et j'entends par le prêtre tous les hommes dépendant de Rome, soit comme simples ecclésiastiques, soit comme membres d'ordres religieux.

Je laisse de côté la livrée, autre costume professionel aussi, qui me paraît un reste de barbarie qui a survécu ignominieusement au vasselage, et est comme le *cou du chien pelé* de la fable de Lafontaine.

La livrée n'a point, du reste, les mêmes inconvénients sociaux que le costume. Si elle signifie : l'homme qui est sous cet habit appartient à quelqu'un, elle ne dit pas particulièrement à qui il appartient.

Tandis que l'uniforme du soldat signifie : j'appartiens à la discipline militaire.

Et l'uniforme du prêtre ou du moine signifie : j'appartiens à la discipline de Rome.

PLUTARQUE POPULAIRE CONTEMPORAIN

Le P. Hyacinthe

27ᵉ Livraison.

Paris. — Typographie Walder, rue Bonaparte, 44.

Deux hommes qui portent l'un de ces deux uniformes se disent en s'apercevant de loin : nous appartenons au même maître.

L'uniformité du costume, de quelque façon qu'on veuille l'envisager, est donc un signe de servitude.

Je ne me croirai, quant à moi, véritablement citoyen d'une démocratie que le jour où j'aurai vu disparaître toutes ces distinctions extérieures de costumes qui servent de signes soit de ralliement, soit de servitude :

Que le militaire, que le prêtre portent leur costume, s'ils le veulent, dans l'exercice de leurs fonctions, comme l'administrateur, ou l'académicien, ou le juge, ou l'avocat, rien de mieux.

Mais qu'ils cessent d'afficher extérieurement et publiquement leur profession, qu'on s'habitue enfin à mesurer les hommes à leur valeur personnelle, non à leur costume.

Je reparlerai peut-être un jour, à propos de la biographie de quelque général ou de quelque soldat, de l'uniforme militaire. Aujourd'hui, je ne veux dire qu'un mot du costume ecclésiastique et de l'uniforme monacal.

Ce mot est une simple question.

Quelle valeur emprunte donc le prédicateur de Notre-Dame de Paris à son costume de carme plus ou moins déchaussé ?

N'est-il pas devenu plus grand et plus illustre, du jour où il s'est défroqué moralement, pour redevenir le frère Hyacinthe ou tout bonnement même M. Charles Loyson.

II

L'avez-vous rencontré quelquefois, enveloppé de sa longue robe brune de carme, sa tête robuste et presque rasée émergeant de son capuchon rabattu, et le signalant à l'attention par la virilité des traits et de l'expression ?

L'avez-vous entendu soit à la Madeleine, soit à Notre-Dame, soit surtout au cercle catholique ou au dernier congrès, prêchant la paix universelle, la fraternité des peuples comme la fraternité des citoyens ?

Alors vous vous êtes dit, avec un sentiment de profonde commisération : Sous ce froc, sous cette cagoule, il y a un homme, pourquoi en a-t-on fait un moine ?

Comment est-il possible qu'en France, au XIXe siècle, après Voltaire, après 89, après Lamennais, après 1848, on mutile encore la virilité des intelligences, comme en Turquie l'on mutile la virilité des corps, qu'il y ait des eunuques de la pensée et de l'âme, portant pour signe extérieur de leur diminution la robe qui semble dire : Celui qui est sous ce vêtement n'a plus rien de l'homme et du citoyen !

Eh bien ! lui aussi, il a senti la révolte de sa conscience, le jour où l'Eglise lui a dit : Tu as enchaîné non-seulement ton corps à l'habit et à la règle de ton ordre, mais encore ton âme et ton esprit à mes dogmes, à mes doctrines, à mes interprétations ; tu ne dois parler et penser que d'après moi et suivant mes volontés; ce que t'aura dicté ta conscience même éclairée par la divine lumière de l'intelligence et de la foi inspirée, supérieure à la foi de commande, tu le rétracteras hautement et publiquement le jour où tel sera mon bon plaisir, car tu n'es entre mes mains qu'un instrument de domination, et je te défends de donner aux hommes l'exemple de l'indépendance et de la liberté de la conscience et de la raison !

Et il n'a que quarante deux ans, ce moine qui a rejeté la robe monastique pour revendiquer moralement son droit à la toge virile.

Charles Loyson est né, en effet, à Orléans, en 1827. Son père était professeur au collége de la ville : un de ses oncles, homme de lettres et latiniste, s'était fait connaître par une traduction en vers des Odes d'Horace. Un de ses ascendants avait été, nous dit-on, membre de la

Convention, et n'avait pas voté la mort de Louis XVI, ce qui n'empêche pas les écrivains cléricaux de voir dans cette parenté avec un conventionnel comme une sorte de prédestination pour le père Hyacinthe aux sentiments révolutionnaires.

Le père Hyacinthe n'a-t-il pas osé dire, dès 1864, à une des séances du cercle catholique de la rue Cassette :

« Si l'on n'avait pas fait 1789, il serait à faire. »

Et deux ans plus tard, dans une conférence, en parlant de Robespierre :

« Cet homme sanglant, mais toujours « sublime? » »

Car les cléricaux oublient que si Napoléon, le restaurateur du catholicisme en France, l'auteur néfaste et mal inspiré du Concordat, ne fut, en réalité, suivant l'expression de madame de Staël, qu'une sorte de Robespierre à cheval, — Robespierre, de son côté, fut le continuateur du système autoritaire, l'adepte de l'école politique d'un prince de l'Eglise, le cardinal de Richelieu, du plus dévot des monarques, le terrible Louis XI.

Les autoritaires, soit qu'ils agissent dans l'intérêt de leur pouvoir personnel ou de l'autocratie de la couronne, soit qu'ils agissent au nom du principe d'égalité, poussent la haine des aristocraties jusqu'aux conséquences les plus absolues, jusqu'aux mesures les plus impitoyables.

M. Loyson père, ayant été nommé, probablement grâce à des protections cléricales, recteur d'Académie dans les Basses-Alpes, et ayant obtenu deux bourses entières au collège de Pau pour ses deux fils, ne put moins faire pour ses puissants patrons que de préparer les âmes et les esprits de ses trois enfants à servir le même maître qu'eux.

Le frère de Charles Loyson est aujourd'hui prêtre, attaché à la Faculté de théologie de la Sorbonne ; sa sœur, naguère encore, était une des religieuses du couvent de l'Assomption. Ce fut en voyant le père d'Alson, supérieur de ce couvent, prendre fait et cause pour les directrices de la communauté des Carmélites de Cracovie, accusées d'avoir séquestré et torturé une pauvre religieuse, que le père Hyacinthe, indigné de cette sorte de revendication de solidarité proclamée par un chef de communauté de femmes, courut au couvent, réclama sa sœur au nom des lois civiles françaises, lui fit jeter son voile et reprendre ses habits séculiers.

Cet acte d'énergie n'avait précédé que de quelques semaines sa rupture avec son ordre et avec l'Eglise.

Dans sa première jeunesse, au sortir du collège, Charles Loyson se sentit monter au cerveau des inspirations poétiques, et sa puberté, comme celle de presque tous les lettrés éclos de 1830 à 1850, mit au monde un volume de vers, où l'on signala un sentiment spiritualiste très-élevé.

En 1845, il fut envoyé au séminaire de Saint-Sulpice, cette pépinière sacerdotale d'où sont sortis tant d'arbustes qui n'ont pu se résigner à subir toute leur vie la menace ou le contact de l'acier froid et incisif de ce grand et impitoyable sécateur que le pouvoir de Rome promène sur toute la foule cléricale du monde catholique, rabattant sans miséricorde toutes les cimes qui font mine de dépasser le niveau de sa doctrine absolue. Si l'on en croit un de ses biographes, celui qui devait devenir le père Hyacinthe manifestait, dès lors, ses tendances à l'insoumission, non par des mouvements de révolte, mais par des tentatives d'objections et de raisonnements, et en se posant en victime devant les réprimandes de ses maîtres.

Néanmoins, il fut reçu prêtre au bout de quatre ans d'études, fut envoyé comme professeur de philosophie au séminaire d'Avignon, puis chargé d'une chaire de théologie au séminaire de Nantes, enfin, fut nommé vicaire de Saint-Sulpice.

Cette variété de fonctions et cette rapidité de promotions ne prouve pas quoi qu'on en dise, que les autorités cléricales le regardassent comme un homme médiocre. Tout au plus purent-elles trouver que ce jeune clerc, tour à tour, philosophe, théologien et prêtre, ne promettait pas, à leur point de vue et dans l'acception despotique du mot, un excellent *sujet*.

A Saint-Sulpice, dit-on, il commit déjà la grande faute de se signaler souvent par une extrême originalité d'opinions. Or, suivant la discipline de l'Eglise, c'est se rendre coupable du péché d'orgueil que de ne pas accepter aveuglément les opinions reçues.

Mais la gloire de la chaire le séduisait, l'exemple de Lacordaire l'attirait, soit ambition, soit sentiment véritable de sa valeur et de son aptitude, il voulut être prédicateur et se décida à quitter Saint-Sulpice pour entrer chez les Pères Dominicains. Il paraît qu'il eut le malheur de ne pas plaire aux patrons de la maison, car, au bout de peu de temps, il fut remercié et le maître des novices affirma qu'il ne lui trouvait aucune vocation.

Ce fut alors qu'il pensa à l'ordre des Carmes, il se présenta au couvent de Lyon, y passa deux années de noviciat, et débuta en prêchant une retraite au lycée de cette ville. Le succès qu'il obtint le fit appeler à Bordeaux pour prêcher l'Avent en 1863, et à Perpignan pour y prêcher le Carême de 1864. L'année n'était pas achevée qu'il arrivait à Paris, se présentait au Cercle Catholique, y faisait quelques conférences et se signalait par plusieurs sermons à la Madeleine qui lui valurent une rapide célébrité.

Enfin, l'archevêque de Paris, désireux d'avoir à Notre-Dame cet illustre premier ténor de la chaire, l'invitait à venir y prêcher l'Avent, et bientôt, par sa verve et par la portée libérale, par l'étrangeté de ses sermons, il attirait dans l'église métropolitaine tout le dilettantisme catholique et même aussi pas mal d'auditeurs indifférents au dogme, mais amateurs de grandes pensées exprimées dans une forme exquise et débitées avec un art merveilleux.

On assure qu'à propos de ces prédications il fut plusieurs fois averti par ses supérieurs et qu'il ne tint aucun compte de leurs avis.

Pie IX lui-même, dit-on, le manda à Rome. En s'y rendant, le brave Carme, qui avait la naïveté de se croire encore libre sous son froc, eut l'audace de se montrer en habit de moine à une séance du parlement italien. *Proh pudor!* polluer un uniforme monastique au contact de ces hérétiques députés italiens qui ont l'impudence de croire que leur pays et leurs institutions peuvent vivre et fonctionner sans subir les ordres du Saint Siége. Il oubliait donc, que si Victor Emmanuel est un *figlio traviato*, suivant le mot qu'on prête au pontife, les députés de son parlement sont de véritables suppôts de l'antechrist.

Cette incartade n'empêcha point le chef de l'Eglise de recevoir la soumission du Père Hyacinthe et probablement de lui donner l'absolution.

Mais j'imagine qu'en sortant de l'audience pontificale, le Carme humilié, mais non convaincu, aurait volontiers frappé la terre et se serait écrié, comme Galilée après son abjuration : « Et cependant elle tourne! »

En effet, peu de temps après son retour de Rome, le Père Hyacinthe parlant au congrès de la Paix, se laissait entraîner par sa conscience à proférer cette parole peu orthodoxe au point de vue de l'Eglise : « Il n'y a place au soleil du monde civilisé que pour trois religions ; la juive, la catholique et la protestante! »

A quoi le ministre protestant, M. Martin Paschoud, répondait par ce compliment :

« Je ne sais pas si je suis catholique, mais je ne sais pas davantage si vous n'êtes pas protestant. »

On pense bien que de pareils propos ne pouvaient manquer de faire du bruit dans le landernau des sacristies. Le novice qui osait prêcher la paix universelle et poussait l'impertinence jusqu'à proclamer qu'il pouvait bien y avoir des honnêtes gens professant la religion juive et la religion protestante, fut injurié, vilipendé, dénoncé par toute la séquelle des Veuillot et des sous-Veuillot : On était si loin déjà de cette époque de tolérance où, pensant que la république pouvait bientôt revenir, on admirait l'abbé Deguerry fraternisant au congrès de la Paix de 1850 avec Athanase Coquerel !

C'est par suite de ces manœuvres qu'il se décida à quitter son couvent et à renoncer à la prédication; il signifia sa détermination au Pape et au général des Carmes déchaussés à Rome par la lettre remarquable que je cite textuellement, lettre qui fut jugée peut-être un peu sévèrement par les journaux de la démocratie, sans doute parce qu'elle n'annonce qu'une demi-rupture et qu'il eût mieux valu, pour le bien de la cause, voir le grand orateur se séparer de l'Eglise hautement et définitivement par un acte à la Lamenais, mais il en est des hommes comme des peuples, à de certaines époques, ils n'ont pas l'énergie de briser leurs chaînes tout d'un coup.

Quoi qu'il en soit, il faut voir dans cette lettre non pas seulement ce qu'elle dit, mais surtout ce qu'elle promet. Or, elle promet, si je ne me trompe, un orateur à la démocratie, un penseur et un philosophe éclairé à la réforme sociale.

La voici :

Au R. P. Général des Carmes déchaussés à Rome.

« Mon très-Révérend père,

« Depuis cinq années que dure mon ministère à Notre-Dame de Paris, et malgré les attaques ouvertes et les délations cachées dont j'ai été l'objet, votre estime et votre confiance ne m'ont pas fait un seul instant défaut. J'en conserve de nombreux témoignages écrits de votre main, et qui s'adressent à mes prédications, autant qu'à ma personne.

Quoi qu'il arrive, j'en garderai un souvenir reconnaissant.

« Aujourd'hui cependant, par un brusque changement, dont je ne cherche pas la cause dans votre cœur, mais dans les menées d'un parti tout-puissant à Rome, vous accusez ce que vous encouragiez, vous blâmez ce que vous approuviez, et vous exigez que je parle un langage, ou que je garde un silence qui ne seraient plus l'entière et loyale expression de ma conscience.

« Je n'hésite pas un instant. Avec une parole faussée par un mot d'ordre, ou mutilée par des réticences, je ne saurais remonter dans la chaire de Notre-Dame. J'en exprime mes regrets à l'intelligent et courageux archevêque qui me l'a ouverte et m'y a maintenu contre le mauvais vouloir des hommes dont je parlais tout à l'heure. J'en exprime mes regrets à l'imposant auditoire qui m'y environnait de son attention, de ses sympathies, j'allais presque dire de son amitié. Je ne serais digne ni de l'auditoire, ni de l'Evêque, ni de ma conscience, ni de Dieu, si je pouvais consentir à jouer devant eux un pareil rôle !

« Je m'éloigne en même temps du couvent que j'habite, et qui, dans les circonstances nouvelles qui me sont faites, se change pour moi en une prison de l'âme. En agissant ainsi, je ne suis point infidèle à mes vœux : j'ai promis l'obéissance monastique, mais dans les limites de l'honnêteté de ma conscience, de la dignité de ma personne et de mon ministère. Je l'ai promise sous le bénéfice de cette loi supérieure de justice et de *royale liberté*, qui est, selon l'apôtre saint Jacques, la loi propre du chrétien.

« C'est la pratique plus parfaite de cette liberté sainte que je suis venu demander au cloître, voici plus de dix années, dans l'élan d'un enthousiasme pur de tout calcul humain, je n'ose pas ajouter dégagé de toute illusion de jeunesse. Si, en échange de mes sacrifices, on m'offre aujourd'hui des chaînes, je n'ai pas seulement le droit, j'ai le devoir de les rejeter.

« L'heure présente est solennelle. L'Eglise traverse l'une des crises les plus violentes, les plus obscures et les plus décisives de son existence ici-bas. Pour la première fois, depuis trois cents ans, un Concile œcuménique est non-seulement convoqué, mais déclaré *nécessaire :* ce sont les expressions du Saint-Père. Ce n'est pas dans un pareil moment qu'un prédicateur de l'Evangile, fût-il le dernier de tous, peut consentir à se taire, comme ces *chiens muets* d'Israël, gardiens infidèles à qui le prophète reproche de ne pouvoir point aboyer : *Canes muti, non valentes latrare.*

« Les saints ne se sont jamais tus. Je ne suis pas l'un d'eux, mais toutefois je me sais de leur race — *filii sanctorum sumus,* — et j'ai toujours ambitionné de mettre mes pas, mes larmes, et, s'il le fallait, mon sang dans les traces où ils ont laissé les leurs.

« J'élève donc, devant le Saint-Père et devant le Concile, ma protestation de chrétien et de prêtre contre ces doctrines et ces pratiques qui se nomment romaines, mais ne sont pas chrétiennes, et qui, dans leurs envahissements, toujours plus audacieux et plus funestes, tendent à changer la constitution de l'Eglise, le fond comme la forme de son enseignement, et jusqu'à l'esprit de sa piété. Je proteste contre le divorce impie autant qu'insensé qu'on s'efforce d'accomplir entre l'Eglise, qui est notre mère selon l'éternité, et la société du dix-neuvième siècle, dont nous sommes les fils selon le temps, et envers qui nous avons aussi des devoirs et des tendresses.

« Je proteste contre cette opposition plus radicale et plus effrayante encore avec la nature humaine, atteinte et révoltée par ces faux docteurs dans ses aspirations les plus indestructibles et les plus saintes. Je proteste par dessus tout contre la perversion sacrilége de l'Evangile du Fils de Dieu lui-même, dont l'esprit et la lettre sont également foulés aux pieds par le pharisaïsme de la loi nouvelle.

« Ma conviction la plus profonde est que si la France en particulier, et les races latines en général, sont livrées à l'anarchie sociale, morale et religieuse, la cause principale en est, non pas sans doute dans le catholicisme lui-même, mais dans la manière dont le catholicisme est depuis longtemps compris et pratiqué.

« J'en appelle au Concile, qui va se réunir pour chercher des remèdes à l'excès de nos maux, et pour les appliquer avec autant de force que de douceur. Mais si des craintes, que je ne veux point partager, venaient à se réaliser, si l'auguste assemblée n'avait pas plus de liberté dans ses délibérations qu'elle n'en a déjà dans sa préparation, si, en un mot, elle était privée des caractères essentiels à un Concile œcuménique, je crierais vers Dieu et vers les hommes pour en réclamer un autre véritablement réuni dans le Saint-Esprit, non dans l'esprit des partis, représentant réellement l'Eglise universelle, non le silence des uns et l'oppression des autres. « Je souffre cruellement à cause de la souffrance de la fille de mon peuple ; je pousse des cris de douleur, et l'épouvante m'a saisi. N'est-il plus de baume en Galaad ? et n'y a-t-il plus là de médecin ? Pourquoi donc n'est-elle pas fermée la blessure de la fille de mon peuple ? » (Jérémie, VIII.)

« Et enfin j'en appelle à votre tribunal, ô Seigneur Jésus ! *Ad tuum, Domine Jesu, tribunal appello.* C'est en votre présence que j'écris ces lignes : c'est à vos pieds, après avoir beaucoup prié, beaucoup réfléchi, beaucoup souffert, beaucoup attendu, c'est à vos pieds que je les signe. J'en ai la confiance, si les hommes les condamnent sur la terre, vous les approuverez dans le ciel. Cela me suffit pour vivre et pour mourir.

« Fr. Hyacinthe,
« Supérieur des Carmes déchaussés de Paris, deuxième définiteur de l'Ordre dans la province d'Avignon.
« Passy-Paris, le 20 septembre 1869. »

L'évêque d'Orléans, M. Dupanloup,

qui, en attendant que les injures d'un certain parti ultramontain le contraignent, lui aussi, à une éclatante scission, fait encore pattes de velours, essaya de ramener le Carme dans le sein de l'Eglise et lui conseilla, par une lettre *publique*, d'aller se jeter aux pieds du Pape. Le frère Hyacinthe lui répondit assez sèchement : « Je ne peux accepter ni les re-
« proches ni les conseils que vous m'a-
« dressez. Ce que vous appelez une
« grande faute commise, je l'appelle un
« grand devoir accompli. »

III

Peu de temps après cette rupture, le frère Hyacinthe s'embarqua pour l'Amérique et alla visiter les principales villes des Etats-Unis. Il trouva là plus d'un Barnum, exploiteur de renommées, qui lui offrit des milliers de dollars pour donner des conférences annoncées à son de trompes avec ce luxe de réclames dont les yankees ont le génie.

Mais l'ex-carme se refusa à jouer le rôle d'une Jenny Lind, d'une Rachel et d'un général Tom-Pouce, ce qui prouve qu'il ne pousse ni l'amour, ni l'orgueil de l'art jusqu'à lui sacrifier sa dignité.

Il fut bien l'objet, nous disent les journaux des localités, l'objet d'une vive curiosité ; on l'accueillit partout avec la plus cordiale sympathie ; il consentit peut-être même à faire çà et là quelques conférences ; mais il ne voulut jamais faire monter son éloquence sur les tréteaux.

Pour le moment, il se tait, vit dans la retraite et ne fait même pas parler de lui. Cependant, il y a tout lieu de croire qu'il n'a pas renoncé à exercer cette puissance de la parole, cet art de bien dire et de charmer des auditoires, dont il est doué à un si haut degré.

Mais, pour employer le mot consacré dans la langue des artistes, il a le diable au corps de l'éloquence, et celui qui est possédé de ce démon de la parole, ne peut se vouer pour bien longtemps au silence. Devenir apôtre du peuple, n'y a-t-il pas là de quoi tenter un orateur ? Prêcher la justice sociale, n'est-ce pas un beau texte aussi, et digne de son talent ? Les tribunes populaires ne sont-elles pas des chaires aussi ? De prédicateur à tribune, il n'y a que la main.

J.-B. Raymond.

GLAIS-BIZOIN

Il est né député, dit Tony Révillon en parlant de Glais-Bizoin, dans une de ces charmantes et souvent, sous leur légèreté apparente, très-profondes esquisses des contemporains, qu'il excelle à écrire au jour le jour.

Je puis ajouter, il est né propagandiste.

Il n'y a guère d'hommes qui, autant que lui, aiment à inoculer à autrui leurs sentiments, leurs admirations, leurs répulsions.

A l'époque où venait de paraître ce merveilleux livre d'Ed. Laboulaye, digne pendant des *Lettres persanes*, qu'on appelle *Paris en Amérique*, livre trop peu connu en France, mais répandu par milliers d'exemplaires en Allemagne et en Russie, il ne se passait pas de jour que Glais-Bizoin n'en achetât cinq ou six

PLUTARQUE POPULAIRE CONTEMPORAIN

Auguste Blanqui

28e Livraison.

Paris. — Typ. Walder, rue Bonaparte, 44

exemplaires pour les expédier sous bandes, à ses frais, à une foule d'habitants des quatre-vingt huit départements qui gravitent autour du département de la Seine.

C'est encore, j'imagine, comme propagandiste que le député breton s'est fait recevoir, il y a deux ans, membre de la Société des gens de lettres. C'était au moment où cette Société, éclairée par les mésaventures du *Trésor littéraire*, venait de reconnaître la voie funeste dans laquelle voulaient la conduire les journalistes serviles et les employés des diverses censures bonapartistes qui s'étaient emparés de ses destinées, et, réagissant tout à coup contre cette tendance déplorable, avait repris les anciennes traditions libérales de ses fondateurs. Jules Simon venait d'être nommé président, et l'on voyait figurer dans le Comité les noms d'Henri Martin, de Jules Claretie, d'Ernest Hamel, de Robert Halt, d'Augustin Challamel, de Paul Meurice, de Clément Caraguel et autres écrivains démocrates.

C'est, escorté de Jules Simon et d'Eugène Pelletan, que Glais-Bizoin se présenta un jour au dîner mensuel de la Société, où il fut acclamé et prononça un petit speech assaisonné de ces aimables et spirituelles facéties dont le républicain millionnaire émaille aussi sa conversation.

Sa personne un peu grêle, sa voix aigrelette, sa tête osseuse, mais originale et expressive firent beaucoup d'effet ; au bout de peu d'instants, il était devenu le camarade de tous les convives et s'appliquait à convertir aux principes de la démocratie et de l'anti-impérialisme ceux de ses nouveaux amis qui, dans leur frivolité et leur insouciance de gens de lettres, affectaient de se montrer indifférents en matière politique.

II

Alexandre Glais-Bizoin est né à Quintin (Côtes-du-Nord), le 9 mars 1800. Reçu avocat en 1822, il commença dès lors à manifester ses opinions démocratiques par ses attaques contre le gouvernement et contre le principe même de la Restauration.

Aussi, au lendemain de la révolution de juillet, se trouva-t-il naturellement désigné à ses concitoyens qui le nommèrent d'abord conseiller-général, puis le chargèrent de les représenter à la Chambre des députés où il siégea à l'extrême gauche et se signala par les vives et fréquentes interpellations qu'il adressa aux divers ministres pour les rappeler au respect des principes de 1789 et de la Déclaration des droits de l'homme. Dès 1832, il signait le fameux *Compte-rendu* et s'associait aux votes de l'opposition la plus avancée. Comme il savait qu'en France les réformes doivent être réclamées longtemps, souvent et avec la plus infatigable persévérance, pour avoir quelque chance d'aboutir, il revenait, chaque année, sans se rebuter, sur les trois principaux articles de son programme politique d'alors : suppression du timbre des journaux, suppression de l'impôt du sel, diminution de la taxe des lettres. De ces trois réformes, la dernière seule s'est opérée ; encore a-t-il fallu une révolution pour qu'elle pût triompher de l'esprit de routine administrative qui gouverne tout dans notre beau pays, même les gouvernements.

En 1847, Glais-Bizoin fut un des promoteurs les plus actifs de la réforme électorale et des banquets. S'il ne s'est pas vanté, comme le sieur Bavoche, d'avoir, à cette époque, devancé la justice du peuple, on peut affirmer néanmoins qu'il ne négligea rien pour préparer l'explosion de cette justice. Il fut l'un des premiers signataires de l'acte d'accusation formulé par M. Odilon Barrot contre le ministère Guizot, et si, aujourd'hui, l'accusateur et l'accusé, l'Odilon Barrot et le Guizot en question se font vis-à-vis dans les salons de ex-républicain Emile Ollivier devenu ministre du second empire, on doit dire, à l'honneur du juge, du citoyen Glais-Bizoin, qu'ils sont certains de ne jamais l'y rencontrer.

Aux élections du 23 avril 1848, il fut nommé membre de la Constituante pour le département des Côtes-du-Nord, par 92,308 suffrages; il justifia bientôt cette confiance du peuple souverain par son attitude et par ses votes. Nommé président de la réunion démocratique du Palais-National, il siégea à l'extrême gauche et se prononça pour les mesures les plus radicalement démocratiques. Dans la discussion de la Contitution, il présenta le célèbre amendement sur le Droit au Travail qui fit tant de bruit et ne réunit que 187 voix véritablement républicaines et socialistes, contre 596 voix réactionnaires.

De même qu'il avait combattu la réaction du gouvernement de Cavaignac, il la combattit avec une énergie encore plus grande sous le pouvoir issu du 10 décembre. Son tact politique très-fin et très-exercé, sa haute probité civique lui firent deviner, dès l'abord, le but final de la politique tortueuse de l'Elysée, et ce gouvernement enfanté par la coalition monarchico-cléricale, par l'exploitation du chauvinisme et de l'ignorance des masses égarées, trouva en lui un de ses plus ardents, de ses plus irréconciliables adversaires. Aussi, l'administration mit-elle en jeu toutes ses manœuvres et toutes ses influences pour combattre sa candidature aux élections du 13 mai et lui fermer les portes de la Législative.

Glais-Bizoin fut donc réduit à ronger son frein en silence et à rester simple témoin de toutes les iniquités administratives et politiques qui, durant trente mois, de mai 1849 à décembre 1851, préparèrent la France au coup d'Etat.

Contre ce coup d'Etat même, il ne put protester que comme citoyen et non comme représentant de la loi.

Pendant cette trêve forcée que lui imposa le sommeil de la France enchaînée, il s'occupa de travaux littéraires et écrivit deux comédies! *Une vraie Bretonne* ou *un cas pendable,* en cinq actes et en vers, qui fut imprimée à Saint-Brieuc, en 1862 et le *Vrai courage,* qui fut joué à Genève quelques années plus tard, faute d'avoir pu obtenir le visa de la censure dramatique.

En 1863, au moment des premiers symptômes du réveil de la vie politique, Glais-Bizoin reparut et se présenta comme candidat de l'opposition dans la première circonscription des Côtes-du-Nord; il y fut nommé par 12,827 voix sur 23,606 votants, et vint siéger à l'extrême gauche du Corps législatif.

On connaît son attitude et ses votes pendant les six années de cette législature. Il a excellé, il excelle encore, et il excellera toujours à interrompre les ministres et les orateurs de la droite, et ses interruptions, quoi qu'en disent les présidents, ont toujours une certaine portée. Une interruption bien placée a une grande valeur; il y a tel mot, telle phrase, telle réflexion, qui n'est en situation que jetée au milieu du discours qui en est l'occasion ou le prétexte et perdrait tout son sel, toute son importance à ne venir qu'une fois le discours fini. Ce n'est pas chose si aisée qu'on le croit, de savoir interrompre à propos et utilement. Les Vendre, les Dugué de la Fauconnerie et autres interrupteurs de la droite de 1870 en sont autant de preuves vivantes.

Malgré les services rendus à la démocratie, tant au Corps Législatif que dans la presse comme rédacteur fondateur de la *Tribune,* qu'il avait créée de concert avec son ami Pelletan, Glais-Bizoin ne fut pas réélu en 1869 par la circonscription des Côtes-du-Nord. Son concurrent officiel l'emporta sur lui de quelques voix. Mais l'opposition comprit combien le vétéran de la démocratie lui était utile et s'occupa de lui assurer un des sièges vacants par suite des doubles élections. En vain quelques compétitions s'élevèrent-elles au premier tour de scrutin. Glais-Bizoin n'aurait pu être vaincu que par un des glorieux inassermentés dont la tentative ne fut pas suffisamment com-

Paris. — Typographie Walder, rue Bonaparte, 44.

PLUTARQUE POPULAIRE CONTEMPORAIN

Auguste Blanqui

28ᵉ Livraison.

prise par la démocratie parisienne, et il rentra triomphalement au palais Bourbon comme député de la quatrième circonscription de Paris.

Aujourd'hui, il siége plus que jamais à la gauche et continue le cours de ses intelligentes interruptions.

On peut compter sur lui comme sur un des plus fermes et des plus vaillants irréconciliables.

JULIEN LEMER.

AUGUSTE BLANQUI

I

J'étais un enfant lorsque je vis Auguste Blanqui pour la première fois. C'était en 1827, il avait été, quelque temps avant, blessé dans la fusilade de la rue St-Denis. Une balle l'avait atteint au cou, avait percé son col en crin et entamé les chairs assez profondément à un demi-millimètre de l'artère carotide. Il montrait avec quelque orgueil sa cicatrice et conservait précieusement son col troué par une balle des troupes royales.

« — Voilà une balle qui coûtera cher à la couronne et à tous les rois de la terre! » disait-il quelquefois.

Je fus frappé par l'expression de cette tête osseuse et énergique, de cette physionomie déjà pensive et réfléchie, quoiqu'il n'eût que vingt-deux ans, par la flamme de ces yeux gris clair à reflets parfois singulièrement lumineux. Cette tête étrange était portée par un corps petit, maigre, chétif, mais énergiquement nerveux.

Et quel travailleur que ce jeune homme qui, après avoir payé lui-même la plus grande partie des frais de son éducation à la pension Massin au moyen de services qu'il rendait comme maître d'études, après avoir été plusieurs fois lauréat du concours général comme élève du collège Charlemagne, s'était mis bravement à étudier à la fois le Droit et la Médecine et avait trouvé le moyen de se faire une position dans le journalisme en rendant compte des débats de la Chambre des députés au *Constitutionnel* !

Aussi quelles espérances fondaient alors sur l'avenir de ce jeune homme, son père, le vieux conventionnel, à qui la Restauration reprochait d'avoir voté la mort de Louis XVI, son frère Adolphe Blanqui, déjà professeur distingué qui préludait à sa carrière d'économiste par des travaux de polémiste politique, ardent, incisif et spirituel dans le *Courrier Français*, le *Journal du Commerce* et le *Figaro*.

Deux ans après, aux vacances de 1829, je me retrouvais avec Auguste Blanqui. Il arrivait d'un long voyage qu'il avait fait en Espagne en compagnie de Louis Plocque. Tantôt à pied, tantôt à cheval, toujours la carabine sur l'épaule, tous deux avaient visité les principales villes, gravi les montagnes les plus escarpées de la péninsule, évitant les regards de la police royale, fraternisant avec les bandes de guérillas, allant serrer la main des membres de la grande franc-maçonnerie libérale qui avait des représentants dans toutes les parties de l'Europe.

Que de récits, que de descriptions, que de discussions politiques et religieuses aussi, durant ces deux mois d'un automne froid et pluvieux, passés presque entièrement devant le feu de la haute cheminée du petit castel d'Aunay-sous-Auneau, en pleine Beauce !

Trois mois après, en janvier 1830, nous retournions ensemble, Auguste Blanqui, son frère et moi, par une nuit étoilée à ce castel d'Aunay, rendre une visite à M. Blanqui père. La diligence de Paris, partie à huit heures du soir de la cour des Messageries, nous avait laissés à trois heures du matin à Ablis. Nous avions trois lieues à faire à pied, à travers la plaine couverte de trente centimètres de neige, et par un froid de 15 degrés au-dessous de zéro. Pour stimuler notre courage, les gens de l'auberge où la diligence relayait nous assuraient qu'on avait vu, depuis quelques jours, des loups rôder dans le pays.

Nous partîmes gaiement, cependant, après nous être réconfortés d'un ample bol de vin chaud, et la conversation nous tint en haleine pendant les deux premières heures. Je dois dire, toutefois, qu'en ma qualité d'enfant de quatorze ans, j'écoutais beaucoup plus que je ne parlais. Pour être sûr de me tenir éveillé, j'élevais de temps à autre la voix et je questionnais mes deux compagnons de route qui discouraient de la révolution et de la grande lutte de la Plaine et de la Montagne. Sans tenir pour la Plaine, Adolphe cherchait à expliquer plutôt qu'à excuser son rôle. Auguste, lui, se déclarait hautement pour la Montagne et poussait l'enthousiasme jusqu'au lyrisme le plus exalté. Puis vinrent les récits des époques néfastes, les réactions successives, l'horrible dix-huit brumaire, l'exécrable empire, les déplorables guerres, enfin la retraite de Russie, dont l'effroyable tableau se présentait à nous d'autant plus saisissant que nous marchions, pour ainsi dire, au milieu du décor de cet abominable drame militaire, glacés jusqu'aux os par l'aspect saisissant de cette immense plaine blanche sans limites, au milieu de laquelle nous marchions, cherchant de l'œil, sondant du pied, le terrain pour trouver la route sous l'épaisse couche de neige, vierge de tout pas humain.

Il vint un moment où nous nous crûmes égarés. Auguste Blanqui se laissa tomber et déclara qu'il voulait se coucher et dormir. En vain son frère lui rappelait les soldats morts de froid dans la neige, en vain il lui répétait que le sommeil dans ces steppes glacées était l'avant coureur de la mort. Il résistait aux supplications et même aux efforts que faisaient nos mains crispées pour le relever.

Tout à coup, Adolphe fut illuminé par une inspiration de génie. Il se mit à chanter d'une voix émue et tremblante un air que je ne connaissais pas, en murmurant des paroles que j'ignorais également, mais dont le sens me fit éprouver une sorte de commotion électrique.

Allons, enfants de la patrie,
Le jour de gloire est arrivé !

disait-il.

A ces mots, Auguste Blanqui se dressa comme mû par un ressort intérieur. On aurait dit que le sang figé dans ses veines se reprenait à couler limpide et chaud. Une demi-strophe de *la Marseillaise* avait produit sur le cœur du républicain l'effet du cordial le plus excitant.

Une heure après, nous embrassions le vieux conventionnel qui avait passé la nuit à nous attendre devant deux énormes troncs d'ormes qui brûlaient dans l'âtre.

C'était sept mois plus tard que les jeunes gens de ma génération devaient s'initier à l'admirable hymne de Rouget de l'Isle.

II

Ceci est encore un autre souvenir de mon enfance qui se rapporte à l'histoire d'Auguste Blanqui.

J'habitais l'école spéciale de commerce,

dirigée déjà en partie par Adolphe Blanqui et située rue Saint-Antoine, hôtel Sully. Je faisais ma troisième au collège Charlemagne, tout en lisant assidûment le *Courrier français* et le *Figaro*. J'avais donc quelque idée de ce qu'on pensait du ministère Polignac et des projets qu'on attribuait aux conseillers de Charles X, tout en doutant que le gouvernement eût l'audace de les mettre à exécution.

Un dimanche soir, le 25 juillet, je m'en souviens comme si la chose datait d'hier, je vis arriver Auguste Blanqui, pâle et agité, chez son frère aîné.

— C'est fini, lui dit-il à demi-voix, tout est signé. Avant deux jours nous serons tous arrêtés, ou bien alors...

— Es-tu bien sûr de ce que tu dis? Depuis six mois on a fait courir tant de bruits. Je ne puis pas croire à tant de témérité ! Et tu dis que les journaux...

— Supprimés ! censure rétablie; droit électoral supprimé; tout ce qui porte un nom quelque peu libéral décrété d'arrestation. Nous rétrogradons d'un demi-siècle.

— Mais que faut-il faire ?

— Nous verrons demain l'effet des ordonnances signées à Saint-Cloud il y a deux heures, et envoyées aussitôt à l'imprimerie du *Moniteur* ; et je te dirai demain soir ce qui sera décidé.

Le lendemain je ne vis pas Auguste Blanqui ; mais dans les rues, au collège, à la pension, à l'école de commerce, je ne rencontrai que des visages consternés.

Le mercredi 28, il apparut, la carabine à l'épaule, le visage noir de poudre, une large cocarde tricolore à son chapeau de paille, la taille entourée d'une ceinture formée de trois bandes de calicot, l'une blanche, les autres rouge et bleue. Quatre pistolets d'arçon et un sabre étaient attachés à cette ceinture. Il trouva l'école de commerce transformée en atelier, ici l'on fondait des balles, là on roulait des cartouches, plus loin on épluchait en charpie tout le linge de la maison.

Il se jeta dans les bras de son frère en pleurant d'émotion, but quelques gorgées d'eau rougie, et dit en s'en allant :

— Dans vingt-quatre heures tout sera fini pour celui-ci ; mais avant trois mois il faut qu'il n'y ait plus un seul roi en Europe !

En effet, le 29 au soir tout était fini pour la branche aînée des Bourbons.

Le 31 seulement, vers neuf heures du matin, Auguste Blanqui revenait rue Saint-Antoine. Il était encore en proie à une vive émotion. Ce n'était pas la joie du triomphe qui l'enivrait. Déjà il sentait que la victoire de ses idées et de ses sentiments n'était pas complète, car, si l'on fredonnait la *Marseillaise* çà et là, on ne criait pas encore : « Vive la république ! » Mais il venait d'être le principal acteur d'un de ces épisodes dramatiques assez fréquents dans les guerres civiles, et dont l'histoire ne conserve pas même le souvenir.

Posté en sentinelle volontaire dans la rue d'Enfer, non loin de la barrière, pour observer et signaler au besoin les tentatives de retour offensif du corps d'armée que l'on savait en retraite au sud de Paris, il avait vu, peu de temps après le lever du soleil, à l'heure où plus de la moitié de Paris dort encore, entrer par la barrière, un paysan à cheval, dont l'allure lui avait paru suspecte. Cet homme avait passé au pas devant le mur d'octroi, puis sa marche s'accélérant peu à peu, il avait pris le galop au bout de quelques instants ; cette marche ressemblait à une fuite.

A tout hasard, Blanqui lui cria : « qui vive ! »

Le cavalier ne répondit pas et parut exciter l'ardeur de sa monture.

— Qui vive ! répéta le volontaire de l'armée populaire, en accentuant son interpellation d'un juron énergique.

Rien.

— Qui vive ! ou je tire répéta une troisième fois la sentinelle irritée, en épaulant sa carabine.

Plusieurs passants s'étaient arrêtés dans la rue, où commençait à se faire la circulation du Paris matinal. Des femmes criaient au paysan : « Répondez donc! » D'autres imploraient le factionnaire : « Ne tirez-pas, ne le tuez pas! » disaient-elles.

Cependant, le paysan était déjà à près de cent pas de la carabine menaçante, il allait se trouver hors de portée. Blanqui, exaspéré, pressa la détente, le coup partit et l'homme tomba affaissé sur son cheval.

Un cri de commisération retentit dans la rue.

— Pauvre homme, dit une femme, il était peut-être sourd?

Et la commisération commença à se changer en indignation.

Tout le monde accourut autour de l'homme tombé, qui avait perdu connaissance et respirait à peine. Blanqui réussit à se faire faire place et se mit en devoir de le fouiller pendant que la foule grossissante murmurait des mots sinistres.

Les poches avaient été explorées, vidées, le chapeau dédoublé, les habits décousus. Rien, rien que quelques pièces de monnaie; pas un papier, pas un indice. Les murmures devenaient menaçants, et Blanqui, désespéré, se prenait à pleurer sur ce meurtre inutile. Il jugea que ce qu'il avait de mieux à faire pour se soustraire aux reproches de la foule et tranquilliser sa conscience, c'était d'aller rendre compte de ce qui venait de se passer au gouvernement provisoire, et, pour arriver plus vite, il voulut monter sur le cheval. Mais, en cherchant à l'en empêcher, un des assistants fit tourner la selle, et alors on aperçut sous la doublure, un paquet de papiers soigneusement enveloppés.

Ce paquet contenait des dépêches adressées par un général campé au sud de Paris (le général Bordesoulle, si je ne me trompe) au maréchal Marmont, commandant de l'armée de Paris en retraite sur Saint-Cloud.

Aussitôt les protestations menaçantes se changèrent en cris d'admiration et d'enthousiasme. Blanqui eut peine à se soustraire au triomphe que voulait lui décerner la foule. On l'escorta presque jusqu'à l'Hôtel-de-Ville en criant : Vive la liberté! Vive la Charte!

— Pas un seul cri de : Vive la République! soupirait-il, indigné, en racontant à son frère ce qui venait de se passer.

Et les larmes lui venaient encore aux yeux à la pensée qu'il aurait pu tuer un homme inutilement.

Tel était l'homme à vingt-cinq ans, résolu, énergique, convaincu, prêt à donner sa vie pour ses principes, mais ménager de la vie de ses semblables.

A ce citoyen ardent, apôtre déjà de la démocratie en même temps que soldat de l'armée de la liberté, le gouvernement de juillet offrit, pour satisfaire et calmer ses passions républicaines... une place de sous-préfet.

III

Aussi ce gouvernement ne dût-il pas être surpris de trouver, au bout de quelques mois, Auguste Blanqui parmi ses adversaires les plus énergiques. Et ce n'était pas seulement comme républicain qu'il combattait la monarchie de juillet, c'était comme socialiste, comme tribun de la cause des prolétaires. Esprit éclairé, il avait compris, cœur dévoué, il avait senti que le véritable but de la révolution n'était pas une modification dans la forme politique du gouvernement, mais une réforme radicale dans l'organisation des sociétés humaines, que la république, en un mot, n'était qu'un moyen d'arriver à l'émancipation du travail, à une répartition équitable des avantages et des droits, comme des charges et des devoirs de la vie sociale.

Au lieu de se défendre, dans le *Procès des dix-neuf*, où il figurait comme membre de la Société des amis du peuple, c'est lui qui accuse le gouvernement d'opprimer systématiquement le prolétariat, et il se fait condamner à un an de prison.

Dans le procès d'avril 1834, il ne figure pas comme accusé devant la Cour des pairs, mais comme avocat, et sa parole n'est pas une des moins éloquentes pour stigmatiser le pouvoir.

En 1835, il est compromis dans l'affaire de la rue de Lourcine, et condamné pour délit d'association et de fabrication de poudre.

Amnistié en 1837, il reprend son œuvre où il l'avait laissée et entreprend, avec Martin Bernard, Lamieussens et Raisant, de fonder la *Société des saisons* et de la rapprocher de la *Société des montagnards*. De l'entente de ces deux sociétés résulte la prise d'armes du 12 mai 1839. Les républicains sont vaincus, Barbès et plusieurs autres sont arrêtés et condamnés. On sait que Barbès, condamné à mort, vit sa peine commuée sur la pressante sollicitation de Victor Hugo. Blanqui réussit à se cacher pendant plus de six mois. Découvert par la police, arrêté, traduit devant la Cour des pairs, il refuse de se défendre et est condamné à mort. Sa peine est commuée comme celle de Barbès, et il est envoyé au Mont-Saint-Michel, où le régime rigoureux de la prison met sa vie en danger. On le transporte presque mourant à l'hôpital de Tours, et les soins dont l'entourent les médecins et les personnes de sa famille admises à se rapprocher de lui, le rappellent à la santé.

Il était à Tours quand la révolution de février vint lui rendre la liberté et en même temps l'espérance de voir enfin triompher ses idées. Deux jours après, il était à Paris, et il organisait le club de la société républicaine, dont les premières séances se tinrent rue de Grenelle-Saint-Honoré, à la salle du Grand-Orient. C'est là que je le revis entouré de ses amis, la plupart anciens combattants de juin 1832, d'avril 1834, du 12 mai 1839, sortis de prison ou revenus de l'exil, et je ne m'indignai ni des accusations et des violences de langage de ces hommes qui avaient tant souffert.

Blanqui ne me parut guère changé; je l'avais toujours connu maigre et souffreteux. L'âge et la maladie, en laissant leur empreinte sur son visage, avaient accentué d'un relief plus marqué le caractère énergique de sa physionomie. Ombrageux et scrutateur, comme par le passé, son regard ardent et aigu comme la lame d'un stylet, semblait porter plus loin et pénétrer plus avant dans les âmes qu'il voulait sonder.

Peu de jours après, le siège de son club était transporté rue Bergère, dans la salle du Conservatoire de musique; et c'était de là qu'il lançait ses appels aux autres clubs, qu'il organisait la manifestation du 17 mars, le mouvement des pétitions dans le but d'obtenir l'ajournement des élections, (quand il eût été plus politique peut-être de hâter la première épreuve du suffrage universel), la tentative du 16 avril et la campagne néfaste du 15 mai.

Arrêté et conduit à Vincennes, Blanqui refuse absolument de répondre à la commission d'enquête, nommée par l'Assemblée Constituante, et, devant la haute cour de Bourges, répudie hautement tout accord avec divers autres accusés et notamment avec Barbès. Une publication de la *Revue rétrospective* de M. Taschereau, publication non encore suffisamment expliquée, avait provoqué des dissentiments entre les chefs du parti démocratique socialiste. Ce qu'il y a de certain, c'est que Blanqui fut condamné à dix ans de détention, et envoyé d'abord à Belle-Isle, puis à Corte en Corse.

Délivré par l'amnistie de 1859, peu de jours avant l'expiration de sa peine, il séjourna quelque temps à Londres, puis revint à Paris. Il y était à peine arrivé qu'on le faisait arrêter pour le traduire en police correctionnelle comme coupable d'avoir fait partie d'une société secrète. Le 16 juin 1861, le tribunal rendait un jugement, que la cour d'appel confirmait le 17 juillet, condamnant Blanqui à quatre ans de prison, à 500 fr. d'amende et à cinq ans de privation des droits civiques. Après six mois de Sainte Pélagie, les médecins, effrayés de son état maladif, demandèrent qu'il fût transporté dans une maison de santé.

Depuis près de cinq ans qu'il est sorti de prison, Blanqui a vécu à l'étranger, loin de cette patrie, de ce peuple qu'il a si souvent tenté d'affranchir au prix de sa fortune, de sa liberté et de sa vie. Aujourd'hui il vit, dit-on, en Belgique.

JEAN LUX.

DROUYN DE LHUYS

Le *Plutarque Populaire* n'abusera pas des diplomates et des hommes d'Etat du second empire, dans cette revue rapide qu'il fait des amis et des adversaires de ce règne bizarre, que nos neveux trouveront à coup sûr invraisemblable.

Si nous avons choisi M. Drouyn de Lhuys entre tous ceux qui ont présidé aux relations internationales de la France depuis vingt ans, c'est que nul mieux que ce diplomate flottant ne nous a paru caractériser et représenter la politique extérieure si mobile et si indécise du régime néo-impérial. L'homme et le régime semblent faits l'un pour l'autre ; l'un et l'autre ont fait consister leur diplomatie à paraître avoir une politique, et à ne pas en avoir en réalité.

Demandez à M. Drouyn de Lhuys s'il est pour le Pape ou pour l'Italie. Il vous répondra que la chose dépend des circonstances, que le Pape a du bon parce qu'il ne faut pas se brouiller avec le clergé qui dispose d'un bon nombre de voix dans les élections et entretient dans les masses peu éclairées l'esprit d'obéissance et de discipline, mais que l'Italie a pour elle le droit, son génie libéral et doit être ménagée parce qu'elle pourrait bien s'allier avec la Prusse. Posez la même question au gouvernement impérial, il vous fera identiquement la même réponse.

Interrogez le même gouvernement sur la question de la confédération de l'Allemagne du nord, c'est-à-dire du vaste et puissant royaume de Prusse. Il vous répondra par les fameuses angoisses patriotiques de M. Rouher. Nul doute aussi que M. Drouyn de Lhuys n'ait éprouvé quelques angoisses non moins patriotiques lorsqu'il s'est aperçu qu'après Sadowa, au moment où il pouvait être utile d'envoyer cent mille hommes sur le Rhin, la France, grâce à l'inepte campagne du Mexique et à la déplorable anarchie de son système financier, se trouvait dans l'impossibilité de s'opposer aux annexions violentes de la Prusse.

Questionnez l'un et l'autre sur les conséquences du traité de 1856, sur les déceptions du traité de Zurich, sur les causes du refus d'intervenir, de concert avec l'Angleterre, dans la question du Danemark et des duchés, en 1863, sur les motifs de la politique suivie à l'égard des Etats-Unis pendant la guerre de la sécession, sur les mystères de la question d'Orient, hydre dont les têtes renaissent à mesure qu'on les tranche, menaçant à chaque instant l'Europe d'une conflagration générale, sur l'utilité d'une Pologne libre et indépendante, au point de vue de la sécurité de l'Europe occidentale et du maintien de la paix du monde. Vous verrez qu'ils n'en savent pas plus long l'un que l'autre sur ces divers sujets, et vous reconnaîtrez que gouvernement et ministres n'ont jamais poussé leurs prévisions politiques au delà de l'échéance de vingt-quatre heures.

Et cependant, ce n'est pas faute d'avoir eu des éléments d'études très-divers en raison des postes diplomatiques variés qu'il a occupés, et des fonctions multiples qu'il a remplies, que M. Drouyn de

PLUTARQUE POPULAIRE CONTEMPORAIN

Drouyn de Lhuys

30ᵉ Livraison.

Paris. — Typographie Walder, rue Bonaparte, 44.

Lhuys est resté un diplomate et un homme d'Etat à vues étroites, un politique en sous-ordre. Il a même eu parfois, tout docile qu'il fût aux injonctions de son maître, des apparences de velléités d'indépendance.

Il avait même commencé par se montrer indépendant, à l'âge où l'on se préoccupe plus de sa dignité que de son ambition.

Né à Paris, le 19 novembre 1805, prix d'honneur de rhétorique au concours général en 1823, comme élève du collége Louis-le-Grand, avocat en 1827, il était attaché d'ambassade à Madrid en 1830, avec M. d'Harcourt. Chargé d'affaires à La Haye, de 1832 à 1835, pendant que se réglaient les dernières conventions de l'affaire hollando-belge, il retournait à Madrid en 1836, en qualité de premier secrétaire d'ambassade.

En 1840, il était directeur de la section commerciale du ministère des affaires étrangères, et, en 1842, nommé député de Melun comme candidat de l'opposition. C'est quelque temps après qu'il manifesta ses velléités d'indépendance en combattant la politique de son chef hiérarchique dans l'affaire de l'indemnité Pritchard. Naturellement, M. Guizot le destitua, prouvant ainsi combien les fonctions publiques sont incompatibles avec le mandat législatif. M. Drouyn de Luys accentua alors plus énergiquement son opposition ; il attaqua résolûment le ministère, se jeta dans le mouvement réformiste, et signa, en février 1848, la demande de mise en accusation du ministère. Il devançait la justice du peuple à la façon de M. Baroche.

Nommé représentant du peuple à la Constituante, il acclama vraisemblablement la République, se fit élire président de ce comité des affaires étrangères qui imprima une impulsion si déplorable à la politique de la France dans la question romaine, et vota avec la droite toutes les mesures opposées à l'esprit d'une République véritablement démocratique.

Après l'élection du 10 décembre 1848.

l'Elysée pressentit en M. Drouyn de Lhuys un adepte de sa politique tortueuse et anti-démocratique ; il le prit immédiatement pour ministre des affaires étrangères. C'était bien l'homme qu'il lui fallait pour faire de la République française la paisible spectatrice des réactions monarchiques entreprises contre le mouvement révolutionnaire des peuples, suscité par l'exemple de la France de février. Pendant que l'Autriche battait le Piémont et reprenait ses possessions en Italie, la Russie intervenait en Hongrie, et la France, sous l'inspiration de M. Drouyn de Luys, préparait le siége de Rome. Cependant, ce ministre complaisant quittait le ministère le 5 juin 1849, au moment même du siége, pour aller, peu de temps après, représenter la France comme ambassadeur en Angleterre. Il rentrait à Paris dix-huit mois plus tard, pour faire partie du ministère complaisant du 10 janvier 1851, qui ne dura que peu de jours. Enfin, le coup d'Etat du 2 décembre accompli, il ne fit nulle difficulté de siéger volontairement dans la fameuse commission consultative dont les membres étaient choisis d'office et presque nommés malgré eux. Aussi fit-il partie de la première fournée de sénateurs en qualité de vice-président. C'était bien fait !

Redevenu ministre des affaires étrangères le 28 juillet 1852, ce diplomate, ami des monarques puissants, s'appliqua à maintenir le nouveau régime en état de paix avec eux ; souple avec la Russie à propos de la question grecque, et avec l'Angleterre à l'égard de la question des réfugiés français, il se montra très-exigeant envers la Belgique et le Piémont en ce qui concernait les exilés du coup d'Etat. N'est-ce pas lui peut-être qui intima l'ordre au roi de Piémont d'expulser de Nice le citoyen Démosthènes Ollivier, père de l'Ollivier aujourd'hui ministre ?

Mais lorsqu'après la défaite des Turcs à Sinope, et la conclusion de l'alliance anglo-française, les conférences de Vienne furent rompues, et que la campagne de Crimée fut entreprise avec le concours du Piémont, ce ministre, décidément plus favorable à la Russie qu'au petit royaume de Savoie, donna sa démission.

Peu de temps après, quand le chef de l'Etat adressa un message au Sénat pour l'inviter à montrer plus d'initiative, M. Drouyn de Lhuys, qui savait être si complaisant, eut encore une velléité d'indépendance; il donna sa démission de sénateur, n'admettant pas sans doute qu'on poussât la plaisanterie jusqu'à recommander l'initiative à un corps auquel on s'était toujours borné à intimer des ordres.

Avec quel chagrin le ci-devant parlementaire devenu sympathique au despotisme russe, au despotisme autrichien, au despotisme pontifical, dut-il voir la campagne d'Italie et les conséquences que sut leur faire produire Cavour, ce grand ministre qui joua si habilement nos prétendus politiques du second empire, avec l'aide de l'héroïque Garibaldi! On peut s'en douter; mais il ne le manifesta nullement, et parut s'occuper exclusivement d'agriculture et d'acclimatation, tout en se réservant pour l'époque où il pourrait être appelé à jouer encore un rôle.

En effet, quand on trouva que cet infortuné et naïf M. Thouvenel, qui avait eu la simplicité de croire à la durée de l'alliance franco-italienne, se montrait trop favorable à la cause de l'unité, on fit appel à M. Drouyn de Lhuys pour le remplacer.

L'empire, ainsi que le Théâtre-Français, a toujours eu dans son personnel de serviteurs d'Etat deux troupes, dont il se sert suivant les besoins du répertoire. La troupe de la politique soi-disant libérale, et la troupe du répertoire réactionnaire. Au fond, ces deux politiques ne sont pas plus libérales l'une que l'autre, parce que toutes deux sont dirigées au gré de la volonté du maître. Mais, comme le despotisme et la réaction sont toujours le but final auquel tout doit tendre, ceux qui ont la naïveté de croire à la réalité des sentiments qu'on leur fait jouer, des idées qu'on leur fait exprimer, éprouvent de cruelles déceptions. Quelquefois ils en meurent, comme en mourut, dit-on, M. Thouvenel.

Imaginez *Ruy-Blas* se figurant pendant tout le troisième et le quatrième actes qu'il est réellement ministre d'Espagne, et reconnaissant au cinquième acte qu'il n'est que le valet de don Salluste.

M. Drouyn de Lhuys a toujours fait partie de la réserve de la réaction, quoiqu'on ait cherché à le poser en parlementaire et même en orléaniste. Aussi avec quel bonheur, le 18 octobre 1862, il répondit par un refus absolu à la circulaire du général Durando qui réclamait l'abandon de Rome par les troupes françaises! Toujours conciliant, en apparence, il mit sur la blessure qu'il avait faite au roi d'Italie le baume d'un traité de commerce avec la France, ce qui lui valut, à lui personnellement, le grand-cordon des Saints-Maurice-et-Lazare.

De plus en plus pacifique et conciliant, il voulut intervenir platoniquement, en 1863, en faveur de la Pologne et adressa au duc de Montebello, notre ambassadeur, une dépêche destinée à être lue au général Gortchakoff, qui dut bien en rire. Il ne dut pas moins rire aussi, le gouverment des Etats-Unis, quand M. Drouyn de Lhuys s'adressa aux cabinets de Prusse et d'Angleterre pour les inviter à proposer, de concert avec lui, une trêve de dix mois aux parties belligérantes dans la guerre de la sécession. Quant à l'idée du congrès européen de 1864, tout ce qu'il y a d'hommes véritablement politiques en Europe en rit encore à l'heure qu'il est.

Mais ce qui a couronné le plus remarquablement la renommée diplomatique de ce prétendu homme d'Etat, c'est la fameuse convention du 15 septembre 1864, conclue avec le gouvernement d'Italie, pour fixer un terme à l'occupation de Rome par les troupes françaises. Ah! le bon billet de La Châtre que M. Drouyn de Lhuys a donné là à Victor-Emmanuel! Et que l'ennemi de l'unité italienne savait bien que la politique des monarchies ne manque jamais de prétextes pour éluder ses engagements de toute nature! Les merveilles du chassepot à Mentana ont prouvé ce que valait au fond cette convention dont on a fait tant de bruit.

M. Drouyn de Lhuys est rentré, depuis, au Sénat et semble résigné à ne plus s'occuper que d'agriculture, de présidences de comices, d'acclimatation et de justifier son titre de membre de l'Académie des sciences morales et politiques.

J.-B. RAYMOND.

Paris. — Typographie Walder, rue Bonaparte, 44.

PLUTARQUE POPULAIRE CONTEMPORAIN

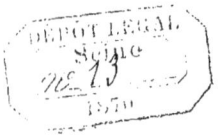

Louis Blanc

31e Livraison.

LOUIS BLANC

I

Ce qui sera, pour la postérité, la gloire et l'honneur du xixᵉ siècle, c'est la tendance de certains esprits éminents à étudier, à rechercher les éléments matériels, moraux et intellectuels de la justice humaine.

Le xviiiᵉ siècle, siècle de critique, a le premier commencé à s'émouvoir de l'inégalité des conditions des hommes. Avide de lumière, il a recherché les causes, constaté les effets de l'iniquité, riant plus souvent avec Voltaire, Diderot, Montesquieu, Beaumarchais, des sottises et des infamies des grands, des forts et des maîtres de toutes sortes de la société d'alors, qu'il ne gémissait et ne s'indignait, avec Rousseau, des souffrances des petits et des faibles.

Toutefois, parmi ces pères de la Révolution française, on peut dire que quelques-uns ont cherché à combattre l'iniquité.

Montesquieu a signalé l'injustice politique et civile et en a cherché le remède dans *l'Esprit des lois*.

Voltaire a stigmatisé l'injustice morale et pour ainsi dire cléricale.

Rousseau seul a flétri l'injustice sociale.

De là deux grands courants dans la Révolution, le courant politique, procédant de Montesquieu et de Voltaire, — le courant social, procédant de Jean-Jacques Rousseau.

Tandis que le courant politique, de réaction en réaction, aboutissait au Consulat, à l'Empire, à la Restauration et à la demi-liberté politique du gouvernement de juillet ; le courant social semblait avoir trouvé de quoi satisfaire ses appétits d'égalité dans le mouvement militaire, dans la solidarité autour du drapeau national, dans cette constitution de l'armée où « chaque soldat, disait-on, portait avec lui son bâton de maréchal de France dans sa giberne. »

Mais quand vint le moment où le monde, éveillé de son long cauchemar militaire, reconnut que le métier de tueur d'hommes, s'il pouvait bien être métier de roi, n'était véritablement pas le roi des métiers ; alors le courant social se remit à chercher sa voie, et il se produisit dans la philosophie, dans l'économie politique, dans la littérature, de nouvelles écoles d'écrivains, les uns ardents à combattre, à flétrir les iniquités sociales, d'autres, préoccupés de réparer les maux causés par ces iniquités, de prévenir les désastres dont elles menaçaient la civilisation, et de demander à la science, au génie, le secret de la grande et sainte Justice sociale.

Science et conscience de la Justice, est-ce ce qui manque à la société moderne, comme l'a dit Proudhon, et dont la privation nous fait lentement, ignominieusement mourir ?

Au fond, le but n'est-il pas encore tel que l'a défini ce grand écrivain dans son admirable livre *de la Justice dans la Révolution et dans l'Église*, livre condamné, livre proscrit, qui n'en reste pas moins une des plus magnifiques productions du génie humain.

« Y a-t-il, demande Proudhon, un

système de la société comme l'ont entendu tous les utopistes anciens et modernes et tous les législateurs? quel est ce systeme? comment le reconnaître, le prouver? N'y en a-t-il pas? qu'est-ce alors que l'ordre social?

« Grosse entreprise, de dégager de la masse des faits humains les principes qui les régissent, de tirer au clair une douzaine de notions que le passé nous a léguées sans les comprendre, et pour lesquelles nous combattons comme ont combattu nos pères!

« En résumé :

« Quel est le principe fondamental, organique, régulateur, souverain, des sociétés; principe qui, subordonnant tous les autres, gouverne, protège, réprime, châtie, au besoin exige la suppression des éléments rebelles? Est-ce la religion, l'idéal, l'intérêt? Est-ce l'amour, la force, la nécessité ou l'hygiène? Il y a des systèmes et des écoles pour toutes ces affirmations.

« Ce principe, suivant moi, est la Justice.

« Qu'est-ce que la Justice? — L'essence même de l'humanité.

« Qu'a-t-elle été depuis le commencement du monde? — Rien.

« Que doit-elle être? — Tout.

. . . .

« S'il est vrai que la Justice soit innée au cœur de l'homme, il ne s'ensuit pas que ses lois aient été dès l'origine déterminées dans l'esprit humain avec netteté et pour toutes les catégories d'applications; ce n'est que peu à peu que nous en acquérons l'intelligence, et leur formule est le prix d'un long travail.

« La définition de la Justice, obtenue par une évolution de six ou huit mille ans, ouvre le second âge de la civilisation : la Révolution en est le prologue. »

Cette Justice, dont le premier principe moral consiste à honorer le travail, qui, durant les premières périodes de l'histoire du monde, fut signe de servitude et d'infériorité, cette Justice, qui a pour principal objet une équitable répartition des devoirs et des droits, des charges et des bienfaits de l'état social, des travaux d'exploitation agricole, industrielle, mécanique, scientifique, morale, intellectuelle, des éléments que la Nature et les créations du génie humain antérieur ont mis entre nos mains, ainsi que des produits que l'agrégation humaine peut en tirer, — cette Justice a été le but, le *desideratum* de tous ces grands et petits chercheurs qui, sous le nom de socialistes, ont consacré leurs études, soit à des aperçus critiques, soit à des plans d'organisation, allant de Saint-Simon à Robert Owen, de Campanella à Charles Fourier, de Babeuf à Cabet, inspirés, les uns par l'étude des chefs d'écoles, les autres par leur génie personnel.

Louis Blanc a été un de ces chercheurs.

II

Or, ce qui, dans des temps calmes, dans une société capable de subordonner d'aveugles intérêts à un raisonnement éclairé par la lumière d'une saine morale, ce qui dans un pays apte à juger du mouvement évolutionnaire de l'Avenir, d'après les mouvements révolutionnaires du Passé, eût été l'honneur d'un homme, la gloire même d'une nation, ce travail, ce titre même de chercheur de la Justice sociale, ce fut le crime de Louis Blanc, comme ce fut le crime de Proudhon, comme ce fut le crime de tant d'autres.

Populaire, aux premiers jours de la Révolution de 1848, quand toute la société française, comprenant bien que la tardive Justice politique promulguée par l'établissement du suffrage universel ne pouvait pas être le dernier mot de cette révolution, qu'en attendant que le travail obtînt sa part légitime de bien-être, on devait tout au moins l'honorer, s'empressait avec un enthousiasme poussé jusqu'à la puérilité d'assimiler toutes les fonctions au travail manuel; quand les bourgeois exerçant les professions les plus et les moins libérales ne se contentaient pas de s'honorer du titre de citoyens, mais affectaient de se dire : ouvriers notaires, ouvriers médecins, ouvriers huissiers. Louis Blanc devint bientôt, grâce aux calomnies intéressées des restaurateurs du Passé, et au triomphe des contre-révolutionnaires, à qui il avait causé une si grande frayeur, la bête noire de toutes les classes d'autoritaires, de traitants, de trafiquants, d'exploiteurs, de parasites qui vivent des abus, et de tous les déclamateurs, de tous les folliculaires à leur solde.

Ce ne furent pas seulement ses doctrines, ses actes qu'on lui imputa à crime, ce fut aussi sa vie, sa nourriture même, son prétendu luxe, ce furent jusqu'aux doctrines et aux actes de ses adversaires. On l'accusa du 15 mai, on l'accusa du mouvement socialiste général, on l'accusa des journées de juin, on l'accusa des ateliers nationaux, organisés pour contre-balancer son influence et malgré ses protestations. Ces pauvres gens, on leur avait dit que Louis Blanc conseillait aux ouvriers de les dépouiller, et ils avaient eu une telle peur! Il fallait bien se venger de la peur qu'il leur avait faite!

— Croyez-vous donc que Louis Blanc et Caussidière soient coupables d'avoir provoqué le 15 mai et les journées de juin? demandait un journaliste au général Cavaignac, à l'issue de la fameuse séance de nuit du 25 août, où fut accordée, par la majorité de la Constituante, l'autorisation de poursuivre ces deux représentants.

— Eux! répondit le général, pas plus que vous et moi.

— Mais alors pourquoi avez-vous insisté vous-même pour obtenir l'autorisation de les poursuivre? pourquoi avez-vous fait, pour ainsi dire, de cette autorisation une question de cabinet?

— Que voulez-vous? il le fallait bien. La garde nationale le demandait.

— J'ai bien peur, général, dit le journaliste en s'en allant, que vous ne soyez jamais un homme d'Etat. »

Oui, il est bien vrai qu'à cette époque la garde nationale parisienne, encore sous l'impression des journées de juin, la garde nationale, à qui l'on avait répété si souvent que Louis Blanc était le plus grand ennemi de la famille et de la propriété, demandait qu'il fût arrêté et jugé. Un de mes amis a vu même un certain jour, une troupe de gardes nationaux qui cherchait à s'emparer de lui, et parlait de le fusiller sans autre forme de procès. Il y a eu un moment où les passions en sont venues à ce point là. Mais un homme qui a le sentiment de la Justice, comme c'est le devoir de tout homme qui a la prétention de gouverner ou même d'administrer une nation, doit rester inaccessible à ces passions, autrement il ne sera jamais homme d'Etat.

Il est bien vrai aussi que, tout récemment, un groupe puissant, qui n'est pas la garde nationale, désirait ardemment que Rochefort fût poursuivi et condamné. Croyez-vous qu'en subissant les exigences de ce groupe, M. Emile Ollivier, qui savait bien que penser de la culpabilité de Rochefort, ait agi en homme d'Etat?

Qu'ils le sachent bien, ceux qui ont la prétention d'être hommes d'Etat, ainsi que je l'écrivais, il y a bientôt vingt-deux ans, à propos des poursuites exercées contre Louis Blanc et Caussidière : « c'est et ce sera toujours chose grave que de frapper judiciairement un élu du suffrage universel; tôt ou tard le suffrage universel se retourne contre celui ou ceux qui ont méconnu l'inviolabilité qu'il confère à ses élus, le sacre dont il les oint; lui seul a le droit de les relever du poste où il les a librement placés, car nul souverain n'est au-dessus de lui. »

III

Louis Blanc est né à Madrid, en 1813. Son père était inspecteur des finances en Espagne sous le gouvernement de Joseph Bonaparte. Sa mère, originaire de la Corse, était une Pozzo-di-Borgo. Son aïeul paternel, Jean Blanc, négociant de Sainte-Affrique (Aveyron) avait été condamné à mort par le tribunal révolutionnaire de Paris, le 4 messidor, an II, comme convaincu d'avoir fourni des fonds aux insurgés de Lyon, d'avoir discrédité les assignats, et cherché à avilir la représentation nationale.

Les traditions de sa famille étaient donc à la fois royalistes et bonapartistes.

Après la chute des Bonaparte, son père vint s'établir à Rodez, et c'est au collége de cette ville que le jeune Louis Blanc fit ses études. Il la quitta au moment de la révolution de 1830 pour venir à Paris rejoindre son père. Il lui fallut, dès ce moment, à l'âge de dix-sept ans, chercher des ressources dans son travail; il donna des leçons de mathématiques et en même temps put compléter son instruction, grâce à une petite pension que lui faisait son oncle Ferri Pisani, puis il entra en qualité de clerc dans une étude d'avoué à la cour royale, et se prit à étudier la politique auprès de M. Flaugergue, ancien président de la chambre des députés et ami de sa famille.

En 1832, M. Hallette, mécanicien d'Arras, l'ayant chargé de l'éducation de son fils, il dut quitter Paris. Pendant les deux ou trois ans qu'il passa dans l'Artois, il se mit en rapport avec Frédéric Degeorge, travailla au *Propagateur du Pas-de-Calais* et écrivit trois ouvrages qui furent couronnés par l'Académie d'Arras: *l'Éloge de Manuel*, en prose, et deux poëmes, l'un sur *Mirabeau*, l'autre sur *l'Hôtel des Invalides*.

Béranger, à qui naturellement ces deux poëmes furent soumis, détourna le jeune écrivain des séductions de la Muse. Homme de bon sens, plus que poëte passionné et qu'homme de goût et de jugement, le chansonnier qui savait surtout que la poésie fait malaisément vivre ceux qu'elle ne fait pas mourir, a détourné bien d'autres jeunes gens de la voie fatale où il avait vu périr Escousse et Lebras, sans compter les poëtes inconnus.

Indépendamment de toute question de génie, d'inspiration et de talent, il suffisait qu'il portât intérêt aux jeunes hommes qui le consultaient pour qu'il n'hésitât pas à les détourner des vers. Louis Blanc, toutefois, lui a été reconnaissant de son conseil : « Je dois, a-t-il écrit, à Béranger de ne pas avoir perdu une partie de ma vie à faire de méchants vers. »

Le fait est qu'il montra dès l'abord, une véritable vocation pour le journalisme. Ses articles au *National* en 1835, et surtout son *Appréciation du xviii⁰ siècle*, dans laquelle il manifesta hautement ses préférences pour Jean-Jacques Rousseau, signalèrent au public et surtout au parti républicain comme un homme sur lequel on pouvait compter. Aussi, à peine âgé de vingt-trois ans, vit-il s'ouvrir devant lui les portes de tous les journaux anciens et nouveaux, de toutes les revues politiques. Il était un des collaborateurs de la *Revue Républicaine* que supprimèrent les lois de septembre 1835 ; il travailla avec Sarrans jeune à la *Nouvelle Minerve*, que celui-ci venait de fonder; en 1836, il fut choisi pour rédacteur en chef par les fondateurs du journal le *Bon Sens*, qui acquit par son impulsion une véritable popularité. Mais bientôt la nature de son talent le poussant à donner à ses idées une forme plus développée que des polémiques au jour le jour, il fonda la *Revue du Progrès politique, social et littéraire*, où il put traiter à son aise les grandes questions sociales. Ce fut dans ce recueil qu'il publia, le 15 août 1839, un compte rendu des *Idées napoléoniennes* qui fit un très-grand effet dans le monde politique. Quelques jours après, rentrant le soir, rue Louis-le-Grand, où il demeurait, il fut l'objet d'une violente agression de la part de gens que la police, ordinairement si vigilante, ne put jamais retrouver. Frappé de coups à la tête, on le laissa évanoui sur le pavé. Il dut garder le lit plusieurs jours par suite de ses blessures.

La *Revue du progrès* publia la théorie

de l'*Organisation du travail* qui parut ensuite en volume et eut plusieurs éditions. C'est dans cet exposé que Louis Blanc développa ses plans de réforme sociale tendant à l'abolition du prolétariat. Attribuant la misère des masses et l'insuffisance de salaire du travailleur à l'individualisme et à la concurrence, il réclama « l'absorption de l'individu dans une vaste solidarité où chacun aurait selon ses besoins et ne donnerait que selon ses facultés. » Louis Blanc a plus tard complété son idée en ces termes :

« Mon idéal est l'état de société dans lequel chacun, ayant le pouvoir d'exercer complétement toutes ses facultés et de satisfaire tous ses besoins, jouirait de la plus grande somme de liberté qui se puisse concevoir.

« J'ai proposé des mesures transitoires propres à conduire progressivement et sans secousses à cet idéal ; mais ces mesures, je n'entends pas qu'on les impose. Elles appartiennent à la discussion : que l'opinion publique les juge, et que, s'exprimant par le suffrage universel, elle les rejette si elle les croit mauvaises, ou les adopte si elle les croit bonnes. »

Voilà l'homme que ses ennemis ont attaqué comme autoritaire, comme suspect de tendance à la dictature.

« Dans l'*Organisation du travail*, proposée par Louis Blanc, dit Ferragus, qui résume très-clairement le système, l'Etat, c'est-à-dire l'*Assemblée des mandataires du peuple*, aurait commandité les associations ouvrières et fondé des colonies agricoles tenues d'accepter des statuts rédigés en vue d'amener graduellement et pacifiquement l'abolition du prolétariat. Pendant la première année seulement, l'Etat devait régler la hiérarchie des fonctions ; après la première année, la hiérarchie devait sortir du principe électif. Il ne serait resté à l'Etat que la surveillance de l'observation des statuts.

« Il ne s'agissait, d'ailleurs, de violenter personne. L'Etat donnait un modèle ; à côté vivaient les associations privées, le système économique actuel. Les travailleurs urbains et agricoles auraient choisi entre les deux systèmes. »

Voilà l'homme qu'on a accusé de prêcher la spoliation et le partage, qu'on a signalé à la haine des petits industriels et des petits commerçants comme conspirant leur ruine par la concurrence de l'Etat. Combien en est-il qui criaient : *à bas Louis Blanc* ! dès le 16 avril, et demandaient sa condamnation au mois d'août 1848, qui se sont vus ruinés, depuis, par la grande bâtisse et les grands monopoles !

Je laisse un instant le socialiste pour revenir à l'historien ; car, il faut le dire, ce philosophe studieux, qui a consacré tant d'études à la recherche du progrès social, au développement du bien-être des classes pauvres et laborieuses, a dû la majeure partie de sa renommée, non à ces travaux d'une si haute portée, mais à son talent d'historien et surtout (pourquoi ne pas l'avouer) à son esprit de pamphlétaire.

L'*Histoire de dix ans*, qui a eu un si prodigieux succès, qui renferme, je n'en disconviens pas, de très-belles pages d'histoire, notamment le chapitre relatif aux affaires de Pologne, est surtout un pamphlet, et c'est comme pamphlet qu'elle a mis le nom de l'auteur à la mode dans le monde légitimiste du faubourg Saint-Germain et l'a popularisé dans la bourgeoisie républicaine. Quant au peuple, cet ouvrage lui est toujours resté à peu près inaccessible par son prix et aussi, je le crois, par l'esprit même et la finesse du style et des idées qui y sont développées.

Quoi qu'il en soit, Louis Blanc, après la publication de l'*Histoire de dix ans*, était un des écrivains de l'opposition dont faisait le plus de cas la coalition républicano-légitimiste formée contre la monarchie de la branche cadette. Nul doute que, si l'écrivain socialiste l'eût voulu, les légitimistes eux-mêmes lui auraient facilité son élection dans un collége électoral quelconque. Apparemment, cette voie ne lui convint pas et il tint, avant de se présenter aux suffrages de ses concitoyens, à conquérir, comme historien, un titre plus sérieux et plus élevé. Il entreprit donc, en 1845, d'écrire une *Histoire de la révolution française*.

Les deux premiers volumes de cet ouvrage ne parurent qu'en 1847, à peu près en même temps que le commencement de l'*Histoire des girondins*, de Lamartine, et de l'*Histoire de la révolution*, de Michelet. Ces trois livres, écrits à divers points de vue, sur le même sujet et contenant tous les trois une apologie de la révolution, une réhabilitation de certains hommes depuis trop longtemps condamnés de parti pris plutôt que jugés, obtinrent simultanément un grand succès. Toutefois, Louis Blanc, malgré la haute éloquence et la science profonde qu'il déploya dans son introduction, fut taxé de manifester quelque penchant à l'indulgence en faveur du parti de la cour et de la reine Marie-Antoinette, indulgence qu'on attribuait malicieusement à la gratitude de l'auteur pour les sympathies que le parti légitimiste avait témoignées pour l'*Histoire de dix ans*. Comme de juste, Louis Blanc se défendit vivement et retrouva, à cette occasion, sa bonne plume de polémiste.

IV

Par une singulière coïncidence, la publication de ces trois ouvrages sur la révolution précéda de peu de jours le coup de tonnerre de février, et l'on peut dire que la lecture de ces livres prépara en quelque sorte le pays à recevoir la République de 1848.

On sait comment les membres du gouvernement provisoire, nommés par acclamation à la Chambre des députés, trouvèrent, à l'Hôtel-de-Ville, Louis Blanc, Ferdinand Flocon, Armand Marrast et Albert, déjà installés en vertu de l'acclamation populaire.

Dès les premiers jours qui suivirent la proclamation de la République, Louis Blanc signala son influence dans le gouvernement provisoire en insistant avec succès pour que les portes de la France fussent ouvertes à la famille Bonaparte, malgré l'opposition très-prononcée de Lamartine et de quelques autres membres du gouvernement. Cet acte, que certains politiques s'obstinent à considérer comme une faute, lui fut inspiré par un vif sentiment de la Justice. Il pensa que la raison d'Etat ne devait jamais faire fléchir les principes et que la République, en proclamant la Liberté, l'Egalité et la Fraternité, n'avait pas le droit de priver de leur patrie des citoyens qui n'étaient coupables d'aucun autre crime que leur naissance.

Que cette fidélité à un principe de Justice et de Raison n'ait pas produit des conséquences regrettables pour Louis Blanc lui-même tout le premier, c'est ce que je n'ai pas à examiner.

Mais faut-il donc juger les actes politiques d'après leurs conséquences et non d'après les principes qui les ont dictés?

J'ai dit plus haut à quel point fut calomniée la conduite de Louis Blanc au Luxembourg pendant les conférences de la Commission des travailleurs. Il suffit de lire ces conférences mêmes pour se rendre compte du soin avec lequel on y recherchait les éléments d'une saine et équitable constitution du travail. Il put s'y produire assurément des aperçus dont la réalisation immédiate devait sembler parfaitement utopique; mais aujourd'hui encore, ces documents seraient excellents à consulter pour les études nouvelles qui se font sur la matière.

On a pourtant joint la sténographie de ces conférences au dossier dressé contre Louis Blanc dans le fameux rapport de la commission d'enquête sur le 15 mai et les journées de juin. C'est là qu'il faut aller en chercher le texte, comme c'est là qu'il faut aller chercher la justification de Louis Blanc en ce qui concerne les journées du 15 mai.

Lorsqu'aujourd'hui, à vingt-deux ans bientôt de distance, on lit ces documents avec un esprit calme et rassis, on éprouve le même sentiment qu'éprouvait, m'a-t-il dit, un éminent magistrat en étudiant le dossier de l'affaire Calas ; comme lui on se demande comment il a pu se faire que des hommes doués de bon sens, possédant quelques lumières et animés de quelque équité, aient pu, sur de pareilles bases, dresser l'échafaudage d'une condamnation judiciaire.

Hélas ! bon sens, justice, intelligence, toutes les notions morales s'obscurcissent comme enveloppées d'un voile, quand l'esprit est dominé par la passion politique ou religieuse !

On sait ce qui résulta de ce rapport. L'autorisation de poursuites, refusée d'abord par l'Assemblée Constituante dans la séance du 3 juin, fut accordée dans la nuit du 25 au 26 août sur les instances du général Cavaignac, par 504 voix contre 252, lorsque la réaction, victorieuse à la suite des journées de juin, crut pouvoir impunément se débarrasser de ses ennemis.

On a dit alors, et rien n'est venu démentir cette affirmation, que le gouvernement, embarrassé d'une victoire qu'il savait devoir au concours d'un parti encore plus hostile à la République elle-même qu'à Louis Blanc et à ses doctrines, eut soin d'assurer aux accusés, pendant la nuit même du vote, des moyens de quitter la France. Ce qu'il y a de certain, c'est que Louis Blanc trouva un asile chez M. d'Aragon, un de ses collègues de l'Assemblée les plus opposés à ses idées et que par ses soins, il put passer en Belgique et, de là, en Angleterre.

V

Louis Blanc a fixé sa résidence à Londres et est parvenu à se familiariser peu à peu avec les brouillards de la Tamise, mais non à oublier la France dont tout lui parle chaque jour, les souvenirs dont il est entouré, les portraits de ses amis, et jusqu'à deux vues du Brésil qui lui rappellent le pauvre et grand écrivain Ribeyrolles, son ami, mort à Rio-Janeiro, où il était allé chercher le pain que ne pouvait lui donner l'Angleterre.

Rien ne saurait mieux donner une idée des sentiments de Louis Blanc à l'égard de la France, que ce fragment d'une lettre écrite par lui à Ferragus et que j'emprunte à son excellente publication : *Les Contemporains* :

« Si vous saviez quelles humiliations
« nous avons eu à dévorer comme Fran-
« çais pendant ce long bannissement qui,
« s'il devait durer cinq ans de plus, se
« trouverait avoir duré un quart de
« siècle ! J'entends dire sur la terre étran-
« gère, et partout où l'on se présente :

« Nous vous plaignons ; mais, quant à
« la France, comment pourrions-nous la
« plaindre ? Elle a trouvé enfin l'homme
« qu'il lui fallait pour son repos et pour
« le nôtre. Le peuple français est un peu-
« ple d'enfants, et, qui pis est, d'enfants
« dangereux. Il est bon qu'on leur ait ôté
« le moyen de mettre le feu à la maison.
« La France n'est pas faite pour la li-
« berté, et elle le sent si bien elle-même,
« qu'elle a fini par s'accommoder de la
« servitude. La liberté ne va qu'à nous
« autres Anglais, qui sommes des
« hommes. »

« Quelle torture est comparable à celle que fait éprouver, à un Français vivant au milieu de ceux qui parlent ainsi, cet insolent, ce cruel langage ? Eh bien ! telle est la coupe d'affronts que, pendant vingt ans, nous avons eu à boire jusqu'à la lie.

« Il va sans dire que, ces insultes, nous n'avons jamais manqué l'occasion de les repousser comme il convenait, affirmant que la France, en dépit des apparences, était toujours la nation majeure, la nation virile qui, à une autre époque, avait fait l'admiration du monde, que la croire morte, c'était calomnier son sommeil, et qu'elle se réveillerait plus fière, plus noble, plus puissante que jamais. Béni soit-elle, pour nous avoir donné si complétement raison ! Mais le réveil a tardé, et pendant qu'on l'attendait, l'exil a été pour les exilés une agonie morale dont aucune parole ne peut exprimer les angoisses.

« Ajoutez à cela que beaucoup d'entre eux ont eu à lutter contre la misère, et contre une misère connue d'eux seuls. Ah ! les grands proscrits, ce sont ceux-là ! Aux exilés qui, comme moi, n'ont eu à souffrir ni de la solitude, ni de la faim, ni du besoin navrant d'être secouru, l'accomplissement du devoir, après tout, a été facile, et je ne crois pas que de notre part, il ait rien de bien méritoire. Mais aux soldats obscurs, aux soldats pauvres, aux soldats en haillons de notre cause, il a fallu plus que de la conscience pour faire pacte avec l'exil ; il leur a fallu de l'héroïsme. Ce sera l'impérissable honneur de la France d'avoir produit de tels hommes. »

Louis Blanc a consacré les premières années de son exil à l'achèvement de son *Histoire de la Révolution* qui, aujourd'hui, peut-être considérée comme un monument littéraire et historique. On sent, surtout dans les derniers volumes, le grand souffle de l'esprit révolutionnaire, de cet esprit, qui a semé dans toutes les régions du monde moderne les germes féconds de la société future.

Quelques brochures et quelques volumes de lui, *Le catéchisme du socialiste ; — Pages d'histoire de la Révolution de Février ; — Plus de Girondins, la République une et indivisible*, — et son recueil mensuel *Le Nouveau Monde* parurent de 1849 à 1851.

En 1857 seulement, il commença à adresser des correspondances à un journal français, le *Courrier de Paris*, rédigé par Félix Mornand. En 1861, quand Nefftzer fonda le *Temps*, il s'assura une lettre de lui par semaine. Ces lettres, bien qu'anonymes, furent bientôt remarquées et les connaisseurs n'eurent pas de peine à percer le mystère. Peu d'écrivains en effet possèdent au même degré que lui l'art d'intéresser le lecteur aux questions les plus ingrates, aux études les plus ardues. Aussi ces diverses correspondances réunies en volumes, sous le titre de *Lettres sur l'Angleterre*, forment-elles un des livres les plus lumineux, les plus instructifs et les plus agréables à lire qu'ait produits la litttérature moderne.

Depuis le réveil de 1869, Louis Blanc a senti que le temps des études didactiques était passé, que la lutte allait recommencer plus vive, plus ardente que jamais, et aussitôt le révolutionnaire a reparu. Après s'être manifesté par l'éclatant patronage qu'il a donné à la candidature de Rochefort, il s'est attaché à la fortune du *Rappel* et, chaque lundi, la France lit avec avidité ses appréciations sur les grandes questions qui agitent le monde. On sait, du reste, avec quelle sûreté de coup d'œil il a caractérisé, au mois de novembre dernier, le serment et les candidatures inassermentées. On sait aussi que, pour n'avoir point rallié une majorité suffisante, ces candidatures n'en ont pas moins porté au serment politique un coup auquel, il faut bien l'espérer, il ne survivra pas longtemps.

VI

Je ne puis résister au désir d'emprunter encore à Ferragus, pour terminer cette rapide esquisse, l'excellent portrait de Louis Blanc qu'a publié un journal américain, le *New-York Tribune* :

« A une intelligence rapide et pénétrante, M. Louis Blanc joint une merveilleuse éloquence naturelle. Dans sa langue maternelle, il serait difficile de trouver un orateur vivant qui l'égalât. Mais il est curieux de suivre le travail de son esprit sous l'inévitable gêne qu'il éprouve à s'exprimer en anglais. Grâce à sa connaissance parfaite de la langue

Paris. — Typographie Walder, rue Bonaparte, 44.

PLUTARQUE POPULAIRE CONTEMPORAIN

Victor Schœlcher

32ᵉ Livraison.

anglaise, il ne trouve aucune difficulté à l'écrire avec la vigueur et l'élégance les plus pures; mais dans la conversation familière, il éprouve parfois quelque embarras à trouver le mot propre. Les questions banales de la vie ne paraissent pas assez intéressantes pour surexciter son intelligence. Il parle avec la conscience du choix des mots, et, par conséquent, avec une certaine gêne. Les puissances involontaires dont l'exercice constitue le secret du génie ne sont point encore entrées en jeu. Aussi son élocution, bien que correcte et frappante, est-elle comparativement laborieuse et trop réfléchie, trop formelle pour les communications de société. Mais vienne un sujet important qui stimule ses facultés d'analyse et d'exposition, et tout son être se transforme ; sa parole abonde pure et étincelante comme les eaux d'un torrent, et son ardente nature s'épanche en un flot d'éloquence passionnée. J'ai rarement vu manier la langue anglaise avec plus de verdeur native ou plus d'énergie virile que dans quelques-unes de ses improvisations brillantes.

« M. Louis Blanc est d'une taille au-dessous de la moyenne, et la délicatesse presque féminine de ses mains et de ses pieds, jointe à la clarté et à la fraîcheur de son teint, lui donnent un singulier aspect de jeunesse. Mais sa vaste tête est le siége d'un cerveau puissant. Il possède le tempérament nerveux qui appartient si souvent aux organisations d'élite, et chacun de ses mots et de ses gestes indique une vitalité exubérante. »

Tel est l'homme qui attend encore en Angleterre l'heure de la Justice!

JULIEN LEMER.

VICTOR SCHŒLCHER

I

Si quelques-uns l'ont oublié, ce noble, sincère et ardent démocrate, si les nouvelles générations ne le connaissent pas ce soldat qui était à côté de Baudin, au faubourg Saint-Antoine, le 3 décembre, 1851 ; il est encore présent au souvenir de tous les républicains de 1848, de tous ceux chez qui le coup d'Etat et ce qui s'en est suivi n'a point altéré les sentiments de la Justice et de la Vérité.

Présents, ils sont tous, vivants ou morts, ceux qui ont combattu par la plume, par la parole, par l'épée, le bon combat de l'émancipation humaine, le bon combat de la liberté politique, de la sainteté du travail et de la suppression du parasitisme, ennemi de toute Justice comme de tout Progrès; Kersausie, le vétéran de l'idée républicaine, Guinard, Sambuc, les anciens compagnons de Godefroid Cavaignac, Charras, le vaillant soldat, Lagrange, l'ardeur même, de Flotte, mort auprès de Garibaldi, Michel de Bourges, le tribun éloquent... et les jeunes de 1850, les défenseurs du droit à la législative, les deux Madier de Montjau, Marc Dufraisse, Baune et le sergent Boichot, le soldat qui représentait le droit civique de l'armée et a si héroïquement supporté l'exil, et tant d'autres dont l'énumération serait plus longue que celle des héros d'Homère !

A tous, la patrie doit et l'Avenir payera un glorieux tribut de reconnaissance !

En attendant, c'est un devoir pour le biographe, de signaler au peuple ceux qui, comme Schælcher, ont laissé des traces de leur influence démocratique, et peuvent encore être appelés à rendre à la Liberté et à la Justice sociale de nouveaux services.

II

Victor Schælcher, né à Paris le 21 juillet 1804, sortit du collége Louis-le-Grand où il avait fait ses études, à une époque où, comme sous tous les régimes de despotisme, on commençait à avoir une opinion bien avant d'avoir atteint sa vingtième année. On était en pleine restauration, et la jeunesse protestait, par groupes, dans des sociétés et dans des loges maçonniques, contre le système qui prétendait faire rétrograder la France et l'Europe jusqu'à l'ancien régime. Tout jeune, il fit partie de la loge des *Amis de la vérité* et de la Société *Aide-toi le Ciel t'aidera* ! se préparant ainsi à devenir plus tard un des adeptes de la Société des Droits de l'homme. C'est dans ces sociétés, il n'en faut pas douter, qu'il puisa ces principes de socialisme humain, fraternel et pratique qui ont été le guide et l'honneur de toute sa vie.

Pourtant, ce n'est pas comme écrivain politique qu'il débuta dans la presse parisienne, après la révolution de juillet. Il commença par s'occuper de Beaux-Arts, et rendit compte du salon de peinture, en 1832, dans *l'Artiste*, et en 1833 dans *la Revue de Paris*.

Bientôt la politique l'absorba tout entier, et on le vit consacrer à ses idées, non-seulement son talent et son travail, mais encore sa fortune. C'est ainsi qu'il contribua à la fondation et à la rédaction de la *Revue républicaine*, de la *Revue du Progrès*, de la *Revue indépendante*, du *Journal du peuple* et de la *Réforme*.

En même temps qu'il collaborait à ces journaux, il servait aussi la cause de l'humanité par des brochures et par des livres qui eurent un grand retentissement et exercèrent une notable influence.

Une des choses qui l'avaient le plus frappé, pendant un voyage qu'il avait fait en 1829 au Mexique, à Cuba et aux *États-Unis*, c'était le spectacle de l'état de dégradation auquel était réduite toute une classe d'hommes par la barbare, mais légale institution de l'Esclavage. De 1833 à 1840, il ne cessa de réclamer l'abolition de cette abominable exploitation du bétail humain dont l'usage se prolongeait en plein XIXe siècle jusque dans nos colonies françaises. Ses brochures, *De l'esclavage des Noirs et de la législation coloniale*, en 1833, et *l'Abolition de l'esclavage, examen critique des préjugés contre la couleur des Africains et des sang-mêlés*, en 1840, firent beaucoup de bruit.

Pour ainsi dire, exclusivement occupé de cette haute question de dignité humaine, il voulut observer et étudier l'esclavage sous toutes ses faces et dans tous ses centres ; il visita successivement Haïti et les Antilles françaises, danoises, anglaises et espagnoles, recueillant sur place les éléments de ses deux importants ouvrages *Les Colonies françaises*, 1 volume in-8°; et *Les Colonies étrangères et Haïti*, 2 volumes in-8°.

Ces études et ces travaux ne suffirent point encore à son ardeur de philosophe et de tribun de la liberté ; il tint à les compléter par des recherches sur l'esclavage en Orient. Il se remit en route et parcourut l'Egypte, la Grèce et la Turquie. Ses observations furent consignées dans un livre plein d'éloquence, *l'Egypte en 1845*, dans lequel il décrivit, avec une énergie saisissante, la situation révoltante des fellahs et des serfs orientaux voués, comme des bêtes de somme, au travail de la terre, sans autre prix de leur labeur qu'une insuffisante nourriture ; pauvres parias, chez qui d'autres hommes, leurs semblables, leurs frères, suppriment la vie morale, la vie intellectuelle, l'âme et l'esprit, et soutiennent la vie physique avec moins de soin qu'ils n'en ont pour la brute.

En 1846 et 1847, Victor Schœlcher entretint une correspondance régulière et très-active avec les mulâtres et plusieurs magistrats de la Martinique et de la Guadeloupe, ralliés à la cause de l'Abolition. Les lettres qu'il reçut lui fournirent des documents excessivement curieux pour une remarquable série d'articles qu'il publia dans la *Réforme* et qui furent réunis en deux volumes in-8° sous le titre d'*Histoire de l'esclavage pendant les deux dernières années*. C'est ainsi qu'il préparait le grand acte de l'émancipation des noirs.

Connaissez vous rien de plus admirable, de plus héroïque, que cette persévérance d'un homme pour la conquête d'un des plus grands, des plus incontestables progrès moraux de l'histoire de la civilisation humaine? Les voyages difficiles, sous les climats les plus dangereux, les longues séparations de sa patrie, de sa famille, de ses amis, les privations, les dangers, il subit tout, il affronte tout pour le service d'une cause, dont le triomphe ne doit pas même lui apporter pour récompense la gratitude de ceux qu'il aura délivrés. La conscience seule du bien qu'il fait le soutient dans cette longue et rude guerre entreprise contre des préjugés barbares, contre des intérêts inhumains, qui ne lui ménagèrent, en le combattant, ni les injures, ni les sarcasmes, ni les calomnies.

Ce qui le soutient, c'est qu'il est le soldat d'une idée !

Comparez-le donc, ce soldat d'une idée au soldat d'un prince qui s'en va à travers des contrées prospères, semant le meurtre, le pillage et l'incendie, opprimant et exploitant, par ordre, au nom d'une discipline aveugle et brutale, sous l'impulsion d'un faux honneur, des peuples qu'il ne connaît pas, qu'il ne hait pas, qu'il ne peut haïr, qu'il pourrait aimer au contraire ! Et dites-moi lequel des deux mérite le plus d'être glorifié, au nom même de cette religion de paix, de concorde et d'amour dont les ministres bénissent pourtant plus aisément les drapeaux sanglants que les œuvres du Progrès humain.

Ce n'est pas tout. Il reste encore un foyer d'esclavage à visiter, c'est la côte d'Afrique. En 1847, Schœlcher s'embarque pour la côte occidentale ; il remonte le Sénégal et va visiter le petit établissement français de la Gambie ; puis il revient en France, juste au moment où la Révolution de février va lui donner le moyen de réaliser un des premiers triomphes de son idée.

III

Il arrivait à Paris le 3 mars, était nommé, le jour même, sous-secrétaire d'État au ministère de la marine, et, dès le lendemain, il présentait à la signature du gouvernement provisoire le décret qui proclamait le principe de l'émancipation et nommait une commission chargée de préparer la loi de l'affranchissement immédiat des noirs.

Le 12 mars, il manifestait encore sa réprobation pour tout ce qui porte atteinte à la dignité humaine en provoquant le décret qui supprime dans le code maritime la peine du fouet.

Les travaux de la Commission que présidait Schœlcher aboutirent à la promulgation des décrets du 27 avril, qui abolissent définitivement l'esclavage dans nos colonies.

Mais les esclavagistes français, (car il en existait, et il en existe encore !) et les anciens propriétaires d'esclaves ne se tinrent pas pour battus. S'ils n'allaient pas jusqu'à espérer le rétablissement de l'institution abolie et la restitution de leur immorale *propriété*, ils prétendaient au moins se venger de Schœlcher et des abolitionnistes en essayant de faciliter la réalisation de leurs sinistres prédictions. Le tribun de la liberté humaine, nommé membre de la Constituante par les électeurs de la Martinique et de la Guadeloupe eut donc encore des luttes à soutenir contre ses ennemis jurés. A la tribune et dans la presse, il lui fallut défendre son œuvre d'humanité, il fit paraître plusieurs brochures pour protester contre les calomnies répandues par les colons dépossédés et indemnisés.

Réélu comme représentant de la Guadeloupe à la Législative, il fut choisi pour vice-président par la réunion de la Montagne et en toute occasion protesta contre les tendances de l'Elysée.

Démocrate et socialiste pratique, il s'associa au colonel Charras pour proposer l'application du système électif à l'organisation de l'armée. La proposition fut rejetée.

Il fut plus heureux dans son amendement relatif aux wagons de troisième classe des chemins de fer. Il est bon que le peuple sache aujourd'hui que, s'il a des wagons couverts, c'est à l'initiative humanitaire de Schœlcher qu'il le doit. Il fallut, pour obtenir ce bienfait, profiter de ce que les Compagnies se faisaient octroyer des prolongations de concessions, et Dieu sait avec quelle âpreté les représentants des intérêts industriels de ces compagnies lui marchandèrent les toitures des wagons. A les entendre, tout était perdu si le pauvre, à qui les places de premières et de secondes sont inaccessibles, n'était pas exposé dans les troisièmes à toutes les intempéries, soleil et poussière, l'été; pluie, vent, neige et gelée, l'hiver. Personne ne voudrait plus voyager qu'en troisièmes si l'on était assuré de n'y pas mourir de froid ou d'insolation. Aujourd'hui encore, ne prétendent-ils pas que les premières classes seraient abandonnées si l'on faisait passer des courants de chaleur dans les troisièmes et si l'on y pouvait voyager par trains express, aussi vite que voyagent les privilégiés des premières. L'ouvrier, le pauvre, dont le temps représente l'élément le plus nécessaire à ses moyens d'existence, pourrait jouir de cette insigne faveur de voyager la nuit et de ne pas perdre sa journée de travail dans les lenteurs des trains omnibus, et c'est sans doute ce que les compagnies ne veulent pas. Elles ont vu pourtant, en 1851, que, grâce à l'amendement de Schœlcher, le nombre des voyageurs en troisièmes a décuplé sans que, pour cela, le nombre des hôtes des premières ait diminué le moins du monde.

Après avoir si puissamment contribué à faire abolir l'esclavage, Schælcher voulait encore faire abolir la peine de mort, cet autre reste de barbarie, cet autre attentat à la vie humaine. Il avait pris l'initiative d'une proposition dans ce sens, et cette proposition était à l'ordre du jour de l'Assemblée législative, le 2 décembre, le jour même du coup d'Etat.

On sait qu'il fut un des premiers à organiser la résistance; le 3 décembre, il était au faubourg Saint-Antoine, revêtu de ses insignes de représentant, appelant le peuple à la défense de la loi et du droit. Il paraissait sur une barricade à côté de Baudin au moment où celui-ci fut tué; le 4, il essayait encore de rallier des groupes de combattants dans le quartier Saint-Martin.

Lorsque la cause de la Justice lui parut perdue sans ressources, il sortit de Paris, et réussit à gagner un port où il s'embarqua pour l'Angleterre.

A Londres, il publia, en 1852, un ouvrage en deux volumes sur le coup d'Etat et ses conséquences. Peu d'exemplaires de ce livre énergique ont pu être introduits en France.

Depuis, il a vécu dans la tristesse, regrettant amèrement la patrie opprimée, et attendant, avec une fiévreuse impatience, le réveil du sentiment du Juste et l'heure de la réparation. Qquelques lettres adressées par lui au *Rappel* témoignent hautement qu'il est encore, qu'il sera toujours le Schœlcher d'autrefois, dévoué à l'humanité et au droit imprescriptible de la Justice sociale.

Jean Lux.

AUGUSTE BARBIER

I

Les ïambes de Barbier furent une des premières et des plus vives impressions de ma jeunesse. Aujourd'hui encore, après bientôt quarante années écoulées, je ne puis me rappeler sans émotion mon émotion d'alors.

C'était presque au lendemain de la Révolution de Juillet, j'avais à peine quinze ans, j'entendais tout le monde saluer le Gouvernement nouveau, autour duquel se formaient déjà les groupes des courtisans nouveaux. Le peuple, fier et tranquille, semblait se reposer satisfait de son triomphe et sûr que le prix de sa victoire ne pourrait lui échapper. Ce fut Auguste Barbier qui, le premier, vint lui apprendre qu'il était *muselé*, lui encore qui vint révéler à la nation cette hideuse plaie du fonctionnarisme et de la courtisanerie qui n'a pas cessé depuis quarante ans de dévorer le meilleur de la substance du pays.

> Effrontés coureurs de salons,
> Qui vont de porte en porte, et d'étage en étage,
> Gueusant quelques bouts de galons.

Ainsi, il comparait à une *curée*, dans une lyrique et merveilleuse inspiration, la course aux emplois dont août 1830 donna le spectacle à Paris encore ému de la Révolution qu'il venait d'accomplir.

Puis, c'était l'émeute de février 1831 qui allumait les colères de son vers puissant. Presque en même temps, il caractérisait la *popularité*.

> . . . . La grande impudique
> Qui tient dans ses bras l'univers.

Et il flétrissait la bassesse des corrupteurs du peuple qui s'avilissent devant lui pour le tromper et l'enchaîner.

> Est-ce donc un besoin de la nature humaine
> Que de toujours courber le dos?
> Faut-il du peuple ainsi faire une idole vaine
> Pour l'encenser de vains propos?
> A peine relevé, faut-il que l'on s'abaisse?
> Faut-il oublier avant tout
> Que la liberté sainte est la seule déesse
> Que l'on n'adore que debout?

Ces pièces avaient paru dans la *Revue de Paris* et n'étaient pas encore réunies en volume. Mais toute la jeunesse d'alors les savait par cœur. Dans les cafés, dans les salons, dans les écoles, dans les études de notaires et d'avoués, dans les magasins même, on allait se répétant ces cris juvénalesques d'une conscience indignée. Le poëte n'avait pas vingt-cinq ans, et il débutait en maître.

Mais, c'est quand il apprit que la statue de Napoléon devait être mise sur le haut piédestal de la place Vendôme, que devenu prophète à la façon des *vates* antiques, entrevoyant peut-être les terribles conséquences que devait avoir pour la liberté cette résurrection de la statue de la tyrannie, cette restauration du culte du plus sanglant, du plus implacable, du plus hypocrite des despotismes, il écrivit l'*Idole*, la plus admirable à coup sûr, la mieux inspirée de toutes ses pièces, celle qui, à elle seule suffirait, à le placer à côté des premiers de nos grands lyriques. (1)

. . . .
. . . .

Encor Napoléon! encore sa grande image!
    Ah! que ce rude et dur guerrier
Nous a coûté de sang, de larmes et d'outrage
    Pour quelques rameaux de laurier!
Ce fut un triste jour pour la France abattue,
    Quand du haut de son piédestal,
Comme un voleur honteux, son antique statue
    Pendit sous un chanvre brutal.
Alors on vit au pied de la haute colonne,
    Courbé sous un câble grinçant,
L'étranger, au long bruit d'un hourra
    Ébranler le bronze puissant; [monotone,
Et quand sous mille efforts, la tête la première,
    Le bloc superbe et souverain
Précipita sa chute, et sur la froide pierre
    Roula son cadavre d'airain;
Le Hun, le Hun stupide, à la peau sale et rance,
    L'œil plein d'une basse fureur,
Aux rebords des ruisseaux, devant toute la
    Traîna le front de l'empereur. [France,
Ah! pour celui qui porte un cœur sous la
                                [mamelle,
Ce jour pèse comme un remord;
Au front de tout Français, c'est la tache éter-
    Qui ne s'en va qu'avec la mort. [nelle
J'ai vu l'invasion à l'ombre de nos marbres
    Entasser ses lourds chariots;
Je l'ai vue arracher l'écorce de nos arbres,
    Pour la jeter à ses chevaux;
J'ai vu l'homme du Nord, à la lèvre farouche,
    Jusqu'au sang nous meurtrir la chair,
Nous manger notre pain, et jusque dans la
    S'en venir respirer notre air; [bouche
J'ai vu, jeunes Français, ignobles libertines,
    Nos femmes, belles d'impudeur,
Aux regards d'un Cosaque étaler leurs poitrines,
    Et s'enivrer de son odeur :
Eh bien! dans tous ces jours d'abaissement, de
    Pour tous ces outrages sans nom, [peine,
Je n'ai jamais chargé qu'un être de ma haine...
    Sois maudit, ô Napoléon!

Quelle éloquence dans cette malédic-

tion jetée au milieu d'un peuple que l'on cherchait et qu'on ne réussissait que trop à fanatiser au nom des souvenirs de l'empire. Ces souvenirs qui avaient été sous la Restauration une arme de combat, étaient l'objet des exploitations les plus déplorables. La poésie, la littérature, le théâtre, les arts s'en servaient pour battre monnaie sous toutes les formes. Le théâtre surtout, ce puissant élément de popularité, offrait au peuple une véritable orgie de Napoléons à tous les âges, dans toutes les situations, et semblait chercher, de parti pris, à exalter le chauvinisme de la nation. Je ne suis pas bien sûr que le gouvernement ne se servît pas de cette exubérance bonapartiste qui ne lui paraissait pas dangereuse alors, — l'imprudent! — comme d'un dérivatif aux tendances républicaines de la jeunesse. Quel effet ne dut donc pas produire cet anathème lancé au milieu des glorieuses évocations de l'épopée napoléonienne. C'était la poésie qui, descendant le héros de son piédestal, osait, dans le langage le plus véhément, rappeler au peuple les sévères et rudes leçons de l'Histoire, de la Philosophie, de la Morale et de l'Humanité.

Quoi de plus beau que ces autres strophes :

III

O Corse à cheveux plats! Que ta France était
    Au grand soleil de messidor! [belle
C'était une cavale indomptable et rebelle,
    Sans frein d'acier ni rênes d'or;
Une jument sauvage à la croupe rustique,
    Fumant encor du sang des rois,
Mais fière, et d'un pied fort heurtant le sol
    Libre pour la première fois. [antique,
Jamais aucune main n'avait passé sur elle
    Pour la flétrir et l'outrager;
Jamais ses larges flancs n'avaient porté la selle
    Et le harnais de l'étranger;
Tout son poil était vierge, et, belle, vagabonde,
    L'œil haut, la croupe en mouvement,
Sur ses jarrets dressée, elle effrayait le monde
    Du bruit de son hennissement.
Tu parus, et sitôt que tu vis son allure,
    Ses reins si souples et dispos,

---

(1) Mai 1831. *Iambes*, Paris, E. Dentu, éditeur. 1 vol. grand in-8° jésus (18ᵉ édition, 1867).

Centaure impétueux, tu pris sa chevelure,
  Tu montas botté sur son dos.
Alors, comme elle aimait les rumeurs de la guerre,
  La poudre, les tambours battants,
Pour champ de course, alors, tu lui donnas la terre
  Et des combats pour passe-temps !
Alors, plus de repos, plus de nuit, plus de sommes,
  Toujours l'air, toujours le travail,
Toujours comme du sable écraser des corps d'hommes,
  Toujours du sang jusqu'au poitrail.
Quinze ans son dur sabot, dans sa course rapide,
  Broya les générations ;
Quinze ans elle passa, fumante, à toute bride,
  Sur le ventre des nations ;
Enfin, lasse d'aller sans finir sa carrière,
  D'aller sans user son chemin,
De pétrir l'univers, et comme une poussière
  De soulever le genre humain ;
Les jarrets épuisés, haletants et sans force,
  Près de fléchir à chaque pas,
Elle demanda grâce à son cavalier corse ;
  Mais, bourreau, tu n'écoutas pas !
Tu la pressas plus fort de ta cuisse nerveuse ;
  Pour étouffer ses cris ardents,
Tu retournas le mors dans sa bouche baveuse,
  De fureur tu brisas ses dents,
Elle se releva : mais un jour de bataille,
  Ne pouvant plus mordre ses freins,
Mourante, elle tomba sur un lit de mitraille
  Et du coup te cassa les reins.

IV

Maintenant tu renais de ta chute profonde :
  Pareil à l'aigle radieux,
Tu reprends ton essor pour dominer le monde,
  Ton image remonte aux cieux.
Napoléon n'est plus ce voleur de couronne,
  Cet usurpateur effronté,
Qui serra sans pitié, sous les coussins du trône,
  La gorge de la Liberté ;
Ce triste et vieux forçat de la Sainte-Alliance
  Qui mourut sur un noir rocher,
Traînant comme un boulet l'image de la France
  Sous le bâton de l'étranger ;
Non, non, Napoléon n'est plus souillé de fanges:
  Grâce aux flatteurs mélodieux,
Aux poëtes menteurs, aux sonneurs de louanges,
  César est mis au rang des dieux.
Son image reluit à toutes les murailles ;
  Son nom dans tous les carrefours
Résonne incessamment, comme au fort des batailles
  Il résonnait sur les tambours.
Puis, de ces hauts quartiers où le peuple foisonne,
  Paris, comme un vieux pèlerin,
Redescend tous les jours au pied de la colonne
  Abaisser son front souverain.
Et là, les bras chargés de palmes éphémères,
  Inondant de bouquets de fleurs
Ce bronze que jamais ne regardent les mères,
  Ce bronze grandi sous leurs pleurs ;
En veste d'ouvrier, dans son ivresse folle,
  Au bruit du fifre et du clairon,
Paris, d'un pied joyeux danse la carmagnole
  Autour du grand Napoléon.

V

Ainsi, passez, passez, monarques débonnaires,
  Doux pasteurs de l'humanité ;
Hommes sages, passez comme des fronts vulgaires
  Sans reflet d'immortalité !
Du peuple vainement vous allégez la chaîne ;
  Vainement, tranquille troupeau,
Le peuple sur vos pas, sans sueur et sans peine,
  S'achemine vers le tombeau !
Sitôt qu'à son déclin votre astre tutélaire
  Épanche son dernier rayon,
Votre nom qui s'éteint, sur le flot populaire
  Trace à peine un léger sillon.
Passez, passez, pour vous point de haute statue :
  Le peuple perdra votre nom ;
Car il ne se souvient que de l'homme qui tue
  Avec le sabre ou le canon ;
Il n'aime que le bras qui dans des champs humides
  Par milliers fait pourrir ses os ;
Il aime qui lui fait bâtir des Pyramides,
  Porter des pierres sur le dos.
Passez ! le peuple c'est la fille de taverne,
  La fille buvant du vin bleu,
Qui veut dans son amant un bras qui la gouverne,
  Un corps de fer, un œil de feu,
Et qui, dans son taudis, sur sa couche de paille,
  N'a d'amour chaud et libertin
Que pour l'homme hardi qui la bat et la fouaille
  Depuis le soir jusqu'au matin.

Certes, elle était rude cette apostrophe adressée au peuple fanatisé par la gloire de Napoléon; mais quand on réfléchit aux funestes conséquences de ce fanatisme aveugle, on se prend à regretter qu'elle n'ait pas été mieux comprise et que les masses ignorantes aient subi longtemps le prestige de la force. Le peuple éclairé aujourd'hui ne ressemble plus à la fille de taverne ; il tend de plus en plus à prouver à ceux qui prétendent être ses maîtres qu'il ne veut pas de bras *qui le gouverne*, et qu'il n'aura, dans l'avenir, de respect et de tendresse que pour les hommes équitables qui l'aideront à alléger le pesant fardeau de travail et d'impôt qui pèse sur lui, à se débarrasser des parasites qui vivent de sa substance, à conquérir enfin l'attribution intégrale du produit de son labeur.

Du reste, Auguste Barbier, qui n'est pas seulement un poëte assembleur de rimes, mais qui est aussi un penseur, a senti cette vérité, et, six ans plus tard, dans son remarquable poëme de *Lazare*, il s'apitoyait sur le sort de l'ouvrier :

O misère ! misère !
Puisse ce chant austère
Trouver sous plus d'un ciel
Un écho fraternel.
. . . .
Il faut que de sa couche
L'homme chasse la faim ;
Il faut à toute bouche
Mettre un morceau de pain ;

Donner la couverture
Aux pauvres gens sans toits,
Et de laine et de bure
Vêtir tous les corps froids...

Mais ce n'est pas à cela qu'il faut se borner ; il ne suffit pas de secourir la misère, il faut que chacun arrive enfin à avoir sa légitime part, non-seulement dans les biens matériels de la vie, mais encore dans les biens intellectuels et moraux du monde civilisé. Il ne suffit pas de nourrir et de couvrir le corps, il faut encore éclairer l'esprit par l'instruction qui est le soleil de l'intelligence, et le cœur par la notion de la conscience qui est la lumière de l'âme.

II

La biographie d'Auguste Barbier n'est pas longue. Né à Paris le 28 avril 1805, romancier à vingt-cinq ans, lorsqu'il écrivait, en collaboration avec Alphonse Royer, *Les mauvais garçons*, grand poëte à vingt-six ans, flétrissant, tour à tour,

l'ambition et la bassesse, protestant contre le suicide, contre la corruption des mœurs et contre la misère ; il sembla, pendant quelque temps, imposer silence à sa muse. Après avoir écrit de ces vers que n'oublie jamais celui qui les a lus, il voulut vivre dans la retraite, ne produisit qu'à ses heures et suivant les besoins de son inspiration : en 1837, *Erostrate* et *Pot de vin*, deux grandes satires politiques, où l'on retrouve, çà et là, l'énergique élan des *Iambes* ; en 1838, en collaboration avec Léon de Wailly, le livret de *Benvenuto Cellini*, que Berlioz mit en musique ; en 1841, *Les chants civils et religieux* ; en 1843, les *Rimes héroïques* ; en 1848, une belle traduction en vers du *Jules César* de Shakespeare ; en 1851, les *Rimes légères*, publiées d'abord sans nom d'auteur ; enfin en 1865, *Les Silves*, poésies diverses, inspirées surtout par le sentiment de la nature.

Plus modeste qu'il ne convient à un homme de sa valeur, Barbier semblait dédaigner, ou tout au moins négliger, cette renommée dont les poëtes sont d'ordinaire si friands, lorsque des amis songèrent à lui pour un fauteuil à l'Académie. Or, on sait qu'il y a, ou plutôt qu'il y avait, au Palais Mazarin un groupe particulièrement hostile au second empire et même au premier ; ce groupe accepta avec transport l'auteur de *l'Idole* et se chargea de diriger les manœuvres stratégiques indispensables pour faire triompher cette candidature.

Barbier fut élu en même temps que M. d'Haussonville, deux ennemis de l'empire à la fois, deux élections heureuses, puisque c'est à leur occasion, dit-on, que serait supprimée la présentation au chef de l'Etat, présentation qui devait faire faire parfois au visiteur et au visité d'étranges figures.

Il y a vingt ans déjà, il avait été question de rayer cette visite des usages de l'Académie. Victor Hugo me racontait récemment à Bruxelles qu'en 1850, sous la présidence, il avait pris l'initiative de cette proposition, qui avait été vive-

PLUTARQUE POPULAIRE CONTEMPORAIN

GEORGE SAND

33ᵉ Livraison.

ment discutée, mais repoussée par une grande majorité. Que signifiait pourtant dans un Etat républicain, cette démarche, de tradition monarchique, de la part d'un corps absolument indépendant et qui se recrute lui-même sans aucun concours administratif ?

Mais il y avait si peu de républicains à l'Académie française, du temps de la république de 1848. Ce qui ne veut pas dire qu'il y en ait beaucoup aujourd'hui.

On prétend toutefois qu'il serait question d'en augmenter le nombre en nommant le républicain Emile Ollivier ! ! !

J.-B. RAYMOND.

GEORGE SAND

I

C'est encore le sentiment de la Justice, c'est encore l'idée de l'affranchissement de ses semblables qui a produit ce caractère remarquable, ce talent merveilleux, ce génie à la fois facile et châtié.

Il n'est peut-être pas une seule des œuvres de George Sand, œuvres si diverses par la forme, par l'ordonnance de la composition, par le bonheur même ou le succès de l'exécution, qui n'ait eu pour point de départ de sa conception première, la pensée d'une liberté à conquérir pour des opprimés, d'une injustice à redresser, ou d'une iniquité sociale à réparer.

C'est ce qui constitue la puissante originalité, la haute vérité morale de son œuvre qui aujourd'hui ne comprend pas moins de cinquante volumes, sans compter les articles politiques épars, les préfaces, les lettres dont le nombre est incalculable.

« Vous êtes la grande femme de ce siècle, lui écrivait naguère Victor Hugo, une âme noble entre toutes, une sorte de postérité vivante, et vous avez le droit de parler haut. »

Et plus loin :

« Vous, de votre vie, éprouvée aussi par bien des douleurs, vous aurez fait une lumière. Vous aurez, dans l'avenir, l'auréole auguste de la femme qui a protégé la Femme. Votre admirable œuvre tout entière est un combat ; et ce qui est combat dans le présent est victoire dans l'avenir. Qui est avec le progrès est avec la certitude. Ce qui attendrit lorsqu'on vous lit, c'est la sublimité de votre cœur. Vous le dépensez tout entier en pensée, en philosophie, en sagesse, en raison, en enthousiasme. Aussi, quel puissant écrivain vous êtes ! »

Proudhon, qui a été à l'égard de George Sand d'une sévérité qui va jusqu'à l'injure, écrivait d'elle, il y a douze ans :

« Rien de ce que la raison et la morale peuvent blâmer chez elle n'est d'elle ; en revanche, tout ce qu'elles peuvent approuver lui appartient. Puissante par le talent et le caractère, amante de l'honnête autant que du beau, madame Sand, dans la modestie de son cœur, a cherché un homme ; elle ne l'a pas trouvé. Aucun de ceux qu'elle a hantés, aimés, n'a su la comprendre et n'était digne d'elle ; elle s'est égarée par leur faute. Elle ne demandait, en suivant sa vocation, qu'à rester, en tout et pour tout, ce que les plus désintéressés de ses amis l'ont trouvée toujours, une bonne et simple femme ! Ses courtisans ont fait d'elle une *émancipée*; que la responsabilité leur en revienne. »

« Si jamais l'étincelle du génie dut briller en une femme, ce fut certes en madame Sand. Son éducation lui donna tout, et malgré certain petit accès de dévotion qu'elle accuse vers sa seizième année, on peut dire que, dès le ventre de sa mère, elle fut sans *préjugés*. Elevée par une grand'mère voltairienne et un précepteur athée, à vingt ans elle possédait les langues, les sciences, les arts, la philosophie; elle s'est mariée elle-même; elle a fréquenté les jésuites, les religieuses, l'ancienne et la nouvelle société, les paysans et les aristocrates; depuis 1830, elle a passé sa vie au sein du monde politique et littéraire. Aucun écrivain de notre temps n'amassa pareille provision de faits et d'idées, ne fut à même de voir d'aussi près tant d'hommes et de choses. Ajoutez une faculté d'expression extraordinaire qui imite, à s'y méprendre, la manière des plus éloquents. C'est avec ces avantages que madame Sand, à 28 ans, mère de famille et revenue des illusions de la jeunesse, renonça à la vie de campagne et entra dans la carrière....

« Dans *l'Histoire de sa vie*, allant au-devant de certains reproches que je ne releverai point, madame Sand accuse les *fatalités de sa naissance*. Elle se trompe. Madame Sand tient de sa grand'mère, Marie Dupin, beaucoup plus que de sa mère, Victoire Delaborde, et de sa trisaïeule, Aurore de Kœnigsmark. Les ébullitions de sa jeunesse, de même que la mélancolie sceptique de M. de Lamartine, furent l'effet des impressions du dehors; elle est née calme, de sens rassis, point sophiste et médiocrement tendre; docile jusqu'à la crédulité, d'une conception nette, et, pour le train ordinaire de la vie, d'un très-bon jugement. Tout en elle, tempérament, caractère, éducation, la lucidité, et, si j'ose ainsi dire, le sang-froid de l'esprit, la prédestinait à être le contraire de ce que la firent d'impures relations ! Qu'elle eût dès le premier jour rencontré, comme Manon Philipon (*madame Roland*), l'homme grave et fort dont son inspiration avait besoin, George Sand eût été la réformatrice de l'amour, l'apôtre du mariage, une puissance de la Révolution. »

II

Je crois que de ces deux jugements, celui de Victor Hugo est de beaucoup le plus juste, et que, quoi qu'en dise Proudhon, George Sand a été et reste une puissance de la Révolution.

Proudhon, dans sa passion absolue et exclusive pour l'expression sincère et austère de la pensée philosophique, s'est laissé égarer par son antipathie pour les séductions de l'art et pour les femmes artistes surtout; méconnaissant les services éclatants rendus à la cause des idées et de la Révolution par les écrivains et les poëtes inspirés qui préparaient les esprits à comprendre les raisonnements du penseur, en les attirant et les charmant par l'émotion du cœur, par l'intérêt des fictions romanesques, par l'harmonie même des beaux vers ou de la prose éloquente, oubliant que lui-même il est poëte en prose, à ses heures, quand la poésie de son sujet le passionne; il n'a pas tenu assez compte des exigences de l'imagination chez l'écrivain français le mieux doué peut-être de cette admirable et puissante faculté.

Il n'a pas assez vu que la protestation de George Sand contre le mariage était surtout une protestation contre l'abus que font les hommes de cette institution sociale pour exercer un despotisme, un arbitraire légal. A ce point de vue, lui, l'ennemi de toutes les tyrannies, lui qui répète avec un enthousiasme féroce le vieil adage de La Fontaine :

Notre ennemi c'est notre maître,
Je vous le dis en bon français,

Lui qui n'admet point qu'on puisse être le sujet de quelqu'un, ne devait pas admettre non plus que la femme fût la sujette du mari.

Là, du reste, ne devait pas se borner l'injustice du grand philosophe à l'égard du grand écrivain. Comment pouvait-il juger ce génie dont l'imagination constitue la puissante originalité, lui le dialecticien précis dont le génie consiste surtout dans l'observation des faits et des phénomènes sociaux.

Proudhon voit, observe, déduit et argumente.

George Sand sent, absorbe, rêve, imagine, invente et décrit.

Ces deux génies, si divers, contribuent pourtant à une même œuvre : la Révolution.

Une des particularités du génie de George Sand, en effet, c'est qu'elle excelle surtout à décrire, à conter ce qu'elle a vu avec les yeux de l'imagination, ce qu'elle a créé, tiré de son propre fonds, conçu dans son puissant et fécond cerveau.

Rappelez-vous toutes ses œuvres, des différentes époques de sa vie littéraire, et jugez à quel point sont supérieures celles qui sont de pure imagination, telles que *Mauprat*, *André*, la *Mare au diable*, les *Beaux messieurs de Bois-Doré*, *Consuelo*, *Jacques*, le *Marquis de Villemer*, etc., etc., à celles où elle a cherché à peindre, d'après nature, les caractères de personnages vivants, observés sur place. C'est ce qui a fait dire que les héros inventés par elle étaient plus vrais et plus humains que ceux qu'elle copiait.

Cette supériorité de l'imagination sur l'observation dans le génie de cet admirable écrivain explique, du reste, le peu de succès de ses premières tentatives au théâtre, malgré les études préliminaires et les nombreux essais qu'elle avait pu faire sur sa petite scène de Nohant. Il lui a fallu toute cette persévérance d'artiste, qui est une des qualités du génie, pour réussir à créer des pièces telles que, *François le Champi*, — *Claudie*, — le *Mariage de Victorine*, — le *Pressoir*, — le *Marquis de Villemer*, — les *Beaux messieurs de Bois-Doré*, etc., etc.

Le théâtre n'est-il pas, avant tout, un art d'observation?

III

George Sand (de son nom de famille Amantine-Lucile-Aurore Dupin), femme de M. Dudevant, est née à Paris, en 1804. Elle descend en ligne directe du maréchal Maurice de Saxe, fils naturel d'Auguste II, roi de Pologne. Sa grand'mère, fille naturelle de Maurice, veuve du comte de Horn, épousa en secondes noces M. Dupin de Francueil, receveur général. Leur fils Maurice Dupin, officier de la République et de l'Empire, fut le père de George Sand.

Elevée d'abord à la campagne, par sa grand'mère, Mme Dupin, à ce même château de Nohant, situé près de la Châtre dans le Berri, qui est aujourd'hui son séjour de prédilection, elle fut contrainte, par suite de contestations survenues entre sa mère et sa grand'mère, de venir, à l'âge de treize ans, achever son éducation au couvent des Augustines anglaises de la rue des Fossés-Saint-Victor. C'est là qu'elle fut prise d'un accès de dévotion, qui fut suivi bientôt d'un accès de passion enfantine pour l'art dramatique. Elle organisa un petit théâtre au couvent même et régala ses compagnes de fragments de Molière (Molière expurgé, bien entendu!).

Au sortir du couvent, à seize ans, elle se prit, pendant un séjour de deux années à Nohant, à étudier les grands écrivains et les philosophes; elle s'enthousiasma pour Jean-Jacques Rousseau, se passionna pour Shakespeare et Byron et en vint enfin à un tel degré de misanthropie, qu'un jour elle eut une velléité d'en finir avec la vie. Pendant une promenade solitaire à cheval, elle pressa sa monture jusqu'au fond d'un ravin profond et escarpé comme un précipice; la mort ne voulut pas d'elle.

Elle avait dix-huit ans quand elle

épousa M. Dudevant; elle en avait vingt-sept lorsque, par suite d'incompatibilité d'humeur, elle se sépara de lui amiablement pour venir vivre à Paris, en travaillant et en élevant ses enfants. Elle commença par faire des traductions, par dessiner des portraits, des fleurs, des oiseaux, des arabesques sur bois de Spa pour la tabletterie.

Impatiente d'essayer sa plume, d'écrire l'expression de sa pensée personnelle, elle frappa aux portes des gens célèbres: M. de Kératry lui déclara qu'une femme ne doit pas écrire; Balzac l'écouta à peine; De Latouche, Berrichon comme elle, lui commanda quelques articles pour le *Figaro* dont il était rédacteur en chef. Elle sentit bien que là n'était pas sa voie, elle cherchait encore, lorsqu'elle rencontra Jules Sandeau, un autre Berrichon qui, lui aussi, débutait au *Figaro*, mais ambitionnait de faire autre chose. Ils écrivirent ensemble un roman en 5 volumes in-12, *Rose et Blanche*, qui parut vers la fin de 1831 et obtint un certain succès. De Latouche, qui a toujours été très-fort pour les pseudonymes, les anonymes, les œuvres posthumes et autres manœuvres littéraires, demanda à Sandeau de raccourcir son nom pour donner en quelque sorte une marque de fabrique à part aux produits de la collaboration. Le roman fut donc signé *Jules Sand*. Les deux collaborateurs préparaient un second roman, *Indiana*, lorsqu'une scission éclata entre eux. Madame Dudevant acheva seule ce livre, et ce fut encore De Latouche qui baptisa le nouvel écrivain, travaillant seul désormais, de ce nom de George Sand qui devait jeter, par la suite, un si lumineux éclat.

Valentine et *Lélia* parurent peu de temps après *Indiana*, en 1832 et 1833, et le succès alla croissant. Bientôt, George Sand ne fut plus seulement un romancier, ce fut un des écrivains les plus éminents de son temps. Les revues et les libraires se disputaient ses œuvres.

En 1836, le littérateur, chez elle, fait place à l'écrivain politique, philosophe et socialiste. Frappée d'abord des iniquités auxquelles donne lieu la suprématie de l'homme dans la société civile à deux, dite mariage, elle comprend qu'il y a d'autres tyrannies, d'autres injustices sociales à attaquer, et elle étudie tour à tour les idées républicaines et socialistes avec Michel de Bourges, avec Lamennais, avec Pierre Leroux.

Cependant, ses livres de cette époque ne portent pas encore l'empreinte de ses études politiques et sociales. Ce n'est qu'en 1837 qu'elle publie dans le *Monde*, journal fondé par Lammennais, les *Lettres à Marcie*, et peu de temps après *Spiridion* et les *Sept cordes de la lyre*, rêveries socialistes un peu mystiques. En 1840, *Le compagnon du tour de France*, et *Le meunier d'Angibaut*, en 1845, sont plus pratiquement et plus directement des romans socialistes.

Revenue au roman purement littéraire en 1844, elle fit paraître successivement des ouvrages qui eurent des fortunes diverses, mais dont les plus heureux furent ses chefs-d'œuvres du genre rustique, *François le Champi*, *La petite Fadette*, *La Mare au diable*.

Après la Révolution de février, George Sand, qui n'avait cessé d'avoir des relations très-suivies avec les chefs et les journaux du parti républicain, particulièrement avec les hommes de la *Réforme*, devint naturellement l'Egérie de quelques-uns de ses amis. On la pria de rédiger la plupart des *Bulletins de la République*, émanés du ministère de l'intérieur, dans cette pensée, sans doute, que, pour parler à la France dans des documents destinés à devenir historiques, le style d'un grand écrivain devait être préférable au style d'un plumitif de bureau. Mais, ô terreur! ô renversement de tous les usages administratifs reçus! ces Bulletins disaient nettement, hautement, crûment, éloquemment, sans ambages, ce qu'ils voulaient dire. Tout ce qui porte en France un cœur administratif, une âme fonctionnaire, en frissonna jusqu'à la moelle des os; les journaux réactionnaires jetèrent les hauts cris, et il fallut désavouer le style de

George Sand pour avoir exprimé trop loyalement la pensée de tous ceux qui voulaient sincèrement la fondation durable et définitive de la République en France.

Après avoir travaillé à quelques journaux de lutte, George Sand revint à la littérature et au théâtre, qu'elle trouva plus propice que lors de ses premiers débuts comme auteur dramatique, en 1840. De 1850 à 1870, pendant les vingt années de l'ère bonapartiste, elle a fait représenter plus de vingt pièces et publié plus de vingt-cinq volumes de romans.

IV

George Sand, grâce à sa haute situation d'écrivain, a toujours vu s'ouvrir devant elle, sur un signe, la porte des hôtels ministériels et des palais princiers. Pour l'honneur de ses principes, elle a peu usé de cette faveur, et encore n'est-ce jamais pour elle-même qu'elle en a usé; ajoutons, pour l'honneur de son cœur, qu'elle n'a jamais reculé devant une démarche digne et fière lorsqu'il s'est agi d'obtenir la réparation d'une trop criante injustice ou de secourir quelque grande infortune. Que de proscrits du 2 décembre lui ont dû l'allégement de leur peine imméritée! Que de familles de proscrits lui ont dû de ne pas mourir de faim en l'absence de leurs chefs!

Jamais on ne s'est adressé à elle en vain pour obtenir son influente intervention. Aussitôt elle s'est empressée d'accourir à Paris, pour mettre au service des malheureux qui l'imploraient son crédit personnel et celui de ses nombreux amis, abandonnant tout, sa famille bien aimée, sa chère résidence de Nohant, son précieux travail, qui est pour elle un des charmes, un des éléments mêmes de l'existence.

Car elle l'aime, elle l'aime toujours avec passion, ce travail de l'écrivain, ce travail de la pensée, si facile et si fécond sous sa plume magique. Sentir son imagination en œuvre de conception d'idées, voir l'expression vraie, juste, de ses idées passer de son esprit dans sa plume et s'étaler sur le papier en phrases harmonieuses et claires, c'est pour elle la plus vive des jouissances.

Et, maintenant, est-il besoin d'apprécier le caractère politique de George Sand? Sa vie et ses œuvres ne sont-elles pas là pour témoigner de sa complète et inébranlable indépendance? La vit-on jamais faire servir son admirable talent à la défense des mauvaises causes? N'at-elle pas été toujours pour le travailleur contre l'exploiteur, pour l'opprimé contre l'oppresseur, pour la raison contre le dogme qui s'impose, pour l'instruction contre l'ignorance, pour la lumière contre la nuit?

Et dites maintenant si ce n'est pas un honneur pour notre siècle d'avoir produit une femme douée d'un pareil génie, un honneur pour la Démocratie française de l'avoir fortifiée et inspirée par ses doctrines sociales et conservée dans la grande armée de ceux qui guident les générations nouvelles à la conquête de l'avenir.

Julien Lemer.

ERNEST RENAN

I

« M. Renan est le plus grand ennemi de la religion, me disait dernièrement un dévot, avec sa douceur, sa grâce apparente, il a fait plus de mal à la foi et à la puissance cléricale que Voltaire avec ses sarcasmes, et Proudhon avec ses théories et sa dialectique. S'il eût eu l'habileté de faire de sa *Vie de Jésus* une édition spéciale pour les femmes, en la bornant à un simple récit romanesque, et la dégageant de toute partie philosophique, c'en était fait de la foi et de l'influence du clergé sur la famille et sur l'éducation des enfants. »

Rien n'est mieux justifié au fond que les récriminations de mon dévot, malgré l'insuffisance de la campagne entreprise par Renan, au point de vue de la rapide éducation du peuple, malgré aussi la prétention qu'il affiche aujourd'hui, dans l'avant-propos de sa dernière édition, d'avoir contribué par son livre à une certaine « infusion d'esprit chrétien. »

Renan, en tendant à supprimer la foi au surnaturel, en détachant du christianisme cet élément si important, qu'il est, pour ainsi dire, son essence même, a attaqué les racines mêmes de la foi et réduit la religion à un simple cours de morale et de philosophie enjolivé d'une touchante légende, cours dont les principes et les enseignements peuvent être mobiles et variables suivant les époques, les climats, les conditions et même les caractères des personnes. En vain considère-t-il le christianisme comme « une tradition excellente et nécessaire à l'éducation morale et religieuse de l'humanité, comme l'étude de l'antiquité grecque est nécessaire à l'éducation intellectuelle. » La doctrine chrétienne cesse d'être une *religion* du moment qu'elle ne *lie* pas les adeptes par une foi et une obéissance absolue; elle perd, par conséquent, toute autorité sur le monde, ce que ne peuvent admettre ni les prêtres, ni les vrais croyants.

Il faut bien en demeurer convaincu, n'en déplaise à Renan et à tous ceux qui prétendent concilier soit l'Eglise, soit le christianisme avec la liberté moderne, avec la raison, avec la science, avec l'esprit d'examen et de discussion, l'idée de religion est une idée si complétement absolue, qu'il ne peut pas plus y avoir de demi-religion qu'il ne peut y avoir de demi-Liberté ; on croit ou l'on ne croit pas, de même qu'on est libre ou qu'on ne l'est pas; les croyances nécessaires sont bonnes à mettre dans le grenier aux vieilles reliques avec les libertés nécessaires de M. Thiers. Ne pas croire tout est exactement aussi impie que ne rien croire du tout d'une religion, c'est peut-être même plus impie ; car, au dire des dévots, celui qui entrevoit une partie de la vérité est plus coupable de ne pas la voir tout entière que l'aveugle qui y est resté complétement étranger. Du reste, on le sait, l'examen n'est pas même permis. « *Point de raison* ! voilà la vraie religion ! » s'écrie le père Canaye, dans l'admirable conversation avec le maréchal d'Hocquincourt que

PLUTARQUE POPULAIRE CONTEMPORAIN

Ernest Renan

24° Livraison.

Paris. — Typographie Walder, rue Bonaparte, 44.

nous a transmise saint Evremont, le précurseur de Voltaire au xviiᵉ siècle.

Et, en effet, la moindre brèche faite à la loi aboutit nécessairement à la suppression complète et au triomphe intégral de la raison.

Ainsi en est-il de la liberté. Elle disparaît bientôt tout à fait, dès que le principe d'autorité commence à l'entamer, à ce point que les peuples qui s'en sont laissé déposséder finissent par perdre jusqu'à la notion et au sentiment de leurs droits d'hommes libres et de leur dignité de citoyens, par conséquent aussi la notion de la Justice qui doit être désormais la base fondamentale sur laquelle reposeront toutes les sociétés humaines.

« L'idée de la démocratie française, dit encore Renan, dans le même avant-propos, est l'idée des droits de l'homme poussée à l'extrême. Son point de départ n'est nullement la charité et la résignation; c'est la justice, la recherche inquiète de l'égalité. » Rien n'est plus vrai et à mon sens plus équitable. Puis il ajoute : « Avec cela on sera puissant pour détruire, mais impuissant pour fonder. » Pourquoi ? Répondant de lui-même à ma question, il poursuit ainsi : « Le monde ne tient debout que par un peu d'idéal et d'amour. Il y faut quelque chose de cette onctueuse douceur que Jésus a répandue sur tout ce qu'il a touché; il y faut un but religieux, du rêve, de la tendre consolation pour les faibles. Une société où personne n'aime plus, où personne n'adore plus, ne subsistera pas. »

Je pourrais encore renouveler ma question ; mais il est plus simple de demander tout d'abord à M. Renan en quoi l'idée de justice absolue est antipathique à l'idée d'amour, de sympathie, d'attraction humaine. Molière ne lui a-t-il pas dit, comme à nous, dans une scène immortelle et saisissante, qu'il y a deux charités, la charité pour l'amour de Dieu et la charité pour l'amour de l'humanité? Croit-il que l'une ne vaille pas l'autre? Et ne peut-il pas constater, comme tout le monde, que depuis que la bienfaisance civile s'est mise à concourir à l'œuvre générale de charité, avec l'aumône tamisée par l'intermédiaire de l'Eglise, le nombre et l'importance des dons faits aux pauvres sont loin d'avoir diminué ?

Est-ce une raison, parce que la société, s'organisant de façon à faire son devoir et à rétribuer le travail et la production de chacun dans de justes proportions, en sera venue à diminuer le nombre des faibles et des pauvres, pour que le sentiment de l'humanité de l'amour du semblable disparaisse du cœur humain? Secourir ceux que les infirmités, la vieillesse ou la faiblesse même de corps et d'esprit mettent dans l'impossibilité de produire assez pour leur subsistance, n'est-ce pas encore un devoir de Justice? et ceux qui réclament pour les droits du travail ont-ils jamais méconnu ces devoirs ?

Vainement, Renan dira-t-il plus loin : « Une seule chose donne un motif à l'acceptation sérieuse des inégalités du monde présent, c'est la croyance en un règne idéal de Dieu où sont redressées toutes les injustices actuelles, où il n'y a d'autre noblesse que celle du devoir accompli, où les mérites sont appréciés à l'inverse des opinions du monde. L'égalité et le droit absolu ne sont pas dans la nature ; il y aura toujours des individus plus forts, plus beaux, plus riches, plus intelligents, plus doués que d'autres. » De tels arguments ne suffisent pas pour autoriser le moraliste et encore moins le législateur à ranger la résignation, non-seulement au nombre des vertus, mais aussi au nombre des éléments d'une organisation sociale. Ce système de compensation et de réparation des iniquités terrestres au moyen de biens célestes et ultérieurs, est, à dire vrai, un instrument d'autorité (*instrumentum regni*) pour les puissants de ce monde et pour les ministres des religions qui se mettent à leur service. Si nos pères, les grands bourgeois de 1789, s'étaient résignés à subir plus longtemps l'iniquité des priviléges de la noblesse, comme le clergé le leur conseillait, ils n'auraient pas fait la Révolution, ils n'auraient pas réalisé la conquête de ce grand principe, l'égalité civile, première base de la justice sociale.

De même encore, si le peuple de la fin du xix° siècle se résignait à subir, en vue de ce *règne idéal* dont parle Renan, la répartition inique des profits et des charges, des droits et des devoirs qu'engendre l'état de l'homme en société; si, sous l'influence de la foi ou de ceux qui se disent ses ministres, il cessait de revendiquer la gestion et l'administration de ses affaires, aussi bien que la liberté de sa personne et de sa conscience, il ne se montrerait pas digne de continuer l'œuvre qui a signalé la dernière période décennale du xviii° siècle.

Pourquoi donc, si nous devons nous résigner à l'inégalité et à l'injustice, Renan ajoute-t-il : « Tous, nous sommes frères en la raison, frères devant le devoir, frères devant Dieu? » Ne sommes-nous pas aussi frères devant le droit?

Il me paraît évident que Renan n'aime pas assez le droit, et, en cela, je ne le crois pas bien pénétré du sens profond de la prédication de Jésus. J'ai, moi, meilleure opinion de sa Justice, et j'ai la conviction qu'en consentant à ce qu'on rende à César ce qui appartient à César, il sous-entend qu'il faut aussi rendre au Peuple ce qui appartient au Peuple.

Que signifient encore ces autres paroles :

« La justice n'existe qu'en Dieu et dans le cœur de l'homme juste. »

S'il en est ainsi, travaillons à rendre l'homme, non de plus en plus servile et résigné, mais de plus en plus juste.

« Le droit strict conduit aux abîmes. »

N'est-ce pas nier le droit, source de toute justice, que d'en faire ainsi un épouvantail? Quelle boussole voulez-vous donc donner à l'humanité, si vous niez le droit?

« Qu'on travaille tant qu'on voudra à diminuer la pauvreté, on ne la supprimera pas. »

Est-ce donc un motif de cesser de travailler à la diminuer? Et qui vous dit qu'on ne la supprimera pas? On a bien supprimé d'autres iniquités dont les bénéficiaires affirmaient l'indestructible perpétuité, la fatalité inébranlable.

« La pauvreté est à quelques égards une condition de l'existence de l'humanité. »

A quels égards, s'il vous plaît? Les propriétaires de nègres en disaient autant, il n'y a pas longtemps, de l'esclavage.

« Ne dites donc pas au pauvre qu'il est pauvre par sa faute, ne l'engagez pas à se délivrer de la pauvreté comme d'une honte; faites-lui aimer la pauvreté; montrez-lui en la noblesse, le charme, la beauté, la douceur. »

Encore un argument des partisans de l'esclavage! Non, certes, ce n'est pas comme d'une honte que nous engageons le pauvre à se délivrer de la pauvreté, mais comme d'une injustice. Non, nous ne lui disons pas qu'il est pauvre par sa faute, pas plus que le médecin ne dit au malade qu'il souffre par sa faute, quand il cherche à lui donner les moyens de se guérir. La pauvreté n'est qu'une maladie du corps social, et nous croyons que le dictame qui peut faire disparaître cette lèpre, c'est la liberté, la liberté dans le sens le plus étendu, le plus complet du principe, la liberté génératrice de Vérité et de Justice, qui met l'homme en pleine possession de son âme, de sa conscience, de son intelligence, de ses forces physiques et morales, de son travail et de son produit.

On dirait, en vérité, à lire cet avant-propos, que Renan, ce révolutionnaire si terrible contre lequel les hommes de l'Eglise ont vomi et fait vomir tant d'anathèmes, veut faire amende honorable de cette *Vie de Jésus* qui a rendu son nom si célèbre, et porté une si grande perturbation dans les doctrines chré-

Est-ce pour prêcher de pareilles thèses qu'il redemande la chaire dont il a été injustement privé par suite des manœuvres du parti clérical? Veut-il se réconcilier? Ou bien doit-on conclure simplement de cette sortie doucereuse en faveur de la pauvreté et de la résignation, que si Renan est un philosophe très-érudit et un écrivain séduisant, il est, en revanche, un déplorable économiste?

II

Joseph-Ernest Renan est né à Tréguier (Côtes-du-Nord), le 27 février 1823; il a aujourd'hui même quarante-sept ans accomplis.

Destiné, dès son enfance, à l'état ecclésiastique, sa première éducation fut dirigée dans ce sens; son intelligence et son assiduité au travail le firent admettre aux cours de haute théologie du séminaire de Saint-Sulpice, qui ne se douta guère alors qu'il nourrissait dans son sein un serpent si dangereux. En même temps que la théologie, le futur abbé se prit à étudier avec passion la philosophie et les langues orientales. Bientôt l'arabe, l'hébreu, le syriaque n'eurent plus de mystères pour lui. L'avenir semblait lui promettre une belle et grande position dans le clergé français, tandis que rien dans le genre de ses études ne pouvait faire présager la popularité et la fortune littéraire qu'il a rencontrées. Néanmoins, le sacerdoce lui ayant paru incompatible avec son caractère et ses idées, il eut la conscience de renoncer à une carrière qui s'ouvrait à lui si facile; il ne voulut même pas continuer ses études aux frais du séminaire et se résigna à donner des répétitions et des leçons particulières pour avoir le moyen de se préparer à l'enseignement supérieur.

A vingt-cinq ans, il se présenta au concours de l'agrégation de philosophie, et fut nommé le premier. La même année, il recevait le prix Volney, pour un mémoire sur les langues sémitiques.

Deux ans après, l'Institut le couronnait encore comme auteur d'un mémoire historique sur l'étude de la langue grecque au moyen âge. Enfin, après avoir été chargé par l'Académie des inscriptions et belles-lettres d'une mission littéraire en Italie, où il puisa les éléments de son volume sur la philosophie d'Averroès, il fut nommé, en 1856, membre de cette section de l'Institut en remplacement d'Augustin Thierry.

C'est dans une mission littéraire et scientifique en Syrie, accomplie en 1860, qu'il conçut l'idée d'écrire une *Vie de Jésus*, en s'inspirant de la contemplation des lieux mêmes où s'était passée l'action du drame terrible qui fut le point de départ de la légende chrétienne. Le livre parut en 1863 et fut l'occasion de la plus formidable éruption de papier imprimé qui ait jailli depuis longtemps du volcan de la typographie. On compte par plusieurs centaines les brochures pour ou contre le livre de Renan, qui parurent dans l'espace de quelques mois. Les attaques violentes dont il fut l'objet de la part des membres du clergé et des polémistes cléricaux contribuèrent beaucoup à son succès. Grâce à cette levée de plumes de sacristie irritées, il fut de mode pendant près d'un an de parler de la *Vie de Jésus* jusque dans les salons les plus frivoles; hommes et femmes du monde aristocratique et bourgeois furent tenus d'avoir une opinion, de prendre parti pour ou contre le livre à la mode. Ceux qui ne trouvaient pas un jugement tout fait à leur guise dans leur journal, et qui ne voulaient pas se donner la peine de lire, allaient, parlant, quêtant des critiques ou des appréciations, feuilletant des brochures, ayant soin surtout d'acheter chez les libraires le livre tout coupé ou de le faire couper par leur domestique; car il n'était pas de bon ton de n'avoir point lu ce livre, soit avec horreur, soit avec admiration. Car on ne pouvait professer, à l'égard de cette énormité religieuse, que des sentiments extrêmes.

Pour faciliter à tout le monde la lecture et l'appréciation de son livre, l'auteur fit même faire une édition populaire et économique, dégagée des chapitres les plus ardus, mais le livre resta encore trop hautement et littérairement philosophique, même dans son format réduit, pour être accessible aux femmes dont il aurait pu séduire et ébranler la foi ; et puis, lorsque cette réduction parut, elles étaient déjà trop prévenues par les violents anathèmes du clergé.

Les attaques passionnées et violentes des défenseurs du dogme firent ce que n'avait pu faire l'espèce de persécution politique à laquelle Renan avait été en butte ; elles le rendirent populaire. En 1862, l'ouverture de son cours d'hébreu ayant donné lieu à des manifestations bruyantes de la part d'une troupe de cléricaux, l'autorité avait suspendu ce cours, sans toutefois modifier en rien la position du professeur. Après la prise d'armes du clergé contre la *Vie de Jésus*, prise d'armes signalée même par des mandements d'évêques, le libéral Duruy ne put pas refuser aux dévots la destitution de l'impie. En vain, par une sorte de capitulation de conscience, chercha-t-il à masquer cette destitution par la nomination de Renan à je ne sais quel emploi à la Bibliothèque nationale, celui-ci protesta hautement, et provoqua sa révocation qui fut prononcée par un décret motivé en termes impertinents.

La rupture était complète et paraissait devoir être définitive. Renan devenait l'ennemi de toute autorité divine et humaine. Aussi fallut-il un grand courage à Sainte-Beuve pour oser prendre la défense de cet excommunié politique et religieux devant le Sénat, cette assemblée de vénérables serviteurs de tous les régimes, toujours plus royalistes que le roi et plus dévots que l'Eglise. On sait ce qui en advint, Sainte-Beuve passa lui-même à l'état de véritable antechrist, et mourut dans l'impénitence finale.

On pourrait croire, à lire l'avant-propos dont j'ai cité des fragments, que Renan ne tient pas à suivre son ami dans cette voie.

Avant la *Vie de Jésus*, Renan avait publié de nombreux travaux de linguistique et de critique philosophique, une traduction en prose rhythmée du *Livre de Job* et du *Cantique des cantiques*. Depuis il a écrit, pour faire suite à son histoire de Jésus, *Les Apôtres* et *Saint-Paul*, deux livres d'une haute valeur littéraire, mais autour desquels le clergé, reconnaissant sa maladresse de 1863, a organisé la conspiration du silence.

Renan est un de ces révolutionnaires timides qui s'effrayent trop aisément des conséquences de leurs principes.

J. SOREL.

JULES MIOT

Jules Miot est né le 13 septembre 1809, à Autun (Saône-et-Loire), et fit ses études au collège de cette ville.

Dès sa plus tendre jeunesse, il s'était passionné pour les idées de liberté, au point que, chaque fois qu'il rencontrait dans ses classiques un exemple de tyrannie et d'injustice, il faisait éclater hautement son indignation, de même que sa grande âme s'exaltait en présence de faits de courage et de dévouement.

En 1824, ses parents ayant transféré

leur résidence dans le département de la Nièvre, c'est-à-dire à Moulins-Engilbert, cette petite ville qui s'asseoit pour ainsi dire au milieu des montagnes du Morvan, c'est là, — qu'après avoir terminé ses études, le jeune penseur que des aspirations élevées appelaient à une carrière libérale, l'école Polytechnique, son ambition, — le jeune Miot, fut forcé de souscrire à la volonté paternelle, et fit des études pharmaceutiques dans l'officine que M. Miot père avait ouverte à Moulins.

Transporté de Moulins à Nevers, toujours livré à ses études pharmaceutiques, le jeune aspirant à la liberté vint ensuite à Paris où il commença à s'occuper de politique.

La marche du gouvernement de Charles X, dirigée par les prêtres, lui déplut. La loi projetée sur le droit d'aînesse l'avait indigné, lui, l'aîné de la famille, et, c'est à partir de là que s'était dessiné son caractère.

Décidé à lutter contre toutes mesures despotiques, il allait se manifester ouvertement, lorsqu'un accident imprévu le rappela au pays, et, comme chez cette nature d'élite le cœur a toujours parlé plus haut que toutes les autres aspirations, le jeune républicain partit pour donner des soins à son père qui était atteint d'une grave maladie.

Tout en veillant au chevet du malade, il se préparait néanmoins à la révolution de 1830, se mêlant en province au mouvement d'un événement en perspective; un peu plus tard, en 1831, il vint de nouveau reprendre les études ingrates qu'il subissait, sans les aimer, et suivit avec persistance les cours successifs à l'Ecole de pharmacie.

En 1833, on le voit succéder à son père à Moulins, tout en prenant une part active à ce qui touchait les intérêts municipaux de cette ville.

Nommé conseiller municipal, il fit une opposition énergique à tout ce qui était abus d'autorité, prenant toujours la défense des malheureux, les aidant de ses conseils et de sa bourse.

Electeur censitaire, il vota pour les candidats de l'opposition. Poursuivi à outrance sous le règne de Louis-Philippe, jamais il n'abjura ses opinions! A cette même époque, Jules Miot eut un curieux procès pour des canons dont la vente aux enchères publiques avait été autorisée par le maire, lequel maire avait, à son tour, été autorisé par la majorité royaliste du Conseil. Ces canons représentaient un don national fait à la commune en 1792. La municipalité royaliste voulant en effacer les souvenirs républicains, résolut de s'en défaire, Jules Miot s'en rendit adjudicataire et les plaça sur les murs de son jardin, y joignant des inscriptions qui en rappelaient l'origine.

On poursuivit Jules Miot comme détenteur d'armes de guerre, et il fut appelé à plaider lui-même sa cause devant la police correctionnelle de l'arrondissement de Château-Chinon. Il déploya dans cette plaidoirie une éloquence énergique et un esprit rare, ce qui n'empêcha pas qu'il fût condamné par les juges royalistes. Sans se décourager, Miot en appela au tribunal de Nevers. Il fut acquitté. A cette occasion, un de ses amis, Tillier, le célèbre pamphlétaire nivernais, écrivit une brochure pour sa défense, opuscule où règnent cet esprit de sarcasme et cette élévation qui ont mis cet écrivain à la hauteur de P.-L... Courier et de Cormenin.

Ainsi, le détenteur coupable fut, non-seulement acquitté, mais il conserva la propriété de ses chers canons, et cette circonstance donna un nouveau relief à son caractère aussi ferme qu'indépendant.

Pendant tout le temps que dura le règne de Philippe d'Orléans, les publications comme les actes de Jules Miot exprimèrent ses principes républicains et socialistes; selon ses idées, le travail, la production, le mérite, devraient avoir la priorité sur la valeur représentative : l'argent!

C'est en 1846 qu'il publia une brochure ayant pour titre : *Mes réflexions aux démocrates*. Dans cette brochure, il conseillait les réunions publiques et les banquets.

De retour à Paris, son premier soin fut de se mettre en rapport avec un groupe d'hommes de volonté, qui figurèrent activement dans la révolution de février 1848. Lorsque éclata cette révolution, Jules Miot se trouvait dans le département de la Nièvre, à Nevers. Il fut un des républicains les plus chaleureux et un de ceux qui contribuèrent à suspendre les pouvoirs du préfet, afin de les remettre entre les mains d'un homme qui eût fait ses preuves. Loin de chercher à profiter de son influence pour se créer une position, comme tant d'autres le firent malheureusement afin de satisfaire leur ambition, le promoteur de la liberté se retira modestement dans sa petite ville, disant qu'il ne voulait exercer d'autres fonctions que celles qui lui seraient confiées par la majorité de ses concitoyens. C'est à cette époque qu'il organisa un club dont il fut élu président, club démocratique dans toute l'acception du mot !

Après les journées de juin, le commissaire et le sous-commissaire du gouvernement provisoire, agissant contre les prescriptions de la loi, voulut faire fermer ce club. Jules Miot résista. C'est alors que ces messieurs usèrent des moyens les plus violents. On lança contre Miot un mandat d'amener.

Le procureur et le sous-commissaire, accompagnés d'une nombreuse escorte de soldats, se rendirent à son domicile, avec l'intention d'arrêter Miot. Celui-ci, prévenu à temps, voulant surtout éviter un conflit qui aurait entraîné une catastrophe, se retira dans les bois du Morvan. Il y fut traqué, pendant trois mois, comme une bête fauve et pourchassé sans trêve.

Le proscrit de l'autorité gouvernementale n'avait ni repos, ni asile, couchant tout habillé sur la terre et à la belle étoile ; en proie à des inquiétudes permanentes, il subit des tortures de plus d'un genre. Il eut aussi en compensation la protection des ouvriers et des paysans de sa ville qui non-seulement protégeaient en lui le défenseur de leur cause, mais aussi se rappelaient, avec reconnaissance, ses sages enseignements, son dévouement et les services qu'ils en avaient reçus.

Cette ceinture de sûreté fut la sauvegarde du proscrit, et les autorités se virent forcées de retirer le mandat d'amener !

A peu de temps de là, Jules Miot fut nommé conseiller municipal, maire, conseiller général et enfin représentant du peuple. On sait de quelle manière il exerça ces fonctions multiples et comment, en conservant la confiance de ses amis, il put aussi s'attirer l'estime de ses ennemis.

Le 21 février 1851, Jules Miot, dans une séance du conseil général de la Nièvre dont il était membre, prit la défense d'un de ses collègues à l'Assemblée législative, M. Malardier, alors détenu dans la prison de Nevers pour délit de presse, à qui on avait illégalement et inhumainement infligé le régime d'isolement cellulaire qui le minait. Le noble défenseur fut poursuivi en cours d'assises ; là, la séance fut des plus orageuses, et, à son tour, Jules Miot fut défendu par MM^{es} Crémieux et Bac, deux illustrations de notre barreau français. Ces deux avocats étaient les collègues de Miot à l'Assemblée législative, et Miot eut encore, dans cette nouvelle épreuve, un triomphe mérité. Non-seulement le jury l'acquitta, mais les sympathies de toute la population du département confirmèrent ce triomphe.

Au coup d'Etat du 2 décembre 1851, Miot fut du nombre des quinze représentants arrêtés les premiers pendant la nuit. Durant les huit ans qui suivirent cette arrestation, il passa des prisons aux cachots, et des cachots à l'exil, sur cette terre d'Algérie, témoin du martyre de

Paris. — Typographie Walder, rue Bonaparte, 44.

PLUTARQUE POPULAIRE CONTEMPORAIN

Garnier-Pagès

35ᵉ Livraison.

tant de condamnés sans jugement.

Les trois premières années de son séjour sur la terre brûlante d'Afrique furent pour lui un dur emprisonnement dans la redoute de *Sebdou*, située entre les frontières du Maroc et le désert des Angades. Il faudrait écrire tout un volume pour raconter, dans ses détails, la vie de l'exil en Algérie, pour dépeindre les souffances qu'il y endura, les dangers qui le menaçaient; il nous suffira de dire que, pendant tout le temps de sa captivité en Afrique, l'infortuné ne reçut même pas la portion de nourriture due à tout prisonnier. Obligé d'acheter ses vivres lui-même et à ses frais, il se trouvait réduit à la dernière ressource, lorsqu'il rentra en France, après l'amnistie, sans conditions, de 1859.

La position nécessiteuse dans laquelle il trouva son intéressante famille, força le courageux représentant du peuple à se remettre, de plus belle, au travail. Il organisa une pharmacie, rue de Rivoli, près du Louvre, qu'il dirigea lui-même; mais poursuivi de nouveau en 1862, comme accusé d'être le chef d'une société secrète, et, après une détention préventive très-longue, à la maison cellulaire de *Mazas*, il fut condamné à trois années de prison à *Sainte-Pélagie*. Tous ceux qui s'y sont trouvés en même temps que lui ont pu voir avec quelle philosophie, quel courage Jules Miot supporta cette nouvelle infortune. Il fut, pour ses compagnons de captivité, une véritable providence, partageant avec eux le peu de bien-être qui lui venait du dehors. Il eut, pour l'aider dans cette charité confraternelle, un ange de bonté, une compagne dont le caractère spartiate, les vertus héroïques ne connaissent pas de bornes, lorsqu'il s'agit de soulager le malheur, surtout s'il est question de celui qu'elle met au-dessus de tous les hommes, dans son estime et dans son affection, son mari enfin, pour qui madame Miot voudrait donner son sang, si son sang pouvait racheter les injustices et les tortures dont cet homme courageux a été abreuvé durant presque toute sa vie entière.

Aujourd'hui que l'horizon politique semble s'éclaircir de plus en plus, aujourd'hui que cette devise immortelle : Liberté, Egalité, Fraternité, paraît devoir resplendir de nouveau dans notre pléiade républicaine, aujourd'hui enfin que Jules Miot, au dernier meeting tenu à Saint-Mandé, s'est affirmé dans son radicalisme socialiste, nous lui reconnaissons le droit d'être en tête de cette vaillante cohorte qui foule aux pieds les entraves du passé, écrase les tyrannies du présent et fait entendre ce cri de ralliement universel : *En avant !*

Eugène Carlos.

GARNIER-PAGÈS

I

Heureux les hommes dont on peut fouiller la vie sans y trouver une seule défaillance, une seule faute, une seule chute, et qui, toujours identiques, semblables à eux-mêmes, inébranlables, marchent sans cesse à la conquête de ces trois principes, nécessaires, universels, éternels, immuables : Liberté, — Egalité, — Fraternité !

Heureux sont-ils ces citoyens qui, semblables aux illustres des antiques républiques choisis et décrits par Plutarque, parviennent aux sommets du pouvoir et se retirent des affaires les mains vides et « sans tache d'or au front! »

Et si, à ce précieux apanage de l'honnêteté, — sentiment si rare en notre siècle qu'on désigne à l'admiration publique les gens qui le possèdent pur et grand, — ils joignent une vertu parfaite et un talent incontestable et multiple, honneur à eux !

Ils vont droit leur chemin, ces hommes au cœur de bronze, inaccessibles aux milles séductions dont on entoure les mortels, droit leur chemin dans le sentier de l'honneur, sans s'inquiéter des heurts et des chocs auxquels ils sont exposés et qui ne leur font point défaut, que le heurt s'appelle la chute de leurs espérances et de leurs rêves, que le choc se nomme l'injure ou la calomnie.

Ils ne se laissent arrêter par aucun obstacle. Un cataclysme qui détruit leurs nobles projets et anéantit leurs généreuses ambitions, cela n'est rien pour eux. D'un courage indomptable, d'une fermeté inébranlable, ils poursuivent leur but sacré.

Libres et dignes, sans autre souverain que leur conscience, sans autres lois et sans autres règles que celles du vrai, du bien et du juste, ils n'ont rien à attendre de l'autorité établie, qu'ils ne sauraient reconnaître.

Pour eux, point de statues; leur nom en lettres blanches sur plaques bleues, ne s'étalera point aux coins des carrefours, comme pour les tueurs d'hommes, comme pour les ministres serviles du gouvernement triomphant.

Les champions de la démocratie n'ont d'autre récompense que l'estime du peuple.

Le citoyen Garnier-Pagès est un de ces heureux et de ces vaincus.

Que la tâche est douce et agréable pour le biographe, pour l'écrivain qui peut dérouler devant les yeux du lecteur les tableaux de ce spectacle qu'on appelle la vie d'un homme de cœur et de talent.

II

Louis-Antoine Garnier-Pagès est né le 10 juillet 1803, à Marseille, cette patrie de tant de révolutionnaires, de tant d'hommes d'Etat, de tant d'orateurs.

Disons tout de suite qu'il porte le nom de l'un des plus purs et des plus remarquables patriotes de notre époque, celui de son frère utérin mort en 1841 ; grâce à ce nom, le futur membre du gouvernement provisoire put se faire connaître du parti républicain et obtenir de lui les faveurs qu'il n'accorde d'ordinaire qu'aux gens sûrs et éprouvés, dignes de son estime et de sa confiance. Depuis 89, depuis que la France ne reconnaît plus d'autre aristocratie que celle du talent, le nom de Pagès est l'un des plus beaux titres de noblesse dont le ministre de 1848 puisse s'enorgueillir : ceux de Montmorency, de Rohan, de la Tremouille, les plus illustres de l'ancienne chevalerie française ne sauraient être plus beaux et ne pourraient l'éclipser.

Garnier-Pagès se consacra de bonne heure au commerce et vint à Paris, où il exerça la charge de courtier. C'est dans les ardeurs et les fièvres du travail qu'on apprend à connaître et à chérir la liberté. Dans la démocratie, ouvriers ou poètes, artisans ou avocats, il n'est, il ne saurait y avoir que des travailleurs. Travail et liberté sont intimement unis; le travail ne peut être que libre; le travail enchaîné, c'est l'esclavage.

Garnier-Pagès est un travailleur. Apre à la besogne, il donnait tout son temps aux affaires; les opérations commerciales l'occupaient tout entier, sans l'empêcher pourtant de combattre pour les idées. A la révolution de Juillet, il organisa des barricades dans le quartier Sainte-Avoye; il quitta son comptoir et prit un fusil, et dirigea l'insurrection qui devait briser le trône de Charles X. Le combat fini, il revint à ses affaires et travailla avec autant d'ardeur à la Bourse que dans les sociétés secrètes, une des plus grandes forces des républicains sous Louis-Philippe.

Son frère faisait retentir la Chambre des députés des accents de sa voix éloquente et livrait de rudes batailles aux différents ministères qui se succédaient sous le gouvernement de Juillet. Cher aux républicains, estimé et respecté de ses adversaires, Pagès aîné était le chef du parti modéré qui voulait la république. Lorsqu'il mourut en 1841, tous les yeux se tournèrent vers son frère, que sa modestie, son honnêteté, son talent de financier et d'orateur recommandaient déjà suffisamment aux amis de la liberté. Garnier-Pagès fut élu député par le département de l'Eure, et songea à reprendre à la Chambre la place et l'influence que son frère y avait laissées à sa mort.

« Il s'occupa spécialement des questions d'affaires et de finances, — dit M. Gustave Vapereau, dans son excellent *Dictionnaire des Contemporains*, — concourut à l'élaboration de la loi sur les sucres, en proposant le nivellement du droit sur le sucre indigène et sur le sucre colonial par l'abaissement des taxes, et soutint la proposition de M. Guizot sur la conversion des rentes. A la suite d'un voyage en Espagne, il traita avec compétence, à l'occasion de l'adresse de 1844, la question de nos relations avec ce pays, et un peu plus tard, il força, par ses interpellations, le ministère de retirer l'autorisation de coter à notre Bourse un nouveau trois pour cent espagnol. Il se fit surtout remarquer dans les discussions relatives à l'établissement des chemins de fer, et ce fut lui qui empêcha l'Etat d'engager indéfiniment l'avenir, en faisant réduire la durée des concessions. L'un des promoteurs de l'agitation réformiste de 1847, M. Garnier-Pagès, qui avait été réélu l'année précédente, figura dans plusieurs banquets, notamment à celui de Montpellier, et fut, en février 1848, un des députés qui proposèrent jusqu'au dernier moment de se rendre au banquet du douzième arrondissement, interdit par le ministère. »

N'oublions pas de dire, que tout en combattant pour le triomphe de la république, Garnier-Pagès rêvait, après la modification du gouvernement, la modification de la société : il fit partie de la secte socialiste de Buchez avant 1848, et n'abandonna définitivement ses idées qu'après avoir reconnu impossible l'avènement de la république sociale, alors qu'il était déjà si difficile d'avoir un gouvernement essentiellement et véritablement démocratique.

III

Lorsque, le 24 février 1848, le peuple, vainqueur pour la troisième fois de la royauté, en revenait enfin à la République après un demi-siècle de monarchie et confiait le pouvoir à ses chefs, Garnier-Pagès fut proclamé maire de Paris et membre du gouvernement provisoire. Quelques jours après, le 5 mars, il accepta courageusement la place du citoyen Michel Goudchaux au ministère des finances.

La tâche était rude : la crise financière se déclarait de toutes parts, et la banqueroute, « la hideuse banqueroute, » menaçait, impitoyable et terrible la malheureuse France, à peine libre, à peine sortie des langes de la monarchie prétendue constitutionnelle.

Ce dut être un rude combat dans le cœur de l'homme qui sacrifia la République pour laquelle il luttait depuis si longtemps, à la patrie en danger et mourante sous les coups d'un ennemi bien plus terrible que l'étranger, le déshonneur.

Garnier-Pagès fit face de toutes parts à la crise menaçante. Il fit décréter la circulation forcée des billets de banque, et le fameux impôt des quarante-cinq centimes. Disons-le hardiment, cet impôt a tué la République : ce ne fut qu'un cri dans les campagnes contre cette mesure à laquelle la monarchie n'avait jamais eu recours : toute idée de gouvernement démocratique fut dépréciée et même haïe chez les paysans. La réaction exploita habilement cette faute, si on peut donner un pareil nom à une mesure qui sauvait la France.

Mais Garnier-Pagès eut pour lui l'estime et la reconnaissance de tous les patriotes. Il fut élu représentant à la Constituante par deux départements, la Seine et l'Eure, et opta pour le premier. Dans l'Assemblée, il vota avec la fraction modérée du parti démocratique.

Comme membre de la Commission exécutive nommée par la Constituante, il eut, non-seulement à défendre sa gestion financière, mais encore à répondre aux attaques dont ses mesures étaient l'objet. Il ne cessa pas un seul instant, après la démission de cette Commission, de s'occuper des affaires de son pays, et consacra tous ses soins à combattre la réaction qui se montrait partout.

Il ne fut pas réélu à l'assemblée législative et rentra dans la vie privée. Son absence aux affaires lors du Deux Décembre lui permit d'échapper aux coups du pouvoir victorieux.

Qu'on ne l'ignore pas pourtant : Garnier-Pagès n'a jamais déserté la cause de la démocratie : soit qu'il lui fût donné de s'occuper des intérêts du pays, soit qu'il fût forcé de déserter le terrain de la vie publique, il n'a jamais négligé de prendre part aux délibérations de son parti. Depuis le Deux Décembre, on a toujours agité dans son salon la question de la liberté et de la république.

Dans ses heures de loisir, il a écrit l'*Histoire de la Révolution de* 1848; cet ouvrage ne pouvait être autre chose qu'une autobiographie de l'auteur dans cette période qu'il a si honorablement vécue. Garnier-Pagès nous a montré qu'à son talent de financier et d'orateur, il joignait encore de grandes qualités d'écrivain.

Évincé aux élections de Paris en 1857, il a été élu en 1863, dans la 5me circonscription de la Seine, et une seconde fois dans cette même circonscription les 5 et 6 juin dernier. Nous n'avons pas besoin de dire ici ce qu'a fait à la chambre Garnier-Pagès depuis qu'il est rentré aux affaires. A la Constituante, il avait à défendre sa gestion financière; dans le Corps législatif du second empire, il a eu non-seulement à défendre les quarante-cinq centimes, mais encore la république de 1848.

Garnier-Pagès est l'un des hommes dont la démocratie s'honore à juste titre.

Qu'il se contente donc de l'estime et de l'admiration de tous les gens de bien, de tous les hommes de cœur, de tous les citoyens qui pensent comme nos pères de 1792, comme lui, l'un de nos pères de 1848.

Il n'a rien à redouter des attaques de ses adversaires, car lui aussi,

... peut, comme l'ancien Romain,
Sur l'autel de ses dieux posant sa blanche main,
Dire à ses détracteurs, alors qu'on l'injurie :
« Je jure que tel jour j'ai sauvé la patrie ! »

Léon Vidal.

Paris. — Typographie Walder, rue Bonaparte, 44.

PLUTARQUE POPULAIRE CONTEMPORAIN

GUSTAVE FLOURENS

26ᵉ Livraison.

GUSTAVE FLOURENS

I

Quelle fière et sympathique figure ! Une taille élégante et élancée, une main longue aux doigts effilés, un pied finement cambré, une voix pénétrante, malgré la rapidité du débit et la timidité de l'élocution, une harmonieuse et expressive majesté de gestes, une tête, enfin, d'une originalité typique, un front haut s'élargissant au sommet, des yeux clairs, francs et doux dans le calme de la conversation intime, brillants et pleins d'éclairs aussitôt que l'indignation les anime, des joues émaciées par les agitations et les fatigues d'une vie tourmentée, un nez long à narines mobiles que le souffle de la passion gonfle et resserre tour à tour, une bouche fine à lèvres colorées sur laquelle frissonnent de petites moustaches blondes, un menton pointu que prolonge une barbe clairsemée et d'un blond roux comme celle des beaux jeunes hommes qui figurent dans les grands tableaux de Paul Véronèse, tête charmante et pleine de séductions, qu'une inspiration passionnée accentue d'une expression ardente et énergique !

Tel est Gustave Flourens.

Il a aujourd'hui trente ans et demi. C'est la jeunesse dans toute sa splendeur et la force de sa virilité.

Fils d'un savant illustre, qui fut pair de France, académicien, commandeur de la Légion d'honneur, Gustave Flourens, après avoir fait de brillantes études au collège Louis-le-Grand, et s'être fait recevoir licencié-ès-lettres, et licencié-ès-sciences, avait été chargé, à l'âge de vingt-cinq ans, de suppléer son père dans sa chaire d'histoire naturelle au collège de France. Son cours d'ouverture sur *l'Histoire de l'homme* et les *corps organisés*; sa brochure intitulée : *Ce qui est possible, Ottfrid,* pro-duisirent une vive sensation ; il allait devenir un naturaliste célèbre, pour peu qu'il consentît à se plier aux exigences de l'enseignement officiel. Sa nature fière, son caractère indépendant, lui interdirent toute concession ; il aima mieux s'expatrier que de se soumettre, et il s'exila volontairement en Belgique.

« C'est à Bruxelles, dit François-Victor Hugo dans un magnifique parallèle entre Emile Ollivier et Gustave Flourens, au printemps de 1865, que je l'ai connu, — vivant des produits d'une seule leçon, — collaborant gratuitement à des feuilles démocratiques, *l'Espiègle* et la *Rive gauche,* — niché au quatrième étage d'une modeste maison de Saint-Josse-Ten-Noode, — dînant, aux beaux jours, dans une gargote du boulevard de l'Observatoire, et remplaçant le dessert absent par une lecture enthousiaste des *Châtiments,* — dissimulant sa pauvreté sous le plus gracieux sourire, fier et doux, timide et digne, ayant l'admirable insouciance de son sacrifice. »

Au mois de juin 1865, sa mère alla le chercher pour l'amener au chevet de son père atteint d'une maladie mortelle. Il remplit ses devoirs de fils en homme de cœur, et quitta de nouveau la France.

Laissons encore parler François-Victor Hugo :

« Au commencement de l'année 1866, le vaillant rédacteur de l'*Espiègle*, Odilon de Limal, reçut, à son grand étonnement, une lettre de Flourens, datée de Constantinople. Gustave expliquait ainsi cette brusque enjambée des bords de la Seine aux rives du Bosphore : « La révolution, pour réussir, doit devenir cosmopolite. Si elle ne se fait pas à Paris, elle se fera ailleurs, peut-être en Espagne. Allons donc partout, sinon la faire, du moins la préparer. » Et il ajoutait : « Nous avons ici un excellent journal, le *Courrier d'Orient*, où je fais du bien. J'ai poussé l'audace jusqu'à mettre au journal officiel de l'empire ottoman une profession de foi de libre penseur. Grand tumulte. Ici, comme partout, c'est la France qui empêche la liberté. Notre grand ennemi, c'est l'ambassadeur de France. Sans lui on dirait la vérité. »

« Nous restâmes pendant quelques mois sans nouvelles de notre ami. Qu'était-il devenu ? Les journaux d'Athènes ne tardèrent pas à nous l'apprendre.

« Il était en Crète !

« Gustave Flourens prit une part active à la croisade des Candiotes contre les Turcs. Il se dévoua tout entier à l'affranchissement de ce petit peuple, que l'Europe prétendue chrétienne abandonnait aux fureurs de la barbarie musulmane. Il se jeta éperdument dans cette lutte désespérée. Il affronta cette effroyable guerre où les vaincus avaient à choisir entre la mort et l'esclavage, et où l'on vit cent quatre-vingt-dix-sept hommes et trois cent quarante-trois femmes, assiégés par seize mille Turcs dans le couvent d'Arcadion, préférer à la servitude le suicide par l'explosion ! Durant près d'une année, Flourens risqua dans de périlleuses escarmouches sa liberté et sa vie. Il supporta le dénûment, la chaleur étouffante, le froid glacial, la faim, les nuits sans sommeil, les jours sans repos, les marches forcées, les alertes continuelles. Il prodigua son dévouement. Il assista de sa pauvreté la misère publique, et, un jour que la caisse était vide, il lui arriva de prêter deux cents francs au gouvernement provisoire de la Crète !

« Flourens ne quitta le sol crétois que quand la guerre fut terminée. Il partit, salué par les cris de reconnaissance de la Grèce entière. Et le jeune Parisien a aujourd'hui sa place dans la légende hellénique, à côté des héros de Navarin et de Missolonghi.

« Revenu parmi nous depuis deux ans, Gustave Flourens a repris sa vie militante. Lui, qui a tant fait pour la délivrance de la Crète, que ne ferait-il pas pour l'affranchissement de la France ! Reprendre Paris au despotisme du Deux Décembre, n'est-ce pas un rêve plus beau encore que de reprendre Candie à la tyrannie turque ?

« Gustave Flourens poursuit désormais cet idéal : l'émancipation de sa patrie.

« Le moment n'est pas venu d'apprécier ici la part prise par Gustave à des événements récents. Mais ne peut-on pas, dès aujourd'hui, rendre un hommage public à la générosité dont il a fait preuve dans une lutte où ses adversaires le poussaient, par leur exemple même, à d'impitoyables rigueurs ?

« L'intrépide délicatesse avec laquelle Flourens a protégé et sauvé le commissaire de police de la Villette, ne rappelle-t-elle pas à la mémoire de tous cette scène romanesque où Jean Valjean se venge de Javert prisonnier en le délivrant ?

« Flourens a donné à l'empire une leçon de magnanimité. »

II

Sans vouloir non plus juger l'attitude et les actes de Gustave Flourens depuis que son nom et sa personne ont acquis un si grand relief dans l'armée de la revendication, je crois qu'il est utile de rappeler sommairement le rôle important qu'il a joué dans le drame politique de ces derniers mois.

Écrivain ardent et passionné, orateur éloquent et chaleureux, homme d'action vaillant et énergique, c'est surtout à partir du moment où il a pris en main la candidature de Rochefort dans la première circonscription qu'il s'est signalé comme un des chefs de la jeune génération démocratique.

Il fut un de ceux qui engagèrent le candidat populaire à venir en personne, au risque de sa liberté, se présenter à ses électeurs. On se souvient de l'activité qu'il déploya dans les réunions publiques, de la chaleur de parole et de cœur qu'il apporta dans cette mémorable bataille électorale où Rochefort, attaqué de toutes parts, même par des journaux d'une opinion avancée, triompha d'une façon si éclatante.

Son attitude digne, sa conduite loyale sur le terrain d'un duel, on ne l'a pas oubliée non plus.

Son indépendante fermeté dans les circonstances qui amenèrent une scission entre Rochefort et lui, tous deux poursuivant le même but, mais divergeant sur les moyens de l'atteindre, on a pu la regretter, mais non en méconnaître le caractère fier et courageux.

Quant à sa conduite dans la journée du 7 février, il faut laisser à chacun la liberté de l'apprécier suivant les inspirations de son cœur et la lumière de sa conscience. Lui-même a raconté cette soirée avec une précision et une simplicité de langage qui témoignent de l'inaltérable liberté de son esprit et de la constante ardeur de ses convictions.

Je me borne à reproduire cette page :

« Rochefort et moi nous devions tenir ce soir-là une réunion à la salle de la Marseillaise, rue de Flandres, à la Villette.

« J'arrivai à huit heures.

« Je ne pouvais croire à l'arrestation de notre ami, de notre représentant, coupable d'une généreuse indignation contre un infâme assassinat.

« J'annonce aux citoyens, qui me firent l'honneur de me nommer président, que Rochefort allait venir.

« Mais, à peine le premier orateur inscrit avait-il déclaré qu'il ne fallait point laisser incarcérer notre représentant, et s'était-il attiré, par ses nobles paroles, un premier avertissement du commissaire de police ; à peine avais-je eu le temps de repousser cet avertissement, qu'une immense clameur du dehors nous apprit qu'on avait osé attenter à la liberté de notre député.

« Je déclarai aussitôt à l'assemblée que nous devions nous mettre en état de révolution, de résistance par les armes.

« Je pris en effet les armes, et arrêtai le commissaire de police : « Il ne vous sera fait aucun mal, lui dis-je, à condition que vous ne chercherez ni à m'échapper, ni à faire frapper mes amis par vos agents. »

« Je sortis dans la rue tenant le commissaire. Il montra à la foule des agents son écharpe, et nous pûmes continuer notre chemin, en chantant *la Marseillaise* et *le Chant du Départ*.

« A Belleville ! criai-je à mes amis, groupe, hélas ! trop peu nombreux, mais bien héroïque de jeunes gens ; une centaine d'abord, une soixantaine seulement à la fin, avec lesquels nous avons occupé pendant trois heures un faubourg de Paris.

« Le commissaire de police me dit : « Etes-vous toujours sûr, monsieur Flou- « rens, de pouvoir me protéger efficace- « ment. Je tiens peu à la vie, mais je « serais bien malheureux de ne pas re- « voir ma femme et mes enfants. » Je lui promis de le mettre en sûreté : « Ce « n'est pas nous qui massacrons les gens « désarmés, lui dis-je, ce sont vos « agents. »

« Arrivés au bas du faubourg du Temple, en face du canal, nous fîmes arrêter un omnibus. Bientôt deux omnibus et quelques voitures commencèrent une ébauche de barricade.

« Je priai alors un ami sûr et courageux de conduire le commissaire de police de l'autre côté de la barricade, et là de le mettre en pleine sécurité et en liberté.

« Puis nous remontâmes le faubourg. Deux soldats passaient. Nous les désarmâmes avec la plus grande douceur et en véritables frères.

« A la caserne du faubourg du Temple, il y avait un sergent et trois soldats armés. Je leur adressai quelques paroles amicales, mais ces malheureux, esclaves de la discipline, se bornèrent à croiser la baïonnette et à menacer de faire feu.

« Nos amis, tous occupés en ce moment à barricader les rues latérales, et se multipliant avec une ardeur infinie, m'avaient laissé à peu près seul.

« Je continuai donc ma route, en faisant partout éteindre le gaz.

« Arrivés au haut de la rue de Paris, en face le boulevard extérieur, nous trouvâmes une maison en construction, dont les moellons et les planches nous servirent à faire une barricade bien meilleure que les précédentes.

« Au dépôt des omnibus, dans la rue de Paris, nous trouvâmes bon nombre de voitures avec lesquelles nous pûmes compléter le système de défense des rues latérales.

« Mais, par malheur, nos autres amis, n'ayant pas eu le temps d'être avertis, ne venaient toujours pas nous joindre. Nous restions seuls et sans armes.

« On me dit alors qu'il y avait des fusils au théâtre de Belleville. Nous y allons. Une dizaine de jeunes gens entrent par la porte principale pour les demander.

« On me désigne une porte latérale en m'avertissant qu'ils sont là. J'y cours, je trouve un concierge, je lui dis : « Pour éviter un malheur, livrez-nous les armes. »

« Elles sont en haut, » me répondit-il. Je monte alors, sans faire attention que je n'étais plus suivi que d'un seul brave et excellent jeune homme, L..., presqu'un enfant.

« A peine avais-je fait quelques pas en avant, que j'entendis des cris : « Sauvez-moi, Flourens, au secours, on m'assassine !

« C'est L..., que quatre individus tiennent à la gorge et par les cheveux, tandis qu'un quatrième lui met un pistolet sur le front.

« Je m'élance sur mon ami, du bras gauche je l'enlève, ce qui me fit perdre mon épée. En même temps, quatre autres individus se ruaient sur moi, et me retournant le poignet droit, m'arrachaient mon revolver.

« Je sautai en bas de l'escalier, emportant mon jeune ami, très-heureux de l'avoir sauvé de ce guet-apens, même au prix de la perte d'un pistolet.

« Nous n'étions pas assez nombreux.

« Et pourtant, toute la grande artère du faubourg était barricadée. Si nous avions eu des armes, ces jeunes gens se seraient battus héroïquement.

« Nous redescendons la rue du Faubourg. Au moment où j'approchais de la barricade inférieure, des cris perçants se faisaient entendre.

« C'étaient des enfants désarmés que des agents de police poursuivaient l'épée dans les reins. L'un d'eux, atteint d'un coup d'épée dans le dos, tombe à quatre pas de moi en poussant des cris déchirants.

« Trois agents se précipitent vers moi. Je n'avais point d'armes. J'eus le bonheur de repousser de la main gauche une épée, tandis que je recevais sur l'épaule droite un coup de casse-tête.

« Arcbouté contre la muraille, j'allais engager la lutte, quand survinrent cinq ou six autres enfants, courant de toutes leurs forces, et poursuivis par deux agents et un officier de paix.

« Courez donc et frappez ! » cria l'officier à ses agents.

« Cela me sauva. Ils me laissèrent là, appuyé contre la muraille.

« Je continuai tranquillement ma route, tout à fait seul. Dans une rue latérale, je rencontrai un ami qui me fit entrer dans sa petite chambre d'ouvrier.

« A peine y étions-nous, que la rue

Paris. — Typographie Walder, rue Bonaparte, 44.

PLUTARQUE POPULAIRE CONTEMPORAIN

MICHELET

27ᵉ Livraison.

fut envahie par la garde municipale à cheval et à pied.

« C'était lugubre de voir ces hommes marchant silencieusement dans les ténèbres pour aller égorger leurs frères et leurs fils désarmés !

« Les chevaux, à chaque pas, glissaient sur les pavés humides.

« A peine eurent-ils passé, je sortis de chez mon ami.

« Je pus, à la faveur des ténèbres, remonter la grande rue du faubourg, voir les agents de police détruire nos barricades, si courageusement improvisées tout à l'heure.

« La cavalerie redescendit la rue du faubourg, et ne trouva heureusement personne à sabrer. Voyant qu'il n'y avait plus rien à faire pour le moment, je suivis le canal, et me rendis chez un autre ami.

« A une heure et demie du matin, tout était complétement calme.

« A six heures du matin, le mardi 8, un commissaire de police, suivi de cinq agents, s'est rendu, pour m'y arrêter, à mon domicile, où naturellement il ne m'a pas trouvé.

« Le mandat d'amener, lancé contre moi, porte les quatre chefs d'accusation suivants :

« 1° Excitation à des crimes ;

« 2° Séquestration d'un commissaire de police ;

« 3° Excitation à la révolte ;

« 4° Cris séditieux.

« Ces messieurs ont enlevé tous mes papiers, toute ma correspondance, où ils ne trouveront naturellement rien de compromettant pour personne.

« On m'a pris aussi les *Châtiments*.

« Tout cela n'empêchera point justice de se faire.

« GUSTAVE FLOURENS. »

Aujourd'hui, Flourens, retiré en Hollande, attend des jours meilleurs.

JEAN LUX.

MICHELET

I

Voici, à coup sûr, une des plus nobles, des plus loyales, des plus sympathiques, des plus intéressantes et des plus originales figures de la démocratie contemporaine.

Un cœur ardent, une éloquence chaleureuse et communicative, un esprit prompt et brillant, une raison éclairée, une conscience inébranlable et imperturbablement animée du sentiment de la Justice et de la passion de la Vérité, une érudition profonde servie par une imagination vive et toujours jeune, par des facultés d'écrivain irrésistiblement entraînantes, par un énergique amour du travail, par un incessant besoin d'initier tout son peuple de lecteurs à ce qu'il sait et à ce qu'il pense.

Tels sont les principaux éléments du génie de Michelet.

Quant à son caractère, un mot suffit : aussi fièrement, aussi inaltérablement indépendant que son génie et son talent.

Si vous voulez en juger, lisez la polémique courtoise, à laquelle donna lieu, en 1869, la publication de la préface mise par Michelet en tête de la nouvelle édition de son *Histoire de la Révolution française*. A ce sujet, Louis Blanc et Michelet échangèrent une série de lettres qui parurent dans le journal *le Temps*, et ont été reproduites dans l'*Almanach de la*

Révolution pour 1870. Voici en quels termes Michelet a clos le débat, à propos de l'appréciation de Robespierre :

« Voici le second point de bien autre importance, sur lequel M. Louis Blanc glisse en trois lignes : « M. Michelet, dit-il, paraît tenir beaucoup à ce que Robespierre ait été ennemi du socialisme. (Certainement j'y tiens ; c'est le fond du débat!) Qu'on lise les discours de ce grand homme et sa Déclaration des droits, cela tranchera la question. »

« Serrons de près les choses, et replaçons-les dans le drame. Le drame et les dates disent tout. — Un mois avant la chute de la Gironde, pour la précipiter, et huit jours encore après la chute, Robespierre fit au peuple les plus fortes avances : « Il sera dispensé de contribuer aux dépenses publiques (21-24 avril.) — Il sera secouru. On doit aux malheureux le travail ou la subsistance. » (*Constit.*, 10 juin.)

« Mais dès le 17 juin, il recule, rétracte ce qu'il dit le 24 avril : « *Ce serait faire injure au peuple que de le dispenser de contribuer.* » — Enfin, le 24 juin, inquiet de sa situation, effrayé des alarmes des propriétaires, il les rassure par une mesure excessive, et qui remplit d'étonnement. Il propose, et la Convention vote : « Que *ceux qui ont moins de dix mille livres de rentes* seront exemptés de l'emprunt forcé. » C'était réellement exempter *tous les propriétaires*. Il n'y avait au-dessus que des fortunes d'émigrés (déjà confisquées).

« Faveur énorme à la propriété ! Robespierre fut très-conséquent, très-opposé aux premiers socialistes qui se hasardaient d'y toucher. Leurs idées, il faut l'avouer, ne venaient pas des livres (de Morelli, etc.); elles venaient de l'excès des misères. Lyon en fut le foyer toujours. (Châlier, Fourier, Proudhon.) Châlier, un ardent Piémontais, délirait de douleur; il était furieux de pitié. Ses disciples (Leclerc, etc.) vinrent à Paris, dont Jacques Roux était le Châlier. Ce Roux était l'apôtre du quartier du travail (de la rue Saint-Martin), où tout travail cessa dans ces deux terribles hivers. La haute rue Saint-Martin (Gravilliers), et la basse rue Saint-Martin (Arcis) adoptèrent son idée des *Greniers publics*, où les fermiers apporteraient, et où l'État serait vendeur, distributeur. La Cité, non moins affamée, accueillit vivement l'idée des *Banquets fraternels*, où chacun descendait et mettait en commun ses vivres. L'essai que l'on en fit fut bien reçu de tous, offrit un spectacle touchant.

« Roux devenait très-fort et menaçait les Comités. Robespierre le perdit. Il lui lança Hébert (qui d'abord l'avait appuyé), lui lança la veuve Marat. On l'accusa de vol. Chose absurde. Ces fanatiques étaient si désintéressés qu'ils repoussaient même le salaire pour l'assistance aux sections. Ne pouvant rien prouver, on envoya Jacques Roux au tribunal révolutionnaire. Il ne l'accepta pas, et se perça le cœur.

« Tout ceci fait comprendre pourquoi, au 9 thermidor, la rue Saint-Martin fut terrible pour Robespierre et vint la première à la Grève, et pourquoi la Cité, non moins hostile, lui ferma Notre-Dame, ne le laissa pas sonner le tocsin. Tout cela vers minuit. À une heure, il se trouva seul,

« Voilà ce que j'ai dit, d'après les *Procès-verbaux des sections*, et ce que M. Louis Blanc aurait bien fait de dire aussi. Car cela éclaire fort les choses. Dans sa dernière lettre, il avoue, avec la loyauté bien connue de son caractère, que Robespierre a fait trois fautes. Quoi ! si peu ? Quoi ! pas plus ? Ajoutons une quatrième, bien grave politiquement, d'avoir mis contre soi ce centre industriel, ce cœur ouvrier de Paris.

« Mais qu'il en ait fait trois, ou qu'il en ait fait quatre, il ne m'est pas possible d'enfermer dans cet homme, d'incarner dans un homme (comme on a fait encore depuis) la Révolution et la France. Je dis tout au contraire ce qu'en mourant nous dit un prophète, Anacharsis Clootz : France ! guéris des individus ! »

C'est que Michelet, non moins que Louis Blanc, est passionné pour le Peuple et pour la Justice, et que ses longues et profondes études de l'histoire du passé lui ont inspiré l'horreur de ces fétiches dans lesquels les masses, trop faciles à séduire, incarnent souvent des idées et dont elles font des idoles d'abord, puis bientôt après des maîtres.

N'est-ce pas lui qui, le premier, dans son *Histoire de la Révolution*, a mis en scène ce personnage principal, le Peuple, oublié par tous les autres historiens, qui l'ont laissé sur le dernier plan et se sont bornés à mettre en relief les individualités notables de cette grande époque ?

II

La vie de Jules Michelet est, avant tout, la vie d'un travailleur persévérant et d'un lutteur indomptable. Né à Paris, le 21 août 1798, il fit au collège Charlemagne d'excellentes études et obtint, dès l'âge de vingt-trois ans, à la suite d'un brillant concours pour l'agrégation, une chaire d'histoire au collège Rollin. En même temps, il enseignait aussi les langues anciennes et la philosophie. Cinq ans après, ses *Tableaux synchroniques de l'Histoire moderne* et sa *Traduction de Vico* lui faisaient obtenir la position de maître de conférences à l'Ecole normale.

En 1830, il était nommé chef de la section historique aux Archives de l'Etat. Puis il devenait professeur suppléant à la Sorbonne et était choisi par Louis-Philippe comme professeur d'histoire de la princesse Clémentine. Presque en même temps il commençait à publier son *Histoire de France*, il succédait à Daunou dans sa chaire d'histoire et de morale au collège de France et était élu membre de l'Académie des sciences morales. La carrière des honneurs et des hautes fonctions semblait ouverte pour lui, large et facile ; mais il n'est guère possible de la parcourir dans notre beau pays, la tête et l'échine droites. Or, Michelet est une de ces natures fières, absolument inaccessibles aux capitulations de conscience. Professeur de hautes études, il prétendit enseigner, dans sa chaire du collège de France, la morale comme il la sentait, et l'histoire comme il la savait. Son enseignement, professé avec une éloquence vive et brillante, avec une chaleur de cœur entraînante, fanatisa la jeunesse et souleva les haines des adhérents de la Société de Jésus. Bientôt les tendances démocratiques de son cours furent dénoncées, on lui suscita toutes sortes d'embarras et de difficultés. Il répondit à ces attaques par des livres qui donnèrent pour ainsi dire un corps à sa parole et contribuèrent puissamment à propager les idées anti-cléricales et les vrais principes de la démocratie. Trois volumes se suivirent à quelques mois de distance : *Des jésuites*, en collaboration avec Quinet ; — *Du prêtre, de la femme et de la famille* ; — *Du Peuple*. Il y avait longtemps déjà, on le pense bien, qu'il avait cessé d'être professeur de cour et d'avoir les sympathies du gouvernement. Toutefois on respectait sa position acquise, mais on négligeait de le décorer.

En 1847, les opinions démocratiques de Michelet s'accentuèrent encore plus énergiquement par la publication de son premier volume de l'*Histoire de la révolution*. En 1848, son nom fut mis en avant pour une candidature à l'assemblée constituante ; mais Michelet, dont la seule ambition est d'enseigner la jeunesse, déclina l'honneur qu'on voulait lui faire, en alléguant la nécessité de poursuivre et d'achever son histoire de France. Il conserva néanmoins sa chaire au collège de France, et y reprit le cours de ses leçons de haute morale politique, qui passionnaient de plus en plus la jeunesse des écoles.

Le gouvernement de la présidence, qui, par une réaction effrénée, cherchait à préparer le pays à subir le coup d'Etat et ce qui devait s'ensuivre, supporta difficilement cet enseignement si opposé à ses vues. Après avoir menacé plusieurs fois Michelet, il lui envoya de faux étudiants qui provoquèrent des troubles et dénaturèrent l'esprit de ses leçons dans des rapports de police. C'était tout ce qu'il lui fallait pour motiver un arrêté de suspension du cours. En vain Michelet protesta-t-il contre les paroles qu'on lui avait attribuées ; en vain les étudiants firent-ils en corps une manifestation devant l'assemblée législative. La réaction fut impitoyable, et le professeur dut se résigner au silence.

Neuf mois après la fermeture du cours de Michelet, le coup d'Etat du Deux Décembre venait bouleverser toutes les notions du droit, de la justice et de la vérité. Michelet refusait de prêter serment, renonçait à sa place aux Archives, et se rejetait avec une nouvelle ardeur dans les travaux historiques. Il continuait sa grande Histoire de France, et terminait son Histoire de la révolution, en sept volumes in-8°.

A partir de 1856, il entreprit une nouvelle série de travaux littéraires ; des monographies à la fois poétiques, morales et physiologiques, qui obtinrent pour la plupart des succès éclatants : l'*Oiseau* ; — l'*Insecte* ; — l'*Amour*, dont on vendit plus de soixante mille exemplaires ; — *La femme* ; — *La mer*. Puis vinrent encore *La sorcière*, dont la vente fut d'abord interdite ; — *La Bible de l'humanité* ; — *La Pologne martyre* ; — enfin tout récemment encore *Nos fils*, un livre très-curieux et très-attachant sur l'éducation démocratique des enfants.

Ce qui éclate toujours dans les livres de Michelet, c'est le sentiment de la revendication du droit de l'homme en société, l'expression d'une ardeur passionnée pour le Juste, pour le Vrai, pour le Beau, d'une horreur éloquemment indignée pour toutes les tyrannies antiques ou modernes, politiques ou religieuses, civiles ou militaires, royales ou aristocratiques, oligarchiques ou bourgeoises, — une aversion profonde pour l'erreur, l'hypocrisie et l'ignorance, une chaleureuse admiration pour la lumière, la civilisation, le progrès réel, c'est-à-dire le triomphe de l'esprit sur la matière, du vrai sur le faux, du droit sur la force, de la raison éclairée sur la crédulité aveugle.

Le réveil politique de la France a trouvé Michelet plus ardent, plus convaincu, plus éloquent, plus dévoué que jamais. Ses dernières lettres, à propos de la lutte électorale de 1869, témoignent hautement de sa foi dans le prochain avènement de la rénovation sociale.

Julien Lemer.

THIERS

I

Voilà, je vous l'avoue, un abominable homme !

Comme dit Molière. M. Thiers, l'idole d'une partie de la bourgeoisie française, est, en effet, une des individualités qui ont le plus contribué à pervertir chez nous les notions du Vrai et du Juste, à altérer le sens moral et politique de ses contemporains.

Un de ses amis s'étonnait, en 1850, de lui voir défendre avec tant d'acharnement la Papauté, l'esprit monarchique et toutes les vieilles institutions.

— Vous, catholique, chrétien, si vous aviez vécu dans l'ancien monde, vous n'auriez pu vous défendre d'être révolutionnaire avec le fondateur de la religion nouvelle?

— Moi, répondit, assure-t-on, M. Thiers, dans l'antiquité j'aurais été païen.

Cette réponse, au moins très-vraisemblable, si elle n'est pas littéralement vraie, dit toute la moralité politique de ce faux grand homme, de cet esprit tracassier et nuisible, perfide et routinier. Est-il bien sûr du reste de ne pas être demeuré païen, et n'est-on pas fondé à considérer comme une sorte d'idolâtrie païenne son culte pour sa petite personne, pour les abus établis, pour les fétichismes bourgeois et pour les chauvinismes civils et militaires?

Et dire qu'une fraction de la démocratie française a pu croire un instant que l'intervention de ce brouillon consacré serait de quelque utilité pour la résurrection de la liberté en France, en raison de la haine dont on le croyait animé contre le second empire; dire qu'elle a facilité son élection, comme si les mauvais instruments pouvaient jamais servir à l'exécution d'une bonne œuvre; comme si, impuissant à conserver ce qu'il avait intérêt à conserver, il ne devait pas être impuissant aussi à renverser ce qu'il déteste et ce qu'il a intérêt à détruire.

— Votez donc pour lui, disait aux dernières élections un démocrate à un électeur de la deuxième circonscription de Paris.

— Mais il m'est profondément antipathique.

— Nommez-le comme arme de guerre.

— Merci; je n'aime pas les fusils qui reculent.

Quant à moi, ce qui me surprend dans M. Thiers, ce n'est ni son talent, ni son habileté, ni l'agilité de ses cabrioles politiques, c'est l'ineptie des hommes qui tant de fois se sont laissé duper par les manœuvres de ce vieux comédien parlementaire dont toutes les ficelles sont connues depuis longtemps.

II

La première ficelle de M. Thiers fut la ficelle révolutionnaire.

Issu d'une famille pauvre, mais pourvu d'une suffisante instruction, grâce à une bourse qu'il avait obtenue au lycée de Marseille, et doué d'une vive intelligence méridionale, M. Thiers, reçu avocat à la Faculté de droit d'Aix, en 1820, à l'âge de vingt-trois ans, arrivait à Paris peu de temps après pour y essayer de faire fortune. Lauréat de l'Académie d'Aix, pour un éloge de Vauvenargues, il débutait, en 1821, au *Constitutionnel*, un des journaux les plus libéraux d'alors, sur la recommandation de Manuel, son compatriote.

En même temps qu'il se signalait par quelques articles politiques, il se chargeait de la critique des beaux arts et publiait en un volume in-8° le *Salon de 1822*. C'est le premier ouvrage qu'il ait eu en librairie. L'année suivante il publiait un *Voyage dans les Pyrénées*. Vers la même époque il collaborait avec Jouffroy, Mignet et Remusat, aux *Tablettes historiques*.

S'il avait du succès comme écrivain, M. Thiers en avait encore plus comme causeur. C'était chose singulière que de voir dans les salons ce petit homme vulgaire parler sur tous les sujets avec tant de facilité, d'abondance et d'enjouement. « Admis d'abord, dit Loménie, chez Laffite, il s'y fit remarquer par son esprit causeur et la vivacité de son imagination méridionale. La petitesse de sa taille, l'expression commune des traits de son visage, à demi-caché sous une vaste paire de lunettes, la cadence singulière de son accent, le sautillement continuel auquel il se livrait, le balancement étrange de ses épaules, un manque absolu d'usage, tout contribuait à en faire un être à part. » Il y a de ces hommes heureux, à qui leurs défauts servent autant pour réussir que leurs qualités, M. Thiers est de ceux-là.

On connaît le mot de Talleyrand sur Napoléon : — « Quel dommage qu'un si grand homme soit si mal élevé ! » — Et l'on sait quel parti cet illustre comédien tirait de son manque d'usage connu, dans ses entretiens avec les souverains ou leurs ambassadeurs. On pourrait appliquer le mot, en le variant, à M. Thiers :

Quelle singularité qu'un homme de tant d'esprit soit si mal élevé ! — Mais avec quelle habileté il a su et sait encore jouer de ses mauvaises manières !

N'est-ce pas lui qui tapait publiquement, en pleine Chambre des députés, sur le ventre du père Martineau, qui jouait des tours au maréchal Soult, lequel l'avait surnommé le petit *fontriquet*, qui figurait comme acteur dans la célèbre gaminerie de gens graves dont fut témoin le château de Grandvaux ? N'aurait-il pas pu et ne pourrait-il pas écrire un livre curieux sur l'art *d'utiliser les mauvaises manières et le manque d'éducation comme moyen d'influence politique et de gouvernement parlementaire* ?

Quoi qu'il en soit, audacieux et fluet, M. Thiers, qui voulait arriver à tout, s'en allait quêtant partout des relations, des renseignements sur toutes choses et des idées. Familier avec Talleyrand, admis à causer avec le baron Louis, avec Jomini, avec le général Foy, avec M. Laffite, il acquit des notions de finances, d'administration, de tactique militaire, tout juste ce qu'il en fallait pour en faire parade dans la conversation, dans des journaux, dans des livres, dans des discours. En même temps il se liait avec Félix Bodin, son collaborateur au *Constitutionnel*, qui avait une merveilleuse veine de succès dans la publication de ses *Précis historiques*. C'est de concert avec lui qu'il entreprit d'écrire une histoire de la révolution française, tentative hardie pour le moment, mais qui devait être faite résolument et en arborant hautement le drapeau de la liberté par celui qui voudrait frapper un grand coup et se signaler à l'attention de tous les partis.

Vers la fin de 1823 parurent les deux premiers volumes de ce livre, signé Félix Bodin et Adolphe Thiers, et qui, dès lors, sortait des proportions d'un simple précis. Ces deux volumes, comprenant la Constituante et la Législative, durent leur grand succès à la couleur plus que libérale des idées qu'ils affichaient. Oser, presque à l'origine timide du parti libéral de la Restauration, parler avec admiration de Mirabeau, de Danton, de Camille Desmoulins, de Robespierre lui-même, de tous ceux enfin qui eurent leur jour ou leurs mois de triomphe (car M. Thiers a presque toujours été un apologiste du succès), n'était-ce pas s'assurer la curiosité passionnée de tout ce qui savait lire en France et en Europe ?

On a dit et on dit encore aujourd'hui, avec une forte apparence de raison, que ces deux premiers volumes ne sont pas restés, dans les éditions postérieures à 1830, ce qu'ils étaient dans les premières, c'est-à-dire tant que M. Thiers eut besoin d'être révolutionnaire. Toujours est-il que, dès 1826, lorsque parurent les derniers volumes, lesquels ne portaient plus le nom de Félix Bodin, le ton était sensiblement changé. Ramené ainsi à une bonne moyenne de point de vue bourgeois et chauvin, le livre de M. Thiers devint le classique aimé des notaires et des receveurs d'enregistrement et, comme on dit, il prit place dans toutes les bibliothèques. Le fait est que le succès fut énorme.

Demeuré journaliste, malgré son succès de librairie et fort épris de voyages, M. Thiers était, dit-on, sur le point de s'embarquer pour une tournée de circumnavigation, lorsque survint la nomination du ministère Polignac, le 9 août 1829. Il comprit que les temps étaient proches et renonça à s'éloigner du champ de bataille politique au moment où allait éclater la lutte suprême et où se ferait aux victorieux la distribution du butin.

Avec le concours de Paulin, de Gauja, de Mignet et de Carrel, il fonda le *National*, qui devint le principal journal d'attaque du parti avancé contre une monarchie déjà très-compromise. Le *National* servit à deux fins à M. Thiers : comme feuille révolutionnaire, il mettait à la mode les hommes et les choses de la Révolution et passait presque à l'état de réclame permanente pour son livre, la seule histoire de la Révolution, avec celle de Mignet, qui fût lisible à cette époque ; il s'essayait dans cet art de mettre à la mode le sujet de ses livres, art dont il a si bien joué plus tard ; — en second lieu, dès le 9 février 1830, à son quarantième numéro, il avait prévu l'éventualité d'une monarchie de la branche cadette des Bourbons, c'est-à-dire la royauté de Louis-Philippe.

Les ordonnances parurent, et M. Thiers, l'homme de la légalité, prêcha la résistance légale dans des réunions dont le peuple eut le bon sens de ne tenir aucun compte. Pendant que le *fier* journaliste protestait légalement et fuyait à Montmorency devant le mandat d'amener lancé contre lui, la garde nationale, licenciée en 1827, retrouvait ses vieux uniformes, nettoyait ses fusils rouillés, les ouvriers quittaient en masse leurs ateliers et hérissaient Paris de barricades. Comme dit Auguste Barbier :

C'était sous des haillons que battaient les cœurs d'hommes,
C'étaient alors de sales doigts
Qui chargeaient les mousquets et renvoyaient la foudre;
C'était la bouche aux vils jurons
Qui mâchait la cartouche, et qui, noire de poudre,
Criait aux citoyens : Mourons !

Le 29 juillet au soir tout était fini. M. Thiers rentrait à Paris le 30, et, dans la nuit du 30 au 31, il se rendait à Neuilly pour combattre par son éloquence les scrupules du duc d'Orléans qui hésitait à accepter la lieutenance générale du royaume. Le 9 août, la royauté de la branche cadette était fondée, et un de ses premiers actes était de nommer M. Thiers conseiller d'Etat et secrétaire général du ministère des finances.

III

Partisan déclaré de la politique du mouvement, comme M. Laffite, son chef de file, M. Thiers commença, comme député, par pousser le gouvernement dans des voies belliqueuses ; il voulait jeter des armées françaises dans toute l'Europe, sur les Alpes, sur le Rhin, en Pologne, en Belgique et en Italie. Cette politique ne fut pas du goût du roi, et M. Thiers dut, une première fois, rengainer son grand sabre de bataille. Il se retira le 13 mars 1831, avec M. Laffitte ; on s'attendait à le voir figurer dans l'opposition à côté de ses amis. Mais du 13 mars au 5 avril il s'était converti, non-seulement sous le rapport des opinions, mais aussi comme orateur; devenu de belliqueux pacifique, de libéral qu'il était, partisan de l'hérédité de la pairie, il renonçait à la pompeuse faconde, à l'ambitieuse phraséologie des gens du Midi pour adopter sa seconde manière, cette causerie facile, variée, familière, qu'il sait faire écouter trois ou quatre heures durant, sans fatigue apparente pour ses auditeurs.

Dieu ne plaise que j'entreprenne de vous raconter toutes les entrées de M. Thiers dans les divers cabinets de la dynastie de juillet, depuis sa nomination au poste de ministre de l'intérieur, le 11 octobre 1832 jusqu'à sa dernière chute, le 29 octobre 1840 ! J'aime mieux, pour vous édifier sur les faits et gestes politiques de ce prétendu homme d'Etat, cueillir çà et là quelques curieux passages écrits en juillet 1840, dans la *Revue parisienne* de Balzac. Vous verrez comment il était jugé, à l'époque de la complication de la question d'Orient, par ce grand génie qui s'y connaissait en hommes :

« Dans les dix-neuf combinaisons sucsives (des cabinets qui se sont succédé depuis 1830), un seul nom s'y rencontre onze fois sur dix-neuf. Donc, onze fois sur dix-neuf, le roi, les deux chambres, le gouvernement ont admis que l'homme était nécessaire. Cet homme est M. Adolphe Thiers, fils d'un forgeron de la ville d'Aix en Provence, un bourgeois qui a épousé une bourgeoise, mademoiselle Dosue. Vous n'êtes jamais venu à Paris, vous avez pu voir le portrait de cet homme devenu si célèbre, mais vous ne connaissez que sa figure douce, le rictus de sa bouche, le regard spirituel de ses yeux pâles, vous ne savez donc rien de plus sur lui.

« M. Thiers, cette fleur ministérielle, née sur ce fumier politique, élevée entre les débris de dix-huit ministères cassés, corroborée au vent des tempêtes, habituée à plier sans rompre, est un homme d'une très-petite taille, il n'a pas cinq pieds, il a l'air d'un enfant. Mais, vous qui recevez si exactement le *Charivari*, vous devez y avoir remarqué une suite de dessins sur les Enfants Terribles dont les indiscrétions révèlent les secrets de la maison ; eh bien! pour qui connaît l'extérieur, les indiscrétions de M. Thiers et surtout la nouvelle maison, il est en politique, un *enfant terrible*.

. . . .

« M. Thiers s'est manifesté sous la restauration par une histoire de la révolution, que vous avez lue, et vous y avez vu, comme une foule d'esprits sages, moins une histoire qu'un long pamphlet : toute histoire où l'écrivain ne contemple pas les questions sous toutes leurs faces, n'est que l'apologie d'un fait.

. . . .

« En débutant à la tribune, il se posa révolutionnairement, il commença, en homme du Midi, par l'éloquence dantonienne ; mais il a promptement vu que ces grandes phrases, ces grands mouvements n'allaient ni à sa voix grêle, enrouée, cassée, ni à sa petite taille. Conseillé sans doute par M. Talleyrand, il a remplacé son premier débit oratoire par le ton de la conversation, par une parole abondante, nette, clairette, froide, et qui paraît d'autant plus chaude quand il atteint au pathétique et qu'il y mêle ces larmes gutturales qui ne sont jamais pleurées ; sous ce rapport, c'est un charmant comédien ; mais il a trouvé son maître, et, comme disent les Français, *à qui parler*.

. . . .

« Son changement de système à la tribune et sa participation à trois ministères différents, aux finances, au commerce, à l'intérieur, sa loquacité, qualité conquise à force d'aller à la tribune et comme député d'opposition et comme ministre, l'aplomb du Méridional uni à l'aplomb de l'homme qui avait mis le nez dans les affaires et qui commençait à singer la dextérité avant d'avoir réellement de la dextérité, tout le servit auprès de la chambre ; comme aussi son peu de consistance, son aptitude recommandée par Talleyrand, le servirent auprès de la cour. Ayant tourné le dos aux républicains, ses premiers amis, il reçut à bout portant la mitraille républicaine des caricatures et de la presse, il fatigua la presse, et cependant il y prêtait le flanc : sa famille est une de ses plaies. Un pareil apprentissage de rouerie politique annonçait un homme dangereux. Eh bien ! l'inépuisable phrase ne se reconnaissait pas dans cet intarissable phraseur, la patience de l'ambition supérieure ne voyait pas la patience de l'ambition inférieure. On ne se défiait pas de cet homme qui employait pour parvenir les mêmes moyens qu'il avait vu pratiquer pendant quinze ans, qui trahissait ses protecteurs ! M. Thiers apprenait à manier les hommes en se laissant complaisamment manier lui-même. Il se donna d'abord comme un serviteur capable de tout faire, il s'entendait avec Deutz pour prendre la duchesse de Berry, il se faisait petit. On trouva qu'il comprenait bien la nouvelle politique. Pour mieux étudier son adversaire, il se laissait prendre, renvoyer, reprendre, avec une complaisance de chat ; mais il sapait toujours ceux qu'on lui donnait pour supérieurs, il leur jetait tous les embarras entre les jambes, et, comme Cromwell, il se fortifiait dans le parlement. »

A quel résultat finit par aboutir cet ambitieux sans idées, en se fortifiant dans le parlement ?

D'idées, en effet, il n'en avait qu'une, se perpétuer à la présidence du conseil en subalternisant la couronne sous prétexte de parlementarisme à l'anglaise. C'est ainsi qu'en 1836 il se fit mettre à la porte pour avoir tenté un coup d'éclat en rappelant, à l'insu du roi, le maréchal Bugeaud pour le mettre à la tête de l'armée d'Espagne. « — Vous faites donc la guerre ! » lui demanda Louis-Philippe. M. Thiers répondit par un geste presque impertinent, et il dut signer sa démission séance tenante.

C'est à la suite de cette séparation presque violente que M. Thiers organisa, pour ressaisir le pouvoir, la conspiration dont la résurrection du bonapartisme fut un des éléments.

« Les conspirateurs décidèrent de faire quelque chose pour la famille Napoléon, dit Balzac, M. Thiers prépara l'histoire de l'empereur. Désormais, le parti napoléonien prit de la consistance. Il s'afficha sur les murs des brochures napoléoniennes. Le *Capitole*, journal dévoué à la cause de la famille impériale, finit par paraître. »

Et un peu plus loin :

« Il a inventé les funérailles de Napoléon. Comment l'habileté si vantée (l'habileté du roi) a-t-elle donné dans ce piège ? Il est assez facile d'expliquer ce tour de résurrectionniste. Une fois ce système de filouterie politique admis au cœur du gouvernement, quand la cour et le ministre jouent au plus fin, il y a des combats où chacun a l'amour propre de se croire le plus habile. On se dupe réciproquement. M. Thiers a dit : Je suis le maître de la situation, je veux marcher d'accord avec la couronne, mais c'est moi qui ai besoin de garanties, moi seul puis enterrer Napoléon, demandons ses cendres.

« M. Thiers a vu sans cesse immoler les intérêts du pays à des intérêts personnels, il s'est dit : Et moi aussi je risquerai de mettre Paris à feu et à sang, je risquerai des émeutes, je risquerai tout pour rester.

« Cette pensée a été comprise. La Cour a dit : redemandons les cendres. On a refusé cinq cent mille francs pour marier M. le duc de Nemours, il sera plaisant de voir donner un million pour établir des os ! Mais elle pensait à rattraper le cercueil, et l'on s'est cru victorieux en mettant les cendres de Napoléon sous la garde d'un prince de la maison d'Orléans. »

Voilà ce que publiait Balzac, à propos de M. Thiers, le 25 juillet 1840, et un mois après, au moment où les bruits de guerre habilement répandus venaient de produire à la Bourse un formidable mouvement de baisse dont les amis de M. Thiers avaient, disait-on, amplement profité, il appréciait ainsi la situation :

« Pendant ces jours derniers, tout Paris s'est préoccupé des manœuvres de l'agiotage. Le coup porté par la lettre de Lamartine à M. Thiers, a été suivi de celui qu'il s'est porté à lui-même par les bénéfices que ses amis ont recueillis. Les pertes faites à la Bourse ont étouffé l'intérêt excité par le débarquement du prince Louis-Napoléon.

. . . .

« Ainsi, ces graves questions : Louis Bonaparte a-t-il été joué ou vendu ? ce n'est plus rien. Beaucoup de journaux ont dit, et personne ne l'a démenti, que la police était instruite. Si la police était instruite, pourquoi le gouvernement français n'a-t-il pas charitablement averti ce jeune homme ? Il est malheureux pour M. Thiers que ces sortes d'affaires arrivent pendant son ministère. C'est ainsi que l'on acquiert et qu'on mérite le reproche d'immoralité. »

III

Voilà donc comment le grand romancier jugeait M. Thiers en 1840, à l'apogée de sa puissance. Et encore le flatte-t-il singulièrement en attribuant à une manœuvre politique cette résurrection du bonapartisme qui, au point de vue politique, est une des fautes les plus niaises, un des crimes les plus ineptes de ce brouillon présomptueux qu'on s'obstine encore aujourd'hui, après tant de mécomptes, après tant de preuves de son incapacité, à décorer du titre pompeux d'homme d'Etat.

Non, mille fois non, le retour des os impériaux, les encouragements donnés aux journaux napoléoniens, les publications dans les feuilles dévouées à M. Thiers de souvenirs plus ou moins intimes du temps de l'empire, n'eurent point pour mobile une combinaison politique; tout cela, de même que plus tard le patronage accordé à certaines candidatures, ne fut qu'une succession de réclames de librairie, destinées à populariser la fameuse *histoire* en vingt volumes. M. Thiers est un Barnum, un puffiste très-réussi, mais il n'est, il ne fut et il ne sera au grand jamais un homme d'Etat.

Comment, un homme d'Etat, ce myope politique qui n'a su prévoir aucune des conséquences, soit des mesures qu'il a prises, soit des projets auxquels il s'est opposé! cet incorrigible obstiné, systématiquement rétrograde qui a combattu non seulement les progrès de l'esprit public, le mouvement des idées, mais encore les conquêtes de la science, hostile à la réforme postale, hostile à la réforme des banques, hostile à la popularisation du crédit, hostile aux chemins de fer, hostile au fond à la réforme électorale dont il se servait en 1847 comme d'une machine de guerre, pour reconquérir un portefeuille, sans prévoir, l'imprudent, que la machine en éclatant lui vomirait à la face le suffrage universel, ce fils ingrat qui a renié ses origines et insulté la vile multitude dont il était sorti! un homme d'Etat, cet agitateur vulgaire, capable tout au plus de combiner de petites souricières de police ou de diriger de mesquines intrigues de cour, dont tout l'esprit politique s'est haussé à bouleverser un pays, à démoraliser une époque pour chauffer le succès de son histoire de l'empire!

Voyez-le en 1848, quelle piètre figure il fait! C'est par son journal, le *Constitutionnel*, par son lieutenant, le docteur Véron, par son influence sur l'exécrable et funeste conspiration de la rue de Poitiers, que se manifestent ses menées réactionnaires. Mais aussitôt que commencent les intrigues des candidatures bonapartistes, il reparaît sur la scène, et se fait élire par quatre départements aux élections partielles du 4 juin. Le principal agent du bonapartisme, Victor Bobain, qui le connaissait bien, s'adresse à lui en même temps qu'à Véron et à Girardin pour patronner son candidat à la présidence, et l'orgueilleux incapable, qui sait pourtant que penser de l'ingratitude des hommes en général, et particulièrement des princes en matière politique, prête son concours sans prendre même la précaution de stipuler ses conditions. En vérité, vit-on jamais dans l'histoire ineptie à ce point colossale?

Son vote en faveur du président du 10 décembre lui valut un duel avec Bixio, et on lui doit cette justice de reconnaître qu'il s'y comporta bravement.

Le premier cabinet présidentiel fut, il est vrai, composé de ses amis, qui semblaient postés là pour lui préparer le terrain; mais, peu de jours après, tout était rompu. Déçu dans ses espérances, M. Thiers devint le chef de ce parti déplorable qui, tout en combattant les menées impérialistes du gouvernement, votait toutes les mesures anti-révolutionnaires, et poussait la maladresse jusqu'à en prendre l'initiative et à en assumer ainsi toute l'odieuse responsabilité, de ce parti du côté droit de la législative qui fit la loi du 31 mai 1850 et à qui l'histoire a un compte sévère à demander du rôle à la fois niais et coupable qu'il a joué.

Arrêté le 2 décembre 1851, M. Thiers put croire que sa dernière heure avait sonné; on assure même, qu'avant de partir, il demanda du papier et une plume pour écrire ses dernières volontés. Tout se borna à un emprisonnement de quelques jours. Il rentra à Paris pour achever son histoire de l'empire dont les derniers volumes se signalèrent par quelques allusions contre le despotisme militaire et impérial.

On aurait pu le croire corrigé. Mais il prétend qu'il ne peut se désintéresser des affaires de son pays, cet homme qui les a toujours si mal faites. En 1863, il s'est présenté aux électeurs de la deuxième circonscription de Paris, et MM. de Persigny et Haussmann combattirent sa candidature d'une façon si maladroite qu'ils le firent nommer.

Son opposition, toujours activement dissolvante, ne fut pas sans utilité; elle contribua, en éclairant la situation politique et financière, à désaffectionner la bourgeoisie, déjà fort ébranlée, et à amener le mouvement d'opinion de 1869, dans un sens qui ne fut pas tout à fait celui que M. Thiers avait espéré.

En 1869, son élection fut moins facile; il ne fut nommé qu'au second tour de scrutin; déjà les électeurs commençaient à voir dans le jeu de ce faux libéral. Aujourd'hui qu'il a démasqué ses batteries et laissé voir les ficelles avec lesquelles il fait mouvoir les pantins ministériels, il n'aurait pas trois mille voix dans la circonscription qui lui en a donné 13,000.

Rien ne saurait, du reste, mieux donner une idée du personnage et de son rôle actuel que ce jugement emprunté à un remarquable article de Charles Hugo dans le *Rappel* du 28 février :

« Il est tout-puissant quand il parle et surtout quand il intrigue; il ne se met pas en avant comme M. Daru, et ne va pas en guerre comme M. Ollivier, mais il est à la fois de la gauche qu'il joue, du centre gauche qu'il domine et du centre droit qu'il attire. On sent son influence plus encore quand il se dissimule que quand il se montre. Tout sert son but, aussi bien ce que veut l'opposition que ce que veut la majorité; c'est lui qui dit à la gauche : Demande! et qui en même temps dit à la droite : Refuse! Il félicite Ollivier, il félicite Daru, il félicite Jules Favre. Il agit, tripote et complote; il se démène, calcule et circule. Il remue les partis, masse les hostilités et groupe les adhésions; il donne des ordres, des mots d'ordre et des contre-ordres; il n'appuie rien et dirige tout... M. Thiers est à la fois la chambre et le ministère. Il est plus que la chambre et le ministère, il est l'empire. Il est plus que l'empire, il est la réaction. »

« Il n'est pas, purement et simplement réactionnaire, il est pire. Il ne combat pas le progrès, il le sape et le morcelle. Sa puissance de destruction et de négation est lente, sournoise et obstinée. Il procède par petits coups de dent. Ce n'est pas un démolisseur, c'est un rongeur. Ce siècle dit : liberté absolue, M. Thiers dit : libertés nécessaires. Ce siècle dit : libre échange, M. Thiers dit : demi-protection. Ce siècle dit : République, M. Thiers dit : monarchie constitutionnelle. Ce siècle dit : unité des peuples, M. Thiers dit : diversité des États. Ce siècle dit : droits de l'homme, droit de l'enfant, droit de la femme, M. Thiers dit : Code civil et Code pénal. Ce siècle répand la France en Europe, M. Thiers limite la France à son étendue géographique et mesure Paris par l'angle matériel. Il ne voit pas que Paris est une âme... »

« Aujourd'hui, M. Thiers est en train de soutenir et d'étançonner l'empire... »

Je m'arrête là pour conclure. Un mot suffit.

« Il ne vous reste plus une faute à

commettre, disait un jour M. Thiers à l'empire représenté par M. Rouher. »

On peut retourner l'expression contre lui : avant la formation du ministère Ollivier, il restait encore à M. Thiers une faute à commettre. Il l'a commise.

J.-B. RAYMOND.

EDGAR QUINET

Un savant, un penseur, un philosophe, un poëte, un historien, un caractère ! Tel est l'homme que les vicissitudes politiques, les exigences anti-nationales, anti-humaines du despotisme tiennent éloigné, depuis plus de dix-huit ans, de son pays que son talent honore et que son caractère aurait pu si utilement servir.

Ce n'est pas qu'Edgar Quinet, le laborieux écrivain, ait renoncé à écrire et abandonné la cause du progrès, de l'humanité et de la justice, dont il est un des plus éloquents champions. Les beaux livres qu'il a publiés depuis le coup d'Etat : Les *Esclaves*; — la *Fondation de la république des Provinces-Unies*; — la *Révolution religieuse au* XIXᵉ *siècle*; — *Merlin l'enchanteur*; — la *Révolution*; plusieurs lettres publiées dans divers journaux, témoignent hautement que son exil n'est pas resté stérile. Mais quels autres livres il eût vraisemblablement écrits, le grand penseur, si, au lieu de vivre à l'étranger, — loin de ce Paris qui reste toujours le foyer latent de la révolution, étouffé sous la cendre de l'apparente indifférence ou sous la boue immonde dont le couvre le despotisme, — dans une retraite où les impressions des mouvements d'idées, de faits ou d'opinions, des soudaines et électriques commotions qui se produisent çà et là ne lui arrivent qu'affaiblies par la distance, — il eût vécu au milieu de nous, dans ce centre où convergent tous les élans politiques, partageant nos douleurs, nos hontes, nos indignations, nos haines, nos fièvres de mépris, nos lueurs d'espérance presque toujours sitôt obscurcies, nous éclairant de son esprit, nous soutenant de son courage, nous enseignant de sa science fécondée par l'observation sur place des hommes et des choses, nous apprenant à juger le présent et à sonder l'avenir à l'aide des leçons du passé dont il connaît si bien la sévère et instructive philosophie !

De quels chefs-d'œuvre il a ainsi spolié le génie de la France, quels titres il a supprimés dans l'histoire glorieuse des lettres et de la philosophie de la nation, ce terrible régime qui pèse sur nous depuis tant d'années, pour inscrire à la place les fastes glorieux des campagnes du Mexique et de Chine, des grands tripotages financiers et industriels qui caractériseront son rôle historique et moral !

Edgar Quinet a commencé à écrire à l'âge de vingt ans. Né le 17 février 1803, à Bourg (Ain), il publiait, dès 1823, un opuscule intitulé *les Tablettes du Juif errant*. Bientôt après, il partait pour l'Allemagne et complétait à l'Université d'Heidelberg ses études philosophiques. A son retour, il faisait paraître, en 1827, une traduction en 3 volumes in-8° du livre de Herder, *Idées sur la philosophie de l'histoire de l'humanité*. Nommé en

PLUTARQUE POPULAIRE CONTEMPORAIN

Edgar Quinet

38ᵉ Livraison.

Paris. — Typographie Walder, rue Bonaparte, 44.

1828 membre de la Commission scientifique envoyée en Morée, il rapportait de son voyage, en 1830, son livre, *De la Grèce moderne et de ses rapports avec l'antiquité*.

Vivement épris de rêverie philosophique et de haute poésie, Quinet entreprit, avec toute la fougue de son tempérament de travailleur, une nouvelle série d'études variées qui parurent dans la *Revue des Deux-Mondes* de 1830 à 1833. La Révolution et la philosophie, les épopées allemandes, l'avenir des religions, le mouvement révolutionnaire en Allemagne, etc., etc., furent successivement l'objet de ses recherches et de ses éloquentes appréciations littéraires. En 1833, *Ahasvérus*, sorte d'introduction à l'épopée démocratique dont il méditait le plan, produisit une vive sensation. La cour de Rome mit à l'index ce livre aussi profondément original par la forme que par la pensée, et dans lequel l'auteur avait voulu, suivant les termes mêmes de sa préface, retracer « l'histoire du Monde, de Dieu dans le monde, et enfin du doute dans le monde. » En 1836 et en 1838, après divers autres travaux sur la poésie épique de diverses époques et de divers peuples, paraissaient *Napoléon* et *Prométhée*, qui complétaient l'épopée démocratique.

L'effet de ces œuvres, d'une haute portée philosophique et historique, inspirées par un sentiment révolutionnaire très-marqué et par une sorte de vision prophétique des destinées du Peuple et de l'Humanité fut surtout littéraire et ne popularisa le nom de Quinet que parmi les esprits cultivés et studieux. Il en fut de même des nouvelles Études sur l'Allemagne et sur la *Vie de Jésus* du docteur Strauss, sur l'Art, sur les littérateurs modernes, sur les origines de l'épopée indienne, qui précédèrent la thèse qu'il passa à Strasbourg pour acquérir le plus haut grade du professorat universitaire.

Enfin, en 1840, professeur à la Faculté des lettres de Lyon, il débuta dans l'actualité politique par une brochure très-incisive, « 1815 et 1840, » à propos de la question d'Orient, laquelle fut bientôt suivie d'une autre non moins énergique, *Avertissement au pays*.

Le gouvernement d'alors crut enchaîner sa plume en lui donnant, en 1842, une chaire de langues et de littératures de l'Europe méridionale. Mais de cette chaire, Quinet, inspiré par les grandes idées de droit et de justice, sut bientôt faire une tribune, du haut de laquelle il parla à la jeunesse le langage passionné d'un libre penseur et d'un admirateur de la Révolution. A cette époque de son brillant enseignement se rapportent plusieurs ouvrages qui le classèrent définitivement parmi les écrivains les mieux pénétrés de l'esprit moderne : Le *Génie des religions*; — les *Jésuites*, en collaboration avec Michelet; — *Réponse à l'archevêque de Paris*; — l'*Ultramontanisme ou la Société moderne et l'Église moderne*; — l'*Inquisition et les Sociétés secrètes en Espagne*, etc.

Durant trois années, de 1842 à 1845, il avait pu, malgré les attaques du parti clérical, continuer victorieusement cet enseignement fécond que les étudiants de toutes les écoles accueillaient avec le plus vif enthousiasme. En 1846, M. Guizot qui, sans doute, commençait à sentir les premières atteintes de la maladie d'ultramontanisme qui, depuis, a fait tant de progrès dans son organisme intellectuel, crut devoir céder aux sollicitations des ennemis de toute liberté et le cours de Quinet fut fermé. Il y eut grand émoi dans le quartier latin, mais vaines furent les protestations de la jeunesse et de l'opposition. Quinet alla passer quelque temps en Espagne et il en rapporta un volume : *Le Christianisme et la Révolution française*.

Ce fut le collége électoral de Bourg qui se chargea de le venger de sa disgrâce, en le nommant député en 1847. Le mouvement réformiste trouva en lui un de ses plus ardents agitateurs. Le 24 février, on le vit les armes à la main, combattre le régime qu'il avait attaqué dans sa chaire et à la tribune ; quelques jours après il revenait en personne au collège de France, pour « inaugurer, ainsi qu'il l'a dit lui-même, la République dans la chaire d'un *lecteur du roi*. »

A cette époque, Quinet était réellement un des républicains les plus populaires de Paris. Toutefois, il ne voulut d'autres fonctions que celles dont pouvait l'investir le libre suffrage de ses concitoyens. Colonel de la onzième légion de la garde nationale, membre de l'Assemblée constituante, il agit et il vota en sincère ami du Peuple et de la Liberté. Son activité révolutionnaire se manifesta surtout à la Législative, en combattant les menées réactionnaires de la droite et de l'Elysée. Ses brochures, *Croisade autrichienne, française, napolitaine et espagnole contre la république romaine ;* — et l'*Etat de siége*, publiées à l'occasion de la campagne de Rome, eurent un immense succès ; en juillet 1851, sa brochure sur la *Révision* n'avait pas moins de retentissement. Le pouvoir issu du coup d'Etat du 2 décembre, qui reconnaissait en Quinet un des plus fermes esprits, un des plus nobles et des plus fiers caractères du temps, s'empressait de le comprendre dans le décret d'expulsion du 9 janvier 1852.

Depuis cette époque, il a vécu tantôt à Bruxelles, tantôt en Suisse ou en Allemagne, se faisant, en attendant la délivrance de la terre natale, une libre patrie de ses études, de ses livres et de sa pensée. S'il n'a pas pu, suivant l'expression de Danton, emporter sa patrie à la semelle de ses souliers, il l'a, pour ainsi dire, emportée au bout de sa plume, ou plutôt dans la féconde activité de son esprit et dans la haute et sincère pureté de sa conscience.

Jean Lux.

ALPHONSE ESQUIROS

I.

Encore un poëte que le sentiment de l'idéal a conduit à la recherche de la Justice sociale et par conséquent à l'amour de la Démocratie et de la Révolution. Peut-il en être autrement ? Le vrai poëte, celui qui n'est pas seulement un arrangeur de rimes et un faiseur de cantates, celui dont le cœur et le cerveau ont pour objectif, non d'heureuses rencontres d'assonances, mais le grand poëme des harmonies sociales et humaines, peut-il assister froid et impassible au spectacle des iniquités de ce monde, et ne pas être tenté de les signaler et de les combattre par la plume, d'en étudier les causes et de poursuivre, avec tous les esprits généreux, la solution des grands problèmes politiques et sociaux.

C'est ce qui est arrivé à Esquiros, bien qu'il vécût dans une époque et dans un milieu où la théorie de l'art pour l'art avait de nombreux adeptes. Aussi bientôt le poëte devint-il philosophe, prophète presque, historien, homme politique.

Se précipitant dans la lutte avec toute l'ardeur de son tempérament de poëte, il y apporta une conviction studieusement raisonnée, une remarquable profondeur de pensée, un grand savoir d'historien, un merveilleux talent d'é-

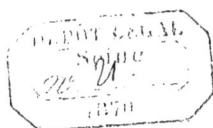

PLUTARQUE POPULAIRE CONTEMPORAIN

Alphonse Esquiros

39ᵉ Livraison.

Paris. — Typographie Walder, rue Bonaparte, 44.

crivain et une inébranlable fermeté de caractère.

La pauvreté, la prison, les privations, les dangers, l'exil ne l'effrayèrent pas; il subit toutes les conséquences de son rôle de démocrate dévoué à la sainte cause de la Justice sans faiblesse et sans forfanterie, avec cette dignité sereine de l'homme de bien, sûr du témoignage de sa conscience.

II

Alphonse Esquiros, né à Paris en 1814, débuta comme poëte à l'âge de vingt ans, en publiant à ses frais un volume de vers, *Les hirondelles*, à propos duquel Victor Hugo écrivit, dans le *Vert-Vert*, journal de théâtre, un article qui fit sensation dans le monde littéraire. Malheureusement, le monde littéraire achète peu de livres. Il ne se vendit que douze exemplaires du volume du jeune poëte qui, néanmoins, fut dès lors posé comme un homme de talent, et se vit admis à collaborer à la *France littéraire* que dirigeait Charles Malo, avec Théophile Gautier, Eugène Pelletan, Augustin Challamel, Alfred Michiels et une foule d'autres écrivains qui ont pris ensuite dans la vie des voies bien diverses.

En même temps qu'il s'exerçait à la critique littéraire, il s'appliquait à l'étude des sciences, suivait avec une vive curiosité les cours du Jardin des Plantes, et était un des hôtes les plus assidus du salon de Geoffroy Saint-Hilaire où il rencontrait tous les dimanches Pierre Leroux, Jean Reynaud, Edgar Quinet, Alfred de Musset, une élite enfin de poëtes, de philosophes et de penseurs.

Il n'était pas moins empressé à se rendre aux réunions littéraires de la place Royale, avec le groupe de jeunes écrivains qui se rangeait autour du grand poëte Victor Hugo.

Tels étaient les foyers où le jeune poëte cherchait des inspirations, partageant sa vie entre les études de sciences naturelles et les enthousiasmes lyriques du cénacle romantique. Le premier livre qui résulta de ses alternatives d'esprit fut un roman assez médiocre, le *Magicien*, plein des exagérations de style et de fantaisie qui constituèrent un moment la maladie d'une jeunesse chercheuse et curieuse d'effet et d'originalité plus que d'observation et de philosophie. C'était en 1837.

L'année suivante, en 1838, paraît *Charlotte Corday*. L'historien, le penseur commencent à percer sous le romancier. En 1840, le philosophe révolutionnaire se manifeste enfin par un petit volume in-16, l'*Évangile du peuple*, où la vie de Jésus est commentée au point de vue des idées démocratiques.

Ce petit livre, dont le succès fut immense, suffisait à poser Esquiros comme écrivain et comme penseur. Le pouvoir, sollicité par le parti clérical, voulut lui donner la consécration de la persécution; il le fit condamner comme coupable d'outrage à la morale publique et religieuse, à huit mois de prison et 600 francs d'amende.

Si Esquiros perdit à cela quelques mois de liberté et un peu d'argent, en revanche il y gagna la connaissance qu'il fit, à Pélagie, de Lamennais, alors détenu pour avoir publié les *Paroles d'un Croyant*, ce chef-d'œuvre, et de Béranger qui venait très-souvent visiter son illustre ami.

Que de charmantes heures il passa entre ces deux vétérans de la démocratie, dont l'un regrettait déjà tout le talent consacré dans sa jeunesse à la défense de l'Église qui l'en avait si mal récompensé, dont l'autre devait si amèrement regretter plus tard les funestes conséquences du lyrisme bonapartiste qu'il avait cru mettre au service de la liberté et qui s'est trouvé servir si déplorablement la cause du despotisme!

Sous les grilles de la rue de la Clé, Esquiros se retrouva poëte et écrivit un volume de vers : *Chants d'un prisonnier*.

Mais aussitôt qu'il fut sorti de prison, il reprit son œuvre socialiste et fit paraître, coup sur coup, en 1842, trois petits volumes in-32, *les Vierges martyres*; — *les Vierges folles*; — *les Vierges sages*; ce cri de réprobation indigné contre une société qui fait à la femme le travail si ardu, si mal récompensé et la vertu si difficile eut un immense retentissement. Les défenseurs stipendiés de la morale bourgeoise, officielle et cléricale poussèrent des clameurs qui décuplèrent le succès des trois petits volumes.

L'année suivante, Esquiros réunit divers articles publiés dans la *Revue de Paris* et dans la *Revue des Deux-Mondes* et en fit deux volumes in-8° sous le titre de *Paris ou les Sciences, les Institutions et les Mœurs au* xix° *siècle*. C'était une œuvre d'observation, un bon travail de lettré plutôt qu'un livre de lutte. Le monde littéraire l'accueillit avec faveur; mais le journalisme conservateur manifesta quelque défiance. On sentait en Esquiros un adversaire avec qui l'on aurait à compter.

En effet, peu de temps après, en 1844, il faisait paraître l'*Histoire des Montagnards* et s'affirmait comme révolutionnaire avancé, comme historien doué d'un vrai sens politique, trois ans avant qu'il fût question des livres de Lamartine, de Michelet et de Louis Blanc.

Esquiros a toujours été un précurseur.

III

Lorsque la Révolution de février éclata, peu d'hommes étaient en meilleure situation qu'Esquiros pour servir utilement la nouvelle République. Il faut connaître la modestie de cette nature pourtant si fièrement trempée, cette timidité de lettré presque contradictoire avec son ardent tempérament de tribun, pour s'expliquer comment il se fit que l'auteur de l'*Evangile du peuple*, des *Vierges* et de l'*Histoire des Montagnards* ne fût pas un des premiers candidats, un des premiers élus du peuple.

Mais Esquiros n'avait voulu aucune fonction; il ne lui avait convenu d'être ni directeur de quoi que ce soit, ni commissaire de la République; il se borna à présider le *Club du peuple* du boulevard Bonne-Nouvelle.

Ce fut seulement quelques mois après la fondation de la République et pour combattre les tendances de la réaction déjà puissante qu'il fonda le journal *l'Accusateur public*. Les journées de juin le firent suspendre après son troisième numéro. Les conseils de guerre trouvèrent que c'en était assez de ces trois numéros pour incriminer le rédacteur en chef comme coupable de participation à l'insurrection de juin. Mais l'accusation manquant absolument de base, il fut acquitté.

En 1849, il fut appelé à Marseille pour prendre la direction du journal la *Voix du peuple* et combattre le gouvernement de l'Elysée. Avec quelle verve, avec quel talent il défendit la Révolution et les principes démocratiques méconnus par la présidence et par la majorité réactionnaire de la Législative, je n'ai pas besoin de le dire ; les électeurs du département de Saône-et-Loire le reconnurent quand il se présenta à leurs suffrages à l'occasion d'une élection partielle.

Représentant du peuple, votant avec la Montagne, il se signala encore en 1850 et en 1851 par deux livres importants, *les Martyrs de la liberté*, et *les Fastes populaires*.

Le coup d'Etat, qu'il avait prévu, ne lui fit pas grâce et le comprit dans le décret d'expulsion qui décapitait la France de toutes les intelligences politiques du pays.

Esquiros se retira d'abord en Belgique, puis en Hollande, et, pour pouvoir vivre de son travail, il se mit à étudier les mœurs, les arts et les institutions de la Hollande en lettré, en penseur et en philosophe. Ses travaux parurent dans la *Revue des deux mondes*, et furent, en 1857, réunis en volumes.

Plus tard, il passa en Angleterre et appliqua aux îles britanniques les mêmes procédés d'observation et d'étude. Son livre, sur *l'Angleterre et la vie anglaise*, qui ne forme pas moins de six gros volumes, restera comme le tableau le plus vrai, le plus saisissant, le mieux observé des mœurs de la société anglaise au xixe siècle.

C'est ainsi que, cherchant des consolations à ses douleurs de républicain, à ses amers regrets de Français proscrit, dans un travail fécond en enseignements philosophiques, Esquiros attendit l'heure de l'inévitable Justice.

En présence du mouvement de 1869, il n'hésita pas à revenir se mettre au service de la Démocratie qui n'a cessé d'être l'objet de toutes les idées de son cerveau, de toutes les aspirations de son âme. Il lui a suffi de rappeller au souvenir des Marseillais l'ancien rédacteur de *la Voix du peuple* pour que toutes les sympathies de l'opposition radicale lui aient été acquises, et qu'il ait été nommé malgré tous les efforts et toutes les coalitions qui ont combattu sa candidature.

Aujourd'hui Esquiros siége à l'extrême gauche. Déjà il s'est signalé en attachant son nom à quelques projets de réformes radicales, et en répondant avec énergie aux attaques dirigées contre les principes républicains. La démocratie a en lui un homme sûr et qu'on est certain de voir à l'œuvre lorsque le moment sera venu.

Il suffit, du reste, de voir cette franche et loyale figure, cet œil clair et éclatant de sincérité, ce front élevé que le travail et l'exercice de la pensée ont développé sans y creuser de sillons, pour pressentir que l'homme qui, en prison, dans la pauvreté, dans la lutte, dans l'exil, est toujours resté supérieur à sa destinée, saura être à la hauteur de tous les événements.

JULIEN LEMER.

BISMARK

I

Celui-ci est un ennemi ; mais, ce qui n'est pas à dédaigner, un ennemi connu, déclaré, et dont les projets hostiles aux idées si longtemps personnifiées par la France, ont éclaté au grand jour. Le comte de Bismark a fait beaucoup de victimes, il ne peut du moins faire des dupes. Il a accompli avec une rare persévérance, tantôt par la ruse, tantôt par la force, la moitié de ses desseins ; espérons que le reste est ajourné pour longtemps, que le grand pourfendeur de l'Allemagne ne sera plus secondé par la connivence des uns, la lâcheté des autres, dans ses tentatives contre le droit national.

M. de Bismark est le héros des plus grandes injustices qui se soient consommées en Europe sous nos yeux. Ceux qui en ont profité, les décorent de beaux noms. Après tout, il a réussi, il a agrandi son pays, reculé les bornes du pouvoir de son roi ; il a transformé à son gré l'Allemagne ; il a brisé des trônes ; il a supprimé des royaumes, il a réduit au rang de puissance de dernier ordre une monarchie séculaire dont les diplomates décidaient de la paix du monde. Il a transféré d'une couronne à l'autre les plus riches provinces de l'Italie.

Et tout cela s'est fait en quelques mois, bien mieux en quelques semaines ! En juin 1866, le Hanovre, la Bavière, la Saxe, Nassau, etc., sont des États puissants en Allemagne ; l'Autriche est encore la grande héritière de l'Empire germanique ; la Vénétie semble soustraite aux espérances ou aux tentatives des Italiens par des armées et des forteresses d'un égal prestige. Au commencement de juillet, après la campagne de Bohême, après Sadowa, tout a changé de face. L'Allemagne entière est à la discrétion de la Prusse, de son ministre et de son roi ; l'Italie, vaincue sur terre à Custozza, sur mer à Lissa, n'en doit pas moins à l'alliance prussienne de recouvrer Venise et ses belles provinces ; l'Autriche, violemment séparée de l'Allemagne, est rejetée hors d'une nouvelle confédération germanique, organisée contre elle, et abandonnée, avec ses restes de population allemande, perdue au milieu des Hongrois, des Tchèques et des Slaves, à toutes les chances d'une imminente dislocation.

Voilà l'œuvre ; voyons l'homme.

II

Le comte Othon de Bismark-Schœnhausen est né à Schœnhausen, lieu dont il porte le nom, d'une noble famille qui fait remonter son origine à d'anciens chefs d'une tribu slave. Il est remarquable que l'homme qui devait personnifier la plus haute ambition germanique, appartienne à une race étrangère et rivale. Il est venu au monde en 1814, le premier avril. On a fait, sur le jour de sa naissance, des plaisanteries plus ou moins spirituelles que nous ne répéterons pas.

Il étudia d'abord le droit aux universités de Gœttingue, de Berlin et de Greifswald ; puis il entra dans la carrière militaire. Il est ordinaire, en Allemagne, de faire succéder, dans l'éducation, ces études si diverses et de se préparer par la science des lois ou de l'histoire à la vie de soldat. Les hommes ainsi préparés n'en font pas, au besoin, de moins bons traîneurs de sabre ; mais ils peuvent être autre chose, et, si l'ambition les pousse plus tard dans la diplomatie ou la politique, la science du droit leur est d'un grand secours. M. de Bismark, entré comme volontaire dans l'infanterie, devint officier de landwehr.

Elu membre des diètes locales, avant 1848, il entra dans la vie publique par les luttes parlementaires et s'essaya à l'éloquence politique, en déclamant avec beaucoup de vivacité contre la démocratie et le constitutionnalisme. On sait que les constitutions ont toujours été, en Allemagne, un objet de mépris et d'aversion pour la noblesse et la monarchie. Ce sont de ces *chiffons de papier*, comme disait le roi de Prusse à la veille de la révolution de Février, avec lesquels on amuse les peuples quand on a besoin de leur concours, et qu'on déchire lorsque le moment des coups de force est revenu.

M. de Bismark fut toujours le partisan des coups de force. Son caractère et les services que le roi pouvait attendre de lui, parurent à la seconde chambre du Parlement prussien, aussitôt après la compression du grand mouvement révolutionnaire européen. En 1851, le roi Guillaume le distingua et lui confia un poste diplomatique difficile et important, la légation de Francfort. Le représentant de la Prusse s'y montra dès lors l'adversaire décidé de l'Autriche ; il cherchait à préparer l'unité allemande et la suprématie prussienne par des alliances européennes dont l'Italie devait déjà, dans sa pensée, partager les bénéfices, aux dépens de l'Autriche. Une brochure remarquable, la *Prusse* et la *Question italienne*, fut publiée en 1858 pour soutenir ces idées ; elle était anonyme, mais on l'attribua, non sans vraisemblance, à M. de Bismark dont elle dévoilait toute la politique.

En 1859, le comte est envoyé comme ambassadeur à Saint-Pétersbourg. Il y travailla, pendant trois ans, à assurer d'avance, du côté de la Russie, le concours ou tout au moins la neutralité dont ses projets avaient besoin. Il y déploya des qualités personnelles qu'on n'attendait pas de lui, se montra conciliant, sympathique, et y laissa de tout autres souvenirs qu'à Francfort où il avait été cassant, hautain, intraitable. Mais il fut bientôt nécessaire au roi sur un autre théâtre, et le 22 septembre 1862, il se vit rappelé à Berlin pour prendre la présidence du conseil des ministres avec deux portefeuilles, celui de la maison du roi et celui des affaires étrangères.

III

Ici, M. de Bismark travaille en grand et au grand jour. On voit se former et s'accuser ses desseins; il marche à son but avec suite et hardiesse. Les politiques à courte vue qui plus tard, en voyant son succès, l'ont accusé de les avoir trompés, se sont trompés eux-mêmes. Ils ont complaisamment refusé de voir, afin de s'excuser à leurs propres yeux de n'avoir pas su agir.

La situation à laquelle il fallait faire face était des plus graves. Le Parlement prussien était en pleine révolte contre le pouvoir royal. Le budget de l'armée donnait lieu à de continuels conflits. La réorganisation militaire était indispensable à l'accomplissement des projets du Richelieu prussien. On avait une armée dévouée à la défense du pays, mais non à l'ambition d'un ministre ou d'un monarque : c'était la landwehr. Il fallait, à côté de cette milice citoyenne, une force plus soumise aux volontés personnelles du pouvoir et qui fût un instrument docile de ses projets. La Chambre des députés refusait les moyens de l'organiser en repoussant le budget du ministre. Appuyé sur la Chambre des seigneurs, M. de Bismark passait outre, et malgré toutes les réclamations des députés, il faisait clore la session de la Chambre par un message royal et réglait le budget par ordonnance.

Au retour, les députés protestaient de plus belle; ils accusaient le ministre d'avoir violé la Constitution; le ministre ne s'en montrait que plus disposé à la violer encore. En février 1863, on vit quel cas il faisait de la Chambre. Il avait conclu avec la Russie un traité qui sacrifiait les derniers restes des droits laissés à la malheureuse Pologne; les députés se montrèrent indignés de la conduite du ministère et la blâmèrent hautement par un vote à la majorité de 246 voix contre 46. M. de Bismark n'en fut pas autrement ému, et, gardant son poste, poursuivit ses projets.

La presse vint au secours des députés; l'habile et audacieux ministre imagina d'emprunter contre elle un système de compression qui fonctionnait alors si bien en France, et la soumit au régime des avertissements et des suppressions, cet idéal de l'arbitraire moderne. Il trouvait cependant, parmi les députés, quelques adversaires dignes de lui, entre autres, le célèbre médecin de Virchow, qui soutint un duel de tribune si acharné contre M. de Bismark, que celui-ci finit par lui envoyer ses témoins.

C'est au milieu de toutes ces luttes que s'accomplissent les événements du Danemark. La Prusse s'est unie cette fois avec son intime ennemie, l'Autriche, pour trancher la question des duchés du Schleswig à la convenance et au profit de chacune d'elles, en dépit des réclamations de la Confédération germanique. Les deux grandes puissances partagent la proie entre elles, par la convention de Gastein, au mépris des traités garantis par l'Europe.

L'Autriche sera bientôt punie de sa complicité dans cette violation de droits qui seront bientôt violés contre elle. Les velléités de la Confédération germanique pour la défendre ne seront pas plus efficaces que ses efforts pour régler elle-même la question des duchés. L'Autriche va périr par le système auquel elle s'est associée, la subordination du droit à la force.

IV

On s'est étonné que la force fût à un tel point au service de M. de Bismark. Ceux-là seuls pouvaient en être surpris qui n'avaient pas voulu voir d'année en année les progrès de la puissance prussienne. La réorganisation militaire accomplie malgré tant de résistance, assurait à la Prusse de grands avantages pour un coup de main. Peut-être ne se fût-elle pas trouvée en mesure de tenir tête dans une guerre prolongée, aux forces renaissantes d'une autre nation; mais dans une lutte intestine avec l'Autriche, elle pouvait avoir, dans le premier choc, une foudroyante supériorité. Supposez maintenant que l'ennemi, par sa constitution politique et géographique, soit hors d'état de renouveler ses ressources après une défaite, et vous aurez toute l'histoire de la campagne de Bohême en 1866. On a dit que Sadowa avait été une surprise; oui, une surprise, comme celle que produit au théâtre un dénouement habilement préparé : il éclate inattendu, mais il explique tout et tout l'explique.

Un biographe de M. de Bismark nous le montre, « prenant ses mesures, armant à la sourdine, fondant les canons dans l'ombre, et préparant ce fameux fusil à aiguille, dont il cacha soigneusement le secret à l'Europe. »

Cela est puéril et fantastique. Les armements de la Prusse n'étaient un secret pour personne ; la réorganisation de son armée était signalée par les éclatantes résistances du parti libéral; les canons se fondaient au su et au vu de tout le monde, dans cette belle usine de Sommerda, aussi vaste que notre Creuzot, et le vieux Dreyse avait fourni, depuis vingt ans, à l'armée prussienne environ cinq cents mille fusils à aiguille dont le mécanisme n'était un mystère pour personne.

Le triomphe le plus incontesté, sinon le plus honorable de M. de Bismark, fut dans la diplomatie. Comme il avait su choisir son temps et faire son jeu! La France, engagée dans sa déplorable expédition mexicaine, ne demandait qu'à être laissée tranquille sur ses frontières. On dit que M. de Bismark nous a leurrés par des promesses de compensations territoriales avec la pensée qu'il ne les tiendrait pas. Si elles ont été faites, ces promesses, n'ont-elles pas été légèrement reçues, sans grande espérance de les voir tenir?

Mais le coup de maître fut l'alliance avec l'Italie. Rien de commun, rien de sympathique entre les deux peuples, leurs principes, leurs traditions, les caractères de leurs souverains ou de leurs hommes d'Etat; mais ils avaient un même ennemi, l'Autriche. Le ministre de Prusse a su mettre au service de ses projets ambitieux contre l'indépendance de l'Allemagne, la haine si légitime des Italiens contre la domination allemande.

En résumé, M. de Bismark reste une des grandes figures, quoique des moins sympathiques de ce temps-ci. Il ne sert à rien de l'injurier pour l'amoindrir. C'est un des hommes d'Etat avec lesquels l'Europe peut avoir encore à compter, et dont la France doit surveiller les mouvements et pressentir les projets pour les déjouer. Il plaît à dire qu'il a escamoté la victoire, lorsqu'il l'a préparée au contraire de si longue main. S'il l'a enlevée enfin d'un seul coup, c'est qu'il a su saisir les circonstances et profiter de toutes les fautes de ses ennemis.

On a parfois mis en parallèle le comte de Bismark et le comte de Cavour. Le rapprochement est peu flatteur pour ce dernier. Tous deux ont eu la même passion pour la grandeur et l'unité de leur pays, le même dévouement à leur souverain, la même persévérance dans leurs desseins, la même habileté à en préparer de loin la solution et, au moment favorable, la même audace à la brusquer. Mais là s'arrête l'analogie. Si le but et le succès sont les mêmes, les moyens diffèrent autant que les caractères des deux hommes. Cavour a poursuivi l'unité de l'Italie par la liberté et pour la liberté, M. de Bismark poursuit l'unité de l'Allemagne par l'absolutisme et pour l'absolutisme. Cavour reste le défenseur sympathique d'une cause généreuse, M. de Bismark ne représente que le machiavélisme et la force au service d'une grande ambition.

Adrien Tell.

Paris. — Typographie Walder, rue Bonaparte, 44.

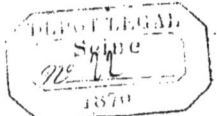

PLUTARQUE POPULAIRE CONTEMPORAIN

GIRAULT

40e Livraison.

GIRAULT

I

Qui ne se souvient de la discussion laquelle a donné lieu, au corps législatif, la vérification des pouvoirs du député du Cher? Qui ne fut frappé tour à tour de la coupable légèreté du vote qui condamnait le membre alors obscur de la gauche radicale et de l'autorité que ce député conquit soudain sur la Chambre par quelques paroles simples et loyales qui eurent pour effet de faire annuler le vote précédent et valider définitivement son élection?

Ce député, c'était M. Girault.

Pour obtenir ce résultat, il lui avait suffi de raconter franchement sa vie de travailleur.

Ce jour là, non-seulement il gagna sa cause devant la majorité qu'il fit, — chose inouïe! — revenir sur son vote; il gagna par surcroît une véritable popularité.

Son langage ferme et énergique quoique simple et dépourvu d'artifices oratoires, était chose toute nouvelle pour les lecteurs des débats législatifs.

Un autre jour, M. Girault, à propos d'une question relative au libre échange, risqua cette parole : « Je ne parlerai pas de telle question, parce que je ne la connais pas. »

Les nombreux ignorants qui siègent au Palais Bourbon et parlent de tout sans rien savoir, se prirent à rire de cette naïveté.

De ce jour, les gens de bon sens se dirent : « M. Girault est un original et un homme d'esprit. »

Jamais, en effet, épigramme plus fine n'avait été décochée du haut de la tribune législative.

Enfin, peu de temps après, M. Girault déposa successivement diverses propositions sur les condamnations judiciaires qui pouvaient atteindre les députés, sur les réformes urgentes, sur la réduction des monnaies pontificales, et l'on se dit :

Voilà un député qui conforme sa conduite et ses actes à ses professions de foi, — chose étrange! — qui ne cherche pas les idées de Justice sociale dans les combinaisons du machiavélisme, mais dans les simples notions de la probité et du sens commun; celui-ci est véritablement un homme de bien, un de ces politiques pratiques qui rendent plus de services à la cause du peuple dont ils connaissent les besoins que les pompeux aligneurs de phrases sonores et vides.

Aussi, n'en déplaise à messieurs de la droite, de la gauche et des deux centres, le citoyen Girault, dans son isolement, est aujourd'hui une des figures caractéristiques de la chambre, et de plus une des figures populaires.

Qu'on lise ses discours et ses motions, on se prend à l'estimer, à faire cas de sa valeur politique. Qu'on le voie et qu'on lui parle, l'affabilité un peu timide de son accueil, la franchise de sa parole et de son regard achèvent la conquête.

Et ne croyez pas que M. Girault, le meunier, le campagnard, le fils de ses œuvres, qui a appris tout seul tout ce qu'il sait, et il sait beaucoup, pose comme le font beaucoup de parvenus, pour la rusticité des manières et la rudesse du ton; tout au contraire, il porte l'habit noir sans outrecuidance et sans gaucherie comme n'importe quel notaire; Son extérieur agréable est celui d'un homme du monde, sobre de paroles et de démonstrations, plus réfléchi que verbeux. Quoiqu'il paraisse un peu plus que son âge, les traits de son visage sont plus harmonieux et plus distingués que ceux de plusieurs de ses nobles collègues, et, malgré l'expression sérieuse et un peu froide de sa physionomie, sa personne est particulièrement sympathique.

II

Elle n'est ni longue ni incidentée la biographie de cet homme de quarante-quatre ans, qui n'a jamais connu les plaisirs et les distractions de la jeunesse, et a passé la majeure partie de sa vie dans les rudes travaux de sa profession. Cependant elle mérite, à plus d'un titre, d'être signalée à l'attention du peuple.

Il est né le 11 octobre 1825, au moulin des Forges, à un kilomètre de Saint-Amand (Cher). Son père et son grand-père étaient tous deux meuniers, et sa mère appartenait à une famille de vignerons du Berry.

Son enfance se passa dans l'isolement du moulin, dont il ne s'éloigna, à six ans, que pour entrer à l'école primaire. Il y resta jusqu'à quinze ans, obtenant une foule de prix dans ces études élémentaires, mais développant par la lecture de tous les livres qui lui tombaient sous la main le menu fonds de savoir que lui inculquait l'instituteur. Son goût pour la lecture finit par dégénérer en passion, surtout lorsqu'il commença à trouver dans les livres l'expression des sentiments que faisait naître en lui le spectacle des injustices et des iniquités sociales dont il était journellement le témoin dans ce milieu d'ouvriers campagnards parmi lesquels il vivait. C'est dans cette fréquentation permanente de la classe ouvrière qu'il apprit à apprécier ce que ces rudes enveloppes de travailleurs contiennent d'exquise bonté, de nobles et généreux instincts; c'est en la voyant toujours dédaignée, souvent calomniée et parfois maltraitée par les hobereaux et les riches bourgeois campagnards, qu'il fit des comparaisons peu avantageuses pour ces derniers, et conçut une sorte de répulsion et même de dédain pour ce que l'on appelle les hautes classes sociales.

Telles étaient les premières impressions de l'enfant et de l'adolescent, alors qu'il travaillait avec son frère, plus jeune que lui de deux ans, à la manutention matérielle du moulin paternel.

Il avait vingt-deux ans, et il y avait six ans qu'il se livrait à ce pénible labeur physique, quand la révolution de février vint donner un aliment aux idées de cet esprit déjà plus mûr que son âge ne le comportait.

Dès les premiers jours de mars, il était membre du comité démocratique de Saint-Amand. Sous l'impulsion d'un patriotisme ardent, surexcité par le mouvement général de cette grande époque, ce jeune homme, plutôt réservé que timide, se prodiguait à la tribune et conquérait dès lors une véritable popularité dans le pays. Déjà, cependant, il se distinguait des tribuns de clubs par une prudence et une modération surprenantes à son âge. Se préoccupant surtout d'éclairer les citoyens sur leurs droits et sur leurs devoirs, il s'appliquait à calmer les passions dont le déchaînement impétueux inquiétait son sincère et profond amour du peuple, de la vérité et de la justice.

Ses prévisions ne tardèrent pas à se réaliser; on sait avec quelle perfidie la réaction de la rue de Poitiers et de l'Elysée exploita les prétendues violences des démocrates socialistes du Cher.

Après le 2 décembre, le Cher et l'arrondissement de Saint-Amand furent rudement éprouvés. Le coup d'Etat y fit de terribles razzias de républicains que ses commissions militaires expédièrent à Cayenne et en Algérie. M. Girault dut à la fermeté et à la prudence de sa tenue de n'être pas inquiété. Il n'en eut pas moins le courage de soutenir encore la lutte lors des premières élections municipales de Saint-Amand; mais la terreur était telle partout, même dans les contrées les plus pénétrées de l'esprit républicain, qu'il fut vaincu.

Renonçant temporairement à la politique, il chercha une autre application de son activité intellectuelle et se tourna du côté de l'industrie agricole. Malgré les conseils de son père, et aidé seulement de son frère, il osa avec un maigre capital de six mille francs affermer une usine importante, le moulin de Bordes, qui était dans le plus complet désarroi. Sa famille fit de vains efforts pour le détourner de son entreprise. Son père lui disait:

« — Que deviendras-tu, imprudent, lorsque tu auras mangé le peu que vous avez à vous deux, ton frère et toi ?

— Eh bien, répondit Girault, vous rembourserez mon frère sur ma part à venir, et moi j'irai chercher du travail dans un pays libre. »

Mais que ne peut le courage soutenu par un tempérament de fer, par une santé robuste et par une volonté inébranlable ? Fidèle à ses principes, Girault commença par associer tout son personnel aux bénéfices de son entreprise et se mettant résolument au travail nuit et jour il parvint à transformer l'usine, à en faire une des plus belles et des plus productives de la contrée et finalement à l'acheter de moitié avec son beau-père M. Barbier, qui est resté son ami le plus dévoué et son commensal même pendant les séjours qu'il fait à Paris.

Son frère, après des vicissitudes de fortune, entra pour une part dans la société du moulin de Bordes dont il prit la direction jusqu'au moment où la chute d'un sac lui tordit la colonne vertébrale, mit ses jours en danger et le laissa paralysé de toute la partie inférieure du corps. C'était en 1866. M. Girault dut reprendre l'administration de sa meunerie. Mais bientôt, après la mort de sa belle mère, il se décida à liquider la société et à affermer les usines de Bordes et de Forges, ne gardant que celle de Guélong, qu'il habite.

Je ne veux pas insister sur les actes de la vie privée de M. Girault ; mais j'ai été bien aise de signaler l'admirable développement du sentiment de la famille chez ce socialiste, chez un de ces éternels ennemis de la religion, de la propriété et de la famille, — comme nous appellent gracieusement encore aujourd'hui les ressuscités de la rue de Poitiers, — chez ce remarquable pionnier du progrès qui, par son exemple, a transformé toute la meunerie du Berry.

III

En 1863, l'homme politique ne reparaît pas encore, mais l'administrateur d'intérêts publics se manifeste.

Le maire d'Allichamps conduit à coups de bâton les affaires, les habitants de sa commune et jusqu'au sous-préfet de Saint-Amand. Celui-ci fait destituer ce terrible officier municipal, mais ne trouvant personne dans la commune qui ose succéder à ce César de la trique, il est obligé de s'adresser à M. Girault et de le supplier d'accepter cette charge, assez lourde pour lui, à ce moment, en raison des importantes affaires qu'il dirigeait.

A partir de 1866, après sa liquidation, il se consacra exclusivement aux intérêts de sa commune. Comment il les a administrées, demandons-le au scrutin des 23 et 24 mai 1869 pour la députation. Sur 91 votants, M. Girault a obtenu 74 voix.

Dès octobre 1868, sur l'avis de quelques amis prévoyants, il commença à poser sa candidature pour les élections générales par une première lettre aux électeurs.

C'est dans cette lettre qu'il disait aux ouvriers :

« Je suis un membre de la Grande Famille Ouvrière, Agricole et Industrielle, de cette Classe toujours éloignée des affaires publiques, comme incapable, et en quelque sorte rejetée des autres classes comme indigne d'elles.

« Sommes-nous incapables ? Non ! Mais nous avons le tort d'entendre ceux qui ont intérêt à nous le faire accroire, *et qui voudraient continuer à diriger nos affaires* à notre détriment et à leur profit.

« Si aux ducs, aux comtes, aux marquis, etc., j'allais dire que je me présente pour soutenir leurs priviléges, ils me riraient au nez en me traitant de tourbe, et ils auraient raison. De même, lorsque comtes ou grands personnages viennent nous dire que c'est par amour pour nous qu'ils veulent faire nos affaires, ils nous prennent pour des niais, et si nous les croyons ils n'ont véritablement pas tort. »

Il résumait ainsi son programme par l'énumération des réformes les plus urgentes :

« Suppression de tous droits entre le producteur et le consommateur : octrois, droits réunis, etc., etc.

« Suppression de la patente du travailleur, remplacée par la patente du millionnaire. C'est à celui qui peut s'affranchir de la loi commune à payer, et non à celui qui le nourrit de ses sueurs.

« Suppression des prestations en nature remplacées par l'impôt direct.

« Suppression de tout ce qui est à la charge de ceux qui ne possèdent pas.

« Suppression du rachat et du remplacement militaire. L'impôt du sang doit être payé en nature. Au lieu de neuf ans de service, deux ans suffiraient.

« Suppression des armées permanentes qui nous ruinent et ne peuvent servir qu'à nous opprimer.

« Suppression de la loi de sûreté générale et garantie pour la liberté individuelle.

« Suppression des gros traitements civils et religieux.

« Pensions aux invalides du travail (blessés et infirmes sans ressources).

« Création de banques agricoles.

« Création d'un impôt sur le capital, etc., etc. »

Ce programme, on le voit, est celui d'un socialiste éclairé qui donne la priorité sur toutes les questions à l'affranchissement du travail, à l'abolition de toutes les entraves qui gênent la production et oppriment le producteur.

Aussi tous les moyens semblèrent bons aux agents du gouvernement pour combattre un pareil candidat. On lui opposa trois concurrents, M. Massé, avocat décoré, membre du Conseil général, candidat officiel ; — M. le comte de Montsaulnin, un des plus riches propriétaires du Berry ; — M. le comte Jaubert, ancien ministre sous Louis-Philippe.

Comme de juste, journaux officieux et conservateurs, circulaires préfectorales et représentants de l'autorité, dénoncèrent M. Girault comme un démagogue, un buveur de sang, un ennemi de l'ordre, un partageux. M. Girault tint tête à tous, organisa dans la circonscription des réunions publiques et privées, et y exposa nettement ses principes.

Le jour du scrutin venu, les voix se répartirent entre les quatre candidats. M. Girault en obtint 8,845 ; le candidat officiel n'en eut que 8,258. Mais à Saint-Amand et dans les deux communes voisines, la Celle-Bruère et Allichamps, M. Girault recueillit 1,654 suffrages contre 639, partagés entre ses trois concurrents.

Paris. — Typographie Walder, rue Bonaparte, 44.

PLUTARQUE POPULAIRE CONTEMPORAIN

Henri Martin

41ᵉ Livraison.

Pendant les quinze jours qui précédèrent le second tour de scrutin, la lutte recommença encore plus vive. Le préfet du Cher adressa à ce sujet aux maires de la circonscription une de ces circulaires modèles qui mériteraient d'être réimprimées en cahiers, et réunies en volumes pour former le dossier comique des candidatures officielles, et couvrir à tout jamais ce système d'un ridicule irrémédiable.

On sait comme quoi M. Girault trouva un triomphe dans le scrutin des 6 et 7 juin, mais vit son élection contestée par la majorité de la Chambre, comme quoi il lui fallut pour ainsi dire vaincre deux fois et conquérir le Corps législatif par la simplicité pénétrante et originale de son éloquence, après avoir conquis le suffrage des électeurs par le radicalisme de ses principes et la pureté de sa vie.

Aujourd'hui la situation de M. Girault dans la représentation nationale élue, est assurément une des meilleures et des plus enviables. Indépendant de tous les groupes, de tous les partis, de toutes les influences, il me paraît destiné à offrir aux électeurs des diverses circonscriptions de la France, le spécimen le mieux réussi du député démocrate, plus préoccupé des idées que des hommes, des intérêts du pays que des intrigues de cabinets, des grandes réformes que des petites manœuvres des partis.

Il suffirait de cinquante députés comme M. Girault dans la chambre élective pour accomplir pacifiquement l'évolution sociale qui seule peut prévenir les violentes secousses, pour faire puiser dans les faits ces aspirations vers un régime de Justice, encore vagues peut-être, qui agitent la conscience de tous les travailleurs, c'est-à-dire de la grande majorité du pays.

C'est au peuple de les chercher parmi ceux qui l'aiment sincèrement et qui lui donnent l'exemple du travail, du désintéressement et de la probité.

Julien Lemer.

HENRI MARTIN

I

C'est chez Augustin Thierry que j'ai vu pour la première fois Henri Martin.

L'auteur des *Récits mérovingiens* nous recevait cordialement, en artiste, dans son petit appartement de la rue de Courcelles.

Là, on faisait de bonne musique. Trois ou quatre instrumentistes habiles exécutaient de l'Haydn, du Mozart, du Beethoven et du Mendelsohn. Il y avait une trentaine d'invités, au plus, qui écoutaient avec plaisir les virtuoses du violon, du piano et du violoncelle, et qui remarquaient avec bonheur la satisfaction de l'hôte illustre qui les réunissait. Entendre de la musique, quel régal pour Augustin Thierry, pour cet homme à qui les travaux scientifiques avaient coûté la vue !

Sur son large front passaient des frémissements nerveux; quelques sourires venaient errer sur ses lèvres, et souvent, bien souvent, ses mains applaudissaient avec une sorte d'enthousiasme.

Puis, quand le concert de chambre était terminé, nous dévorions les paroles du grand historien, qui se transformait aussitôt en véritable virtuose de la science.

Avec Henri Martin et moi, Augustin

Thierry traitait quelques-unes de ces belles questions qui fourmillent dans notre histoire nationale. Il exposait ses idées sur la bourgeoisie et le tiers état. Il indiquait des routes nouvelles aux hommes qui étudieraient les annales de la France.

Et nous l'écoutions religieusement, comme on écoute un maître respecté.

Augustin Thierry avait pour Henri Martin une estime profonde.

« C'est la conscience même, me disait-il un jour, pendant l'absence d'Henri Martin. Jugez-en. Il avait écrit une très-remarquable histoire de France. Eh bien, j'admire son courage modeste, j'admire sa rare persévérance. Henri Martin a entrepris la refonte partielle de son gigantesque travail. »

En effet, nous étions en 1844; les volumes de l'histoire de France d'Henri Martin se succédaient, revus et augmentés de nouveaux détails puisés aux meilleures sources.

Cependant, la santé d'Augustin Thierry s'altéra sensiblement. L'auteur des *Récits mérovingiens* reçut seulement de loin en loin. Plus de réunions comme autrefois ! Plus de petits concerts !

Il s'éteignit en 1856.

II

J'ai cité à dessein les phrases d'un maître à propos de l'homme qu'il considérait comme son élève, disons plus, comme son émule. Leur justesse me frappa davantage, à mesure que je connus et analysai les travaux historiques d'Henri Martin.

Depuis ses premiers ouvrages jusqu'aux plus récents, Henri Martin est resté l'homme consciencieux par excellence, dans les recherches comme dans l'exposé de ses opinions. Vous pouvez ne pas toujours partager son avis, mais vous ne doutez jamais de sa bonne foi, des bases sérieuses sur lesquelles il appuie son raisonnement.

Par ce temps d'érudition plaquée, si l'on peut s'exprimer ainsi, c'est là une qualité rare et dont il faut tenir compte.

Né le 20 février 1810, à Saint-Quentin (Aisne), Bon-Louis-Henri-Martin eut pour père un juge au tribunal civil. Il fit ses études, comme externe, au collège de sa ville natale, et ses parents le destinèrent au notariat.

Voilà pourquoi le jeune Henri Martin vint à Paris, suivre les cours de la faculté de droit.

Assurément, l'étude des législations anciennes et modernes offre un grand intérêt pour le penseur. Je n'en veux pas médire, moi qui me suis assis de même sur les bancs de l'école de droit.

Mais Henri Martin fit comme j'ai fait plus tard. La théorie du droit lui plut, et il ne se sentit pas attiré par la pratique du palais. Une étude de notaire ne lui sembla pas la terre promise. Son goût le porta vers la littérature.

Il se souvenait, sans doute, des bonnes journées qu'il avait passées dans la riche bibliothèque de son aïeul maternel, grand amateur de livres ; sans doute les curieuses et intéressantes lectures qu'il avait faites, étant tout jeune encore, déterminaient chez lui une vocation irrésistible.

Henri Martin prit la plume. Il débuta dans les lettres, en 1830, — année de révolution, — par des romans et des scènes historiques.

C'était un beau temps que celui-là. Chateaubriand, Guizot, Lamartine, Victor Hugo, Armand Carrel, et tant d'autres, tenaient haut le drapeau littéraire. Une jeunesse ardente se pressait aux cours du collège de France et de la Sorbonne, au théâtre, à la chambre des députés. Le romantisme proclamait ses principes. Des idées libérales, en littérature, en sciences et en arts, faisaient tressaillir les cœurs.

L'Ecossais Walter Scott, si populaire en France, avait inculqué à la nouvelle génération le goût des romans historiques.

Cédant à cette impulsion, Henri Martin publia successivement *Wolf Thurm*, ou la *Tour du Loup*, histoire tyrolienne, ouvrage écrit en collaboration avec Félix Davin, et sous les pseudonymes de Félix et Irner (1830); — une suite de romans sur la Fronde; — la *Vieille Fronde*, en 1832, et *Minuit et demi*, réimprimé en 1855, avec le titre de *Tancrède de Rohan*; — le *Libelliste*, enfin, dont les scènes se passaient pendant les années 1651 et 1652.

Il semblait que Henri Martin dût prendre place parmi nos bons romanciers. Ses ouvrages avaient obtenu un succès très-honorable, et son nom était déjà connu des nombreux gourmets qui lisaient assidûment Vitet et Mérimée.

III

Une petite *Histoire d'Allemagne, de Suisse et des Pays-Bas*, œuvres d'Henri Martin et de H. Lister, pour la *Bibliothèque populaire*, parut en 1832. Ce nouveau livre eut deux éditions dans la même année.

A dater de cette époque, le romancier fit place à l'historien chez Henri Martin, qui ne se contenta plus de raconter des scènes où l'imagination jouait le rôle principal. Ses recherches le conduisirent à fouiller de plus en plus sérieusement nos chroniques nationales. Il se voua à l'histoire.

Avec Paul Lacroix (le Bibliophile Jacob), son ami, il conçut une *Histoire de France par les principaux historiens*, qui devait être une série d'extraits des principales histoires et chroniques, reliée par des transitions et des compléments. Le libraire Mame, de Tours, était l'éditeur de cette volumineuse publication, confiée à plusieurs collaborateurs, et annoncée en 48 volumes.

Il ne parut que le tome premier.

Alors Paul Lacroix abandonna ce travail. Seul, Henri Martin ne perdit pas de vue le but vers lequel les deux amis s'étaient élancés avec un peu d'imprudence, peut-être; il essaya d'y substituer une œuvre personnelle.

Avec quelle ardeur il s'attela à cette besogne! Paul Lacroix lui prêta un concours plus ou moins direct. Puis Henri Martin demanda des trésors à la belle bibliothèque de son aïeul maternel. Enfin, par dessus tout, il travailla sans relâche, entassant recherches sur recherches.

Et il donna la première édition de son *Histoire de France*, en quinze volumes in-8°, de 1833 à 1836. Le nom d'Henri Martin ne fut porté qu'au dixième volume.

A peine cet ouvrage était terminé que l'infatigable travailleur publia (1837), en collaboration avec Paul Lacroix, une *Histoire de la ville de Soissons* (2 vol. in-8°).

L'Histoire de France, éditée par Furne, valut à Henri Martin les éloges de la presse toute entière, et n'eut pas moins de succès auprès du public.

Elle a atteint sa quatrième édition, après avoir été refondue, augmentée de travaux considérables sur les origines celtiques et le moyen âge, et réimprimée de 1837 à 1854, après avoir obtenu le prix Gobert décerné par l'académie des inscriptions et belles-lettres, en 1844, et par l'académie française, en 1856.

Cette histoire comprend aujourd'hui dix-sept volumes in-8°, dont un volume pour la table analytique des matières.

IV

Arrêtons-nous à ce livre, à ce monument d'une vie laborieuse. Faisons la critique de *l'Histoire de France*, assurément le plus beau titre littéraire d'Henri Martin.

Que le lecteur nous permette de reproduire ici ce que nous avons écrit, dans notre introduction aux *Mémoires du peuple français*, en cours de publication :

« Quand il s'agit de la France, les rapprochements historiques ont surtout un intérêt palpitant. On pourrait dire que notre passé, notre présent et notre avenir, sont actuels comme ils sont solidaires. Non seulement nous aimons à connaître les mœurs de nos ancêtres, mais, par suite de l'esprit d'indépendance et de liberté qui n'a jamais abandonné les Gaulois, les Gallo-Romains, les Gallo-Franks, les Français du moyen âge et des temps modernes, nous nous plaisons à retrouver dans les uns et les autres, à toutes les époques, l'expression vivante des plus nobles aspirations vers le bien. »

Or, ce qui frappe, lorsqu'on lit la belle histoire de France d'Henri Martin, c'est l'unité de vues de l'auteur. Sa vaste érudition n'oublie pas le but d'un livre tel que le sien. Henri Martin ne manque pas de faire ressortir, dans le cours du récit, les fréquents rapprochements entre le passé et le présent de notre pays. Il écrit pour instruire, et aussi pour moraliser, pour inspirer aux lecteurs le patriotisme dont il est animé lui-même.

Il ne se contente pas de décrire des batailles ou de relater des intrigues politiques. « Il sait allier heureusement, ainsi qu'un éminent critique l'a remarqué, au besoin d'exactitude dans les faits, un sentiment philosophique très-élevé. »

Henri Martin donne une grande place, dans son livre, au progrès des idées, à la marche de la civilisation. A côté des chapitres consacrés aux événements politiques, il place des tableaux peints de main de maître, où le mouvement de la philosophie, des lettres, des sciences et des arts vient compléter la narration des batailles, des luttes religieuses et parlementaires.

Que de fines observations il prodigue dans ces tableaux de la France intellectuelle, aux diverses époques de l'histoire! Combien il excelle à donner la mesure de telle ou telle célébrité, à montrer l'influence qu'elle exerça sur les contemporains, à estimer sa valeur dans le vaste ensemble des hommes et des choses!

Ce n'est plus l'historiographe satisfait de reproduire simplement les actes du souverain, c'est l'historien penseur qui embrasse d'un coup d'œil la France entière, pour dépeindre ses misères et ses splendeurs de toutes les sortes.

Nul ne lira sans intérêt, sans un charme réel, les pages savantes d'Henri Martin sur nos origines, car il y démêle avec une sagacité rare l'élément gaulois qui forme l'essence principale de la nation française.

Je cite, entre autres morceaux très-remarquables, le règne de Charlemagne et celui de Saint-Louis, les exactions de Philippe le Bel, la guerre de cent ans, et surtout l'admirable épisode dont Jeanne-d'Arc est le principal, le merveilleux personnage.

Les ruses de Louis XI, si utiles à l'unité française, les guerres de religion, et l'œuvre d'Henri IV, sont traitées avec soin d'après les documents authentiques.

Mais je n'ai pas, je l'avoue, l'admiration presque sans réserve d'Henri Martin pour Richelieu, ni sa façon de juger Louis XIV.

En résumé, l'histoire d'Henri Martin justifie les paroles d'Augustin Thierry, que j'ai reproduites au début de cet article: « L'auteur est la conscience même. » Exact dans les citations, scrupuleux dans l'énoncé des systèmes contraires et des opinions diverses, toujours déterminé à s'appuyer sur des textes précis, il peut se tromper quelquefois, — un historien n'est pas infaillible dans ses jugements, — mais il ne trompe jamais ses lecteurs.

V

Ne croyez pas que, ayant achevé, ou à peu près, son long ouvrage, Henri Martin ait déposé sa plume et renoncé aux investigations de la science.

En 1847, il publie un opuscule: *De la France, de son génie et de ses destinées*; en 1848, il écrit deux thèses, l'une latine, l'autre française, pour le doctorat.

Après la révolution de février, il fait partie de la haute commission des études, et, sous les auspices de M. Carnot, alors ministre de l'instruction publique, il imprime un *Manuel de l'Instituteur pour les élections*.

Professeur d'histoire moderne à la

Sorbonne, pendant un semestre de cette année mémorable, il traite de la *Politique extérieure de la révolution.* Ces cours, dont le sens est parfaitement démocratique, s'interrompent en 1849, par la marche rétrograde des événements.

Il collabore à divers journaux, à *l'Artiste*, au *Siècle*, au *Monde* (non le journal actuel, bien entendu), au *National*, à la *Revue Indépendante*, à la *Revue de Paris*, à la *Liberté de Penser*, à *l'Encyclopédie nouvelle*, fondée par Pierre Leroux et Jean Reynaud.

Plusieurs recueils célèbres, notamment le *Livre des Cent-et-Un* et les *Cent-et-une nouvelles*, contiennent des articles d'Henri Martin.

Dans ses articles, tantôt l'historien dénonce les envahissements de la puissance russe, tantôt il parle en faveur de la liberté italienne ; ou bien il s'occupe des Slaves, en émettant des idées excellentes sur les nationalités.

Puis, revenant vers les chères études de toute sa vie, il accomplit des voyages dans le pays de Galles et en Norwége, pour approfondir de plus en plus la question des origines françaises, et il se livre à des travaux précieux sur les antiquités celtiques.

Ce n'est pas tout encore. Daniel Manin, l'illustre républicain de Venise, réfugié à Paris, connut Henri Martin et devint son ami. Lorsque le patriote italien eut expiré, le 22 septembre 1857, l'historien de la France rassembla pieusement tout ce qui se rapportait à Manin. Il fut son biographe.

Sous ce titre : *Daniel Manin*, Henri Martin publia, en 1859, un volume in-8°, écrit avec un profond et très-juste sentiment d'admiration pour celui dont les restes reposent maintenant sur la terre qu'il voulut affranchir.

A l'heure où nous écrivons cette notice, Henri Martin publie une *Histoire de France populaire*, depuis les temps les plus reculés jusqu'à nos jours. Dans sa grande histoire, il s'est arrêté à 1789 ; dans celle-ci, il aborde la révolution, et nous ne doutons pas qu'il ne comprenne à merveille toutes les luttes de cette époque gigantesque.

Car il y a deux hommes également recommandables dans Henri Martin. Il y a le savant, il y a le citoyen.

L'écrivain qui a passé plus de la moitié de sa vie à feuilleter les liasses poudreuses de nos archives, les in-folios vermoulus de nos bibliothèques, ne s'est pas isolé du monde contemporain. Loin de se désintéresser des questions politiques, il les a étudiées avec discernement.

Quiconque a pu éclairer ses convictions natives par l'examen des choses du passé, a toutes chances pour demeurer ferme en ces principes.

Tel est le cas d'Henri Martin. Comme citoyen, encore, il est consciencieux. Il aime la liberté, toute la liberté, sans compromis ni arrière-pensées.

VI

Avant 1848, Henri Martin se trouvait dans le camp de l'opposition. Ses amis arrivèrent au pouvoir, et lui ne cessa pas de travailler, dans son cabinet ou dans quelques réunions, à la consolidation du gouvernment républicain. Impossible de le ranger parmi ces ambitieux qui s'élancent à la curée, aussitôt que leur parti a triomphé.

Par ses écrits, par sa parole, il chercha à faire pénétrer partout la sainte religion du progrès. Homme de théorie, plutôt qu'homme d'action, il n'exerça aucune fonction publique. Six mois seulement de professorat à la Sorbonne le rattachèrent au gouvernement qui représentait ses idées.

Lorsque la réaction apparut et changea peu à peu, sournoisement, mais d'une façon implacable, ce que la Révolution de 1848 avait établi dès les premiers jours, Henri Martin ne renia pas son drapeau, comme tant d'autres. Il se mit du côté des vaincus, et continua son œuvre de haute propagande.

Certes, le succès de ses travaux historiques lui pouvait ouvrir bien des portes. Il passa outre devant les offres qui répugnaient à ses convictions.

Comme Barthélemy Hauréau, il n'a pas cru que les honneurs fussent enviables, et que les savants dussent sacrifier aux glorioles du succès officiel la considération qui s'attache aux hommes incorruptibles.

Aussi, ceux-mêmes dont la foi politique diffère entièrement de celle d'Henri Martin ne peuvent s'empêcher de lui rendre justice en l'estimant.

Un clérical me disait dernièrement :

— L'excellent livre que l'*Histoire de France* de M. Henri Martin! Par malheur, il est fait dans un mauvais esprit.

C'est avec cet éloge que je terminerai, moi, cette biographie.

Mauvais esprit! Sans doute, au compte d'un monarchiste ou d'un clérical, puisque M. Henri Martin proclame la liberté de la pensée et de la conscience ; puisqu'il s'oppose aux envahissements du clergé; puisqu'il reconnaît les droits passés, présents et futurs, de la souveraineté populaire.

Augustin Challamel.

GRANT

Le trait caractéristique des hommes d'État américains, c'est que, colonels, généraux, députés, présidents de république, ils remplissent ces fonctions sans jamais voir en elles une profession ou un métier.

Planteurs, ils font valoir leur plantation ; tanneurs, ils apprêtent leurs cuirs; si la patrie a besoin d'eux, ils laissent à quelqu'un des leurs une procuration pour gérer leurs affaires; ils vont faire la guerre, présider des assemblées, recevoir des ambassadeurs ; après quoi, ils reviennent prendre la direction de leur maison.

Là est l'idéal républicain : tous les citoyens d'un État, — sans exception, — exerçant une profession qui les fasse vivre, et, sans jamais abandonner cette profession, donnant une part de leur temps à la chose publique; la politique devenant un devoir que tous remplissent, au lieu d'être un métier que prennent quelques-uns.

*
* *

Ulysse Grant est né le 27 avril 1822. Il est l'aîné de six enfants. Son père, laboureur, tanneur, pionnier à la façon des pionniers de Cooper, avait tour à tour porté son activité sur trois ou quatre territoires, travaillant pour élever sa famille, finissant par acquérir une aisance modeste.

Ce brave homme, qui n'avait reçu que les premiers éléments de l'instruction primaire, mais qui, dans les soirées d'hiver, s'efforçait, par de bonnes lectures et des exercices, d'acquérir des connaissances nouvelles, a raconté lui-même, dans une brochure aujourd'hui célèbre, l'histoire de sa famille, de sa femme, de son ménage. Son grand-père, son père et son frère avaient été soldats et avaient combattu pour l'indépendance de leur pays. Voici le portrait de madame Grant :

« A l'époque de notre mariage, c'était une campagnarde sans prétention, belle, mais sans vanité. Quelque temps auparavant elle était entrée dans l'Église méthodiste, qui n'a jamais eu, je puis le

PLUTARQUE POPULAIRE CONTEMPORAIN

Ulysse Grant

42ᵉ Livraison.

dire, de membre plus dévoué ni plus fidèle. Par la régularité de sa conduite, sa fermeté et sa force de caractère, elle a été le soutien de la famille pendant toute sa vie. Elle veillait sur ses enfants avec un soin et une sollicitude qui ne se démentaient jamais. Cependant elle ne se montrait point rigide à leur égard et ne s'opposait pas à leurs amusements innocents. »

Dans ce ménage, simple, un peu puritain, uni par une communauté d'efforts continuels, on ne s'occupait guère de politique. Cependant le pionnier avait ses opinions. Il considérait l'esclavage comme une honte et comme un malheur pour sa patrie. Il parlait rarement dans les assemblées, mais il mettait en pratique ses convictions et n'a jamais possédé, sa vie durant, un seul esclave.

..

Enfant, Ulysse Grant fut surtout l'Anglo-Saxon aux prises avec la nature. L'étude lui plaisait peu. Il aimait au contraire les expéditions et les travaux qui demandent de la force, de l'audace, et ce sang-froid avec lequel on fait face à toutes les difficultés.

Quelques traits caractéristiques :

Un jour d'hiver que le père de famille avait été contraint de s'absenter sans laisser à la maison une provision de bois suffisante, le jeune Grant, âgé de sept ans et demi, résolut de combler ce déficit. En montant sur une crèche, il parvint à harnacher un cheval, qui était habitué à la selle, mais qui n'avait jamais été mis à la voiture. Il l'attela à un traîneau et s'en alla chercher une charge de petit bois dans la forêt voisine. Il réussit, recommença et fit si bien que le soir, quand son père revint, il y avait près de la maison un énorme monceau de bois, qui pouvait suffire à la consommation de plusieurs semaines.

Une autre fois un cirque ambulant avait dressé sa tente dans le village où demeurait la famille Grant. Le futur général alla voir une des représentations.

Parmi les chevaux qui couraient, il y avait un poney dont le principal mérite consistait à désarçonner infailliblement quiconque essayait de le monter. Le chef de la troupe ayant demandé si quelqu'un voulait tenter l'aventure, Ulysse Grant se présenta, enfourcha le poney, et, dans une course échevelée autour de l'arène, résista victorieusement à tous les efforts que fit la maudite bête pour le renverser. Un singe vint au secours du poney, grimpa sur les épaules du cavalier et se cramponna à ses cheveux, mais sans réussir à lui faire commettre la moindre maladresse. Les deux animaux durent s'avouer vaincus...

Une autre fois encore, — l'enfant avait douze ans, — il avait été chargé de conduire deux jeunes filles en voiture à une assez grande distance. La route traversait une petite rivière qui n'offrait d'ordinaire aucun danger. Mais, ce jour-là, les eaux de l'Ohio y refluaient ; les chevaux n'y furent pas plutôt entrés qu'ils durent se mettre à la nage et que les trois voyageurs se trouvèrent dans l'eau jusqu'à la ceinture. Les deux jeunes filles poussaient des cris d'effroi. Grant, se retournant, leur dit simplement : « Taisez-vous, je vous tirerai de là. » En effet, il releva les chevaux d'une main sûre, et en moins d'une minute l'attelage parvenait à toucher la rive.

Ulysse, à cette époque, allait à l'école du village. Dès qu'il sut lire, son livre de prédilection fut la *Vie de Washington*. Il jouait peu, évitait les querelles, se tenait dans une attitude d'homme. Jamais il ne désobéissait à ses parents. Cependant le métier de tanneur, auquel on le destinait, lui déplaisait souverainement.

— Mon père, dit-il un soir, je n'aime pas ce genre de travail. Je le ferai si vous le désirez, mais seulement jusqu'à l'âge de vingt-et-un ans. Arrivé là, je n'y consacrerai pas un jour de plus.

— Eh bien ! choisis toi-même un état.

— Soit. Je serai, selon votre choix, fermier ou commerçant sur la rivière, ou bien encore j'embrasserai une profession libérale.

Le père Grant n'avait pas assez de fortune pour envoyer son fils à l'Université. Il pensa à l'école militaire de West-Point, où les jeunes gens sont instruits aux frais de la nation.

Chaque Etat a le droit d'envoyer à West-Point un nombre d'élèves proportionné à sa population. Lorsqu'il y eut une place vacante pour l'Ohio, M. Grant la demanda pour son fils et l'obtint.

Quatre ans après, cent élèves passaient leurs examens de sortie. Trente-neuf étaient gradés, et, parmi ces trente-neuf, Ulysse Grant était le vingtième.

Ceci se passait en 1843. Il avait vingt-et-un ans.

**

Sous-lieutenant d'infanterie en 1844, lieutenant en 1845, il fit la campagne du Mexique sous le général Taylor, passa ensuite sous les ordres du général Scott, fut signalé deux fois pour sa bravoure et nommé capitaine.

En 1850, il se maria, mais sans quitter le service, et il tint tour à tour garnison avec son régiment dans l'Orégon et dans la Californie.

En 1854, il donna sa démission, rejoignit sa femme à Saint-Louis et réalisa son premier rêve, qui était d'être fermier.

Dernièrement, à Washington, une femme de la société disait au général en chef Grant :

— Général, il me semble vous avoir vu autrefois à Saint-Louis ?

— En effet, madame, répondit-il, j'avais l'habitude de vous vendre du bois.

Le président Lincoln, lui aussi, avait été bûcheron.

A labourer ses terres et à vendre du bois, Grant ne fit pas fortune, car nous le retrouvons, six ans après, à Galéna, dans l'Illinois, teneur de livres dans un magasin de cuirs qu'avait fondé son père.

Le commis faisait sa besogne, vivait en famille, et n'était connu que de quelques voisins, quand, au mois d'avril 1861,

le canon du fort Sumter retentit dans tous les Etats-Unis d'Amérique.

— L'heure est venue, se dit Grant, de reprendre l'épée.

Vivant en dehors des affaires politiques, il ne prévoyait pas alors la crise terrible qui allait partager la nation en deux camps.

Ennemi de l'esclavage dans la pratique, il pensait de son devoir de combattre ses défenseurs, dans lesquels il ne voyait que quelques citoyens égoïstes et ambitieux.

— La guerre terminée, disait-il à ses amis, je reviendrai à Galéna ; si je me suis bien conduit, on me nommera maire, et je ferai construire un trottoir dans la rue qui conduit de chez moi au bureau de poste.

Il se rendit à Springfield, capitale de l'Etat, et se présenta chez le gouverneur, M. Yates, aujourd'hui sénateur :

— J'ai été capitaine, lui dit-il ; nous avons la guerre, je viens vous offrir mes services.

Tous les brevets d'officiers étaient déjà donnés aux citoyens qui avaient formé des compagnies, des bataillons ou des régiments. M. Yates chargea Grant d'organiser le service de l'adjudance générale de l'Etat.

L'organisation terminée, Grant demanda du service actif. Il fut nommé colonel du 21ᵉ régiment. Il fit marcher ses soldats, afin de les exercer à la fatigue, au lieu de les laisser voyager par les chemins de fer, et, quand il arriva devant l'ennemi, il eut tout de suite sa place au premier rang. Au mois d'août, le président Lincoln élevait le colonel Grant au grade de brigadier-général, en lui donnant le commandement du district du Caire, dans l'Illinois.

Ici, chers lecteurs, commencent la fortune militaire du général Grant et l'histoire de sa vie publique.

Les Etats-Unis d'Amérique sont un si grand pays, leurs destinées pèsent d'un si grand poids sur les destinées du monde, que tout ce qui touche à eux, hommes et choses, mérite d'être étudié et connu...

II

Ces événements ne remontent qu'à sept ans, et déjà ils nous apparaissent dans le lointain de l'histoire.

Cela tient à ce que, là-bas, une guerre terminée ne laisse après elle ni occupation, ni dynastie nouvelle, ni armée permanente, ni rien qui perpétue son souvenir.

D'une part, les grands propriétaires terriens du Sud voulaient conserver leurs esclaves, et prétendaient que chacun des Etats de la Confédération avait le droit de se régir à sa guise, selon ses coutumes et ses lois.

De l'autre, les fabricants, les marchands, les laboureurs du Nord, soutenaient que l'esclavage était impie, et qu'au-dessus des convenances particulières de chaque Etat, il y avait une loi souveraine, la volonté de la majorité des citoyens exprimée par leurs votes.

Que faire dans ce conflit?

Tirer les uns à droite, les autres à gauche, se diviser au profit de l'Europe attentive, s'affaiblir et tomber du premier rang des nations au second.

Le président Abraham Lincoln et le congrès des Etats-Unis comprirent qu'il fallait à tout prix éviter un pareil résultat.

Alors commença une guerre d'autant plus longue, plus ruineuse et plus terrible, que, pour la faire, on n'avait ni trésor rempli à l'avance, ni administration, ni armée.

Ceux du Sud avaient au moins des généraux.

Ceux du Nord se dirent : — Il nous en naîtra.

Et les hostilités commencèrent.

Raconter une à une toutes les batailles, les unes sanglantes où tombaient des milliers et des milliers d'hommes, les autres puériles où l'on se fusillait à distance sans s'atteindre, et où l'on relevait trois hommes blessés et une vache tuée après une lutte de vingt-quatre heures, — raconter toutes ces batailles, dis-je, n'est pas mon fait.

Ce que je tiens à mettre en lumière, c'est la physionomie du général Grant.

Au début de la guerre, Ulysse Grant n'est qu'un excellent officier. Il exerce ses soldats à la marche et aux fatigues des campements; il prend pour tâche principale de séparer les uns des autres les corps ennemis mieux organisés, afin de les combattre séparément; il s'occupe surtout de tactique.

Au combat de Belmont, il donne la mesure de son inébranlable sang-froid, l'ennemi se déploie sur les derrières du corps de Grant, entre celui-ci et la rivière par où il pouvait faire sa retraite. Un officier arrive bride abattue auprès du général :

— Nous sommes perdus ! Nous sommes cernés !

Grant ne sourcilla pas.

— Si nous sommes cernés, nous nous ouvrirons un chemin avec nos armes !

Il releva le courage de ses soldats et battit l'ennemi.

La prise du fort Henry, celle du fort Donelson, les Sudistes repoussés en trente jours du Kentucky et du Tennessee, popularisèrent dans tout le Nord le nom de Grant. Nommé major-général dans l'armée des volontaires, il eut l'honneur de livrer contre le général Beauregard la bataille de Pittsburg-Landing, dont le résultat fut indécis, mais qui eut du moins cet avantage de paralyser tout retour de l'ennemi.

Placé ensuite sous les ordres du général Halleck, Grant continua ses marches et ses contremarches, toujours habile, prudent, froid, appliqué à tous les détails de nature à fortifier un corps d'armée peu aguerri. C'est ainsi qu'il éloigna de son camp tous les colporteurs soupçonnés de divulguer le secret de ses opérations. La plupart de ces colporteurs étaient juifs; les journaux s'élevèrent contre l'intolérance du général en matière de religion. Il haussa les épaules et persévéra dans sa mesure.

Autre trait qui peint ce caractère.

Au mois de décembre 1862, M. Grant père crut pouvoir recommander un agent de la maison Mack frère, de Cincinnati, à son fils, en le priant de l'aider dans ses achats de coton. Le général reçut poliment le négociant et lui fit cette réponse, qui a été conservée :

— Je prends toujours plaisir à rendre service à mes parents ; mais, comme général dans l'armée des États-Unis, je ne saurais faire de distinction entre les citoyens de la république en accordant aux uns des faveurs que je refuse aux autres. Je ne comprends pas comment mon père a pu l'oublier. Sa recommandation ne saurait avoir aucune influence sur moi. Elle est inadmissible, parce que si je donnais à quelques-uns des avantages particuliers, il en résulterait une démoralisation que je veux prévenir. L'attention des chefs militaires ne saurait être distraite de leur tâche unique, qui est le salut du pays. Du reste, vous pouvez demander un permis de circulation pour trafiquer sur les rivières, comme le font d'autres personnes, et je vous souhaite bon succès.

La confiance qu'inspirait un tel homme devait forcément le faire choisir pour un commandement en chef.

Grant, placé à la tête des forces réunies de trois corps d'armée, commença la célèbre campagne de Wicksburg. Il s'agissait d'un mouvement offensif d'une hardiesse inouïe : soixante-dix mille hommes à conduire à d'énormes distances, sans fourgons, sans bagages et souvent sans pain. Grant, comme d'habitude, donna l'exemple. Pareil aux généraux de notre république, il couchait sous la première tente venue et mangeait à la gamelle du soldat. On raconte qu'en partant il n'emporta qu'une chemise de rechange et une brosse à dents.

**

Wicksburg est pris. Le Mississipi est ouvert aux armées du Nord. Celles du Sud sont vaincues à Chattanoga.

A Washington, on avait été longtemps hostile à Grant. Ce n'était pas un général brillant comme Mac Clellan, ni un soldat à la Ney comme Sherman. De petite taille, ne payant pas de mine, simple d'allures, il ne se révélait que par les résultats de ses campagnes. Cependant l'évidence était là. Le Congrès, sur la proposition du président Lincoln, rétablit, pour le vainqueur de Wicksburg, le grade de lieutenant-général, créé autrefois en faveur de Washington et porté depuis par le général Scott à la suite de l'expédition du Mexique.

Ici se place la tentative d'une coterie, qui, déjà à cette époque, voulait porter Grant à la présidence, en l'opposant à Lincoln. Le général refusa. Il n'avait pas de visées politiques et sa seule ambition était de battre l'ennemi, ce à quoi il procédait avec des mouvements lents mais sûrs, marchant pas à pas, mais ne s'arrêtant jamais, ne perdant non plus jamais un pouce de terrain conquis.

Il y eut des batailles qui durèrent deux jours, et d'autres qui se prolongèrent durant des semaines. Le Sud, pour résister aux armées, à la marine, à l'argent du Nord, faisait des efforts surhumains. Tous les hommes valides de dix-sept à soixante ans avaient été appelés sous les drapeaux. Le sol et ses priviléges, l'orgueil plus vivement excité par la guerre civile que par les autres guerres, étaient également en jeu dans cette résistance désespérée.

Enfin la victoire des Cinq-Fourches (*Five-Forks*), et la prise de Richmond mettent fin à la guerre.

Grant peut revenir à Washington s'entendre avec le vieux Lincoln sur les meilleurs moyens d'arriver à un apaisement général. Ces deux âmes généreuses, animées du même dévouement, auraient été certainement unies dans l'intérêt de la Confédération. Une grande pacification aurait par degrés et sans secousses succédé aux déchirements civils.

En ce moment, Lincoln est assassiné.

Grant s'entend avec le vice-président devenu président, Johnson, pour continuer son œuvre.

D'abord, on dissout les armées rebelles. Puis, on licencie les armées fédérales. Vainqueurs et vaincus redeviendront citoyens et retourneront à leurs travaux. La guerre a duré quatre ans, et du sol américain aucun César, aucun Cromwell ne s'est levé. Aussi le Congrès, rendant justice à Grant, voulut rétablir pour lui le titre absolu de général, dont Washington seul avait été investi. Celui de lieutenant-général était maintenu à Sherman.

*
* *

L'histoire des Etats-Unis, depuis la défaite du Sud, est connue.

D'un côté, le président Johnson prétendait que la fin de la guerre devait être celle de toutes les divisions intestines, et que les rebelles de la veille devaient être traités en frères et en citoyens comme si rien ne s'était passé. Rendre par conséquent tout de suite et entièrement leurs droits aux Etats du Sud lui semblait de toute justice.

D'un autre côté, le Congrès — composé surtout des hommes du Nord — soutenait, non sans raison, que ne pas profiter de la victoire pour opérer un changement radical dans les mœurs et dans les lois des vaincus serait une duperie, et qu'il fallait attendre pour les traiter en frères que la fraternité régnât où régnait l'esclavage.

Bientôt les deux opinions se traduisirent en faits. Il y eut de longs et déplorables conflits entre le pouvoir exécutif et le pouvoir législatif de la République.

Grant, membre du pouvoir exécutif, servit d'abord les idées du président, ne voyant au bout que la pacification qu'il poursuivait lui-même. Mais, quand il s'aperçut que les résultats de la guerre pouvaient être compromis par trop de hâte dans le rétablissement de l'union, il se renferma dans une réserve dont le suffrage de ses concitoyens a su le tirer, sans qu'il ait fait grand'chose pour cela.

*
* *

En effet, dans un pays où la vie publique fait de tout citoyen un orateur, Grant est taciturne et ne parle pas. — Mes actes parlent pour moi, dit-il.

Bien entendu, on l'a accusé d'être un ivrogne. C'est l'accusation qu'on porte contre tous les hommes d'Etat, en Amérique et en Angleterre.

Jamais Grant n'a répondu aux journaux qui propageaient cette accusation; mais un des hommes qui l'ont le plus connu, l'amiral Porter, a pris un jour la parole pour dire :

— Je déclare hautement que cette histoire de l'intempérance du général Grant est une fausseté. Je connais l'homme depuis le commencement de la guerre. Nos relations étaient intimes lorsque nous opérions de concert sur le Mississipi ; elles l'étaient également sur la rade de Hampton, sur la rivière James et sur le Potomac. Elles n'ont pas cessé de l'être depuis la fin de la guerre, tant à Washington qu'à Annapolis. J'ai reçu l'hospitalité chez lui, et il l'a reçue chez moi. Nous nous sommes trouvés ensemble dans les travaux de la guerre et au milieu des fêtes, sous un ciel serein et pendant l'orage, aux heures de la mauvaise fortune et du danger ; j'ai eu toutes les occasions possibles de connaître ses habitudes et d'étudier sa conduite. Eh bien! j'affirme que, depuis le moment où j'ai fait sa connaissance, je ne l'ai jamais vu toucher et je n'ai jamais entendu dire qu'il eût touché à aucune liqueur enivrante, même à du vin. Comme tous les officiers de l'armée et de la marine qui ont servi avec le général Grant et vécu dans son intimité, j'ai été saisi d'indignation en lisant et en entendant l'accusation dirigée contre lui !...

Laborieux, puritain, d'une probité sévère, d'une énergie qui n'a d'égal que son sang-froid, Grant n'est pas un de ces chefs d'Etat dont le principal agent de pouvoir est la sympathie. On l'estime, on a confiance en lui ; on sent que, sorti du peuple travailleur, il en a gardé les goûts simples et qu'il veut surtout être utile à son pays.

TONY RÉVILLON.

TABLE DES MATIÈRES

TEXTES.

	Pages.
ARMAND BARBÈS, par Jules Claretie	1
EUGÈNE ROUHER, par Léon Guillet	10
MONTALEMBERT, par Julien Lemer	15
HENRI ROCHEFORT, par Victor Cosse	22
F.-V. RASPAIL, par Julien Lemer	34
LEDRU ROLLIN, par Gabriel Guillemot	42
GAMBETTA, par Victor Cosse	48
VICTOR HUGO, par Julien Lemer	54
FÉLIX PYAT, par Jean Lux	61
FORCADE LA ROQUETTE, par J.-B. Raymond	71
CRÉMIEUX, par Julien Lemer	75
VICTOR DURUY, par J.-B. Raymond	82
BANCEL, par Gabriel Guillemot	89
ERNEST PICARD, par Jean Lux	93
EDMOND ABOUT, par Théodore Labourieu	101
EUGÈNE PELLETAN, par Julien Lemer	108
EMILE OLLIVIER, par Jean Lux	113
EMMANUEL ARAGO, par J.-B. Raymond	119
GARIBALDI, par Théodore Labourieu	121
JULES FAVRE, par Julien Lemer	129
JULES SIMON, par Henry Maret	137
LE BARON HAUSSMANN, par J.-B. Raymond	144
MAZZINI, par Jean Lux	149
JULES FERRY, par Mario Proth	156
LE PÈRE HYACINTHE, par J.-B. Raymond	164
GLAIS-BIZOIN, par Julien Lemer	170
AUGUSTE BLANQUI, par Jean Lux	173
DROUYN DE LHUYS, par J.-B. Raymond	178
LOUIS BLANC, par Julien Lemer	181
VICTOR SCHOELCHER, par Jean Lux	189
AUGUSTE BARBIER, par J.-B. Raymond	193
GEORGE SAND, par Julien Lemer	197
ERNEST RENAN, par J. Sorel	202
JULES MIOT, par Eugène Carlos	206
GARNIER PAGÈS, par Léon Vidal	209
GUSTAVE FLOURENS, par Jean Lux	213
MICHELET, par Julien Lemer	217
THIERS, par J.-B. Raymond	220
EDGAR QUINET, par Jean Lux	228
ALPHONSE ESQUIROS, par Julien Lemer	230
BISMARK, par Adrien Tell	233
GIRAULT, par Julien Lemer	237
HENRI MARTIN, par Augustin Challamel	241
LE GÉNÉRAL GRANT, par Tony Révillon	246

PLACEMENT DES GRAVURES.

	Pages.
Portrait de Barbès, en regard de la page	1
E. Rouher	10
Montalembert	15
Henri Rochefort	22
Ah! petit père, que je suis content	33
Portrait de Raspail	34
Ledru-Rollin	42
Gambetta	48
Victor Hugo	54
Maison de Victor Hugo à Guernesey	59
Portrait de Félix Pyat	61
Forcade la Roquette	71
Crémieux	75
Duruy	82
Bancel	89
Ernest Picard	93
Edmond About	101
Eugène Pelletan	108
Emile Ollivier	113
Emmanuel Arago	119
Garibaldi	121
Jules Favre	129
Jules Simon	137
Haussmann	144
Mazzini	149
Jules Ferry	156
Le père Hyacinthe	164
Glais-Bizoin	170
Auguste Blanqui	173
Drouyn de Lhuys	178
Louis Blanc	181
Victor Schœlcher	189
George Sand	197
Ernest Renan	202
Garnier Pagès	209
Gustave Flourens	213
Michelet	217
Edgar Quinet	228
Esquiros	230
Girault	237
Henri Martin	241
Le général Grant	246

Paris. — Typographie Walder, rue Bonaparte, 44.

EN VENTE A LA MÊME LIBRAIRIE

ŒUVRES DE HENRI ROCHEFORT : Les Français de la décadence ; 1 vol. gr. in-18 fr. jésus. 6ᵉ édition. . . . . 3 »

— — La grande Bohême ; 1 vol. gr. in-18 jésus, 5ᵉ édition . . . . 3 »

— — Les Signes du temps ; 1 vol. gr. in-18 jésus, 3ᵉ édition . . . . 3 »

— — Mes treize premières Lanternes, 1 vol. gr. in-18 jésus. . . . . 3 »

L'Église unie a l'État, par Achille Delorme ; 1 vol. in-8° . . . . 5 »

La mort de Jésus, tradition essénienne, traduite de l'allemand par Daniel Ramée ; 1 vol. in-8°. 4ᵉ édition. . . . . 5 »

Dix-sept mois de lutte a Venise, par Xavier Gnoïnski ; 1 vol. in-8°. . . . . . 3 »

Affaire Lesurques, compte rendu des derniers débats à la Cour de cassation, plaidoieries, rapports, réquisitoire, arrêt, notes, autographes de Lesurques et de Dubosq ; 1 vol. in-8°. . . . . 6 »

Les heures parisiennes, tableau de Paris à toutes les heures du jour et de la nuit, par Alfred Delvau ; 1 beau volume in-18 de grand jésus, accompagné de 25 grandes compositions dessinées et gravées à l'eau forte par Émile Bénassit. . . . . 6 »

Exemplaires sur papier vergé, gravures sur chine avant la lettre . . . . 12 »

Les Aigles du Capitole, par Édouard Lockroy, 1 vol. gr. in-18 jésus. . . . . . 3 »

La spéculation devant les tribunaux, scandales judiciaires du monde financier, par Georges Duchêne, 1 vol. grand in-18 jésus. 3 50

L'Empire industriel, histoire des concessions financières et industrielles du second empire, par Georges Duchêne, 1 vol. grand in-18 jésus. . . . . 3 »

Les transportés de Décembre 1851, par Benjamin Gastineau, 1 vol. gr. in-18 jésus. 3 »

L'hiver du pauvre, par Mazabraud (de Solignac), 1 vol. gr. in-18 jésus. 1 50

La Débâcle, par Jules Claretie ; 1 vol. gr. in-18 jésus . . . . 3 »

La Révolution militaire du 2 décembre, par le capitaine de Mauduit, ou le coup d'État raconté par un de ses apologistes ; 1 vol gr. in-18 jésus. . . . . 1 »

Rochefort devant les tribunaux, procès de Rochefort et de la *Lanterne*, 1 vol. in-8°. 1 »

Rochefort député ; 1 brochure in-12. . . . . » 40

Si la France le voulait, par Clément ; broch. in-12. . . . . » 40

La lettre du 19 janvier et ses conséquences ; broch. in-12. . . . . » 50

LA LANTERNE BIOGRAPHIQUE ET SATIRIQUE
DES HOMMES DU JOUR
Par THÉODORE LABOURIEU

Publiée par livraisons in-16 de jésus. Chaque livraison, accompagnée d'un portrait : **10 c.**

1ʳᵉ livraison, ROCHEFORT ; — 2ᵉ livraison, BARBÈS ; — 3ᵉ livraison, JULES FAVRE ; — 4ᵉ livraison, G. FLOURENS.

PARIS. — TYP. WALDER, RUE BONAPARTE 44.

www.ingramcontent.com/pod-product-compliance
Lightning Source LLC
Chambersburg PA
CBHW072016150426
43194CB00008B/1139